學鑒

【第三辑】

武汉大学中国传统文化研究中心『985工程』项目成果

杨华　主编

武汉大学出版社
WUHAN UNIVERSITY PRESS

图书在版编目(CIP)数据

学鉴.第3辑/杨华主编.—武汉:武汉大学出版社,2010.6
ISBN 978-7-307-07692-1

Ⅰ.学…　Ⅱ.杨…　Ⅲ.社会科学—文集　Ⅳ.C53

中国版本图书馆CIP数据核字(2010)第055485号

责任编辑:李　琼　　责任校对:刘　欣　　版式设计:詹锦玲

出版发行:武汉大学出版社　(430072　武昌　珞珈山)
(电子邮件:cbs22@whu.edu.cn　网址:www.wdp.com.cn)
印刷:武汉中远印务有限公司
开本:720×1000　1/16　印张:22　字数:316千字　插页:2
版次:2010年6月第1版　2010年6月第1次印刷
ISBN 978-7-307-07692-1/C·261　定价:43.00元

发刊缘起

当代中国，学术之繁荣，大有空前之势；然则是否绝后，吾辈不敢悬揣。学人如云而书刊如林，以概言当代学术之盛况，似乎并无矫诬之嫌。学人既夥，其研究之轨辙则不拘于一途；书刊甚众，其成果之公布亦各得于其所。然轨辙非一，其取径必有末路与康衢之别；文事既繁，其创获亦必有深弘与浅狭之殊。而鱼龙相杂，玉石共生，不惟有司惮于悉察，繄学人又恶乎尽辨！于是出版单位可定学术之高下，刊物级别能判文章之优劣，其于鉴照乏术衡程无式之际，由外以觇内，据简以控繁，未尝不可以济一时之穷耳。然舍经从权，行之既久，非惟其本末倒置之弊立显，而学术之种种颓败，又无不乘瑕蹈隙而起！长此以往，其所断送者又非徒学术之一端而已！斯有二三同仁，人称珞珈七子，亟思有以振济靡溺而救人心于万一。然狂澜既倒而清流不足以当其颓波，人心惟危而道德亦无以救其沦丧，此孔子所谓末如之何也！而七子者，于匪夷匪惠之时，何为邪？何不为邪？亦惟趋古人之风，学以为己而已矣，岂有他哉！然独学而无友，孤陋而寡闻，是以《易象》曰“丽泽，兑；君子以朋友讲习”，其言兑以两泽相丽而偶，像君子群居以切磋也。特七子聚而讲读，迄之于今者，钻燧改火，其数有五矣。而学之有所得于心，必有所应之于手者也，是以又不能无文。然海内君子，饱学之士众矣！欲与讲习之而切磋之，何由而能致之乎？庄生云遥而无闷者，其可得邪？此《学鉴》之必不可无也。且《书》有之曰“孝乎惟孝，友于兄弟，施于有政”，孔子亦有之曰“是亦为政，奚其为为政”！施于有政者，其于圣人则可，而区区七子者又何能间焉！然则《诗》不亦云之乎？“孝子不匮，永锡尔类”，又云“嘤其鸣矣，求其友声”，则“学鉴”云者，锡其“类”求其“声”而已。倘蒙海内君子有充类之思而继以伐柯之行，则浮尹旁达，又何虑滥风恶俗不能为之一改也！然则《学鉴》之发刊，尤为铭感于心而不可不志之者，武汉大学中国传统文化研究中心主任冯天瑜教授暨郭齐勇教授，既为七子之讲习辟其场所，亦予《学鉴》之创刊斥其资度；而武汉大学校长刘经南院士亦时加褒诱，武汉大学出版社社长陈庆辉博士又慨然承其梓事，其援引后进策励学术之公心，亦可鉴之于居诸也！

程水金

公历二〇〇六年一月廿五日

草于珞珈山麓颜乐斋

目　录

经史抉微

诸子学衡

典籍辨伪

禅意人生

经史抉微

学鉴

论读古书须通语言学

——以《论语》《孟子》为例

◎杨逢彬

一

说到《论语》《孟子》的译注本，就文字注释的准确性而言，中华书局出版的杨伯峻先生的《论语译注》①《孟子译注》②，应该是最好的。何以如此？因为杨伯峻先生既是语言学家，又是文献学家；以语言学为利器治文献学，故所得独多。

在此之前，杨伯峻先生的叔父杨树达（遇夫）先生之治《汉书》，有《汉书窥管》，该书之所以精湛绝伦，同样得力于文献学和语言学的结合。再上溯到清代高邮二王，其《读书杂志》《经义述闻》所体现出的功力是那样的炉火纯青，前人未能解决的那么多的疑难问题，他们都解决了，乃正如杨遇夫先生和裘锡圭先生多次指出的那样，虽然那时尚无成系统的语法学，但王氏父子已有相

① 杨伯峻:《论语译注》，北京：中华书局1980年版。

② 杨伯峻:《孟子译注》，北京：中华书局1960年版。

当强的语法观念了。这实际上就是文献学和语言学的结合，遇夫先生称之为“虚实交会”。遇夫先生在《词诠·序例》中写道：

> 凡读书者有二事焉，一曰明训诂，二曰通文法。训诂治其实，文法求其虚。清儒善说经者，首推高邮王氏。其所著书，如《广雅疏证》，征实之事也；《经传释词》，捣虚之事也。其《读书杂志》《经义述闻》，则交会虚实而成者也。呜乎！虚实交会，此王氏之所以卓绝一时，而独开百年来治学之风气也。①

他又在《高等国文法·序例》中说：

> 治国学者必明训诂，通文法。近则益觉此二事相须之重要焉。盖明训诂而不通文法，其训诂之学必不精；通文法而不明训诂，则其文法之学亦必不至也。②

所以，文献学和语言学（尤其是语法学）的结合，是解决古书疑难问题的康庄大道。中华书局版《论语译注》《孟子译注》之成功，实得力于此。

中国古典文献学已经有两千年历史了，而理论语言学之在中国，才一百年左右的历史。从《论语译注》《孟子译注》的问世至今，又过去五十年了，其间，语言学的进展真是突飞猛进。所以，利用已经大大进步了的语言学，解决《论语译注》《孟子译注》的千虑之失，后来者必须承担这一任务。

二

首先，语言，包括语言的各个要素以至于每一个词，都是在历

① 杨树达:《词诠》，北京：中华书局1978年版，第5页。

② 杨树达:《高等国文法》，上海：商务印书馆1934年版，第1页。

史长河中速度不一地发展着的，这就是语言的历史性。今日某个词的所有意义（我们称之为义项），《论语》《孟子》的时代不一定有；现代汉语具有的某种句式，《论语》《孟子》的时代也不一定有。因此，不能以今律古。例如《庄子·秋水》①“于是焉河伯始旋其面目，望洋向若而叹”，有人释“望洋”为“望着海洋”，可是“洋”之有海洋义，始于北宋，《庄子》时代“洋”是没有海洋义的。自然，“望洋”不可能是“望着海洋”。

又如，《孟子·滕文公上》的“且许子何不为陶冶，舍皆取诸其宫中而用之？何为纷纷然与百工交易？何许子之不惮烦？”句中的“舍”有人说即今语的“啥”。姑不论“啥”出现较晚，难以和先秦的“舍”挂上钩，即以“啥皆取”这种“代词+副词+动词”的形式表示周遍意义来说，诸如“什么都吃”、“谁都认识”之类，无论是意义还是句式，都是很晚才产生的。故此句中的“舍”决不能以“啥”释之。

再如，《公孙丑上》“祸福无不自己求之者”，《译注》译为“祸害和幸福没有不是自己找来的”，此次改译为“祸害和幸福没有不是从自己那儿找来的”。因为在这句中，“自”是介词，“己”是代词、做“自”的宾语。先秦“自”后接名词代词者，该“自”字必是介词；该介词和它的宾语组成的介宾结构一般在谓语动词前面；该介宾结构和谓语动词又可以受否定副词“不”否定；谓语动词有时可以没有，却以分句的形式出现。例如，《诗经·大雅·瞻卬》②：“不自我先，不自我后。”《墨子·天志下》③：“是故义者不自愚且贱者出，必自贵且知者出。"《晏子春秋·内篇谏下》④：“且伐木不自其根，则蘖又生也。”《国语·晋语一》⑤：“伐木不自其本，必复生，塞水不自其源，必复流，灭祸不自其基，必复

① 王先谦:《庄子集解》，北京：中华书局1954年版。

② 朱熹:《诗集传》，北京：中华书局1958年版。

③ 孙诒让:《墨子间诂》，北京：中华书局1986年版。

④ 吴则虞:《晏子春秋集释》，北京：中华书局1962年版。

⑤ 徐元诰撰，王树民、沈长云点校:《国语集解》，北京：中华书局2002年版。

乱。”因此，虽然这一段——“今国家闲暇，及是时，般乐怠敖，是自求祸也。祸福无不自己求之者。《诗》云：‘永言配命，自求多福。’《太甲》曰：‘天作孽，犹可违。自作孽，不可活。’此之谓也。”——还有三个表示“自己”的“自”字，令人眼花缭乱，但是我们仍可断定此“无不自己求之”之“自”是个介词。

“刻舟求剑”忽略了船在河中是移动的。语言，包括其中各个要素如语法、语音以及词汇，从古至今也是不断变化的；忽略了这种变化，以对现代汉语的理解去理解古代汉语，就好比刻舟求剑。不同的是，在船舷上刻记号、等船移动了再去捞剑的人，大家都不以为然，而以对现代汉语的理解去理解古代汉语的人却比比皆是。例如，《论语·颜渊》“自古皆有死，民无信不立”的“信”，在《论语》时代，有诚信、守信、相信等意义，可是却没有“信仰”义；但却有人解释“民无信不立”为“最可怕的是国民对这个国家失去信仰”云云。

其实古人也不大明白语言是变化的，他们经常犯刻舟求剑的错误；直到明代的陈第才说出“时有古今，地有南北，字有更革，音有转移”① 这样清醒的话，但陈第以前的人不大懂得这个道理。今天读《诗经》，有些该押韵的地方却不大押韵，我们明白是语音变化了的缘故；可是六朝到宋代的人却不明白此理，他们以为古今语音是一贯不变的，当时不押韵的字，《诗经》时代也不押韵。但作诗必须押韵，于是他们帮他们的古人解决这一难题，这便是“叶（读作 xié）音”。所谓“叶音”就是六朝到宋代的人们认为，上古时的人临时改变一个或几个韵脚字的读音，来使诗歌押韵。这当然是荒谬的，因为它违反了语言的“强制性”原则。关于此点，我们下一点再谈。

其次，语言是具有社会性的，语言的表达要符合那一时代那一社会的表达习惯，即，你这样说，别人也这样说，因此任何词、任何句式都不可能是在那时的语言中“绝无仅有”的，而必须是“无独有偶”的。任何人要解释某部古书中的一段话或一个词，他

① 《毛诗古音考·自序》(学津讨原丛书本)，上海：商务印书馆 1922 年版。

必须要找到和这部书同一时代的其他类似的话或词作为证据，否则便不能成立。有人解《论语·阳货》中的“唯女子与小人为难养也”一句中“女子”为“你的儿子”、“你这位先生”，可是先秦古籍中除此之外再也找不到第二例了，也就说明这种“新颖可喜”的“妙解”是不能成立的。

有人认为，如果孔子说出“民可使由之，不可使知之”这样的话，岂不是推行愚民政策吗？于是觉得应该这样读：“民可，使由之；不可，使知之。”可是正如上文所说，语言是具有社会性的。某一社群中生活的某个人，如果想与别人交流，就不能说些让谁也听不懂的话。因此，无论是词语还是句式，在某一时代的某一社群，都不可能孤立存在，而是带有普遍性的。“民可使由之，不可使知之”这样的说法是带有普遍性的，如《孟子·尽心上》就有“民可使富也”这样的话，《左传·庄公十六年》① 也有“不可使共叔无后于郑”这样的话；相反，与“民可，使由之；不可，使知之”类似的话在那一时代的典籍中就找不到。首先，找不到“民”这样的主语直接接上“可”作谓语的例证；其次，正如杨伯峻先生在《论语译注》中指出的，当时没有“使由之”、“使知之”这样承接上文的，通常应为“则使由之”、“则使知之”。因此，读为“民可，使由之；不可，使知之”是靠不住的。

《孟子·告子上》：“孔子曰：‘操则存，舍则亡；出入无时，莫知其乡。’惟心之谓与?”我们之所以同意赵岐注“乡，犹里，以喻居也”，而未采纳《译注》所引焦循《正义》说的“近读‘乡’为‘向’”，就是因为在《孟子》前后时代典籍中的“其乡”都是表示某一处所，而不是表示某一方向。如《庄子·马蹄》：“当是时也，山无蹊隧，泽无舟梁；万物群生，连属其乡；禽兽成群，草木遂长。”《墨子·大取》：“骆滑厘曰：‘然。我闻其乡有勇士焉，吾必从而杀之。’子墨子曰：‘天下莫不欲与其所好，度其所恶。今子闻其乡有勇士焉，必从而杀之，是非好勇也，是恶勇也。’”《荀子·乐论》：“百姓莫不安其处，乐其乡。”《吕氏春秋·

① 杨伯峻：《春秋左传注》，北京：中华书局2000年版。

季冬纪·介立》①:“介子推不肯受赏,自为赋诗曰:‘有龙于飞,周遍天下。五蛇从之,为之丞辅。龙反其乡,得其处所。四蛇从之,得其露雨。一蛇羞之,桥死于中野。’”《晏子春秋·内篇谏上第一》:“乃令出裘发粟,与饥寒。令所睹于涂者,无问其乡;所睹于里者,无问其家;循国计数,无言其名。”

类似“其乡”的还有《孟子·告子下》的“乐善”,我们之所以不从赵岐注的“乐闻善言”,就是因为先秦典籍中的诸多“好善”都大致是“爱好美好事物”的意思。

上文已经谈到语言的“强制性”,这是语言的社会性所体现的一个起码原则。由于语言具有强制性,所以操某种语言的任何个人,都不能根据自己的意愿颠倒黑白、指鹿为马。不信您可以把“好”读作 huài 试试,早上见到熟人即打招呼道:“嗨,ni huài!”看会是个什么结果。因此,“叶音”说是荒谬的。《经典释文》②中记载了《诗经·关雎》中“参差荇菜,左右芼之;窈窕淑女,钟鼓乐之”一句中“乐”的叶音为“五教切”或“义效切”,就是读作 ào 或者 yào,来和前面的“芼”(mào)押韵。古代有些字书、韵书就把“乐”的这两个读音记录下来了,说“乐”也读作 ào 或者 yào,意为“爱好”。杨伯峻先生当然明白叶音荒谬这个道理,虽然他在《论语译注》附录的《论语词典》中注释“乐,旧或读五教切”,可是在诸如“知者乐水,仁者乐山”的正文中他并未出注,表示并不赞同将“乐”读为 ào,那么理所当然应当读作 lè,意动用法,智者以水为乐,仁者以山为乐的意思。如果读 ào,意为爱好,那么“好之者不如乐之者”该如何理解呢?

语言的社会性所体现的另一个起码原则是“约定俗成”,不管某个字或词的意义或读音,其来源如何荒诞不经,只要它为现今大多数人所接受,就是正确的。“知者乐水”的“乐”之读为 ào,显然还没有达到这个程度。比较好的《论语》注本,如清代刘宝楠

---

① 许维遹:《吕氏春秋集释》,北京:中国书店 1985 年版。

② 陆德明:《经典释文》,上海:上海古籍出版社 1985 年版。

《论语正义》，都不注“乐”应读“五教切”。可见，杨伯峻先生的不注“乐”读为 ào，正体现了他的深厚的文献学和语言学素养。

再次，语言是具有系统性的，其中的要素，如词，其意义的引申；如词组，其间词的组合，都是有脉络可循的，不是一团乱麻。如上文所说的“舍”，它在先秦典籍中最为常见的意义是舍弃，动词；而且这一动词可带复杂的谓词性宾语，如《论语·季氏》的“君子疾夫舍曰欲之而必为之辞”，《战国策·齐策六》①“夫舍南面之称制，乃西面而事秦，为大王不取也”。所以我们认为“舍”后的“皆取诸其宫中而用之”都是“舍”的宾语。

又以《孟子·告子上》的“无他，利与善之间也”，《孟子·告子下》的“山径之蹊间，介然用之而成路”为例。先秦词法的规律是，双音节后接“之间”，单音节后接“间”，前者如“天地之间”、“陈蔡之间”、“两陛之间”、“两楹之间”、“君臣之间”、“父子之间”等，后者如“人间”、“民间”、“草间”、“苇间”、“鼻间”、“乳间”等。这两种形式都表示两者之间的距离进而表示抽象的人与人之间的关系。因此，我们既不能同意“山径之蹊，间介然用之而成路”的读法，也无法苟同朱熹解“利与善之间”的“间”为“异”。因为后者只是一种随文释义的训释。

说到所谓随文释义的训释，它往往可以解释通某一句话，却缺乏普适性；它不符合上文所说的语言的历史性、社会性、系统性，把它放在被释词的义项序列中，难以找寻意义引申的脉络，因为它其实并非该被释词语的义项。对于这类训释，即使是以最博最精著称的清朝一代大师王氏父子作出的，杨伯峻先生也不会随便采纳。例如，《孟子·离娄下》的“君之视臣如手足，则臣视君如腹心；君之视臣如犬马，则臣视君如国人；君之视臣如土芥，则臣视君如寇仇”，王引之《经传释词》②云:“之，犹‘若’也。”对此，杨先生便注以“恐非”，而根据先秦语法解释

① 刘向:《战国策》，上海：上海古籍出版社 1985 年版。

② 王引之撰，黄侃、杨树达批:《经传释词》，长沙：岳麓书社 1985 年版。

为“表示该句为主从复合句之从句”。只是，原《孟子译注》中对这类训释的纠正并不是很彻底；而且我们注意到，这类训释多出现在全书的后半部，而那时杨先生正因被打成右派而“支离东北风尘际，漂泊西南天地间”，因此，将这类训释加以修正，后来者自不得辞其责。例如，《孟子·滕文公上》：“人之有道也，饱食，暖衣，逸居而无教，则近于禽兽。”《孟子译注》云：“有，犹‘为’也。”按“有道”为《孟子》及其他先秦典籍中的成语，有某种规律之谓，所以我们译“人之有道也”为“人们往往是这样的”以引出下文。

又如，《孟子·万章上》的“得之不得曰‘有命’”，《孟子译注》云：“此‘之’字作‘与’字用。”按：“之”作“与”用也是随文释义的训释，“得之不得”即“得之与不得之”。因为双音节律之故，“得之”往往和“不得”对言，而不与“不得之”对言。如《孟子·公孙丑下》：“不得，不可以为悦；无财，不可以为悦。得之为有财，古之人皆用之，吾何为独不然？”《孟子·告子上》：“一箪食，一豆羹，得之则生，弗得则死。”同篇第十五章：“心之官则思，思则得之，不思则不得也。”

再如，《孟子·尽心上》的“人莫大焉亡亲戚君臣上下”，《译注》引王引之《经传释词》云：“焉，犹‘於’也。”而这实际上是个倒装句：“亡亲戚君臣上下，人莫大焉！”谓无亲戚君臣上下尊卑，人之罪过莫大于此也。类似句子有《孟子·梁惠王上》的：“晋国，天下莫强焉。”《孟子》书中倒装句常见，如《孟子·梁惠王上》的：“何哉，君所为轻身以先于匹夫者？”“何哉，君所谓逾者？”《孟子·告子下》的“固哉，高叟之为诗也！”《孟子·尽心下》的“不仁哉，梁惠王也！”

类似随文释义之处还有《孟子·万章上》的“是为父不得而子也”的“也，同‘邪’”，《孟子·告子上》的“有放心而不知求”的“而，用法同‘则’”，《孟子·尽心上》的“昏暮叩人之门户求水火无弗与者，至足矣”的“此‘矣’字用法同‘也’”。此类训释，也均未采纳。

三

语言学界目前较为公认，在语言系统的各子系统中，语音系统和语法系统是较有规律可循的，词汇（词义）系统内部的规律距离人们认识清楚还有较大距离，这也是为何普通语言学之父索绪尔要将词义摒除于语言研究之外的原因。因此，利用语法系统规律性较强这一点，以之解决先秦文献的疑难问题，从理论上看是可行的。因为，任何词，它都具有词性；任何句子，它都属于一定的句式，都具有一定的句法结构。即使如词汇学，也致力于探索词汇的内部规律，其方法较之传统的训诂学，也有其更为缜密的一面。所以，我们在利用两千年来行之有效的传统小学即文字、音韵、训诂之学解决古书疑难问题的同时，也运用普通语言学来解决这类问题，这种两条腿走路的方法，必然能解决以前不能解决的许多问题。

下面是运用语法学解决释读问题的例子：

例如，《论语·卫灵公篇》的“小不忍，则乱大谋”的“忍”，历来有忍心、忍耐两种解释，而杨伯峻先生选取后者。我们通过计算机全面检索发现，从《论语》《左传》时代直到《史记》时代，凡是不带宾语的“不忍”，都是“不忍心”的意思。例如：

寡君不忍，使群臣请于大国，无令舆师淹于君地。（《左传·成公二年》）

观从谓子干曰：“不杀弃疾，虽得国，犹受祸也。”子干曰：“余不忍也。”子玉曰：“人将忍子，吾不忍俟也。”乃行。（《左传·昭公十三年》）

公曰：“余不忍也。”（《左传·昭公二十五年》）

君与之归。一惭之不忍，而终身惭乎？（《左传·昭公三十一年》）

臣固知王之不忍也。（《孟子·梁惠王上》）

人皆有所不忍，达之于其所忍，仁也。（《孟子·尽心下》）

与人之兄居而杀其弟，与人之父居而杀其子，吾不忍也。(《庄子·杂篇·让王》)

商王帝辛，大恶于民，庶民不忍，欣戴武王，以致戎于商牧。(《国语·周语上》)

吾秉君以杀太子，吾不忍。(《国语·晋语二》)

吾须之不能，去之不忍。(《国语·吴语》)

吾先君阖庐不贯不忍……夫差不贯不忍。(《国语·吴语》。不贯不忍，不赦免他们就不忍心)

不可，吾不忍也。(《战国策·齐一》)

夫爱身不扬弟之名，吾不忍也。(《战国策·韩二》)

荆轲知太子不忍，乃遂私见樊於期。(《战国策·燕三》)

若扶梁伐赵以害赵国，则寡人不忍也。(《战国策·宋卫》)

卜皮对曰："夫慈者不忍，而惠者好与也。"(《韩非子·内储说上七术第三十》①)

亲爱之则不忍，不忍则骄恣。(《韩非子·六反第四十六》)

慈惠则不忍，轻财则好与。……不忍则罚多宥赦，好与则赏多无功。(《韩非子·八说第四十七》)

杀人者，仆之父也。以父行法，不忍；阿有罪，废国法，不可。……正法枉必死，父犯法而不忍，王赦之而不肯，石渚之为人臣也，可谓忠且孝矣。(《吕氏春秋·离俗览·高义》)

在以上24处"不忍"中，只有《国语·周语上》"庶民不忍"中"忍"可能为"忍耐"之义；但这一句属于卿大夫进谏所用的引经据典的一种较为古雅的语言，不能反映当时语言的本质特征。其余23处全部义为"不忍心"。我们注意到，到了战国末年，先前表示不忍心做某事的"不忍"，其中有些逐渐加上动词"为"而成为"不忍为"。这样，"不忍"就由句中的谓语变

① 王先慎:《韩非子集解》，北京：中华书局1998年版。

为了状语。例如：

即有所取者，是商贾之人也，仲连不忍为也。(《战国策·赵三》)

有一恶，婴不忍为也，其宗庙之养鲜也。(《晏子春秋·内篇谏上第一》)

尤其是在《吕氏春秋》中，除了前文所引《离俗览·高义》中2处“不忍”外，还有5处“不忍为”：

不可，吾不忍为也。(《季秋纪·知士》)

所重所爱，死而弃之沟壑，人之情不忍为也，故有葬死之义。(《孟冬季·节丧》)

取不能其主，有以其恶告王，不忍为也。(《慎大览·贵因》)

我与吴人战，必败。败王师，辱王名，亏壤土，忠臣不忍为也。(《离俗览·高义》)

与人之兄居而杀其弟，与人之父处而杀其子，吾不忍为也。(《开春论·审为》)

这5处“不忍为”中，最后一例《开春论·审为》的引文与《庄子·杂篇·让王》引文（“与人之兄居而杀其弟，与人之父居而杀其子，吾不忍也”）相比，《庄子》为“不忍”，而《吕氏春秋》为“不忍为”，从中可以看出其变化的轨迹。从这一变化轨迹中可以看出，“不忍”就是“不忍心做某事”。这一变化一直持续到《史记》①《汉书》② 时代：

民欲以我故战，杀人父子而君之，予不忍为。(《史记·

① 司马迁:《史记》，北京：中华书局1982年版。

② 班固:《汉书》，北京：中华书局1962年版。

周本纪》）

箕子曰："为人臣谏不听而去，是彰君之恶而自说于民，吾不忍为也。"（《宋微子世家》）

鲁连笑曰："所贵于天下之士者，为人排患释难解纷乱而无取也。即有取者，是商贾之事也，而连不忍为也。"（《鲁仲连邹阳列传》）

故卑身贱体，说色微辞，愉愉呴呴，终无益于主上之治，则志士仁人不忍为也。（《汉书·东方朔传》）

必多杀士卒，伤良将吏，寡人之妻，孤人之子，独人父母，得一亡十，朕不忍为也。（《西南夷两粤朝鲜传》）

但必须指出的是，即使到了《史记》《汉书》年代，不带宾语的"不忍"仍然较多，而且全部义为"不忍心"。以《史记》为例，书中11处不带宾语的"不忍"没有一例义为"不可忍耐"而全部义为"不忍心"：

范增起，出召项庄，谓曰："君王为人不忍。"（《项羽本纪》）

故观从谓初王比曰："不杀弃疾，虽得国犹受祸。"王曰："余不忍。"（《楚世家》）

勾践不忍，欲许之。（《越王勾践世家》）

我欲杀之，为其功多，故不忍。（《留侯世家》）

汉有司请诛，上不忍，废以为庶人。（《梁孝王世家》）

事既闻，汉公卿请捕治建。天子不忍，使大臣即讯王。王服所犯，遂自杀。（《五宗世家》）

数犯上法，汉公卿数请诛端，天子为兄弟之故不忍，而端所为滋甚。（《五宗世家》）

荆轲知太子不忍，乃遂私见樊於期曰……（《刺客列传》）

胡亥不听。……令蒙毅曰："先主欲立太子而卿难之。今丞相以卿为不忠，罪及其宗。朕不忍，乃赐卿死，亦甚幸矣。卿其图之！"（《蒙恬列传》）

上以为绾长者，不忍，乃赐绾告归。(《万石张叔列传》)

君臣无礼，何从有福？寡人不忍，奈何勿遣！(《龟策列传》)

尤其值得注意的是，在《史记·梁孝王世家》中有这样一段话：

袁盎等入见太后："太后言欲立梁王，梁王即终，欲谁立?"太后曰："吾复立帝子。"袁盎等以宋宣公不立正，生祸，祸乱后五世不绝，小不忍害大义状报太后。太后乃解说，即使梁王归就国。

从中可以明显看出：1. "小不忍害大义"即化用《论语·卫灵公》的"小不忍则乱大谋"（河北定县出土的汉代抄本《论语》中此章无"则"字）；2. 直到西汉初年的司马迁对"小不忍"的理解仍然是"小小的不忍心"。可见，"不忍"的意义以及当时人们对它的理解，从《论语》《左传》时代以迄西汉初年，都是一以贯之的，即为"不忍心"。西汉时期的语言与《论语》时代一样，都属于上古汉语的范畴，而太史公对古代典籍的熟悉程度及其语感是常人不可企及的，因此，他对"小不忍"的理解应该是不会错的。但到了东汉，尽管像刘宝楠所指出的那样，《汉书》中有两处"小不忍"人们仍然理解为"小不忍心"，但同一书中已经有人将其理解为"小不忍耐"了。《王贡两龚鲍传》有一段话：

（鲍）宣以谏大夫从其后，上书谏曰："……故大司空何武、师丹、故丞相孔光、故左将军彭宣，经皆更博士，位皆历三公，智谋威信，可与建教化，图安危。龚胜为司直，郡国皆慎选举，三辅委输官不敢为奸，可大委任也。陛下前以小不忍退武等，海内失望。陛下尚能容亡功德者甚众，曾不能忍武等邪！治天下者当用天下之心为心，不得自专快意而已也。"

文中“容”、“忍”为互文，可知此处的“忍”为“容忍”、“忍耐”，上文的“小不忍”也被谏书作者鲍宣理解为“小不忍耐”；尽管如此，直到《晋书》《宋书》中，我们看到的“小不忍”仍然只被理解为“小不忍心”：

> 虽时有赦过宥罪，议狱缓死，未有行小不忍而轻易典刑也。(《晋书·列传第四十五》)
>
> 尹昭言于兴曰：“广平公与皇太子不平，握强兵于外，陛下一旦不讳，恐社稷必危。小不忍以致大乱者，陛下之谓也。”(《晋书·载记第十八》)
>
> 当断不断，反受其乱。愿以义割恩，略小不忍。(《宋书·列传第三十一》)

所有这些都证明，“小不忍则乱大谋”只能理解为“小小的不忍心，便会毁坏大事情”。

又如《公冶长篇》的“吾与女弗如也”的“与”历来也有两种解释：一为连词，意谓我和你都不如他；一为动词，赞同之意，意谓我同意你说的你不如他。杨伯峻先生赞同后者。通过计算机全面检索，我们发现，“与”为动词、意为“赞同”时，在那一时代，它后面的宾语都很简单，如“吾与点也”、“与其进也，不与其退也”，从未发现“女弗如也”这样复杂的宾语；而连词或介词“与”连接两个人称代词然后接谓语则十分常见（连词、介词有时并无明确界限)，《论语》有“唯我与尔有是夫”和“来！予与尔言”，《左传》有“吾与女为难”、“吾与女同好弃恶，复修旧德”以及“吾与女伐狄”；像这样的例子，约有七八处。因而这一句的“与”应该是连词的可能性大大高于是动词的可能性。

词汇学的知识同样有助于古书的释读。

《论语·子路》:“南人有言曰：‘人而无恒，不可以作巫医。’善夫!”《论语译注》说:“‘巫医’是一词，不应分为卜筮的‘巫’和治病的‘医’两种。古代常以禳祷之术替人治疗，这种人便叫‘巫医’。”伯峻先生当年研究《论语》，不能使用计算机进行统计，只能依据古代文化知识进行判断。我们运用计算机检索得出的结果表明，在《论语》《左传》时代，“巫医”应该还是个联合结构的词组，兹论证如下。我们先看“医”和“巫”出现的例子：

晋侯使医衍鸩卫侯。宁俞货医，使薄其鸩，不死。(《左传·僖公三十年》)

十八年春，齐侯戒师期，而有疾，医曰：“不及秋，将死。”(《左传·文公十八年》)

公疾病，求医于秦。秦伯使医缓为之。未至，公梦疾为二竖子，曰：“彼，良医也。惧伤我，焉逃之?”其一曰：“居肓之上，膏之下，若我何?”医至，曰：“疾不可为也。在肓之上，膏之下，攻之不可，达之不及，药不至焉，不可为也。”公曰：“良医也。”厚为之礼而归之。(《左传·成公十年》)

楚子使医视之，复曰：“瘠则甚矣，而血气未动。”(《左传·襄公二十一年》)

晋侯求医于秦。秦伯使医和视之。(《左传·昭公元年》)

赵孟曰：“良医也。”厚其礼归之。(《左传·昭公元年》)

齐高强曰：“三折肱知为良医。”(《左传·定公十三年》)

越不为沼，吴其泯矣，使医除疾，而曰：“必遗类焉”者，未之有也。(《左传·哀公十一年》)

以上为“医”出现的例子，有“医衍”、“良医”、“医”三种形式，未见“巫医”这类由名词修饰者。下面是“巫”出现的例子：

郑人囚诸尹氏，赂尹氏而祷于其主钟巫，遂与尹氏归而立其主。十一月，公祭钟巫，齐于社圃，馆于寪氏。(《左传·隐公十一年》。钟巫，神也)

成季使以君命命僖叔待于鍼巫氏，使鍼季鸩之。(《左传·庄公三十二年》。鍼巫，家族；鍼季其一员也)

七日新城西偏，将有巫者而见我焉。(《左传·僖公十

年》。巫者，巫人）

雍巫有宠于卫共姬，因寺人貂以荐羞于公，亦有宠。（《左传·僖公十七年》。雍巫，齐小臣）

夏，大旱。公欲焚巫尪。臧文仲曰：“非旱备也。修城郭，贬食省用，务穑劝分，此其务也。巫尪何为？天欲杀之，则如勿生；若能为旱，焚之滋甚。”（《左传·僖公二十一年》。巫尪，巫人以及仰面朝天的畸形人）

初，楚范巫矞似谓成王与子玉、子西曰：“三君皆将强死。”（《左传·文公十年》。楚范巫矞似，楚国范地的巫人矞似）

申公巫臣曰：“师人多寒。”（《左传·宣公十二年》。申公巫臣，楚宗族。）

中行献子将伐齐，梦与厉公讼，弗胜，公以戈击之，首队于前，跪而戴之，奉之以走，见梗阳之巫皋。他日，见诸道，与之言，同。巫曰：“今兹主必死，若有事于东方，则可以逞。”（《左传·襄公十八年》。巫皋，巫者名皋）

楚人使公亲禭，公患之。穆叔曰：“祓殡而禭，则布币也。”乃使巫以桃列先祓殡。楚人弗禁，既而悔之。（《左传·襄公二十九年》）

以上含有“巫“的结构不外乎：1. “名词+巫”不外乎：神名、人名、家族名、地名+巫。2. “巫+专有名词”即“巫加上人名”。如“巫皋”、“巫臣”，前者为巫人名皋者，后者纯粹人名，但大约仍与“巫”有关。3. 巫者，巫人+普通名词，即名词性定中结构。4. 巫尪：巫人以及仰面朝天的畸形人，这和《孟子·公孙丑上》的“巫匠”一样，是为同位结构。

据以上“医”和“巫”在《左传》中出现的情况可知：

第一，考察《左传》中的“医”可知，虽然有定中结构如“良医”者，但未见名词作定语如“巫医”者，而“良医”，《左传》中虽四见，但显然是个词组，而非名词。“巫医”仅仅一见，也显然不能说是普通名词，而是个词组。再考察《左传》中的

“巫”，根据上文的总结，“巫医”无非是第3、第4种结构，即名词性定中结构以及同位结构。依据下文我们将要证明它是同位结构，而非名词性定中结构。

第二，据《周礼·天官冢宰》和《夏官司马》记载，只有医、医师、食医、疾医、疡医、兽医等名目，未见“巫医”，且根据下文：

> 晋侯梦大厉，被发及地，搏膺而踊，曰：“杀余孙，不义。余得请于帝矣!”坏大门及寝门而入。公惧，入于室。又坏户。公觉，召桑田巫。巫言如梦。公曰：“何如?”曰：“不食新矣。”公疾病，求医于秦。秦伯使医缓为之。未至，公梦疾为二竖子，曰：“彼，良医也。惧伤我，焉逃之?”其一曰：“居肓之上，膏之下，若我何?”医至，曰：“疾不可为也。在肓之上，膏之下，攻之不可，达之不及，药不至焉，不可为也。”公曰：“良医也。”厚为之礼而归之。六月丙午，晋侯欲麦，使甸人献麦，馈人为之。召桑田巫，示而杀之。将食，张，如厕，陷而卒。小臣有晨梦负公以登天，及日中，负晋侯出诸厕，遂以为殉。①

可知君主贵族精神或身体不正常时，总是召集巫者和医者，而且总是和神鬼迷信以及预言是否应验联系在一起。所以将“巫”和“医”合称为“巫医”，时人贱之。《吕氏春秋》曰：

> 今世上卜筮祷祠，故疾病愈来。譬之若射者，射而不中，反修于招，何益于中?夫以汤止沸，沸愈不止，去其火则止矣。故巫医毒药，逐除治之，故古之人贱之也，为其末也。(《季春纪·尽数》)②

---

① 杨伯峻:《春秋左传注》，北京：中华书局2000年版，第849~850页。

② 许维遹:《吕氏春秋集释》，北京：中国书店1985年版，第96~97页。

总结以上可知，这一时代，“巫医”和“巫兀”（巫者和仰面朝天的畸形人）、“巫匠”（巫者和木匠）一样，只出现了一次，而据上引可知“巫”和“医”各自出现了多次。“汉语大部分的双音词都是经过同义词临时组合的阶段的。”① 词总是在时间的长河中由词组融合成词的，因此，较早时代和较晚时代书写形式完全相同的两个结构，往往较早的是词组，较晚的是合成词，如“地方”、“事情”等。而一旦成词，形式就相对固定。我们看“巫”和“医”，即使在《论语》《左传》之后的史书中，也有时是“巫医”并列，有时是“医巫”并列。这一方面说明了它们是词组，而非词，另一方面也说明了它们是联合结构的词组，而非定中结构的词组。

虽然这看似只是词和词组的小问题，却影响到对句子的理解。如将“巫医”看做一个词，那么对“人而无恒，不可以作巫医”这句话的意思，就诚如杨伯峻先生在《论语译注》中所翻译的：

> 人假若没有恒心，连巫医都做不成了。

而我们的译文是：

> 作为一个人，却没有恒心，是连巫者和医生都做不成的。

顺便说一句，我们之所以译“人而无恒”为“作为一个人，却没有恒心”，是因为瑞典何莫邪教授经过穷尽性统计和研究，得出结论说“而”在先秦是连接两个谓词性结构的连词，可谓信而有征。这个小例子同样说明了语言学特别是语法学对解读古书的重要。

---

① 王力:《古代汉语》第一册，北京：中华书局1983年版，第89页。

上博简《天子建州》礼疏*

◎杨　华

《上海博物馆藏战国楚竹书（六）》中有《天子建州》一篇，全文不足三百字，却是一篇礼制信息极其丰富的文献。① 由于同时存在甲、乙两个写本，可以互相参读，这为简序编连提供了一些线索。曹锦炎先生的原释打下了很好的基础，但仍然存在不少问题，很多学者又做了进一步研究。就笔者目力所及，迄今关于本篇的前期成果达 20 多篇，大致如下（以发表时间先后为序）：

1. 陈伟:《读〈上博六〉条记》，简帛网 2007 年 7 月 9 日。

2. 何有祖:《读〈上博六〉札记》；简帛网 2007 年 7 月 9 日。

3. 刘洪涛:《读上博竹书〈天子建州〉札记》，简帛网 2007 年 7 月 12 日。

4. 陈伟:《〈天子建州〉校读》，简帛网 2007 年 7 月 13 日。

5. 裘锡圭:《〈天子建州（甲本）〉小札》，简帛网 2007 年 7 月

---

* 本文是教育部人文社会科学重点研究基地重大课题“出土简帛与中国古代礼制研究”（05JJD770015）、教育部“新世纪优秀人才支持计划”（2007 年）和国家社科基金“简帛所见楚地丧祭礼制研究”（09BZS006）的阶段性成果。

① 马承源主编:《上海博物馆藏战国楚竹书（六）》，上海：上海古籍出版社 2007 年版，第 125～153、309～338 页。

16 日。

6. 何有祖:《读〈上博六〉札记三则》，简帛网 2007 年 7 月 17 日。

7. 杨泽生:《读〈上博六〉小札》，简帛网 2007 年 7 月 21 日。

8. 苏建洲:《读〈上博（六）·天子建州〉笔记》，简帛网 2007 年 7 月 22 日。

9. 范常喜:《读〈上博六〉杂记六则》，简帛网 2007 年 7 月 25 日。

10. 单育辰:《占毕随录之二》，简帛网 2007 年 7 月 28 日。

11. 苏建洲:《读〈上博六〉笔记》，简帛网 2007 年 7 月 31 日。

12. 何有祖:《〈天子建州〉札记一则》，简帛网 2007 年 8 月 1 日。

13. 刘信芳:《〈上博藏六〉试解之三》，简帛研究网 2007 年 8 月 10 日。

14. 范常喜:《上博简〈容成氏〉和〈天子建州〉中“鹿”字合证》，简帛网 2007 年 8 月 10 日。

15. 张崇礼:《读〈天子建州〉札记》，简帛研究网 2007 年 10 月 9 日。

16. 林文华:《〈天子建州〉零释》，简帛网 2007 年 10 月 10 日。

17. 刘钊:《读〈上博六〉词语札记三则》，“2007 中国简帛学国际论坛”会议论文，台北：台湾大学中文系，2007 年 11 月 10—11 日。

18. 杨华:《〈天子建州〉礼疏》，“2007 中国简帛学国际论坛”会议论文，台北：台湾大学中文系，2007 年 11 月 10—11 日。

19. 墨子涵:《〈天子建州〉中所见反印文、未释字及几点臆断》，简帛网 2007 年 12 月 25 日。

20. 杨泽生:《上博藏简〈天子建州〉中有关言语的禁忌礼俗》，“简帛文献与思想史研究”读书班论文，中山大学，2008 年 1 月 12—13 日。

21. 林文华:《〈天子建州〉“强行”考》，简帛网 2008 年 2 月 3 日。

22. 侯乃峰:《〈天子建州〉“耻度”解》，简帛网 2008 年 2 月 16 日。

23. 林文华:《〈天子建州〉释读五则》，简帛网 2008 年 7 月 15 日。

24. ［日］浅野裕一:《〈天子建州〉的北斗与日月》，氏著《上博楚简与先秦思想》第八章，佐藤将之监译，台湾万卷楼图书股份有限公司 2008 年版，第 191～210 页。

本文拟在诸位先进的研究基础上，再加申发。尤其对简文中的礼制信息，尽量着墨疏证。限于篇幅，以下引用上列诸文，不另具注，仅标明作者。

一、释　　文

以下释文以甲本为基础，乙本中出现并可采以补释的字词，用方括号（［］）注明，简序也没有变化。

［凡］天子建之以州，邦君建之以坘（都），夫＝（大夫）建之以里，士建之以室。[1] 凡天子七殜（世），邦君五【简 1】［殜（世），大夫］三殜（世），士二殜（世）。[2] 士象夫＝（大夫）之立（位），身不免，夫＝（大夫）象邦君之立（位），身不免；邦君象天子之【简 2】［立（位）］，身不免。[3] 豊（禮）者，義（儀）之玐（兄）也。[4] 豊（禮）之於屎（宗）窗（庿）也，不腈（精）為腈（精），不媺（美）為媺（美）。義（儀）反之，腈（精）為不【简 3】腈（精），媺（美）為不媺（美）。[5] 古（故）亡（無）豊（禮）大灋（廢），亡（無）義（儀）大謫。[6] 型（刑），乇用青（情），邦喪；乇用勿（物），邦喪。必中青（情）以羅（麗）于【简 4】勿（物），幾（僟）殺而邦正。[7] 文侌（陰）而武昜（陽），信文㝵（得）事（吏），信武㝵（得）田。[8] 文悳（德）絧（治），武悳（德）伐，文生武殺。冐＝（日月）㝵（得）丌（其）【简 5】甫（輔），相之以玉斗（斗），戕（仇）讎

(雝)戔(殘)亡。[9]洛(樂)尹行身味(和)二:一惪(喜)一忞(怒)。[10]天子坐以巨(矩),食以義(儀),立以縣(懸),行以【簡6】[興,視]侯(惟)量,寡(顧)還身。[11]者(諸)侯食同胉(狀),見(視)百(迫)正,寡(顧)還脊(肩),與卿夫=(大夫)同恥尼(度)。[12]士見(視),目丕(恒正),寡(顧)還【簡7】[面],不可以不昏(聞)。[13]恥尼(度),民之義(儀)也。[14]凡天子鴶(歆)懸(饑),邦君食蜀(濁),夫=(大夫)汞(承)廌(薦),士受余(餘)。[15]天子四辟【簡8】[筵]笞(席),邦君三辟,夫=(大夫)二辟,士一辟。[16]事瑰(鬼)則行敬,褱(懷)民則以惪(德),剸(斷)型(刑)則以衮(哀)。[17]朝不語內,社(攻)【簡9】[不語]戰。[18]才(在)道不韶(語)匿(慝),尻(處)正(政)不韶(語)樂,畲(尊)且(俎)不折(誓)事,聚眾不韶(語)惰(怨)。[19]男女不韶(語)鹿(麗),堋(朋)畣(友)不【簡10】[語分]。[20]臨食不韶(語)亞(惡),臨兆(兆)不言屬(亂),不言帰(侵),不言戈(烖),不言犮(魃),不言耑(短),古(故)龜又(有)五忌(忌)。[21]臨城不【簡11】[言]毀,觀邦不言喪。[22]古(故)見傷(禓)而為之晢(祈),見窔而為之內(入)。[23]時言而殜(世)行,因惪(德)而為之折(制),是胃(謂)【簡12】中不韋(諱)。[24]所不斈(教)于帀(師)者三:弜(強)行、忠譽(謀)、信言,此所不斈(教)于帀(師)也。[25]【簡13】

二、义 疏

1. 凡天子建之以州,邦君建之以都,大夫建之以里,士建之以室。

墨子涵认为,句首的"凡"字不确。同时将本句中的"之"理解为宗庙,认为全句说的是各级别贵族在居民行政单位上建庙的相对权利。

按：本句指封建制度。建者，立也，“封邦建国”即此。贵族等级之制（天子、邦君、大夫、士）与居民行政体系（州、都、里、室），二者配合，实行分封。天子分封九州，整理者已引《礼记·王制》加以发明。《周礼·春官·典命》郑注：“出封，出畿内封于八州之中。”更直接说明分封制与九州的关系。

每州之下的“邦君”（侯国），再分封以都，见于《左传·隐公元年》，共叔段请封，祭仲谓：“先王之制，大都不过叁国之一。”齐国有“五都”。① 鲁国“陪臣执命，大都偶国”，故有子路“堕三都”之计。

“大夫建之以里，士建之以室”，是说大夫的封邑内存在着若干里，士之封地内统治着若干家庭。士之有封邑领民，文献少载，但本篇所说的士为上士（详下），地位较高。

2. *凡天子七世，邦君五世，大夫三世，士二世。*

本句指庙制。所谓多少世，指祭祀多少代祖先，整理者已引《礼记·王制》加以说明。刘信芳、林文华等先生亦近此说。但《礼记·王制》中的“士一庙”，与简文之“二世”记载不同，然而郑注补充说：“谓诸侯之中士、下士名曰官师者。上士二庙。”郑注与简文意合。由之反推，本篇简文中的士，皆指上士，故而分封有室。

3. *士象大夫之位，身不免；大夫象邦君之位，身不免；邦君象天子之位，身不免。*

“象”，原释作“为”，陈伟先生改释作此。“免”原释作“字”，刘洪涛先生改释作此，陈伟等先生从之。均极是。刘信芳先生引《楚辞·招魂》之“像设君室，静闲安些”，认为简文“象”用作动词谓“设象”，指人死后设其形像于室祠之，反映了由周代之祭祖用“尸”到战国之祭祖设“象”的礼制转型。同时指出，士祭先祖，设二像，倘若设三像，则属“士象大夫之位”，

---

① 《史记·齐世家》：“齐王因令章子将五都之兵以伐燕，燕哙死，齐大胜。”北京：中华书局1982年版。

于礼已僭越，故“身不免”。林文华先生已否定此种理解。

按：《集韵·养韵》：“象，古作為。”二字历来形似，容易混淆。所谓“象”，指摹仿、类法，《礼记·郊特牲》：“尸，神象也。”这里引申为僭越。如果某级贵族僭越礼制，祭以高一等级的贵族之礼，便会不免于诛讨。

4. 礼者，仪之兄也。

整理者将“义”作如字读，视礼义关系为兄弟关系。刘信芳先生读“义”为“宜”。刘洪涛先生主张“兄”假借为“匡”，意为匡正、辅助，礼用来辅助、匡正义，使尽其礼而止，不过其度。陈伟先生则主张“兄”当训为“滋益”，其意与《韩非子·解老》“事有礼而礼有文，礼者义之文也”类似。林文华先生认为，“兄”可读作“皇”，“义之兄”可读为“义之皇”、“义之美也”，礼可理解为义的美化文饰。裘锡圭先生指出，“义”当读为“仪”。

按：裘说极是，简文下段主要讲礼之仪节，可证之。而“兄”字仍应读如本字，以礼为兄，便意味着在礼与仪二者的关系中，礼的重要性大于仪，正如孔子所谓“礼云礼云，玉帛云乎哉”。

5. 礼之于宗庙也，不精为精，不美为美；仪反之，精为不精，美为不美。

原释“反之”，陈伟先生改释为“守之”。苏建洲先生认为“反”字在字形上也有根据，故仍采用整理者旧释。**按：**陈文已引《礼记·礼器》和《礼记·郊特牲》，指出礼之“以素为贵”，“贵其质”、“美其质”、“贵天产”，等等。值得注意的是，《礼记·礼器》载，礼有以多、大、高、文为贵者，同时也有以少、小、下、素为贵者，二者和谐的至佳境界是“唯其称”：“古之圣人，内之为尊，外之为乐，少之为贵，多之为美。是故先王之制礼也，不可多也，不可寡也，唯其称也。”这句话提到“贵”与“美”的辩证关系，与简文中“精”与“美”的辩证关系所指相同。简文全句讲的是礼与仪的关系，而不是礼与义的关系。

6. 故无礼大废，无仪大谞。

陈伟先生将“法”字看做重文，将“刑”字上读，整句读作“故无礼大废灋，无义大眚刑”。谞，整理者认为其构形有误，陈伟先生释作“眚”，意指败坏。刘洪涛先生释作“孽”，林文华先生同之。

按：在意义理解上，以上诸说似都不畅，暂保留原释。“义”，此处仍应读为“仪”，此句总结以上几句涉及的礼仪关系。

7. 刑，屯用情，邦丧；屯用物，邦丧。必中情以丽于物，僟杀而邦正。

“罶”，原释作“罗”，训为包罗，囊括；陈伟先生主张仍将“罗”训为约束、防范之义；刘洪涛先生读为“丽”，“中情以丽于物”意为情、物两者兼顾才能治好刑狱之事，可从。张崇礼先生进一步指出，中情意为符合情。“几”，刘信芳先生训为“庶几”，不可从；整理者训为“察”，陈伟先生读为“僟”，“僟杀”指对死刑的判处要精确、谨慎。物，曹锦炎先生以为指物资、财物；张崇礼先生以为“物”为施事，义为“受物的约束”。**按：**“物”，当训为“事”，①泛指刑狱之事。综合各家说法，此句是说执行刑罚时，既不可过于注重情感，也不可太拘泥法律细节，而应当折中用情，并将情感融于刑狱，谨慎判处，这样国家才会立于不败。

8. 文阴而武阳，信文得吏，信武得田。

整理者将“信”训为“用”，并认为“事”乃“吏”之讹，均可通。张崇礼先生训“事”为治理，林文华先生同之，恐不确。《诗经·鲁颂·泮水》：“允文允武，昭假烈祖。”郑笺：“僖公信文矣，为修泮宫也；信武矣，为伐淮夷也。”《鹖冠子·天则》有“文武交用而不得事实”句。所谓“得田”，指通过征伐获取土地民人。

9. 日月得其辅，相之以玉斗，仇雠残亡。

“辅”，原释为“央”，陈伟先生释为“剌（列）”，苏建洲先生改释作“甫”，读为“辅”。相，整理者释作“根”，范常喜先生改释作此。“仇雠残亡”，整理者读为“格陈践亡”，陈伟先生改释

① 物之训事，正如王引之所说，是一种“常训”，见《经义述闻·通说·物》，辞例不烦赘引，详见宗福邦等著:《故训汇纂》，北京：商务印书馆2003年版，第1402页。

作此。林文华先生将整句理解为，日月（天子）得到北斗（辅相）之佐助，其威可以令仇敌灭亡。张崇礼先生理解为，如果能够依北斗星的指示进行征伐，仇人就会灭亡。

按：此句似指战争中的阴阳术数，张说基本得之，但具体含义还有待挖掘。

10. 乐尹行身和二：一喜一怒。

“洛（乐）尹”，整理者将“洛”读为“乐”，将“尹”读为“治”；张崇礼先生认为“洛尹”可能就是洛伯，即洛水之神；林文华先生认为“洛尹”是“伊尹”之异名。**按**：诸说皆较勉强，暂从整理者说。

“一喜一怒”，林文华先生认为“喜”指礼乐教化之文事，“怒”指战争征伐之武事，命名意思是说伊尹行身能够调和文武之道，是文武兼备的良臣。这与全篇关注的礼仪主题似亦不洽。

按：“行身”，古语又谓“身行”，贾谊《新书·辅佐》“身行之强”，指身体及其行容之适当与否。(《尔雅·释诂》：“强，当也。”)《左传·宣公十二年》杜注：“言栾书之身行，能充此言。”“行身和二”，指使身体与其行容达成和谐。喜怒以时，喜怒以义，是对古代君子修身培德的要求，《大戴礼记·保傅》：“忿怒说喜不以义……此其属少傅之任也。”喜怒不适，属于失礼。

11. 天子坐以矩，食以仪，立以悬，行以兴，视惟量，顾还身。

本句的断句是陈伟先生的发明。兴，原释作“璧”，从刘洪涛先生改释。陈伟先生训为“奋发”之意，单育辰先生读为“绳”。募，整理者读作“顾”，极是。

按：各家对本句的解释皆未尽人意。其中之坐、食、立、行、视、顾，当指贵族的礼容，今试说如下：

坐以矩　指坐如规矩之状，上身与下身成九十度。《新书·容经》载，坐容的基本姿势，是“坐以经立之容，胻不差而足不跌”。在此基础上，又分经坐(“视平衡”)、共坐(“微府视尊者之膝”)、肃坐(“府首视不出寻常之内”)、卑坐(“废首低肘”）四种。简文之“坐以矩”，当指经坐。

食以仪　《新书》和《大戴礼记·保傅》：“（天子）食以礼，

御以乐。失度，则史书之。”陈伟先生指出，仪是观测日影的表柱。然则，此句指天子根据日晷之影而按时进食。古人每日吃饭的次数，有两种说法。一为三食说：“平旦至食时，为日之朝；禺中至日昳，为日之中；下侧至黄昏，为日之夕。”① 二为四食说：“平旦食，少阳之始也；昼食，大阳之始也；餔食，少阴之始也；暮食，大阴之始也。”② 其进食节律皆与日影测时有关。《论语·乡党》：“不时不食。”集解引郑注：“不时，非朝、夕、日中时。”正是指此。

立以悬　《新书·容经》载，立容的基本姿势，是“固颐正视，平肩正背，臂如抱鼓，足间二寸，端面摄缨，端股整足”。在此基础上，又分经立（“体不摇肘”）、拱立（“因以微磬”）、肃立（“因以磬折”）、卑立（“因以垂佩”）四种。按照天子的等级，当取经立之容，即固颐、平肩、正视，身体如乐器垂悬一样。简文用“悬”字，与古人常用悬物来表示立容有关，如悬磬、垂佩之类。

行以兴　指行容必须合乐。兴，指作乐起舞，《孔子家语·论礼》“入门而悬兴”王肃注：“兴，作乐。”《诗经·小雅·伐木》“蹲蹲舞我”郑笺：“为我兴舞蹲蹲然。”《周礼·地官·乡大夫》：“退而以乡射之礼五物询众庶……五曰兴舞。”天子急趋慢行，皆要合乎乐节，《保傅》：“行中鸾和，步中《采茨》，趋中《肆夏》，所以明有度也。”《周礼·春官·乐师》《礼记·玉藻》：“行以《肆夏》，趋以《采荠》。”值得注意的是，“行”主要指在堂上的走路。③

视惟量　指视容。“侯”，训作“惟”。《汉书·礼乐志》“荡侯休德”颜师古注引服虔曰：“侯，惟也。”《孔子家语·弟子行》

---

① 《续汉书·五行志》刘注引《洪范五行传》郑注。

② 《白虎通义·礼乐》。

③ 《礼记·曲礼》疏谓：“行谓大寝之庭至路门，趋谓路门至应门。”《周礼·乐师》郑注：“行，谓于大寝之中。趋，谓于朝廷。”《尔雅·释宫》云：“室中谓之时，堂上谓之行，堂下谓之步，门外谓之趋，中庭谓之走，大路谓之奔。”《礼记·玉藻》疏谓：“路寝门内至堂，谓之‘行’，于行之时则歌《肆夏》之乐。按此对文耳。若总而言之，门内谓之行，门外谓之趋。”

“应侯顺德”王肃注：“侯，惟也。”《六年琱生簋》“侯令”，即“惟命”。①《五年琱生簋》“侯我考我母命”，也意为惟父母之命是听。② 简文所谓“视惟量”，指按照天子自己愿意看到的量度、距离来行视礼，即随其所视。类似用法常见于文献，如《左传·隐公元年》：“他邑唯命。”《古文尚书·说命中》：“动惟厥时。”《仪礼·士冠礼》：“伯某甫，仲叔季，唯其所当。”《乡射礼》：“若无大夫，则唯宾。”《燕礼》《大射礼》：“公又举奠觯，唯公所赐。”《礼记·玉藻》：“唯所欲。”文献各本的写法不同，惟、唯、维互相通用。简文“视惟量”的“量”，也提示了下文诸侯、卿大夫和士所行视礼之高低距离。

另外，“惟”与“以”韵部相同，“视惟量”与前面的“坐以矩，食以仪，立以悬，行以兴”几句，语气相当。

顾还身　指顾容，即旋容。《广韵·暮韵》：“顾，回视也。”《诗经·小雅·蓼莪》“顾我复我”郑笺：“旋视也。”疏谓：“旋视，谓去之而反顾也。”“还”，与“旋”通假，《礼记·祭义》“周还出户”、《玉藻》“周还中规”，陆德明《释文》均作“旋”。古代贵族讲求“周还中规，折还中矩”，据郑注，所谓“周还”，指“反行”，宜圜；所谓“折还”，是“曲行”，宜方。君子转身分为圆形转身和方形转身两种，本篇简文之“顾还身”或许属于“周还”（圆形转身）的一种。

12. 诸侯食同状，视迫正，顾还肩，与卿大夫同耻度。

“肩”，原释为“胥（脊）”，从刘洪涛先生改释作此。“百正”，整理者理解为“百官”云云，不太可靠，诸家对此亦无所解。按：“百”，在此可通作“迫”，③《说文·辵部》：“迫，近也。”“迫正”，即接近于正视。与后文士之“目恒正”（详下），可互相观照。

① 杨树达：《积微居金文说》，北京：中华书局1997年版，第247~248页。

② 李学勤：《琱生诸器铭文联读研究》，《文物》，2007年第8期。

③ “百”与“白”可以互相假借，而“白”与“迫”通用不乏其例，如《仪礼·士丧礼》“两胉脊肺”、“两胉亚”，今文经皆写作“两迫”。

耻度　“尾”，古文“宅”字，“宅”与“度”通。侯乃峰先生指出，“耻”当读为“止”，《诗·墉风·相鼠》中“人而无止”，与“人而无仪”、“人而无礼”处于同样位置，词性及意义也相同或相近。据《韩诗》、毛传和郑笺，“止”都训为容止、礼节，意为礼仪法度。**按：**侯说甚是。君子升降揖让、趋行顾还皆有度，仅《保傅》一篇便多次讲到天子的礼仪之度，如“所以明有度也”、“明度量以道之义”、“御器在侧不以度”、“失度，则史书之”，等等。这里的“度”，类似于“义”（宜）。

13. 士视，目恒正，顾还面，不可以不闻。

此句整理者读为“士视，目恒顾还面”。张崇礼先生已经指出“顾”、“还”动作的幅度与贵族等级的关系，但他仍将“百正”视为一级贵族，将此句读为“士，视目恒，顾还面”。

按：诸家说法均有所不辞。恒，楚简中常见，一般写作“死”，有在其下加心符、口符者，如包山简137反、天星观简。① 加止符的字有二例，其一见于郭店《缁衣》简32，② 另二例见于上博三《亘先》简12，③ 但陈伟先生和裘锡圭先生都主张将这种加止符的歪都读作“极”。④ 本篇此处的“歪”，读作“极”于义不安，读作“恒”似亦不辞。笔者以为，此字当是“恒正”二字的合文，“恒正”与前文诸侯、卿大夫的视礼之“迫正”对应。

视容之要求端正，文献常见。例如，《礼记·玉藻》“目容端”郑注：“不睇视也。”即不邪视。《新书·容经》：“朝廷之见，端流

---

① 李守奎:《楚文字编》，上海：华东师范大学出版社2003年版，第759～761页。

② 荆门市博物馆:《郭店楚墓竹简》，北京：文物出版社1998年版，版图19。

③ 马承源主编:《上海博物馆藏战国楚竹书（三）》，上海：上海古籍出版社2003年版，第117页。

④ 陈伟:《郭店楚简别释》，武汉：湖北教育出版社2002年版，第42页。裘锡圭:《是“恒先”还是“极先”?》，“2007中国简帛学国际论坛”会议论文，台湾大学，2007年。

平衡。"端与正互训，都是指"目毋游"、"毋改"之类。上古视容有多种，有一般之视，有应答之视，有对君父之视等，其所在场合不同，又有军旅之视、朝廷之视、祭祀之视、丧纪之容，等等。①本篇简文所言，可能是泛指："凡视，上于面则敖，下于带则忧，倾则奸。"②

从天子之视"惟量"，到诸侯、卿大夫之视"迫正"，到士之视"恒正"，要求视线越来越端正，为什么？这与视容之讲求等级性有关，地位越低，其视容越拘谨。例如，《礼记·曲礼》谓："天子视不上于袷，不下于带。国君绥视，大夫衡视，士视五步。"对天子的视容，目光在袷下带上；臣下对诸侯的视容，目光在面下袷上；臣下对大夫的视容，平看其面；属吏对士的视容，目光虽在面与带之间，但可以旁视左右五步。由之反证，地位越低，其所受之视容越不正式，其视人之视容却反而越正式。

从天子之"顾旋身"，到诸侯、卿大夫之"顾旋肩"，再到士之"顾旋面"，地位越低其幅度越小，地位越高反而幅度越大，为什么？因为顾旋之礼在于展示贵族的仪态，不能太急促，必须缓而有形。天子周旋的幅度大，其效果是身体姿势显得更端正，以符合"君子必正"的原则，③所以《新书·傅职》中将"亟顾还面"作为天子居处燕私时失礼的行为，认为是少保的失职，④由本篇简文可知，"顾还面"是低级贵族士的礼容。

诸家读法，皆以"闻耻度"为句，笔者认为，"耻度"应下读

---

① 鲁士春:《先秦容礼研究》，台湾：天工书局1998年版，第33～49页。

② 《礼记·曲礼》。

③《孟子·离娄》："君仁莫不仁，君义莫不义，君正莫不正，一正君而国定矣。"

④《新书·傅职》："天子居处燕私，安所易，乐而湛，夜漏屏人而数，饮酒而醉，食肉而饱，饱而强食，饥而馁，暑而暍，寒而懦，寝而莫宥，坐而莫侍，行而莫先莫后，帝自为开户，自取玩好，自执器皿，亟顾还面，而器御之不举不臧，折毁丧伤，凡此之属，少保之任也。"阎振益、钟夏注引卢辩谓："还，旋也。"阎振益:《新书校注》，北京：中华书局2000年版，第182页。

（详下）。另一个原因是，自第6简开始，基本叶韵，兴、身、正、闻韵部相近（蒸、真、耕、文部），面、肩、悬同部（元部）。

14. 耻度，民之仪也。

按：《管子·形势解》："仪者，万物之程序也。法度者，万民之仪表也；礼义者，尊卑之仪表也。故动有仪则令行，无仪则令不行。故曰：进退无仪则政令不行。"其中的"法度者，万民之仪表也"，与简文本句完全相同。《禁藏》亦有类似说法："法者，天下之仪也。"意思是，贵族统治者的行为仪表，均为万民所法，不可不慎。

以上一段话，都在谈论贵族的坐、立、食、行、顾、视之容，可与上博简五《君子为礼》对读，也可与《新书·容经》对读。① 本句可为这段话的总括。

15. 凡天子歆饩，邦君食浊，大夫承荐，士受余。

裘锡圭先生将"鴿气"读为"歆气"，"承荐"读为"承馂"，并指出"馂"与"余"义近，"余"在这里指最后剩下的食物。受裘先生此一思路的影响，不少学者都朝着祭祀之后分食祭品的思路，来理解这一句话，笔者此前亦作如是观。但后来发现，这段简文其实另有所本。

《礼记·礼器》讲到"礼有以少为贵"时，举例谓：

> 天子适诸侯，诸侯膳以犊。诸侯相朝，灌用郁鬯，无笾豆之荐。大夫聘礼以脯醢。

关于这段话，郑玄没有太多解释，孔疏谓：

> "天子适诸侯，诸侯膳以犊"者，诸侯事天子如天子事天，天子事天既用一牛，故天子巡守过诸侯境土，诸侯奉膳亦止一牛而已也。"诸侯相朝，灌用郁鬯"者，转卑，须味转多

---

① 何有祖先生对此已有会心，见前引《〈天子建州〉札记一则》及其博士论文开题报告（武汉大学，指导老师：陈伟教授，2007年9月）。

也。诸侯相朝，谓五等自相朝也。灌，献也。天子祭天不用郁鬯，诸侯膳天子亦无郁鬯……此经据以少为贵，诸侯于天子无郁鬯，诸侯相朝，则设郁鬯，欲见卑者礼多，故特举诸侯相朝也。“无笾豆之荐”者，义在少而不在味，故唯有鬯而无殽也。“大夫聘礼以脯醢”者，大夫出使行聘礼毕，主国礼之，酌以酒，而又有脯醢，无芬芳之德，故须味稍多也。

该段礼文的意思是，天子祭宗庙社稷时用大牢，但祭天时只用一牛，而无郁鬯，所以天子到诸侯国巡守，侯国招待他只用一头小牛，而无郁鬯之享；但是，诸侯之间互相朝访，反而享有郁鬯之礼，不过没有笾豆之荐；大夫出使他国，主国招待时不用郁鬯而酌以清酒，但是又有脯醢之荐。同一种礼典，贵族之等级越低，其待遇反而越复杂，此种以少为贵的礼义原则上古常见。这个例子也常见于其他礼书，例如，《周礼·秋官·掌客》：“王巡狩、殷国，国君膳以牲犊。”《礼记·郊特牲》谈到用牲原则时，亦有所论及：

天子适诸侯，诸侯膳用犊。诸侯适天子，天子赐之礼大牢。贵诚之义也。……诸侯为宾，灌用郁鬯，灌用臭也。

上述几段文献可以与本篇简文对照理解：

天子歆饩　[illegible]，读作“歆”，即飨食。气，可读作“饩”，指杀牲。《周礼·聘礼》“饔饩五牢”郑注：“牲，杀曰饔，生曰饩。”《论语》“告朔之饩羊”何晏集解引郑注：“牲生曰饩。”简文的“天子歆饩”，正是“天子适诸侯，诸侯膳用犊”。

邦君食浊　“浊”指郁鬯。以秬黍（黑黍）酿成之酒称为秬鬯，① 此酒再和以郁金香草，便称为郁鬯，《周礼·春官·鬯人》：“凡祭祀、宾客之祼事，和郁鬯以实彝而陈之。”郑注：“筑郁金，

① 《诗经·大雅·江汉》：“厘尔圭瓒，秬鬯一卣。”“香鬯”、“郁鬯”、“侗鬯”等词常见于金文。

煮之以和鬯酒。”所谓筑，就是杵，引申为动词，意为捣碎。① 将郁金香草捣碎后和以黍酒，与泲去滓之后的“清酒”相比，自然称为“浊酒”。《司尊彝》：“郁齐献酌，醴齐缩酌，盎齐涚酌。”郑注谓，郁齐、醴齐皆是浊酒，盎齐稍清。② 简文的“邦君食浊”正是“诸侯相朝，灌用郁鬯”。

大夫承荐　“荐”，在《仪礼》中是进设脯醢的专称。脯为笾实，醢为豆实。“荐脯醢”为礼书熟语，例如，《周礼·天官·膳夫》：“凡王之稍事，设荐脯醢。”《仪礼·士冠礼》“始加，醮用脯醢”郑注：“始醮亦荐脯醢。”《士昏礼》：“赞者荐脯醢。”《燕礼》：“膳宰荐脯醢。”《大射礼》：“宰胥荐脯醢。”《聘礼》、《乡饮酒礼》、《士虞礼》、《特牲馈食礼》诸篇，几乎都有“荐脯醢”的程序。凌廷堪《礼经释例》设专条论之：“凡脯醢谓之荐，出自东房。”③ 古礼，凡献酒必有笾、豆，惟郁鬯之灌无之。简文的“大夫承荐”正是指“大夫聘礼以脯醢”，又与《礼器》同一段中的“诸侯相朝，灌用郁鬯，无笾豆之荐”相照应。

士受余　因本段前文天子、邦君、大夫之礼，皆指招待相食之礼，所以士之受余也当指类似礼仪，而不是祭礼或其他礼仪。余，指他人吃过之余食。首先，士之等级较低，与高级贵族交往时，都必须待他人食后方食。《士相见礼》：“若有将食者，则俟君之食，然后食。”《论语·为政》“有酒食，先生馔”，陆德明《释文》引郑注：“食余曰馂。”其次，馂余之礼又指食他人剩余之食物，《内则》谓：

> 父母在，朝夕恒食，子妇佐馂，既食恒馂。父没母存，冢子御食，群子妇佐馂如初。旨甘柔滑，孺子馂。

---

① 《礼记·杂记》：“臼以掬，杵以梧。”郑注：“所以捣郁也。”

② 郑注：“煮郁和相鬯，以醆酒摩莎泲之，出其香汁也。醴齐尢浊，和以明酌，泲之以茅，缩去滓也。盎齐差清，和以清酒，泲之而已。”

③ 凌廷堪著，彭林点校：《礼经释例·饮食之礼下》，台湾“中国研究院”中国文哲研究所古籍整理丛刊（6），台湾：中国文哲研究所 2002 年版，第 269 ~ 271 页。

士子每天早晚陪侍父母进食，老人吃剩的食物由子、媳接着吃，若父殁母存，则由嫡长子陪食，母亲和嫡长子吃剩之物再分给庶子、庶妇吃。并且食人馂余之物时，还要祭先。①

16. 天子四辟筵席，邦君三辟，大夫二辟，士一辟。

原释无误。“辟”，意为折叠，古人服饰中常言“辟积”，即指裳在腰间的折叠。筵席之辟，指其层数。

《礼记·礼器》：“天子之席五重，诸侯之席三重，大夫再重。”《仪礼·乡饮酒礼》、《论语·乡党》邢疏等与此说相同。② 但是，礼书上关于贵族筵席之制，还有另一种说法，《周礼·春官·司几筵》职掌“五几五席”，天子之席三重（“莞筵纷纯，加缫席画纯，加次席黼纯”）、诸侯之席二重（“蒲筵缋纯，加莞席纷纯”）。核诸本篇简文，《礼器》之说更为接近，只不过简文中天子的“四辟筵席”，与之略异。

17. 事鬼则行敬，怀民则以德，断刑则以哀。

“剸刑”，陈伟先生读为“断刑”，极是。

敬事鬼神 文献常见，如《周礼·秋官·伊耆氏》郑注：“老臣虽杖于朝，事鬼神尚敬，去之。”《保傅》中，“不敬于祭”也是太保失职之一。

怀民以德 怀，整理者理解为思念，显然不确，意当为来、归附。《诗经·皇矣》“予怀明德”毛传、《国语·晋语》“夷狄怀之”韦注、《淮南子·主术》“远者怀其德”高注、《论语·里仁》“君子怀德”俞樾按、《大戴礼记·盛德》“蛮夷怀服”王聘珍解诂，等等，均作此解，十分常见。本句意思是，用仁德使民人归附。

---

① 《礼记·曲礼》：“馂余不祭，父不祭子，夫不祭妻。”郑注：“食人之余曰馂，馂而不祭，唯此类也。”是说只有父馂子之余、夫馂妻之余时才不祭先，可见士之馂余是很普遍的事。

② 《仪礼·乡饮酒礼》本为士人之仪，但若有诸公、大夫等尊者亲临，则为之设席，规格是“公三重，大夫再重”。《论语·乡党》“席不正，不坐”邢疏：“凡为席之礼，天子之席五重，诸侯之席三重，大夫再重。”

断刑以哀　《大戴礼记·礼察》："导之以德教者，德教行而民康乐；驱之以法令者，法令极而民哀戚。"是说法令苛峻则百姓哀戚，似乎与本篇所见之哀不同。

18. 朝不语内，攻不语战。

整理者释以《礼记·曲礼》之"在朝言朝"，极是。天子、诸侯有内外朝之别。①《文王世子》载内朝、外朝之职，郑注："内朝，路寝庭。外朝，路寝门之外庭。"这是据上古建筑"面朝后寝"之制释之。其内外朝的界限，又决定于天子、诸侯的五门、三门之制，②由此种空间分隔导致礼制之别。一般外朝议政，内朝主宗族和妇孺之事，所以《内则》说："男不言内，女不言外。……内言不出，外言不入。"

攻不语战　攻，写作"社"，整理者读作"贡"。单育辰先生认为，"功不语战"是说"谈及功劳时不说战功"。杨泽生先生主张将之读为"宫"，"宫不语战"意谓在家内或寝室不议论战争这种国家大事。似皆不达。

按：疑"社"当读为"攻解"之"攻"，是一种祭祷巫术，常见于楚地卜筮祭祷简中，亦即《周礼·春官·大祝》所掌"六祈"之一。《论语·述而》："子之所慎：斋、战、疾。"斋指祭祷，攻解巫术是其中之一。祭祀时应当"心不苟虑，必依于道"。③战，据《说文》，当训为斗，这正是祭祷时必须忌讳不言的内容。

19. 在道不语慝，处政不语乐。尊俎不誓事，聚众不语怨。

在道不语慝　匿，整理者读如本字，理解为隐匿。杨泽生先生将"匿"训作"逃"、"亡"或"不见"，所谓"在道"指在于正道，该句意与《论语》之"有道则见，无道则隐"相当。其说皆嫌迂曲。**按：**当读为"慝"，训为恶。《周礼·地官·诵训》"掌道方慝，以诏辟忌"郑注："方慝，四方言语所恶也。"《礼记·王

---

① 《司服》："视朝，则皮弁服。"郑注："视朝，视内外朝之事。"

② 说详《周礼·秋官·朝士》。

③ 《礼记·祭统》。

制》：“大史典礼，执简记，奉讳恶。”各地都有很多忌讳、鄙恶之语，在路上不宜语之。《礼记·乐记》“世乱则礼慝而乐淫”郑注：“慝，秽也。”《礼记·祭义》《大戴礼记·曾子立孝》：“是故恶言不出于口。”《荀子·乐论》：“君子耳不听淫声，目不视邪色，口不出恶言，此三者，君子慎之。”

处政不语乐　乐，当读为乐舞之乐。此句是说为政者不能耽于声歌乐舞，否则将荒废政事。《韩非子·内储说下》载，齐人遗鲁哀公以女乐，哀公果怠于政，孔子谏之不听，遂去而之楚。《左传·昭公九年》：“晋侯饮酒乐。”《经义述闻》王引之按：“古者谓作乐为乐。”

尊俎不誓事　整理者译为“宴会的时候不行发誓之事”。陈伟先生认为“折”应读为“制”，意为“尊俎不制事”。杨泽生先生说，“尊俎不折事”就是在宴席上不要就事责难。**按**：从简文上下语境来看，此处的“折”还是应当理解为与言语有关的内容，宴席尊俎之间谈论军国大事并不罕见，所以“制事”不如“誓事”更贴切。《礼记·礼器》：“聚众而誓之。”《郊特牲》：“君亲誓社。”“王立于泽，亲听誓命。”军事、社祭、射礼、田猎等各类礼仪，都要用到誓戒，均可谓之“誓事”。《周礼·秋官·条狼氏》：“凡誓，执鞭以趋于前，且命之。”郑注：“前，谓所誓众之行前也。”可见，凡誓都是主誓者前有专人对誓众宣读誓词，显然当在室外而不可能处于尊俎之间。

聚众不语怨　“怨”，整理者原释作“逸”，理解为过失。陈剑、杨泽生先生从之，理解为安逸、逸乐意。① 陈伟先生改释作此。**按**:《周礼·秋官·县士》：“聚众庶。”《礼记·月令》：“毋聚众。”《孙子·九变》：“合军聚众。”聚众一般指起土功、军战，统治者总是希望被征发者无有怨辞。

---

① 陈剑:《甲骨金文旧释“鬻”之字及相关诸字新释》，复旦大学出土文献与古文字研究中心网站2007年12月29日。

20. 男女不语丽，朋友不语分。

“丽”，原作“鹿”。整理者读为“独”，理解为单独、独自之意；何有祖先生读为“禄”；范常喜先生读为“离”，训为分离，杨泽生先生从之；陈伟先生读为“丽”，训为偶。**按：**这里的“语”是指男女双方而言，男女不分离，是法家强调生产和生殖的理论；而男女分别，不轻言偶合之事，比较合乎儒家礼制。故取陈说。

21. 临食不语恶，临兆不言乱、不言侵、不言烖、不言魃、不言短，故龟有五忌。

整理者将“烕”释为“威（灭）”，将“犮”读为“拔”，将“帰”读为“寝”。杨泽生等先生将“帰”读为“侵”，意指侵夺、侵犯；将“端”读为“剬”，意为剪灭。各家对此五种临兆的言语之忌，分歧较大。**按：**在语义上，“乱、侵、灭、拔、短”五字意义重复，且意义范畴大小不均。笔者认为，“五忌”中除了“乱”指国内动乱比较可信外，[①]其他四忌的内容还需再加思量。

侵，指大饥。《穀梁传·襄公二十四年》：“一谷不升谓之嗛，二谷不升谓之饥，三谷不升谓之馑，四谷不升谓之康，五谷不升谓之大侵。”

“烕”，可能是“烖”字的误写。“烖”字从火𢦏声，而“威”字则从火从戌。在战国文字中，“威”字的戌符都写得很清楚，如《汗简》古文、子禾子釜、信阳2号楚简，均是如此。[②]本篇简文中的烕字，所从并非戌符，其上部可能是𢦏符的减省。如是，此字应释作“烖”，《说文·火部》：“天火曰烖。”《周礼·春官·司服》：“大札、大荒、大烖，素服。”郑注：“大烖，水火为害。”可见烖不仅限于火害。此处烖与侵并举，与《司服》中荒、烖并举，意义相同。

---

① 《左传·文公五年》：“兵作于内为乱，于外为寇。”

② 何琳仪:《战国文字通论》，南京：江苏教育出版社2003年版，第77页。李守奎:《楚文字编》，上海：华东师范大学出版社2003年版，第586页。

"犮"，似可读为"魃"。《说文·鬼部》："魃，旱鬼也。从鬼犮声。《周礼》有赤魃氏，除墙屋之物也。"《诗经·大雅·云汉》："旱魃为虐，如惔如焚。"毛传："魃，旱神也。"此字之形，又见于新蔡简甲三328："犮（魃）一豭，祷一冢。"原释作"犬"，但按照一般的辞例，所用牲（"一豭"）之前，应当是被祭祷的对象，如果释为"犮"，读为"魃"，可看做对旱鬼的祭祷记录。

端，即短。苏建洲先生已指出，它可与上博六《景公疟》简7的"制蔑短折"对读，极是。此处的短，即《尚书·洪范》之"凶短折"，孔传："短未六十，折未三十。"但孔疏引郑注："凶短折皆是夭枉之名。未龀曰凶，未冠曰短，未婚曰折。"意谓未冠而夭折。《左传·昭公十九年》云："寡君之二三臣札瘥夭昏。"注云："大死曰札，小疫曰瘥，短折曰夭，未名曰昏。"总之，"短"指夭殇之灾。

如是，则全句读为"临兆不言乱，不言侵，不言烖，不言魃，不言短"，这五忌之间意义相当，但稍有层次：占卜之前不能说与动乱、大饥、火灾、旱鬼和夭殇有关的内容。

22. 临城不言毁，观邦不言丧。

"丧邦"见于《尚书·多士》（"凡四方小大邦丧"）、《论语·子路》（"一言而丧邦"）等文献。《周礼·大卜》中说到以兆、易、梦之占，"以观国家之吉凶"。这两句是说，登城不能说与堕毁有关的话，观国不能说与丧国有关的话。与上面的临兆五忌一样，也是出于语言的禁忌，以避免不吉。

从"朝不语内"至此，简文都在议论语言禁忌，可以称为言容。《新书·容经》中有"言经"，分作朝廷之言、祭祀之言、军旅之言、丧纪之言四类，但未及其详。《仪礼·士相见礼》《礼记·曲礼》中有关于言语的宜忌，但与本篇相同的内容也不多，故而此段材料相当珍贵。

另，此段简文前半部分称"语"，后半部分称"言"，亦当辨别。《说文·言部》："直言曰言，论难曰语。"《礼记·杂记下》"言而不语"郑注："为人说为语。"《诗经·大雅·公刘》"于时语语”孔疏：“论难曰语，谓二人相对。”如此，则简文意思是，“临兆”、“临城”、“观邦”时不能主动说出这些忌讳的内容；而前面几句则要求，与人对话时应当忌讳相关内容。

23. 故见禓而为之祈，见窔而为之入。

禓，其右部所从当是易，而不是昜，与本篇简文“文阴武阳”之阳的右边不同，说明此字不能释为“禓”，也不能理解为《说文》中的“道上祭”。从易之禓，见于《礼记·郊特牲》：“乡人禓，孔子朝服立于阼，存室神也。”郑注：“禓，强鬼也。谓时傩，索室驱疫，逐强鬼也。禓，或为献，或为傩。”根据郑注的读音，段玉裁早已指出，此字当是禓，与禓不能通用①，本句简文材料支持了郑氏的结论。至于禓的含义，孔疏谓：

> 以时驱逐强鬼，恐己庙室之神时有惊恐，故着朝服立于庙之阼阶，存安庙室之神使神依己而安也。所以朝服者，大夫朝服以祭，故用祭服以依神。

是说孔子看到乡人驱逐强鬼，便赶紧穿上祭服（朝服）立于庙之阼阶，准备祭祷自己的家庙神主。相同的说法又见于《论语·乡党》②。简文之“见禓而为之祈”，与此完全相合。

窔，室之东南角，是平时收集、暂存垃圾的地方。《仪礼·既夕礼·记》载，人死后居殡期间，每月要对之举行朔月奠（士在月初，大夫以上还包括半月奠）：“比奠，举席，埽室，聚诸窔，布席如初。”意思是说，先撤去旧奠祭品，卷起旧奠祭席，打扫全室，将杂物暂聚到室东南窔处，新奠紧接着入室。由此，简文的“内”读作入，“见窔而为之入”，是指当看到旧奠撤到窔处时，便

---

① 段玉裁:《说文解字注》，上海：上海古籍出版社2000年版，第8页。

② 《论语·乡党》：“乡人傩，朝服而立于阼阶。”何晏集解引孔注：“傩，驱逐疫鬼。恐惊先祖，故朝服而立于庙之阼阶。”

立即把新奠端进去。之所以如此，是因为从始死至入葬期间，奠品为鬼神之所依，不可须臾或缺。本句意思，与上句“见禓而为之祈”大致相当，都是强调要让先人鬼魂时时得到安宁。

24. 时言而世行，因德而为之制，是谓中不讳。

整理者原将“不讳”下读，陈伟先生改属上读，并引《国语》“天威不违颜咫尺”，认为“不违”可作“中”的补语，意思是说不过多偏离正确的标准。“制”，原作“折”，今从陈读。**按**：此处“制”盖指制礼作乐。《乐记》“功成作乐，治定制礼”孔疏：“礼云‘制’者，作是动用，制是裁断，礼是形化，故言‘制’。乐是气化，故言‘作’。”

以上解释固然可通，但仍觉得“中”之后文是另一句话，第12、第13两简不能相衔。因此句只有甲本，乙本缺失，今暂从原释。

25. 所不教于师者三：强行、忠谋、信言，此所不教于师也。

强行　整理者认为意为“勉力而行”。刘钊先生认为，“强行”即“刚行”，“刚行”也就是“行刚”，指行为果断刚正，与《逸周书·谥法解》中的“布义行刚”、《论语·子路》中的“行必果”是一回事。刘说不可取。林文华先生反对此说，指出《老子·三十三章》有“强行者有志”，《上博二·从政》有“君子强行以待名之至”，《孟子》和《礼记》中有“力行”，《庄子·大宗师》中有“勤行”，认为“强行”就是勉力实行善道之意，同于“力行”、“勤行”，其德近于“仁”。整理者和林氏意见可取。

忠谋　陈伟先生读为“中敏”，今仍从原释。

林文华先生认为，所不教于师的三种德行，与《郭店·语丛一》“人之道也，或由中出，或由外入。由中出者：仁、忠、信”这一段话，可以互证。

按:《论语·学而》载曾子之言：“吾日三省吾身：为人谋而不忠乎？与朋友交而不信乎？传不习乎？”曾子之三省，其二（“忠谋”、“信言”）已见于本简，惟“传习”一项与简文所记的“强行”不同。但“强行”又确是曾子的理念，见于《大戴礼记·曾子立事》：“君子攻其恶，求其过，强其所不能。”同书《武王践阼》亦谓：“凡事不强则枉，弗敬则不正，枉者灭废，敬者万世。”所以，颇疑简文此句就是曾子所言，是儒门原义，《论语》中的“传习”当有所误，因为以逻辑言之，“强行”不必受教于师，而“传习”非受教于师则不可。

三、今　　译

通观全篇，简文又可分成若干段落，现根据以上理解，将其分段译成白文：

> 封建制度，天子按州来分封，诸侯按都来分封，大夫按里来分封，士下面再管辖若干家。庙制，天子祭祀七代祖先，诸侯祭祀五代祖先，大夫祭祀三代祖先，士祭祀二代祖先。如果不明礼制，士僭越了大夫的等级，就会不免于诛讨；大夫僭越了诸侯的等级，就会不免于诛讨；而诸侯僭越了天子的等级，同样会不免于诛讨。礼是仪的兄长，前者主导着后者。就宗庙祭祀而言，礼要求以不精为精，以不美为美；而仪却相反，愈精愈好，愈美愈好。所以，没有礼，则政教坏乱；没有仪，就会互相责让。
>
> 执行刑罚时，如果过于注重情感，就会导致亡国；如果过于拘泥法律细节，也会导致亡国。而应当折中用情，将情感融会于刑狱之中，谨慎判处，这样国家才会立于不败。
>
> 文属于阴德，武属于阳德；用文会得到官吏，用武会得到土田；文德导致安定，武德导致杀伐；文德导致生殖，武德导致衰减。若以日月为辅，再依北斗星的指示进行征伐，则战无不胜，仇敌必然残亡。音乐有助于调和君子的喜怒之情，使其身体与行容达成和谐。

天子按照规矩之姿（上身与正下身成九十度）行坐容，根据日晷之影按时进食，其立容挺直如同乐器垂悬一般，其堂上之行容要合乎乐节，其视容可随其所愿，其旋容是把整个身体作大幅度旋转。诸侯之食礼与天子相同，其视容接近于正视，其旋容是转动肩部，其动作幅度与卿大夫相同。士的视容，要求目光绝对端正，其旋容是只转动面部，这些都必须熟知。天子的礼容，是万民取法的标尺，不可不慎。

天子到各国巡守，诸侯招待他只用一头小牛，而无郁鬯之享；诸侯之间互相朝访，反而享有郁鬯之礼，不过没有脯醢之荐；大夫出使它国，主国招待时有脯醢之荐，但不用郁鬯而酌以清酒；士与高级贵族交往时，都必须待他人吃完后才吃，而且每天早晚陪侍父母进食，都要吃老人吃剩的食物。

天子用的筵和席共四层，诸侯三层，大夫二层，士一层。

以虔敬的态度进行祭祀，以仁爱的道德使民人归附，以哀怜的心情来裁断刑狱。

在外朝不宜谈论内寝之事，举行攻解祭祷时不能谈论战斗之事，在路上不要谈论各地的忌讳鄙恶之语，处理政事时不要谈论女乐，在堂室尊俎之间不能誓众读辞，参加土功、战事等集体活动时不要谈论怨尤之语，男女在一起不要谈论与偶合有关的内容，朋友在一起不要谈论与分离有关的内容，吃饭时不要谈论影响食欲的脏话。占卜之前不能说与动乱、大饥、水火灾害、旱鬼和夭殇有关的内容，登城不能说与堕毁有关的话，观国不能说与亡国有关的话。

看到乡人驱逐强鬼便赶紧祭祷自己的家庙神主，看到旧奠撤到窔处便立即把新奠端进去，不要让先人之鬼须臾失去凭依。

一时之言要用一世来践诺，根据德行来制定礼制，就会中正不远。有三种品德不必从老师那里学习：勉力强行、忠于所谋、践信诺言。这些是不用老师教的。

如上所见，本篇的礼制信息十分丰富，其中涉及封建制度、庙制、兵阴阳、朝聘之礼、祭礼，以及立、视、旋、言等各种礼容。简文所载，都可与传世礼书进行对证，可以说是迄今为止最有价值的一篇礼学出土文献。它与传世礼书（如大小戴《礼记》、《新书》某些篇章）之间的关系，还有待进一步研究。

附记：2007 年 11 月 11 日，本文曾在台湾大学“2007 中国简帛学国际论坛”学术讨论会上宣读，收入本集时作了修订，增补了学者们其后发表的研究成果。最近，何有祖君以《上博简〈天子建州〉初步研究》为题完成博士论文并通过答辩（武汉大学博士学位论文，历史学历史文献专业，陈伟教授指导，2009 年 5 月），其中提供了一些新的意见，本文未及采入，读者可以参看。

上博简《武王践阼》集释*

◎杨　华

《上海博物馆藏战国楚竹书（七）》中有《武王践阼》一篇①。根据整理者的说明，这篇文献写在15枝简上，简长41.6~43.7厘米，上中下三道编连，简头皆残，各简上书28~38字不等，总存491字，其中重文8字。简1至简10可以连读，简11至简15可以连读。前10枝简与后5枝简的书写风格明显不同，而且，后5枝简所记载的内容与前10枝简的内容存在重复。所以，一般认为，这是甲乙两篇文献。②

---

* 本文是教育部人文社会科学重点研究基地重大课题“出土简帛与中国古代礼制研究”（05JJD770015）、教育部“新世纪优秀人才支持计划”（2007年）和国家社科基金“简帛所见楚地丧祭礼制研究”（09BZS006）的阶段性成果。

① 马承源主编:《上海博物馆藏战国楚竹书（七）》，上海：上海古籍出版社2008年版。

② 李松儒《上博七〈武王践阼〉的抄写特征及文本构成》一文对甲乙两个版本提出了新的推论，他认为：简1~9、简10（16~25字）、简11、简12（1~19字）是一种字迹，为抄手甲所书写，称为Ⅰ部分；而简12（20字~简末）、简13~15是另一种字迹，为抄手乙所书写，称为Ⅱ部分。抄手甲不仅抄写了Ⅰ部分，还抄写了Ⅱ部分的简11及简12的前半部分。他先抄写了Ⅰ部分，在抄写前或抄写后得知当时流传的《武王践阼》还存在不同于自（本注未完，见下页）

该篇文献的内容与传世本《大戴礼记·武王践阼》大致相合，故整理者以此名之。整理者做了很好的编连和释读，但其中仍存在不少问题。甫一公布，便引起学者们的广泛兴趣，就笔者目力所及，迄今已有40多篇文章涉及相关考释，大致如下（以作者姓氏拼音为序）：

1. 陈伟A:《读〈武王践阼〉小札》，简帛网2008年12月31日。

2. 陈伟B:《〈武王践阼〉“应曰”试说》，简帛网2009年1月4日。

3. 程燕A:《上博七读后记》，复旦大学出土文献与古文字研究中心网2008年12月30日。

4. 程燕B:《上博七〈武王践阼〉考释二则》，复旦大学出土文献与古文字研究中心网2009年1月3日。

5. 程燕C:《〈武王践阼〉“户机”考》，复旦大学出土文献与古文字研究中心网2009年1月6日。

6. 陈志向:《〈上博（七）·武王践阼〉韵读》，复旦大学出土文献与古文字研究中心网2009年1月8日。

7. 复旦大学出土文献与古文字研究中心研究生读书会（简称“读书会”）:《〈上博七·武王践阼〉校读》，复旦大学出土文献与古文字研究中心网2008年12月30日。

8. 福田哲之:《〈上博七·武王践阼〉简6、简8简首缺字说》，简帛网2009年3月24日。

9. 高佑仁A:《也谈〈武王践阼〉简1之“微丧”》，复旦大学

（接上页）已抄写的别本。于是抄手甲又把别本《武王践阼》的异文（也就是Ⅱ部分）再抄了一遍，以起到存异的作用。不过抄手甲由于某种原因没有把抄写别本《武王践阼》异文的工作做完，他只抄写了Ⅱ部分的简11及简12的前半部分。剩下的抄写工作（也就是Ⅱ部分除“简11及简12的前半部分”之外的其余部分）由抄手乙接替完成。当抄手乙抄完Ⅱ部分后，人们再把Ⅰ部分和Ⅱ部分合编在一起。

出土文献与古文字研究中心网 2009 年 1 月 13 日。

10. 高佑仁 B:《释〈武王践阼〉简的“其道可得而闻乎”》，简帛网 2009 年 1 月 13 日。

11. 郝士宏 A:《读〈武王践阼〉小记一则》，复旦大学出土文献与古文字研究中心网 2009 年 1 月 2 日。

12. 郝士宏 B:《再读〈武王践阼〉小记二则》，复旦大学出土文献与古文字研究中心网 2009 年 1 月 6 日。

13. 何有祖 A:《释“当楣”》，简帛网 2008 年 12 月 30 日。

14. 何有祖 B:《上博七〈武王践阼〉“盥”字补释》，简帛网 2009 年 1 月 2 日。

15. 何有祖 C:《〈武王践阼〉小札》，简帛网 2009 年 1 月 4 日。

16. 侯乃峰 A:《〈上博七·武王践阼〉小札三则》，复旦大学出土文献与古文字研究中心网 2009 年 1 月 3 日。

17. 侯乃峰 B:《上博（七）字词杂记六则》，复旦大学出土文献与古文字研究中心网 2009 年 1 月 16 日。

18. 胡长春:《释〈上博七·武王践阼〉简 6 之“作”字》，复旦大学出土文献与古文字研究中心网 2009 年 1 月 5 日。

19. 季旭升:《上博七刍议》，复旦大学出土文献与古文字研究中心网 2009 年 1 月 1 日。

20. 李锐:《〈武王践祚〉研读》，简帛研究网 2009 年 1 月 2 日。

21. 李松儒:《上博七〈武王践阼〉的抄写特征及文本构成》，复旦大学出土文献与古文字研究中心网 2009 年 5 月 18 日。

22. 林文华:《〈上博七·武王践阼〉“民之反侻（覆）”解》，简帛网 2009 年 1 月 2 日。

23. 刘刚:《读简杂记·上博七》，复旦大学出土文献与古文字研究中心网 2009 年 1 月 5 日。

24. 刘洪涛 A:《谈上博竹书〈武王践阼〉的器名“枳”》，简帛网 2009 年 1 月 1 日。

25. 刘洪涛 B:《谈上博竹书〈武王践阼〉的机铭》，复旦大学出土文献与古文字研究中心网 2009 年 1 月 3 日。

26. 刘洪涛 C:《〈民之父母〉、〈武王践阼〉合编一卷说》，复旦大学出土文献与古文字研究中心网 2009 年 1 月 5 日。

27. 刘洪涛 D:《用简本校读传本〈武王践阼〉》，简帛网 2008 年 3 月 3 日。

28. 刘洪涛 E:《上博竹书〈武王践阼〉所谓“卣”字应释为“户”》，简帛网 2008 年 3 月 14 日。

29. 刘洪涛 F:《释上博竹书〈武王践阼〉的“斋”字》，复旦大学出土文献与古文字研究中心网 2009 年 4 月 5 日。

30. 刘秋瑞:《再论〈武王践阼〉是两个版本》，复旦大学出土文献与古文字研究中心网 2009 年 1 月 8 日。

31. 刘信芳:《竹书〈武王践阼〉“反昃”试说》，复旦大学出土文献与古文字研究中心网 2009 年 1 月 1 日。

32. 刘云:《说上博简中的从“屯”之字》，复旦大学出土文献与古文字研究中心网 2009 年 1 月 5 日。

33. 沈培:《上博（七）残字辨识两则》，复旦大学出土文献与古文字研究中心网 2009 年 1 月 2 日。

34. 苏建洲 A:《〈上博七·武王践阼〉简 6“寍”字说》，复旦大学出土文献与古文字研究中心网 2008 年 12 月 31 日。

35. 苏建洲 B:《〈武王践阼〉简 4“恖”字说》，复旦大学出土文献与古文字研究中心网 2009 年 1 月 5 日。

36. 苏建洲 C:《说〈武王践祚〉简 3“曲（从木）”字》，简帛网 2009 年 3 月 11 日。

37. 宋华强 A:《〈武王践阼〉“祈”及从“祈”之字试解》，简帛网 2009 年 6 月 27 日。

38. 宋华强 B:《〈武王践阼〉“微忽”试解》，简帛网 2009 年 7 月 7 日。

39. 小龙 A:《也说“几”、“敚”》，复旦大学出土文献与古文字研究中心网 2009 年 1 月 2 日。

40. 小龙 B:《论〈武王践阼〉之“柴”应为“亓柴”》，复旦大学出土文献与古文字研究中心网 2009 年 3 月 19 日。

41. 熊立章:《〈上博七·武王践阼〉引谚入铭与〈烝民〉引言入诗合论》，简帛网 2009 年 1 月 29 日。

42. 许文献 A:《上博七释字札记——〈武王践祚〉“柩”字试释》，简帛网 2009 年 3 月 28 日。

43. 许文献 B:《上博七〈武王践阼〉校读札记二则》，复旦大学出土文献与古文字研究中心网 2009 年 3 月 31 日。

44. 张崇礼:《释〈武王践阼〉的“矩折”》，复旦大学出土文献与古文字研究中心网 2009 年 1 月 5 日。

45. 张振谦:《〈上博七·武王践阼〉札记四则》，复旦大学出土文献与古文字研究中心网 2009 年 1 月 5 日。

46. 赵平安:《〈武王践阼〉“曼”字补说》，复旦大学出土文献与古文字研究中心网 2009 年 1 月 15 日。

以上工作中，复旦大学读书会的《校读》贡献尤著。本文拟以整理者和复旦大学读书会的成果为基础，参照其他各家考释，做出一个集释，并对其文献价值略加阐发。为节省篇幅，胪列诸家说法，径取简称，不繁征引。

一、释　文

【甲篇】

［武］王𦖞（問）於帀（師）上（尚）父曰：“不智（知）黃帝、耑（顓）瑄（頊）、堯、墅（舜）之道才（存）虐（乎）[1]？啻（意）散（微）喪（茫）不可㝵（得）而𧥄（睹）虐（乎）[2]？”帀（師）上（尚）父曰：【簡 1】“才（在）丹箸（書）[3]，王女（如）穀（欲）䙺（觀）之，盍䢒（齋）虐（乎）[4]？牆（將）㠯（以）箸（書）見。”[5] 武王䢒（齋）三日，耑（端）備（服）曼（冕），逾（逾）堂（當）散（楣）[6]，南面而立，帀（師）上（尚）父【簡 2】［曰］：“夫先王之箸（書），不弇（與）北面。”武王西面而行，柚（矩）折而南，東面而立[7]。帀（師）上（尚）父弆（奉）箸（書），道箸（書）之言[8]曰：“怠【簡 3】勳（勝）義則喪（喪），義勳（勝）怠則長，義勝穀（欲）則從，穀（欲）勳（勝）義則兇[9]。急（仁）㠯（以）㝵（得）之，急（仁）㠯（以）獸（守）之，亓（其）箽（運）百［世］[10]【簡 4】；不急

(仁)㠯(以)𡨦(得)之,𢝬(仁)㠯(以)獸(守)之,亓(其)𨌤(運)十殜(世);不𢝬(仁)㠯(以)𡨦(得)之,不𢝬(仁)㠯(以)獸(守)之,及於身。"武王𦖞(聞)之忎(恐)䁎(懼)[11]。為【簡5】口名(銘)於笧(席)之四耑(端),[席前左端]曰:"安樂必戒。"[12]右耑(端)曰:"毋行可悔。"席遂(後)左耑(端)曰:"民之反宭(側),亦不可[不]志。"[13]遂(後)右耑(端)曰【簡6】:"[□]諫(監)不遠,見(視)而所弋(代)。"[14]户機曰:"皇=(惶惶)隹(惟)堇(謹)口[=](口,口)生敬,口生㖃(詬),𦫵(慎)之口=(口口)。"[15]檻(鑒)名(銘)曰:"見亓(其)前,必慮亓(其)遂(後)。"[16]【簡7】[盥]盤名(銘)曰:"與其溺於人,寍(寧)溺=於=宋(淵)[=](溺於淵,溺於淵)猶可遊,溺於人不可求(救)。"[17]桯(楹)名(銘)唯[曰]: "毋曰可(何)惖(傷),丌(其)祡(禍)𨟻(將)長。[18]【簡8】毋曰亞(胡)害,丌(其)祡(禍)𨟻(將)大。毋曰可(何)𡟿(殘),丌(其)祡(禍)𨟻(將)言(然)。"[19]�(杖)名(銘)唯曰:"亞(惡)𡰝=(危?危)於忿連(戾)。亞(惡)𨒥=(失?失)道於脂(嗜)𣪊(欲)。亞(惡)【簡9】[忘?忘]於貴福。"[20]卣(牖)銘唯曰:"立(位)難𡨦(得)而易𨒥(失),士難𡨦(得)而惕(易)𦗟(外)。無堇(勤)弗志,曰仓(余)智(知)之。毋[21]【簡10】"

【乙篇】

武王𦖞(問)於大(太)公𥈠(望)曰[22]:"亦又(有)不浧(盈)於十言,而百殜(世)不遊(失)之道[23],又(有)之𢑎(乎)?"大(太)公𥈠(望)會(答)曰:"又(有)。"武王曰:"亓(其)道可𡨦(得)【簡11】㠯(以)𦖞(聞)𢑎(乎)?"[24]大(太)公𥈠(望)會(答)曰:"身則君之臣,道則聖人之道。君齋𨟻(將)道之,君不祈則弗道。"武王齋七日,大(太)【簡12】[公]𥈠(望)奉(奉)丹箸(書)㠯(以)朝▬,大(太)公南面,武王北面而遉(復)𦖞(問)[25]。大(太)公會

(答)曰:"丹箸(書)之言又(有)之曰:'志勳(勝)欲則【簡13】昌,欲勳(勝)志▬則喪▬,志勳(勝)欲則從▬,欲勳(勝)志則兇。敬勳(勝)怠(怠)則吉▬,怠(怠)勳(勝)敬則威(滅)▬。不敬則不定▬,弗【簡14】彊則枉(枉)=(枉,枉)者敗▬,而敬者萬殜(世)▬[26]。吏(使)民不逆而訓(順)成,百眚(姓)之為經(聽)。'[27]丹箸(書)之言又(有)之▌。"【簡15】

二、集释

1. 不知黄帝、颛顼、尧、舜之道存乎。

"才",整理者读作"在",传世本《大戴礼记·武王践阼》(以下简称"传世本")作"存",读书会读作"存",从之。

2. 意微茫不可得而睹乎。

"意",读书会理解为或者、抑或。散丧,整理者读为"微丧",指衰亡。读书会将之释为"几",认为与以下简7之"机"字形相同,当读作"岂"。陈伟认为当读作"微茫",意为隐约暗昧,此句今传世本作"意亦忽不可得见与",意义与之相近。季旭升认为"几"和"光"同形,此字释"散"释"几"尚难论定,"意微茫"与"意岂丧"文意都可通,但主张"丧"字读"丧"比读"茫"在句式上更为整齐(读书会读为"不知黄帝、颛顼、尧、舜之道存乎?意岂丧不可得而睹乎?"),因为"丧"与"存"对举。高佑仁A主张前一字释"微",将"微丧"直接读作"微亡",即古代圣贤之道德言论"式微散亡"而不可考。刘洪涛D认为,此句仍读作"意几丧不可得而睹",丧字训作"没",与传世本的"忽"可以相通,因上古音"忽"、"没"都属物部,声母关系密切。宋华强B认为"微"字下一字当释作"㗊",是"器"字的省体,与传世本"忽"相当,二字可读为"微忽",与今本相同。

按:比较而言,陈说更简捷,可从。

郝士宏B根据《礼记·学记》下的孔疏"武王言黄帝颛顼之道恒在于意。言意恒念之,但其道超忽已远,亦恍惚不可得见与”，认为简文中的“意”字当属上读。恐亦未必。

詁，整理者已读作“睹”，均无异议。

3. 丹书。

整理者解释为“天子之诏”。读书会引《吕氏春秋·应同》认为系指传说中赤雀所衔的瑞书。刘秋瑞同之。

按：当以后者所理解为是。

4. 王如欲观之，盍斋乎。

“䙌”，整理者直接释为“观”。读书会释作“瞿”，读为“观”。程燕B认为此字与本篇简5中的“惧”字所从（䀠）相同，可分析为从“宀”、“瞿”声，疑读作“䀠”，即《说文》中的双目“左右视也”。

“䵼”字，两见于简2，一见于简12，整理者释为“斋”。读书会认为此字从“祈”得声，当读为“祈”。侯乃峰A认为，从斤声的“祈”与传世本《大戴》篇中“齐（斋）”字本可通假，整理者读为“斋”的意见可信。刘秋瑞也认为祈（微部群母）斋（脂部庄母）可以通用。张振谦认为此字从“祈”，从“正”，“厶”声的字，读为“斋”。刘洪涛F认为文中凡五见的此字，均释为“斋”字，只不过写法不同而已。宋华强A认为，简文中的“祈”、“䵼”可读为“禋”，理解为洁。

按：“观”从字形看，整理者所释无误，直接隶为“观”即可。“斋”字今仍从原释。传世本作“王欲闻之，则斋矣”。

5. 将以书见。

“见”，整理者释为“见”，读书会认为，此字下部作立人形，当释为“视”，读为“示”，意思是“将以书示王”，而脱去一“王”字。苏建洲B认为，此字后不接宾语，读为“示”不通，主张仍是“见”之误写。今仍从原释。

6. 端服冕，逾当楣。

“冕”字，原整理者隶作“毻”。读书会表示怀疑。刘云认为，此字所从与上博六《天子建州》甲本简7、乙本简6的“肩”字所从相同，皆从“屯”字。赵平安认为，此字从“冃”、“目”，另所从之“又”写作“乇”，释作“曼”，读作“冕”。**按：**赵说可从。

“堂敳”，整理者原读作“堂微”，对“微”字给出阶陛、低微等不同意解，又认为“堂微”指高大的建筑，“逾”意为越过。“堂”字之释，诸家皆同，李锐附证此说。至于“微”字，读书会认为当释为“几”，读为“阶”，“逾堂阶”的“逾”应理解为“降”、“下”之意。侯乃峰A也认为，“逾”当读为“降”。何有祖A认为“微”可读作“楣”，指房屋的次梁，他将此句读为“逾，当楣南面而立”。季旭升认为，何说中“逾”字似乎缺少受词，读书会读为“逾堂阶”更合适。小龙A主张此字仍释为“敳”，读为“岂、阶”。

按：何有祖的“楣”字之解是重大发明，不过仍然未达一间。当楣必在堂上，如果按照读书会和何氏的理解，“逾”是降堂之意，那么，降至廷中便无楣可当。传世本此句作“王下堂，南面而立”，由之看来，师尚父与武王改变位次的整个场景发生在庭中。如此，此句仍应如整理者的句读，“当”属字上读，作“逾当楣，南面而立”，意思“逾于当楣”，即是从堂上当楣之位降至庭中，面朝南而立。武王原立在堂上当楣之处，此时师尚父在堂下依屏北面而立（传世本说：“师尚父亦端冕，奉书而入，负屏而立。”），这样，才显得武王之傲慢。

“当楣”常见于礼书。《仪礼·聘礼》中，使者向国君和夫人聘问之礼，国君（公）享之，他与宾（来使者）三揖三让而升堂，刚上堂国君（公）便“当楣再拜”，这是拜贶（即拜对方君命之辱）。《仪礼·聘礼》“公侧袭，受玉于中堂与东楹之间”下，李如圭《集释》谓：“凡升堂皆当楣。”可知“当楣”是升堂和降堂环节发生转折时必须交代的礼位（例如，《公食大夫礼》中诸侯招待大夫时亦有“公当楣北乡”的动作）。

“微”与“眉”之通假，常见于文献，① 出土古文字中亦有其例，如甲文中“上甲微”写作“上甲湄”。②

---

① 高亨:《古字通假会典》，济南：齐鲁书社 1989 年版，第 606 页。

② 杨树达:《积微居甲文说·释湄》，上海：上海古籍出版社 2006 年版，第 59～60 页。

此句传世本作“三日，王端冕，师尚父亦端冕”，历代注疏曾怀疑当作“王斋三日端冕”，或谓传世本属承上省略，不必改动。①今简本作“武王斋三日，端服冕”，部分证明了此前戴震等人的说法是有道理的。传世本“师尚父”后有“亦端冕”三字，唐孔疏曾怀疑是郑玄所加，简本无此，可见孔疏亦是有识之见。

7. 武王西面而行，矩折而南，东面而立。

折前一字，整理者释作“柮”，读为“曲”。读书会从之。但有学者认为此字之释可疑。刘云认为此字从木从声从屯，可以隶定为橁，读为“磬”，此处的“磬折而南”表示拐了个像磬的形体一样的弯从而向南行。侯乃峰B则认为字形右部有可能是“匝”字的减省写法，字形即是“桭”，在简文中读为“颐”，“颐折”为头前倾，故而颐曲，表示武王行走疾速。张崇礼认为此字右旁从“巨”，字形释为“柜”，读作“矩”，是直角或方形用的曲尺，与《礼记·玉藻》所谓“周还中规，折还中矩”相应。简文“武王西面而行，矩折而南，东面而立”，表示武王正好转了一个九十度的直角，其动作合乎古代君子的行动规范，也反映其庄重和严肃。刘洪涛D也近于张说。苏建洲C也支持张说，但认为整理者所释并无不当，右部从巨从曲可以相通。许文献A认为，此字释作“柩”，读为“久”，以示为时稍久之意。

按：所谓“磬折”，是指古人身体站立时的曲直程度，与走路的移动范围无关。而张崇礼之说十分可取，武王下堂后向西行，再向南行，然后左转身面朝东，这几次转向都是九十度的直角，正是古礼容中“折还中矩”，与转圆圈的“周还”不同。

8. 道书之言。

郝士宏A认为，此“道”字应隶作“迧”，读为“传”。传世本作“道”。

① 黄怀信:《大戴礼记汇校集注》，西安：三秦出版社2005年版，第643页。

9. 怠胜义则丧，义胜怠则长，义胜欲则从，欲胜义则凶。

因《大戴》传世本作“敬胜怠者吉，怠胜敬者灭”，《六韬》作“义胜欲则昌，欲胜义则亡；敬胜怠则吉，怠胜敬则灭”。同篇《武王践阼》乙本简14作“敬胜怠则吉，怠胜敬则灭”。所以读书会认为，怠与敬对举于义为长，此处的“义”当为“敬”之误抄。许文献B认为，原释“怠”之字应释作“䛐”，是“词”的形近讹误或音近通假异文，整句应读作“词胜义则丧，义胜词则长”。

按：其他楚简中“词”字一般从言，十分清楚，此字恐不当释作“词”；且就文义而言，“词”与“义”构不成反义对比；在武王和师尚父奉若神明的治国方略——丹书中，竟讨论言意之辨，亦不可理解。仍以原释“怠”为佳。

“凶”字，整理者及复旦大学读书会均直接释为“凶”，何有祖C曾对此表示怀疑，苏建洲B认为此字当释作“恖”，而读为“凶”。

10. 仁以得之，仁以守之，其运百世。

“管”，整理者读为“运”，传世本《大戴》作“量”：“以仁得之，以仁守之，其量百世。”读书会已指出系“运”之误字。

11. 武王闻之恐惧。

“惧”，整理者隶作“䚇”，读书会隶作“愳”，都认为可读作“惧”。

12. 为口铭于席之四端，[席前左端] 曰：“安乐必戒。”

此句传世本作：“为铭于席之四端，席前左端之铭曰：‘安乐必敬。’”但简文写作“席之四端曰”，读书会认为“四端”与“左端”两“端”字接近而导致中间漏抄“席前左端”几字。**按**：此说盖是。“安乐必戒”传世本作“安乐必敬”，俞樾校改为“苟”，孙诒让、戴礼、王树枏诸校作“戒”，① 对照简本，俞校为非。

① 方向东：《大戴礼记汇校集解》，北京：中华书局2008年版，第630页，注第14。

福田哲之指出，根据刘洪涛C关于本篇与上博二《民之父母》属于同卷的说法（详后），可以由《民之父母》的简长来考察本篇简首的残字程度。他认为，本篇简6长42.3厘米，不足《民之父母》的有效书写长度43厘米，可以推测本简之首当缺一字。而所缺之字，他认为应是传世本“退而为戒书，于席之四端为铭焉”中的“书”字。**按：**这是非常细致而有见地的说法，给人启发。但是，其首所缺之字是否“书”字，则不一定。传世本“为戒书”，卢辩注谓：“戒书者，讬于物以自警戒也。”① 可知，所谓“戒书”并非别有所书，而就是文中记载的各种物铭。所以，简首此字暂不隶为“书”，空如。

13. 民之反侧，亦不可不志。

“反”后一字，争论最多。整理者释作“宿”，读作“侧”。读书会认为，此字由宀、人、匕几个部件组成，不识，但整句铭文韵叶职部，可以读为“侧”，“反侧”指翻来覆去转动身体，往往是愁苦时的行为，“民之反侧”或即指“百姓的疾苦”。苏建洲A认为，此字字形下部实为“色”字变体，此字应当隶定作“窇”，读为“侧”。程燕A主张此字从“宀”“北”声，隶作“宼”，读作“侧”。刘信芳认为此字上部非“宀”，而是“人”，右下乃“日”之讹写，可释为“昃”，读为“侧”。张振谦意见与之同。林文华认为，此字从“人”从“免”，释为“俛”，读作“俯”，通于“覆”，“反复”，犹言“反侧”，乃反复无常之意。侯乃峰A认为，此字即相当于《说文》之“仄”字，只是下部使用“变体会意”的构形法另外造出了一个声符。胡长春认为此字释为“作”，通“侧”，并将整句读为“民（眠）之反侧，亦不可不志”，意为睡在席上一翻身一侧身时，也不可忘了这些“丹书”之戒。

按：读书会之隶更近原形，暂从之。传世本相应处作“一反一侧，亦不可以忘”，各家说法虽然不同，但大多是朝“侧”字的韵读、义解靠近。《大戴》之“一反一侧”是指武王自己，而

① 王聘珍：《大戴礼记解诂》，北京：中华书局1983年版，第104～105页。

此处“民之反侧”显然主语不同，是指民之疾苦、民之反应一类意思。

传世本《大戴礼记》此句作“亦不可以忘”，此前经学家、校勘家一直有“忘”当作“志”的说法，① 竹简本正好证明此种怀疑不误，读书会已指出这一点，并认为简文脱一“不”字，当作“亦不可不志”。另，王念孙根据《大戴》后文（如“视尔所代”、“见尔前，虑尔后”等），怀疑此句的“亦”是“介”之形误，② 但简文写作“亦”，王说不确。

14. □监不远，视尔所代。

简文首字残去，作“□谏”，整理者释为“谏”。读书会对之表示怀疑，但又认为“谏”当读为“监”，并且说传世本相应处的“所监”，是“殷监”之误。侯乃峰 B 认为整理者所释不误，可从读书会的理解。陈伟 A 指出，整理者所隶之“谏”字，是《缁衣》简 14、上博《缁衣》简 9 所见的“标”或“蔈”，传世文献相应处读为“表”，故应读为“表”或“标”。今从读书会意见。

按：简文“而”，传世本作“迩”，读书会指出，此处“而”是第二人称代词，当读为“汝”，传世本和整理者皆误。传世本作“所监不远，视尔所代”。王念孙早已指出，此前各家曾有作“迩”者当为借字，皆失其本义，此处“尔”字当作“尔”，指武王本人，即后文“见尔前，虑尔后”之“尔”意同，即武王自代③。此处简本作“视而所代”，“而”和“尔”意同，都是第二人称，代指武王，简本证实了王氏的说法。“视尔所代”是说看你所取代的那个政权。

---

① 方向东：《大戴礼记汇校集解》，北京：中华书局 2008 年版，第 631 页，注第 16。

② 王引之：《经义述闻》，南京：江苏古籍出版社 1985 年版，第 286～287 页。

③ 王引之：《经义述闻》，南京：江苏古籍出版社 1985 年版，第 287 页。方向东：《大戴礼记汇校集解》，北京：中华书局 2008 年版，第 631～632 页，注第 17。

15. 户机曰："惶惶惟谨口，口生敬，口生诟，慎之口口。"

传世本之"机"，历来有几、幾、机、機等不同写法，其意义亦各有所解。① 简本写作"机"，前疑尽释。但其意义仍然不明。"户机"，整理者将"户"释作"为"，读书会同之，但诸家意见不同。何有祖 C 认为当释作"非（从广、土）"，以"非"为声，疑读作"扉"，指宫室屋角隐蔽之处。刘刚认为原释"为"之字当释作"堋"，读作"凭几"。刘洪涛 B 认为，上古人有时用悬机之发箭来比喻将出言之不可覆反，故此处的"机"不是凭几，而应当读如本字，指弩机。程燕 C 认为，原释此字应为"户"字的繁体，当读作"户机"，指门户之枢机，即门的转轴，古人常将语言与门户之枢机相联系。许文献 B 将此句读作"皇皇惟谨，词生敬，口生诟，慎之口口"。**按：**程说盖可从。门户开闭转动有声，与人之言语可以对应，这里的"户"字已表明是室户之枢机，而不是大门之枢机，这与其他戒语都书刻在武王的近身之物意义相同。"口生敬"与"口生诟"对应，指嘴巴可招致尊敬，也可招致诟詈，所以要谨慎出言。"词生敬"比较生疏，尚未出言，何来有词。

"皇皇"，整理者引《毛传》训为"美也"，读书会认为当读为"惶惶"，可从。

"惶惶"一段，整理者认为"皇皇惟谨，怠生敬，口生诟，慎之口口"。其读法与传世本整句的节奏相同："皇皇惟敬，口生听，口伐口。"不过，前人早已说过其他传世《大戴》本有"口口生敬"四字，孙诒让等人已指出，整句当读作"皇皇惟敬口，口生敬，口生诟"。② 今简本大致如是，只是"敬口"写作"谨口"。因其中"谨口＝（口，口）生"一段字迹模糊，读书会认为，"口"下脱重文符号。同时认为整理者所释"㕵（怠）生敬"，当

① 黄怀信：《大戴礼记汇校集注》，西安：三秦出版社 2005 年版，第 651 页。

② 方向东：《大戴礼记汇校集解》，北京：中华书局 2008 年版，第 632 页，注第 18。

改释为“口生敬”。“咶”，整理者已读为“诟”，意为耻辱。郝士宏B主张将后一咶字读为“怠”，这样“口生敬，口生怠”可以互相对应。按：当以读书会意见为佳，固然怠与敬可对应，诟与敬对应亦可，且出言不慎而为人诟辱，意思通顺。

“誩”，整理者已释为“慎”，读书会进一步确定之。

16. 鉴铭曰：“见其前，必虑其后。”

“槛”，整理者读为“鉴”。整句今传世本作“鉴铭曰：见尔前，虑尔后”。

17. [盥] 盘铭曰：“与其溺于人，宁溺于渊，溺于渊犹可游，溺于人不可救。”

“盥”，整理者释为“鑑”，读为“盘”。读书会认为此字从宛得声，应隶作“鋺”，读为“盥”。何有祖B支持读书会意见，认为此字当隶为从安得声，读为“盥”。张振谦认为此字从凡，隶为“盘”，仍读为“盘”。“宋”字，程燕B认为应释作“深”，理解为深渊意。福田哲之根据竹简的长度和关于简首皆残的报告，认为此字应释为“盘”的讹体，其前面即本简的简首缺失了一个字，正是“盥”字，这样可与传世本的“盥盘之铭曰”对应。也有学者支持此种判断。①

按：福田哲之的意见可从，今在“盘”前补“盥”字。传世本作“盥盘之铭曰：‘与其溺于人也，宁溺于渊。溺于渊犹可游也，溺于人不可救也。’”中多三个“也”字，不如简本简捷、叶韵。

18. 楹铭唯曰：“毋曰何伤，其祸将长。”

“桯”，整理者或读为“楹”，或读本字(《方言五》“榻前几，江沔之间曰桯”)。读书会确读为“楹”。

“名”后一字，整理者释为“毋”，读为“诲”。读书会认为此字即“隹（唯）”，下脱“曰”字，并将后文三处相同格式之处直

① 简帛网2009年3月25日“简帛研读”贴文（http：//www.bsm.org.cn/forum/viewtopic.php？t=1605）。

接隶定为“枳铭唯曰”、“卣铭唯曰”。陈伟 B 认为此字是“雁”字，在本篇中当读为“应”，而“应曰”是什么意思呢？他认为全篇三处“某铭应曰”，与前文“某铭曰”之间存在对应关系。不久，他便放弃此说，认为“雁曰”应当读为“谚曰”，属于引谚入铭。① 熊立章指出，“溺于渊，溺于人”之句又见于中山王礜鼎铭文，《武王践阼》的盥盘之铭，确系引谚入铭。简文中的“桯铭”、“枳铭”、“卣铭”之后的“曰”前又加入的一个新字，是“谚”之假借。许文献 B 亦支持“雁”字之释，但主张将“雁”字读为“言”，“雁曰”即“言曰”。

“愓”，整理者读为“伤”。“祸”，整理者误释为“禜”，读为“惩”。复旦大学读书会认为，此字从“化”从“示”，可读为传世本之“祸”。张振谦同之。小龙 B 在诸家基础上，进一步认为，简文原释“禜”之字，实即“丌”与“祡”二字的合文，应释为“其祸”。

按：“名”后之字，各家矛盾，今从读书会意见。传世本此句三处皆作“其祸”（详下），小龙 B 之说有理。

19. 毋曰胡害，其祸将大。［毋］曰何残，其祸将然。

“言”，整理者读为“延”。读书会改读为“然”，与传世本之“然”音近可通，可从。

按：整句传世本作“楹之铭曰：‘毋曰胡残，其祸将然；毋曰胡害，其祸将大；毋曰胡伤，其祸将长’”。读书会读作“毋曰何伤，祝将长。毋曰恶害，祸将大。毋曰何残，祸将言然”，与传世本较为契合。“然”，王聘珍理解为“烧”，即灾祸如火之始燃，而王念孙理解为“成”，即祸已自成。② 从整句意思看，当从王说。

20. 杖铭唯曰：“恶危？危于忿戾。恶失？失道于嗜欲。恶忘？忘于贵福。”

---

① 亦趋（陈伟）:《〈武王践阼〉“应曰”应是“谚曰”》，简帛网 2009 年 1 月 4 日“简帛研读”贴文。

② 方向东:《大戴礼记汇校集解》，北京：中华书局 2008 年版，第 634 页。

"柅"，整理者读作"枝"，读书会释为"枳"，并认为"枳"与"枝"音近可通。刘洪涛A认为"枳"应读为"卮"，因为铭文的含义跟卮这种酒器"满招损"的特征相似。

"忿连"，传世本作"忿疐"。整理者将"连"读为"縺"，"恶危？危于忿縺"意为结怨不解。读书会引郭店楚简《尊德义》的诸家之说，认为当读为"忿戾"，今从之。"危"字楚简常见。"脂欲"，整理者读作"嗜欲"，可从。

按："枳"，传世本作"杖"，① 读为"杖"更切，理解为"卮"过于迂曲。此句传世本作："杖之铭曰：'恶乎危？于忿疐。恶乎失道？于嗜欲。恶乎相忘？于富贵。"而简本在"危"、"失"二字下皆有重文符号，使句读和意思更明确。从这一句来看，简本比传世本更佳。

21. 牖铭唯曰："位难得而易失，士难得而易外。无勤弗志，曰余知之。毋［勤弗及，曰余杖之。］"

整理者已经指出，"卣"当读为"牖"。读书会也认为，铭文讲得位、得士，则铭于"户牖"之上的可能性要比铭于酒器"卣"之上的可能性大。刘洪涛E认为，原释"卣"字者当释为"户"。

"雈"，整理者读为"外"，读书会从之，都理解为疏远之意。陈伟A认为，此字所从与容成氏简6的"间"字所从相同，可读为"间"，意为离间。何有祖C也申此说，指出楚简中"间"字所从有时写成"外"，整句大意为，有才华之士较难招募，即使招募到了也很容易被离间。

按：传世本此句明言是"户之铭"，整理者读"卣"为"牖"，与之相近，可取。不过，传世本的"牖之铭"另有其文（"随天之时，以地之财，敬祀皇天，敬以先时"）。传世本此句全文作："户之铭曰：夫名难得而易失。无懃弗志，而曰我知之乎？无懃弗及，

---

① 下文"曰我杖之乎"，《大戴礼记斠补》便有本作"枝"，可见古文"杖"与"枳"常混淆。孙诒让：《大戴礼记斠补》，济南：齐鲁书社1988年版。

而曰我杖之乎？扰阻以泥之,① 若风将至，必先摇摇，虽有圣人，不能为谋也。”“知之乎”表明是反义疑问，但简本此处无“乎”字，似不应作问句来理解。整理者已指出，简本下有缺文。传世本该句的后半部分殊难理解，历来注家都认为可能有讹误，可惜简本亦缺，于校勘无补。

“间”字在楚简中多见，如上博简《逸诗·交交鸣乌》简3、《容成氏》简9，多有门部，此字从革，释作“间”还须慎重。

22. 武王问于太公望曰。

“䎽”，整理者读作“闻”。读书会据甲本相同句式，认为当读作“问”，从之。

23. 不盈于十言，而百世不失之道。

“浧”，整理者读作“盈”，可从。

24. 其道可得以闻乎。

“以”字残，为整理者补隶，高佑仁B主张释为“而”，因甲篇相同位置作“意微亡不可得而睹乎”。

25. 太公南面，武王北面而复问。

读书会认为，东西相对是主客之礼（师尚父在主位，武王在宾位），乙本作“太公南面，武王北面”，则为君臣之礼（太公在君位，武王在臣位），是为了烘托丹书地位崇高。**按：**此处与甲本所记的位置（“武王西面而行，曲折而南，东面而立”）不同，与传世本的位置（“王行西，折而南，东面而立”）也不同，武王折节而改居臣位，比较怪异。

26. 志胜欲则昌，欲胜志则丧，志胜欲则从，欲胜志则凶。敬胜怠则吉，怠胜敬则灭。不敬则不定，弗强则枉，枉者败，而敬者万世。

“昌”，为简14之首字，因简首残损，只剩下残画，整理者原释作“利”，沈培改释作此，可从。《六韬·明傅》作“义胜

① 孔广森:《大戴礼记补注》作此，《丛书集成简编》本，台北：台湾地区商务印书馆1965年版，第69页。

欲则昌，欲胜义则亡，敬胜怠则吉，怠胜敬则灭”与之相近。“强”字简文原残，仅剩力部，整理者释作“力”，读书改释为“强”，从之。许文献B认为其中一句应读作“敬胜词则吉，词胜敬则灭”。

按：传世本作“敬胜怠者吉，怠胜敬者灭；义胜欲者从，欲胜义者凶。凡事不强则枉，弗敬则不正。枉者废灭，① 敬者万世”。用词较简本更丰富，疑简本此处有误抄。“敬”与“怠”形成反义对比，“词”与“敬”则无此义，许说不可从。

27. 使民不逆而顺成，百姓之为听。

简文“吏民”，整理者读作“使民”，读书会仍读为“吏民”。“緹”，整理者认为与縕、綎同，读作“听”，读书会读作“经”，但并不确定。今仍从整理者的释读。读书会认为，此句简文是说：如果遵循丹书所言（“志胜欲则利……”），吏民就不作乱，事情会顺利成功。

按：这句话不见于传世本。所以读书会将其视为太公望的评论之语，是对前面几句“丹书之言”的总结。由简文之意观之，恐非如此，“顺成”与“为听”仍然押韵，当仍是丹书之言的一部分。从内容上来说，该句与甲本简10“位难得而易失，士难得而易外”意义相近，也是讨论如何驾驭百姓的问题。接下来的“丹书之言有之”才是太公望的话，与甲本对照可知，“丹书之言”尚未念完，惜残。

三、今 译

【甲篇】

周武王问师尚父道：“不知黄帝、颛顼、尧、舜的治国之道传下来没有？大概隐约暗昧而见不到了吧。”师尚父说：“就写在丹

---

① 此处从王念孙说，王引之：《经义述闻》，南京：江苏古籍出版社1985年版，第286页。

书上，大王如果要看，为什么不先进行斋戒？之后我将把丹书拿出来。”武王斋戒三天之后，穿着端服、戴着正冠从堂上当楣处走下来，面朝南站在庭中，师尚父说：“先王的秘籍，不能按照面朝北的臣子之礼来宣读。”于是武王就转身向西走了几步，再作九十度转身向南走了几步，接着转身面朝东，站立在客位上，师尚父在主位上捧出丹书，念出书上的话：“怠战胜义就会灭亡，义战胜怠就会长久，义战胜欲便会吉顺，欲战胜义便会凶险。如果靠仁术获取天下，又用仁术来守护它，其国运会传至百代；如果以不仁之术得到天下，而用仁术来守护它，其国运会传至十代；如果以不仁之术得到天下，又用不仁之术守护它，那么很快就会祸及己身。”武王听后，相当恐惧。便在自己的座席的四端书刻戒辞。在席［前左端的］戒语是：“一定要戒除安逸淫乐。”在席前右端的戒语是：“不要做日后悔恨之事。”在席后左端的戒语是：“百姓的艰难困苦，千万要记住。”在席后右端的戒语是：“前车之鉴并不遥远，看看你所取代的那个政权。”在室户转轴上的戒语是：“要诚惶诚恐地谨于言语，嘴巴可招致尊敬，也可招致诟詈，张口时要慎之又慎。”在鉴上的戒语是：“看到事情的正面时，一定要考虑到它看不见的反面。”在盥盘上的戒语是：“与其淹没在小人的阴谋之中，还不如淹没在深渊之中；堕入深水还可以泅水得救，而堕入小人的阴谋则绝不可活。”书于堂上楹柱的戒语是：“不要说没有毁伤，灾祸正在滋长；不要说没有损害，灾祸正在增大；不要说没有残杀，灾祸已然形成。”在手杖上的戒语是：“什么时候最危险？当人忿怒暴戾的时候。什么时候最易迷失？当人受到嗜欲诱惑的时候。什么时候最容易忘形？当人富贵的时候。”在室南窗口的戒语是：“王位难于夺取，却容易丧失；士人难于归附，却容易叛逆。不勤勉恭行就不会记取箴言，也不能说我已知晓；不……”

【乙篇】

周武王问太公望说：“有一种道，它不足十句话，却可以指导百代，有没有？”太公望回答说：“有。”武王说：“这种道可以说来听听吗？”太公望回答说：“我虽然是君主之臣，但道却是圣人之道。您斋戒之后我才会告诉，您不祈祷我不会说出来。”于是武王斋戒了七天，太公望捧出丹书来朝见武王。太公望面朝南站立，武王面朝北站立，再次问道。太公望回答说：“丹书上说：‘志向胜过私欲便会昌盛，私欲胜过志向便会亡国。志向胜过私欲便会吉顺，私欲胜过志向便会凶险。虔敬胜过怠惰便会吉祥，怠惰胜过虔敬便会灭亡。存心不敬则立身不定，不勉力强行便会邪曲，邪曲就会败亡。只有虔敬之人，才会传之万世。如果以抚顺之道驾驭百姓，统治就会顺成，百姓也愿意为我所用。’丹书上又说……”

四、相关问题讨论

1. 武王铭物故事。

古人将戒语书之随身物件，以自警自戒，是一种起源甚古的文化传统。关于周武王为铭自戒的故事，历代皆有记述。宋人王应麟《困学纪闻》对之曾有讨论，今据王氏之论，有如下线索。《后汉书·朱穆传》注引：

> 黄帝作巾机之法，孔甲有盘盂之诫。《太公阴谋》曰：“武王衣之铭曰：‘桑蚕苦，女工难，得新捐故后必寒。’镜铭曰：‘以镜自照者见形容，以人自照者见吉凶。’觞铭曰：‘乐极则悲，沉湎致非，社稷为危。’”

《后汉书·崔骃传》注引：

> 《太公金匮》曰：“武王曰：‘吾欲造起居之诫，随之以身。’几之书曰：‘安无忘危，存无忘亡，孰惟二者，必后无凶。’杖之书曰：‘辅人无苟，扶人无容。’”

另《太平御览》引《太公阴谋》、《金匮》等书，还记载有其他多种铭语：

笔之书曰："毫毛茂茂，陷水可脱，陷文不活。"棰之书曰："马不可极，民不可剧。马极则踬，民极则败。"冠铭曰："宠以着首，将身不正，遗为德咎。"书履曰："行必虑正，无怀侥幸。"书剑曰:"常以服兵，而行道德。行则福，废则覆。"书车曰:"自致者急，载人者缓。取欲无度，自致而反。"书镜曰："以镜自照，则知吉凶。"门之书曰："敬遇宾客，贵贱无二。"户之书曰："出畏之，入惧之。"牖之书曰："窥望审，且念所得，可思所忘。"钥之书曰："昏谨守，深察讹。"砚之书曰："石墨相着而黑，邪心谗言，无得污目。"书锋曰："忍之须臾，乃全汝躯。"书刀曰："刀利硙硙，无为汝开。"书井曰："原泉滑滑，连旱则绝。取事有常，赋敛有节。"①

东汉蔡邕曾作《铭论》谓:"武王践阼，咨于太师。作席、几、楹、杖、器械之铭十有八章。"王应麟梳理出的材料已逾十八种，其中不乏重复之语，如镜铭则两个版本内容相近，语有详略而已。今竹简本《武王践阼》的记载，证明至少在战国时期，武王的铭物自戒就已是一个公认的儒家故事。

2. 传世本与简本的关系。

《礼记·学记》"大学之礼，虽诏于天子，无北面，所以尊师也"下，郑玄注引用了一段《大戴·武王践阼》的句子：

武王践阼，召师尚父而问焉，曰："昔黄帝、颛顼之道存乎意，亦忽不可得见与？"师尚父曰："在丹书，王欲闻之，则斋矣。"王斋三日，端冕，师尚父亦端冕，奉书而入，负屏而立。王下堂，南面而立。师尚父曰："先王之道不北面。"

① 王应麟:《困学纪闻》卷五《大戴礼记》，沈阳：辽宁教育出版社 1998 年版，第 115 ~ 116 页。

王行西、折而南，东面而立，师尚父西面道书之言。

唐代孔疏已将这一段引文与当时的《大戴》传世本进行对校，发现其中有若干不同：

云“黄帝、颛顼之道存乎意亦忽不可得见与”者，武王言黄帝颛顼之道恒在于意。言意恒念之，但其道超忽已远，亦恍惚不可得见与。与，语辞。今检《大戴礼》唯云“帝颛顼之道”，无“黄”字。或郑见古本不与今本同，或后人足“黄”字耳。云“丹书”者，师说云：“赤雀所衔丹书也。”云“端冕”者，谓衮冕也。其衣正幅与玄端同，故云“端冕”。故皇氏云“武王端冕”，谓衮冕也。《乐记》“魏文侯端冕”，谓玄冕也。云“师尚父亦端冕”者，案《大戴礼》无上文，郑所加也。云“西折而南，东面”者，案《大戴礼》唯云“折而东面”，此“西折而南”，“南”亦郑所加。云“师尚父西面道书之言”者，皇氏云：王在宾位，师尚父主位，故西面。王庭之位，若寻常师徒之教，则师东面，弟子西面，与此异也。其《丹书》之言，案《大戴礼》云：“其书之言曰：敬胜怠者强，怠胜敬者亡。”《瑞书》：云“敬胜怠者吉，怠胜敬者灭，义胜欲者从，欲胜义者凶”。与《瑞书》同矣。“凡事不强则枉，不敬则不正。枉者灭废，敬者万世。以仁得之，以仁守之，其量百世；以仁得之，以不仁守之，其量十世；以不仁得之，以不仁守之，必倾其世。王闻书之言，惕然若惧，退而为戒书。于席之四端为铭”，及几、鉴、盂、盘、楹、杖、带、履、剑、矛为铭，铭皆各有所语，在《大戴礼》也。

以上孔疏所言的唐本《武王践阼》，是后人据以校订该篇的主要依据，孔疏也曾明言“或郑见古本不与今同”。现在有两个竹简本面世，正可由之进行对校，来坐实或否定唐人之疑。今以表示之如下：

	唐代传世本	郑注本	竹简甲本	竹简乙本
武王的位置	王行西，折而东面而立	王行西折而南，东面而立，师尚父西面	武王西面而行，矩折而南，东面而立	武王北面，太公南面
斋戒的时间	三日	三日	三日	七日
先王名号	帝颛顼之道①	黄帝、颛顼之道	黄帝、颛项、尧、舜之道	
授丹书者	师尚父	师尚父	师尚父	太公望
师尚父的装束		师尚父亦端冕		
丹书之言	敬胜怠者强，怠胜敬者亡。	丹书（瑞书）：“敬胜怠则吉，怠胜敬则灭。”	怠胜义则丧，义胜怠则长；义胜欲则从，欲胜义则凶。	志胜欲则昌，欲胜志则丧；志胜欲则从，欲胜志则凶；敬胜怠则吉，怠胜敬则灭。
	以仁得之，以仁守之，其量百世；以仁得之，以不仁守之，其量十世；以不仁得之，以不仁守之，必倾其世。		仁以得之，仁以守之，其运百［世］；不仁以得之，仁以守之，其运十世；不仁以得之，不仁以守之，及于身。	

① 传世本中，或作“黄帝、颛顼”，或作“昔帝、颛顼”，可能属于形近而讹。方向东:《大戴礼记汇校集解》，北京：中华书局2008年版，第620～621页。

由上表可见：

（1）武王接读丹书的位置。目前有两种说法：一是武王下堂而后转为东面，见于今本大戴本、竹简甲本、郑注本；二是太公南面，武王北面，见于竹简乙本。竹简乙本的说法甚为特殊，原因何在，尚有待研究。而唐人所见之传世本唯作“折而东面”，所以才引起孔疏的辨误。戴震、汪照、汪中等据删“西”、“南”、“而立”四字。王树楠删“南”字。黄怀信、方向东主张不当删。今竹简本中“西面而行，矩折而南”之句，更清楚地描绘了武王变位的顺序，证明“西”、“南”、“而立”等并非衍文，黄怀信、方向东等今人判断是正确的。

（2）斋戒的时间。竹简甲本说“武王斋三日”，与传世本同，王聘珍早已指出：“三日者，致斋三日也。”① 而竹简乙本则明言“武王斋七日”，按照常识，当指散斋七日。

（3）师尚父的装束。在武王端冕之后，今传世本皆有“师尚父亦端冕”句，然而，孔疏曾说：“云‘师尚父亦端冕’者，案《大戴礼》无此文，郑所加也。”可见，唐人所见的《大戴》本并无此句，今传世本此句盖由后人所增。检之简本，甲乙二本皆无此句。

（4）丹书之言。《荀子·议兵》作：“敬胜怠则吉，怠胜敬则灭。”《六韬·明传》和孔疏所引《瑞书》均同此。孔疏所见《大戴》唐传世本已作“敬胜怠者强，怠胜敬者亡”，所以汪中、戴震等曾据之认为，“吉、灭”不能叶韵，主张改为“强、亡”对言。但是，现在竹简乙本正是“吉、灭”对言，说明孔疏所引之唐代传本有误。

通过比较，有学者（如郝士宏B）认为，郑注本可能与竹简更接近一些。我们认为，今天所见传世本其实已非唐人所见传世本，其中不乏后人据郑注而修改之处。正如方向东所云：“今《大戴

① 王聘珍：《大戴礼记解诂》，北京：中华书局1983年版，第104页。

礼》与郑氏所引悉同，盖后人因郑注增之，非孔所见也。"① 所以，很难确定郑注本距简本近，还是传世本距简本更近。如在校书时根据唐宋类书所引，而增删先秦古籍字句，则正如清人凌廷勘所谓"是犹舍当官案牍，而求情实于风闻也"②。

正由于此，判定竹简本和目前流行本二者孰优孰劣，还为时过早。李锐《〈武王践祚〉研读》的意见比较公允：

> 简书不知是否有佚，脱落数铭（亦可能是传本流传过程中合并了更多同类事项）。二者实际上乃传本之异。观其文脉，似传本更顺畅。……从文脉来讲，传本《武王践祚》并不比简本差。但是二者之优劣以及早晚，则尚不好判断，因为二者可能同源。鄙意对于"重文"，我们可以从事校勘等工作，但是要判定其早晚以及优劣，则还需要更多的证据。

3. 从简本《武王践阼》看二戴《礼记》的成书。

关于《大戴礼记·武王践阼》的成书年代，历代看法大致相近，基本认为其出于古礼之《记》。王聘珍认为"此记者纪录旧闻也"③。黄怀信认为"此篇文辞不古，非西周作品，当是后人据传闻而记，属古《记》"④。方向东认为它是战国时期的作品，其著作年代晚于《仪礼》《论语》，早于《孟子》《荀子》。⑤ 竹简本的面世，对于此类结论不能产生大的变更。但竹简本礼书也透露了某些有助于思考《礼记》成书过程的信息。

---

① 方向东:《大戴礼记汇校集解》，北京：中华书局 2008 年版，第 624 页。

② 凌廷堪:《〈大戴礼记解诂〉跋》，《校礼堂文集》，北京：中华书局 1998 年版，第 272 ~ 273 页。

③ 王聘珍:《大戴礼记解诂·目录》，北京：中华书局 1983 年版，第 5 页。

④ 黄怀信:《大戴礼记汇校集注·前言》，西安：三秦出版社 2005 年版，第 24 页。

⑤ 方向东:《大戴礼记汇校集解·前言》，北京：中华书局 2008 年版，第 5 页。

刘洪涛C认为，上博七《武王践阼》篇与此前公布的上博二《民之父母》篇，在形制（简长、契口、编连）、书体以及保存状态上基本一致①，原来可能是合编为一卷的。早期参加上博简整理的李零曾经指出：

> 《[民之父母]》，佚书，收入《上博楚简》(二)，其内容与今本《大戴礼·孔子闲居》有关。这个篇题不合适。它也是与另外三种合抄。一种与今本《大戴礼·武王践阼》有关，另外两种与颜渊、子路有关，都未发表，也被割裂。②

李零文中言及的与颜渊、子路有关的另外两种材料，由于上博简材料尚未全部公布，不能确定（或许就是已经公布的某篇）。目前虽然还不能肯定《武王践阼》与《民之父母》就是同一篇文献的合抄，但二者关联紧密，为同时乃至同一人所抄，应当是合理的推测。

竹简本《民之父母》的内容是：③

> [子] 夏问于孔子："《诗》曰：'凯俤君子，民之父母。'敢问何如而可谓民之父母？"孔子答曰："民【简1】[之] 父母乎？必达于礼乐之源，以致'五至'，以行'三无'，以横于天下。四方有败，必先知之，其【简2】[之] 谓民之父母

---

① 刘洪涛C认为，上博七《武王践阼》自简1至简12"之道"以上为一人书写，简12"君斋"以下为另一人书写，有两个书手。恐亦未必。

② 李零：《丧家狗——我读论语》，太原：山西人民出版社2007年版，第46页。《孔子闲居》并非《大戴礼记》篇目，今存《小戴》之中，李文此处恐系笔误。

③ 马承源主编：《上海博物馆藏战国楚竹书（二)》，上海：上海古籍出版社2002年版。此处释文以濮茅左的整理为主，同时参照了其他各家意见。具体学术前史，参见段君峰《上博简〈民之父母〉〈内礼〉研究——兼谈二戴〈礼记〉的成书年代》，武汉大学硕士学位论文，2006年5月，杨华指导。

矣。”子夏曰：“敢问何谓‘五至’？”孔子曰：“‘五至’乎？物之所至者，志亦至焉；志之【简3】［所］至者，礼亦至焉；礼之所至者，乐亦至焉；乐之所至者，哀亦至焉，哀乐相生。君子【简4】以正，此之谓‘五至’。”子夏曰：“‘五至’既闻之矣，敢问何谓‘三无’？”孔子曰：“‘三无’乎，无声之乐，无体【简5】［之］礼，无服之丧。君子以此横于天下，倾耳而听之，不可得而闻也；明目而视之，不可【简6】得而见也，而德既塞于四海矣，此之谓‘三无’。”子夏曰：“无声之乐，无体之礼，无服之丧，何诗【简7】是迡？”孔子曰：“善哉！商也，将可教《诗》矣！‘成王不敢康，夙夜基命宥密’，无声之乐。‘威仪迟迟，【简8】［不可选也］’，无体之礼也。‘［凡民有丧，匍匐救之］’，［无服］之丧也。”子夏曰：“其在语也，美矣！宏矣！大矣！尽【简9】［于此而已乎？”孔子曰：“何为其然！犹有‘五起’焉。”子夏曰］：“可得而闻欤？”孔子曰：“无声之乐，气志不违；【简10】［无］体之礼，威仪逮逮；无服之丧，内恕巽悲。无声之乐，塞于四方；无体之礼，日逑月相；无服之【简11】丧，纯德同明。无声之乐，施及孙子；无体之礼，塞于四海；无服之丧，为民父母。无声之乐，气【简12】［志］既得；无体之礼，威仪翼翼；无服丧，施及四国。无声之乐，气志既从；无体之礼，上下和同；无服【简13】［之］丧，以畜万邦。”√【简14】

整理者已经指出，其内容与传世本《礼记》的《孔子闲居》篇相同，它实际就是《孔子闲居》的《民之父母》、《五至》、《三无》、《语美》四章。简本无题，而且它并非《孔子闲居》的全部，所以整理者谨慎地以首章之意《民之父母》名之。

值得注意的是，上博二《民之父母》的末简（简14）简尾平头完整，有“墨钩”（√）符号，而且墨钩之后留有大量空白，无疑表示本篇内容的结束。然而，传世本《孔子闲居》在此之后还有很长一段。换言之，竹简本《孔子闲居》比传世本内容要少得多。

与之相似，本文所讨论的《武王践阼》，其竹简本内容也少于传世本。《大戴》传世本中，共在17处铭辞（席前左、席前右、席后左、席后右、机、鉴、盥盘、楹、杖、带、履屦、觞豆、户、牖、剑、弓、矛），而竹简本只在10处（席前左、席前右、席后左、席后右、户机、鉴、盥盘、楹、杖、牖）铭辞。从简文的顺序看来，并不是整体性或段落性的脱简，而似乎是一种“选择性的脱落”；换言之，传世本在竹简本的叙述中“插入”了一些内容。

以上信息使人产生以下疑问：第一，在战国时期合为一编的《武王践阼》与《民之父母》，为什么到汉代却分属于大戴、小戴两种《礼记》之中？第二，同一篇礼学文献，为什么在战国时期的段落要少于汉代？

目前的出土材料还不能给出完满的答案。但有一点可以相信，在战国时期的儒门后学中，流传着很多版本的礼学文献，有些文献主题明确（如《武王践阼》《民之父母》），有些文献的主题并不集中，近乎“摘抄汇编”（如上博六的《天子建州》）。① 汉代二戴在选编《礼记》时，对这些古书进行了重新整理，或“分类去重”，② 或“增广扩充”，才形成后世所见的两种《礼记》汇编。关于“增广扩充”之论，洪业曾认为《大戴》是对《小戴》的增

---

① 上博六的另一篇礼学文献《天子建州》，各段落涉及封建制度、庙制、兵阴阳、朝聘之礼、祭礼，以及立、视、旋、言等各种礼容，其主题似乎并不集中，而是几种礼学文献的“摘抄汇编”。简文载马承源主编：《上海博物馆藏战国楚竹书（六）》，上海：上海古籍出版社2007年版，第125～153、309～338页。参见收入本集的拙作《〈天子建州〉礼疏》，“2007中国简帛学国际论坛”会议论文，台湾大学，2007年11月10—11日。

② 刘洪涛C指出：“战国时期也曾流传过很多不同版本的《礼记》，汉代学者也曾对这些不同的版本进行过分类去重整理的工作，《记》百三十一篇大概就是整理去重之后的篇目。从这个意义来讲，《民之父母》、《武王践阼》合编本应该是《记》百三十一篇的一个早期版本，把它称为‘《礼记》’，应无太大问题。”

广扩充，即“篇章增益”。① 但近年越来越多的出土材料面世，促使今人进一步思考：汉人对于先秦的礼学文献，似乎还存在“段落增益”和“字句增益”的可能。这当然有待于更多的出土材料公布。

（本文曾在“三礼学与中国传统文化”学术研讨会上宣读，山东师范大学、鲁东大学，2009年8月24—26日）

① 洪业《礼记引得序》谓：“颇使人疑其初先有《戴礼记》而后有《大戴礼》。大之者，以其书中所收辑者，较戴《记》为多耳。‘大戴礼’是也，犹云增广戴礼欤？”见氏著：《洪业论学集》，北京：中华书局1981年版，第219页。

诸子学衡

学鉴

“刑名从商”与邓析的“刑名之学”

——先秦“名学”源流探论之一

◎程水金

一、“名学”与“名家”

西汉初叶，太史公司马谈曾分先秦士人学术为“六家”；成、哀之后，向、歆父子校录群书，条别先秦学术，又有“诸子十家”之说。而无论“六家”抑或“十家”，“名家”一目，皆赫然寓其列。是“名家”一名，乃汉人整理先秦学术流别之所立。汉人论“名家”的学术特征，则司马谈曰：“名家使人俭而善失真，然其正名实，不可不察也。”又曰：“名家苛察缴绕，使人不得反其意，专决于名而失人情，故曰使人俭而善失真。若夫控名责实，参伍不失，此不可不察也。”① 刘歆依其父刘向所作《别录》而奏《七略》，意在辨章学术，考镜源流；而司马氏对“名家”的基本断案，大抵亦为刘氏父子所承。今班氏《汉书·艺文志》乃刘歆《七略》之“要删”，其论“名家”曰：

---

① 司马迁:《史记》卷130，北京：中华书局1982年版，第3289～3291页。

> 名家者流，盖出于礼官。古者名位不同，礼亦异数。孔子曰："必也正名乎！名不正则言不顺，言不顺则事不成。"此其所长也。及謷者为之，则苟钩鈲析乱而已。①

"名位不同，礼亦异数"，即"控名责实，参伍不失"之意也；而"钩鈲析乱"，亦即"苛察缴绕"之谓也。所不同者，乃在刘、班论定名家一流出于古代的"礼官"。

司马及刘、班之说，自有汉而讫于晚清，皆无异议。然而，自近人胡适作《诸子不出王官论》，始谓《汉志》"所分九流，乃汉儒陋说，未得诸家派别之实"，是以"其说多支离无据"；且其说之"最谬者，莫如论名家"。胡氏曰：

> 古无名家之名也。凡一家之学，无不有其为学之方术，此方术即其"逻辑"。是以老子有无名之说，孔子有正名之论，墨子有三表之法，别墨有《墨辩》之书（即今《墨子》书中之《经上下》、《经说上下》、《大取》、《小取》诸篇），荀子有正名之篇，公孙龙有名实之论，尹文子有刑名之论，庄周有齐物之篇，皆其"名学"也。古无有无"名学"之家，故"名家"不成为一家之言（此说吾于所著《先秦名学史》中详论之。非数言所能尽也）。惠施、公孙龙皆墨者也。观《列子·仲尼篇》所称公孙龙之说七事，《庄子·天下篇》所称二十一事，及今所传《公孙龙子》书中《坚白》、《通变》、《名实》诸篇，无一不尝见于墨经（晋人如张湛、鲁胜之徒，颇知此理。至于惠施主兼爱万物，公孙龙主偃兵，尤易见），皆其证也。其后学术散失，汉儒固陋，但知掇拾诸家之伦理政治学说，而不明诸家为学之方术。于是凡"苛察缴绕"之言，概谓之"名家"。名家之目立，而先秦学术之方法论沦亡矣。

① 班固:《汉书》卷30，北京：中华书局1962年版，第1737页。

> 刘歆、班固承其谬说，列名家为九流之一，而不知其非也。①

胡氏此文首发于《太平洋》第一卷第七号（1917 年），尔后，其自著《中国哲学史大纲》亦仍其说，不过文字稍简而已。胡氏曰：

> 古代本没有什么“名家”，无论那一家的哲学，都有一种为学的方法。这个方法，便是这一家的名学（逻辑）……因为家家都有“名学”，所以没有什么“名家”……司马谈、刘向、刘歆、班固之流，只晓得周秦诸子的一点皮毛糟粕，却不明诸子的哲学方法。于是凡有他们不能懂的学说，都称为“名家”。却不知道他们叫作“名家”的人，在当日都是墨家的别派。②

胡氏“古无名家”之说，其持论本是针对汉人“诸子出于王官”的反面“证据”之一。但胡氏由此“证据”不仅没有打倒汉人“名家者流，盖出于礼官”的说法，却引出了新的问题，即先秦学术流派中究竟有无“名家”一派的存在，以及《汉志》所列之“名家”，在学派的归属上应该如何定位？

显然，胡氏证明“古无名家”，理由有二：其一，先秦各家都有自己的“为学方法”，其“方法”亦即“名学”；因为各家都有自己的“名学”，所以没有专门的所谓“名家”。其二，“名家”一名，由汉人所立，先秦并无是称。

胡氏的两点理由，无论是就理论而言，还是就史实而论，皆难成立。近人劳思光曰：

> 每一学派或每一学人，皆有其“为学方法”，此是当然。

---

① 胡适:《中国哲学史大纲（卷上）·附录》，北京：东方出版社 1996 年版，第 356 页。

② 胡适:《中国哲学史大纲（卷上）》，北京：东方出版社 1996 年版，第 166 ~ 167 页。

> 但用一“方法”是一事，对此“方法”建立一理论，又是一事。人人有“方法”，并非等于人人有“对方法之理论”。例如，人之思想，皆遵循逻辑规则，然并非人人对此种规则皆能建立一理论。故人人思想虽皆须合逻辑，但并非谓人人皆须为逻辑学之研究者。此种分别，至为浅显。且先秦诸家虽对“名”一字，皆有某种见解，但并非皆建立对“名”之理论。

这是劳氏针对胡氏的第一条理由所作的反驳。劳氏又曰：

> “名家”一号，起于汉代，自无可疑。但此非谓先秦无此种“关于名之理论”。既有此种理论，又有思想家（如公孙龙）专持此种理论以立学派，则此学派之存在，即后世所谓“名家”之存在。当时无“名家”之称号，无碍于有此学派存在，亦无碍于后世以“名家”一号称之也。且按先秦诸家之名，皆逐渐形成。荀子批评名家，然《非十二子》及《解蔽篇》中，皆举人名以为批评对象，未尝有诸家之名（唯“儒”为例外）。韩非子以“儒墨”为“显学”，始有用学派名称之意。其他各家亦未定一学派名称。故谓因先秦无某学派之名，即不承认有此学派存在之事实，亦是与史实乖忤，且又于理不可立者也。

这是劳氏针对胡氏的第二条理由所作的反驳。于是，劳氏宣明自己的结论，曰：

> 吾人今日所谓“名家”，即指专宣说关于“名”之理论之学派。所谓“名”即指符号及概念，故此种理论涉及逻辑及早期形上学，其具体代表即是公孙龙之说。至于“名家”一词由汉人提出，则无碍于吾人依此称号，以谈此学派也。①

① 劳思光：《新编中国哲学史》卷1，桂林：广西师范大学出版社2005年版，第298~299页。

平心而论，劳氏对胡氏的批评，理据充足，切中要害；对“名家”学派的界定，也大抵可以接受，虽然释“名”为“符号及概念”，不免以今律古，且颇有“以外观中”之嫌。① 要之，汉人所谓“名家”，实指战国时代以惠施、公孙龙为代表的专门研究“名学理论”及其“正名方法”的一派思想家。

胡、劳二氏的辩诘，使我们对“名家”与“名学”有了比较清晰的理解与把握。但应该说明的是，根据胡、劳二氏各自的陈述，我们认为，胡氏提出的问题与劳氏的辩诘，实在是两个不同性质的问题。胡适是通过否定“名家”的存在而反对“名家者流，盖出于礼官”的汉人旧说。而劳氏则在解释“名家”一派的实际存在以及“名家”一流所研究的对象。至于名家一流的发生渊源，则劳氏与胡氏的看法却有一致之处，即双方都不认同《汉志》“名家出于礼官”之说。

胡适之既谓先秦没有“名家”，从而消解“名家出于礼官”的汉人旧说，当然要对《汉志》所列之惠施、公孙龙等“名家”学者的学派归属提出某种解释。胡氏认为：惠施、公孙龙属于“墨者”，是“墨家的别派”。意思是说，惠施、公孙龙非但不是“出于礼官”的“名家”，就算按照汉人旧说认为他们是“名家”，也不是出于“礼官”，而是“墨者”或“墨家的别派”。职是之故，胡氏《中国哲学史大纲》便将惠施、公孙龙放在“墨辩”之后加以叙述，以示这种由“墨”而“名”的学术衍变。

胡适对惠施、公孙龙学说的学术处理，并非他本人原创。《晋书·隐逸传》载鲁胜《墨辩注叙》曰：

> 名者，所以别同异，明是非，道义之门，政化之准绳也。孔子曰：“必也正名，名不正则事不成。”墨子著书，作《辩

---

① 按：劳氏并不讳言自己治中国哲学的方法乃“以外观中”，因为他声称，研究中国哲学的目的，是要“推动世界性的哲学与文化之形成”。参见劳氏《新编中国哲学史》卷1之《后序》“关于方法问题”的陈述。

经》以立名本，惠施、公孙龙祖述其学，以正别名①显于世。②

“墨子著书，作《辩经》以立名本，惠施、公孙龙祖述其学”，可见胡氏之说，实远宗晋人鲁胜，亦所谓有本之言。所不同者，胡氏不同意墨子“作《辩经》以立名本”的说法，认为所谓《墨辩》六篇，乃墨子后学所作；而惠施、公孙龙虽然不是作《墨辩》的墨者，但他们也应属墨家的流派。

至于劳思光则认为，先秦“名家”应是一个具有独特学术个性的专门学派，这个学派的代表人物，就是《庄子·天下篇》称之为“饰人之心，易人之意，能胜人之口，不能服人之心”的桓团、公孙龙等“辩者之徒”，以及《荀子·非十二子》中指为“好治怪说、玩琦辞，甚察而不惠，辩而无用，多事而寡功”的惠施、邓析之流。且劳氏还认为，先秦有关“名学”的理论实有二支：“一支属于辩者（包括《墨经》所载之墨家后学理论），另一支属于儒学。”且谓：“辩者之说，基本旨趣在于形上学及逻辑方面；而儒者之说，则基本旨趣在道德及政治方面。”③ 而儒家一支“始于孔子，终于韩非，其特色在于其‘实践旨趣’”；辩者一支则“始于老子，转为名家辩者之言，终于墨辩，其特色在于其‘理论旨趣’”。至于“汉人所了解者，基本为韩非一支，故司马谈评及‘名家’，而许以‘控名责实’。《艺文志》则竟以为‘名家’出于‘礼官’，盖将儒法一系论‘名’之思想，与名家之说混为一谈，其谬甚矣”④。

劳氏之说，其基本的思想旨趣有二：一是区分“名学”与

---

① 按：“别名”当为“刑名”之讹。谭戒甫《公孙龙子形名发微·名通第六》引作“刑名”，且其自注曰：“刑与形通。”此谭氏径改之也。

② 房玄龄等著：《晋书》卷94，北京：中华书局1974年版，第2433页。

③ 劳思光：《新编中国哲学史》卷1，桂林：广西师范大学出版社2005年版，第288页。

④ 劳思光：《新编中国哲学史》卷1，桂林：广西师范大学出版社2005年版，第302页。

“名家”。自“名学”而言，则“辩者”与“儒者”皆有之；自“名家”而言，则仅“辩者”一支可当，“儒者”一支不足数也。二是就“名家”起源提出新的思路，即“名家辩者之言”乃“始于老子”，“终于墨辩”。

毋庸讳言，劳氏分先秦“名学”为两支，虽然不乏启迪之功，但所遗留的问题也是非常突出的。

其一，“辩者”与“儒者”之二分，并不能揭示先秦“名学”的实际发生历程，且过于强调“辩者”与“儒者”在理论旨趣上的别异性，却忽视了二者之间在思想上存在着相互摩激与鼓荡的关联性及其“名学”目的之一致性。事实上，先秦“名学”的演进路径，并不是以“儒者”与“辩者”的分途为标帜，而是因“名”的不同类型而导致了“名学”不同的研究范围与研究对象，从而形成了儒、墨、名、法的不同“名学”理论及其“正名”思想。这一点，是本节所述之重心，下文将有详论，兹不赘述。

其二，与上述问题相关，劳氏认为“辩者”一支“始于老子”，因为老子“以‘道’为‘无名’，以‘万物’为‘有名’”，“以‘道’与‘名’相配，则所论之‘名’为形上意义理论意义之‘名’”,① 而“辩者”之论“名”之所以有“形上学旨趣”，即由老子及道家转出之故。然而，严格说来，劳氏这一提法，实为皮相之论，不仅与老子“道”论与“名”论相去甚远，且庄子对“名言”的理论思考，劳氏亦不甚了了。更有甚者，劳氏竟谓“邓析、公孙龙在《艺文志》中列为‘名家’，惠施则列为‘道家’；足知汉人所谓‘名家’，虽指先秦之辩者，然先秦辩者中亦有被汉人视为不属‘名家’者”。② 此说纯属无稽之谈，令人咋舌。今按:《惠子》一篇，《汉志》列于“名家”，有目共睹，且班氏自注：“名施，与庄子并时。”《汉志》何曾“列”惠施为“道家”？不知

---

① 劳思光:《新编中国哲学史》卷1，桂林：广西师范大学出版社2005年版，第300页。

② 劳思光:《新编中国哲学史》卷1，桂林：广西师范大学出版社2005年版，第287页。

劳氏何所据而言之如是。此无他，乃劳氏欲证成“名家”之“形上旨趣出于道家”之说，不惜篡改史实而已。

其三，劳氏谓汉人“将儒法一系论‘名’之思想，与名家之说混为一谈”，亦非确论。事实上，汉人对名家的评价，乃是根据儒家与法家的“正名”要求以及站在儒家与法家的“征实致用”立场批评名家“苛察缴绕”、“钩𫓧析乱”。这也恰好说明，汉人对其所谓“名家”的学术特征及其学术旨趣是非常清楚的，并没有将二者“混为一谈”。这一点，胡适的说法，倒算是一语道破，切中了要害，“凡有他们（引者按：即汉人）不能懂的学说，都称为‘名家’”，或曰：“凡‘苛察缴绕’之言，概谓之‘名家’。”

纵观胡、劳二氏之说，在反对《汉志》“名家者流盖出于礼官”的说法这点上，劳思光与胡适的意见并不相左。除此之外，在判定惠施、公孙龙等“辩者”的学术归属上，劳氏与胡氏的意见亦有一致之处。胡氏宗鲁胜之说，认为惠施、公孙龙之学属于“墨家的别派”；而劳氏亦将“名家辩者”一派置于老子与墨辩之间，其实质仍然是着眼于“名家”与“墨家辩者”的学术关联。所不同者，胡氏认惠施、公孙龙为“墨者”，而劳氏则以为“墨家辩者”是“名家”的反对派，批评驳正了惠施、公孙龙等“名家”的理论。由此可见，在推翻了《汉书·艺文志》“名家出于礼官”之说而后，关于“名家”的学术渊源，就出现了两种不同说法，一是“名家”源于墨家；一是“名家”源于道家。可以说，胡、劳二氏的意见，基本上体现了中国现当代思想史研究者的学术观念，虽然在观念的具体表述上学者各有不同。

二、“名”的起源与“名学”的发生

但事实上，就先秦“名学”的发生而论，问题并非如此简单。如前所述，先秦“名学”的演进路径或派别划分，并非仅仅是以“儒者”与“辩者”的分途为标帜，而是因“名”的不同类型而导致了“名学”不同的研究范围与研究对象，从而形成了儒、墨、名、法不同的“名学”理论及其“正名”思想。因此，考察“名学”的演进路径及其流派的形成，不能拘于一隅，只见树木不见森林，尤其应该从“名学”发生的始基之处出发，探本溯源，方能认清先秦“名学”群山万壑、众流奔趋的基本学术走向及其百喙齐鸣、各家腾口的不同理论旨趣。

所谓“名学”之“名”，其始基之义，就是指人们日常所用的语言及表示语言的文字。因为人们日常所用的语言不是杂乱无章、空洞无实的声音组合，总要表达某种意义，传达某种信息。因此，语言文字必然代表着相应的客观事物。故许氏《说文解字》释“名”字之形义曰：“名，自命也。从口夕，夕者，冥也，冥不相见，故以口自名。”所谓“自命”，即“自名”，“以口自名”，就是用语言自己称呼自己。所谓“冥不相见，故以口自名”，意即黑暗中彼此不能相识别，于是自呼其名，以便对方辨认。如甲乙二人暗中相见，甲不知乙，乙不知甲。甲乃自呼曰：“臧!”乙亦自呼曰：“获!”于是甲便知对方为“获”，乙便知对方为“臧”。而甲之为“臧”，乙之为“获”，其“人”与其“名”乃有一确定的名实对应关系。《庄子·逍遥游》所谓“名者，实之宾也”，即其理也。

“名”与“实”必须具有确定的对应关系，推而广之，也就是语词与意义的关系。《左传·桓公二年》载师服曰：“夫名以制义，嘉偶曰妃，怨偶曰仇，古之命也。”“名以制义”，言“妃”者，表示“嘉偶”；名“仇”者，表示“怨偶”，各有其义，不可互易而相乱。有了这种“名”与“义”或“名”与“实”的对应关系，则识别、指称、交际与交流才成为可能。因此，尹文子曰：“名者，名形者也。形者，应名者也。然形非正名也，名非正形也。则形之与名居然别矣。”① 此所谓“名形者也”之“形”，即《逍遥游》“名者，实之宾也”之“实”，亦即师服之所谓“名以制义”之“义”。总而言之，“名”以“制义”也罢，“名”以“名形”也罢，“名”以指“实”也罢，所言皆是“名”与“实”之间必

① 尹文:《尹文子·大道上》，上海：上海书店 1986 年影印《诸子集成》本，第 2 页。

定存在着相应的固定关系；否则，“实”非其“名”，“名”非其“义”，“名”“实”相乖，语词与意义分离，识别、指称、交际与交流也就障碍重重。

老子曰：“无名，万物之始也；有名，万物之母也。”① 意即“万物”在开始的时候是没有“名”的，当人们对“万物”有了认知与识别之后，便产生了“名”；有了“名”，也就意味着人们对“万物”有了认知与识别。就“万物”而言，相对于“无名”之前，则“有名”之后，就是一个新的开始。故曰：“有名，万物之母也。”然而，正如笔者曾经指出的，老子之“道”，本是一个渺远绵长无尽的时间系列，只是在人们的思维之中，才被分割成先后不同的时间段落。就像天下“万物”，初始之时是“无名”的，从“无名”到“有名”，就是一个过程。“有名”之前，是“无名”的过程，“有名”之后，又是一个新的过程。由“无名”之前到“有名”之后，其间虽有“无名”与“有名”的区别，但又都属于这个“万物”的总过程。② 显然，老子“无名”、“有名”之说，意在论证“道”的时间一维性及其可分割性；是为了描述“道”是一个时间过程或时间系列而就近取譬所举的例证。当然，不可否认，这个例证同时也负载着老子关于“名”的观念。因此，可以说，老子认为，“万物”之“名”，并不是一开始就有的，而是在人们长期的社会生活过程中逐步形成的，大抵其间有一个积少成多的过程。不过，就像通常的思想史或哲学史研究者那样，由此一例证所负载的关于“名”的观念，还可以从意识与存在的关系上作更多的发挥。但对于我们的问题而言，只要理解了“名”是人对“万物”有所认知与识别之后所给定的某种称号，其产生有一个积渐的过程，亦即认识到“名之所起”，也就足够了，无须虚辞滥说，漫无边际地引申。

---

① 《帛书老子》第一章。

② 参见拙著《中国早期文化意识的嬗变——先秦散文发展线索探寻》第二卷第十三章第三节的有关叙述。

老子又曰："始制有名，名亦既有，夫亦将知止，知止所以不殆。"①"始制有名"，其本来的意思是说，老子所思考的时间系列或者万物的过程，并没有一个合适的现成语词来指称它，只好用人们所熟知的"道"这个既有语词给它派定一个名称。《帛书老子》第二十五章所谓"有物混成，先天地生。寂呵寥呵，独立而不改，可以为天地母。吾未知其名也，字之曰道。吾强为之名曰大，大曰逝，逝曰远，远曰反"，所描述的正是老子最初给这个时间序列或万物的过程命"名"的踟躇与勉强之情。而"知止"之"止"，在第三十二章的具体语境之中，其具体的意涵乃是"止"于"道"，亦即依于"道"而行，只要能依于"道"而行，便不会有什么过错，故曰"知止所以不殆"。

然而，"始制有名，名亦既有，夫亦将知止"云云，就其对"名"的观念而言，此数语理解为如下之意，似乎也不算超越文本的过度诠释，即：既然已经对某种事物制定了一个名称，那么，这个名称就与这个事物构成一种固定的关系，这个特定的名称只能代表这个特定的事物，不可挪作他用。明白了这种"名"与"物"的特定关系，就不会出现"名""实"相乖的危险。言下之意，我们一旦规定了某个语词的具体意涵，就不能随心所欲地改变这种"名"与"义"的对应关系，否则就会出现交际与交流的困难与障碍。故曰："名亦既有，夫亦将知止，知止所以不殆。"

据理而论，老子关于"名"的起源及其"命名"实践，以及强调"名"与"义"之对应关系的名学观念，无疑是正确的。战国晚期，荀子关于"名"的起源及"名"与"物"的约定俗成关系，等等总结性论述，无不受惠于老子。不过，这是后话，容后再议，兹不赘述，以免滋蔓。

然而，"名亦既有，夫亦将知止"，只是就"名""实"关系的相对稳定性及其用"名"原则而言。但事实上，无论是"名"还是"实"，随着社会生活的不断发展，以及思想文化的不断因革，又总是不期然而然地不断发生着或明或暗的迁化；因而，"名亦既

① 《帛书老子》第三十二章。

有，夫亦将知止”的相对稳定性，就在思想文化的潜滋暗长或社会生活的潜移默化之中，逐步发生着位移。这种位移，或是旧“名”注入新“义”，或是“实”有新变而仍冒旧“名”，于是“始制有名”之初所规定的“名”“实”关系，势必不能相“止”而一一相副了。

应该说明的是，所谓旧“名”注入新“义”，是就学术文化的发展而言；所谓“实”有新变而仍冒旧“名”，是就社会生活的变化而言。二者有所区别，一在精神，一在物质，不可混一而论。

所谓旧“名”注入新“义”，老子五千言所用之“道”，就是极好的例证。我们知道，“制名”之初，“道”字的本来意义，就是“一达谓之道”，其字形为从行从首从止，即供人所行走且只有一个方向或一个目的地的道路。而“道”所具有的方向性与一维性特征，与日月四时的运行相似，由于天文星占历法推步之学的发展，人们将自然天象的运行规律也称之为“道”。于是旧有的道路之“道”一变而为天道之“道”。尔后，老子为了表达其特定的哲学思想，又将这个旧有的“道”字注入了新的内涵。① 因此，道路之“道”，一变而为天道之“道”，再变而为老子之“道”，几经变迁，与其“制名”之朔义相去之远，已不能以道里计。旧瓶装新酒，新义而旧名，这是思想文化发展过程中常见而且必然的现象，也是语言发展与概念衍变的普遍规律。可以说，大多数抽象名词如“德”、“义”、“仁”等，其意涵的不断拓展，大抵遵循着这种由具象而抽象的衍变规律。

所谓“实”有新变而仍冒旧“名”，是指社会生活中的具体事物由于某种原因而发生蜕变，这种蜕变，可能是数量上的，也可能是质量上的，可能是内在的，亦可能是外在的。然而，无论内在抑或外在，无论数量抑或质量，“实”已变而相应之“名”却依然如故，以致名实相左。如《左传·昭公三年》载齐国晏婴对晋国叔向“齐其何如”之问而预言“齐其为陈氏”之语曰：

---

① 参见拙著《中国早期文化意识的嬗变——先秦散文发展线索探寻》第二卷第十三章第三节的有关论述。

> 齐旧四量，豆、区、釜、钟。四升为豆，各自其四，以登于釜，釜十则钟。陈氏三量皆登一焉，钟乃大矣。以家量贷，而以公量收之。

“齐旧四量”，即齐国所通行的容积单位与量具有四种，分别名为“豆、区、釜、钟”。四种量具所规定的实际容积，如以升为单位起算，即：“四升为豆，各自其四，以登于釜。”杜预注：“四豆为区，区斗六升；四区为釜，釜六斗四升。”而“釜十则钟”乃“六斛四斗”。今按：古制以十升为斗，十斗为斛。杜氏之注，不过将升换算成斗、斛而已。“四升为豆”，“四豆为区”，则一“区”十六升合一斗六升。“四区为釜”，则一“釜”六十四升合六斗四升。“釜十则钟”，则一“钟”六百四十升合六斛四斗。

然而，陈氏所用之量，虽名为“豆、区、釜、钟”，但其实际容量却比齐国通行的四量为大。“陈氏三量皆登一焉，钟乃大矣”，杜注：“登，加也。加一，谓加旧量之一也，以五升为豆，五豆为区，五区为釜。则区二斗，釜八斗，钟八斛。”① 今按：晏子“三量皆登一焉”可有两种理解：一是“陈氏三量”各以“五五而加”，如此，则“陈氏三量”与“齐旧量”的换算结果如下表：

	豆	区	釜	钟
齐旧量	4 升	16 升	64 升	640 升
陈氏量	5 升	25 升	125 升	1250 升

如此，则陈氏所用钟之容量为十二斛五斗，合一千二百五十升，几乎是齐之旧量钟之容量六百四十升的两倍。陈氏若以此“家量”贷出，以彼“公量”收进，则每出贷一钟，几折损一半。陈氏意在收买人心以篡姜齐之政，并非厚施于人以致大败其家。是

① 孔颖达：《春秋左传正义》卷 42，北京：中华书局 1980 年影印阮元校刻《十三经注疏》本，第 2031 页。

必不然之事可知也。

二是“陈氏三量”各加“旧量”之一，杜氏注“区二斗，釜八斗，钟八斛”，即作此解。据此，则陈氏“四量”，以升为单位换算，其与“旧量”之对比，有如下表：

	豆	区	釜	钟
齐旧量	4升	16升	64升	640升
陈氏量	5升	20升	80升	800升

据陆德明《经典释文》所载，《左传》原文有不同传本。陆氏出旧本原文“以五升为豆，四豆为区，四区为釜”曰：“旧本如此，直加豆为五升，而区、釜自大。故杜云‘区二斗，釜八斗’，是也。本或作‘五豆为区，五区为釜’者，谓加旧豆、区为五，亦与杜注相会。非于五升之豆又五五而加也。”① 由《经典释文》所录《左传》不同传本可知，杜氏注对“陈氏三量皆登一”的理解无疑是正确的，陆氏断然否定“五升之豆又五五而加”，亦不无裁断之识。②

① 陆德明:《经典释文》卷18，北京：中华书局1983年版，第273页。

② 清人孙诒让曰：“今谛审《左传》文义，窃谓当以豆四升不加，而区釜钟则并以五五递加。盖区二斗，釜十斗，钟十斛，乃与三量皆登一之文合。《管子·轻重丁篇》云：‘今齐西之粟釜百泉，则鏂二十也。齐东之粟釜十泉，则鏂二泉也。请以令籍人三十泉，得以五谷菽粟决其籍。若此，则齐西出三斗而决其籍，齐东出三釜而决其籍。’尹注：‘五鏂为釜。斗二升八合曰鏂。’鏂与区同。以管子所言推之，齐西粟一鏂二十泉，而三斗三十泉，则是二斗而当一鏂；齐东粟一釜十泉，而一鏂二泉，则是五鏂而当一釜。釜凡十斗也。此正用陈氏新量之数，与《海王篇》说‘盐百升而成釜’亦相应。杜释新量，尹释鏂，皆非也。《管子》书多后人羼易，故与旧量不合。”见氏著:《周礼正义》卷78，北京：中华书局1987年版，第3277页。按孙氏可备一说。然《左传》原文为“陈氏三量皆登一焉，钟乃大矣”，则“三量”即“豆”、“区”、“釜”而不包“钟”而言，仍为“釜十则钟”。如孙说，则仅为“区、釜”二量“登一”，“豆、钟”皆不“登”，不可言“三量皆登一”也。故仍以杜注为是。

由此可见，陈氏“家量”与齐之“公量”，其容积之差，如此之大，然五升之“豆”与四升之“豆”，同名为“豆”；二十升之“区”与十六升之“区”，皆名为“区”。而八十升之“釜”与六十四升之“釜”共名，八百升之“钟”与六百四十升之“钟”同号。是“实”有新变而仍冒旧“名”者，莫此其显也。此外，如《论语·雍也篇》载孔子曰：“觚不觚，觚哉！觚哉！”《阳货篇》载孔子曰：“礼云礼云，玉帛云乎哉？乐云乐云，钟鼓云乎哉？”皆是感叹“实”已变而“名”依旧之例证，兹不繁引。

三、“名学”分类与“刑名从商”

由于社会生活的变迁而名实相乖，由于文化的发展而语义多歧，为整顿社会生活秩序，规范交际与交流，在王纲解纽、新旧交替的社会转型之际，有识之士提出“正名”的要求，也就顺理成章，不足为奇了。

社会生活本身复杂多样，存在不同的生活领域，因不同的社会生活领域，而有各种不同类型的“名”，这也是不难理解的。《荀子·正名篇》曰：

> 后王之成名，刑名从商，爵名从周，文名从《礼》，散名之加于万物者，则从诸夏之成俗曲期，远方异俗之乡则因之而通。

据此，则“名”有所谓“刑名”、“爵名”、“文名”与“散名”之分。杨倞注云：“商之刑法未闻。《康诰》曰‘殷罚有伦’，是亦言殷刑之允当也。爵名从周，谓五等诸侯及三百六十官也。文名，谓节文、威仪。《礼》，即周之《仪礼》也。”①

虽“商之刑法未闻”，然《尚书·周书》则有《吕刑篇》，其言“五刑”之事，必有所因，文曰：

---

① 王先谦:《荀子集解》卷16，北京：中华书局1988年版，第411页。

> 墨辟疑赦，其罚百锾，阅实其罪。劓辟疑赦，其罚惟倍，阅实其罪。剕辟疑赦，其罚倍差，阅实其罪。宫辟疑赦，其罚六百锾，阅实其罪。大辟疑赦，其罚千锾，阅实其罪。
>
> 墨罚之属千，劓罚之属千，剕罚之属五百，宫罚之属三百，大辟之罚其属二百；五刑之属三千。①

此周穆王诏告“有邦有土”者——畿外封国之诸侯及畿内食采之大臣——关于“五刑”的处罚条例。“五刑”者，“墨”、“劓”、“剕”、“宫”、“大辟”是也。郑玄《周礼注》曰：“墨，黥也，先刻其面，以墨窒之。劓，截其鼻也。”“剕”即施于腿部或足部之刑，于腿部膑骨施刑者称为“膑”，而断足或去趾则称为“刖”。又郑氏释“宫”刑曰：“丈夫则割其势，女子闭于宫中，若今宦男女也。” “大辟”，即死刑。② 是以因施刑部位之不同，其刑之“名”亦相应不同。

又，据郑玄《周礼注》引《尚书大传》所言，“五刑”之所以有施刑部位的区别，乃根据犯罪事实及犯罪性质而定。《周礼·秋官·司刑》曰：

> 司刑掌五刑之法，以丽万民之罪。墨罪五百，劓罪五百，宫罪五百，刖罪五百，杀罪五百。若司寇断狱弊讼，则以五刑之法诏刑罚，而以辨罪之轻重。

此所谓“五刑”与《吕刑》全同，唯以“剕”为“刖”稍异。郑氏注引《尚书大传》言各刑之犯罪事实与犯罪性质曰：“决关梁逾城郭而略盗者，其刑膑。男女不以义交者，其刑宫。触易君命，革

---

① 孙星衍:《尚书今古文注疏》卷 27，北京：中华书局 1986 年版，第533～536 页。

② 贾公彦:《周礼注疏》卷 36，北京：中华书局影印阮元校刻《十三经注疏》本，第 880 页。

舆服制度，奸轨盗攘伤人者，其刑劓。非事而事之，出入不以道义而诵不详之辞者，其刑墨。降畔，寇贼，劫略，夺攘，挢虔者，其刑死。”据此，则“五刑”各有不同的对象，其犯罪事实有巨细之分而犯罪性质亦有轻重之别。“决关梁逾城郭而略盗”，当是一般的偷盗财物，故仅处以“膑”刑或曰“刖”刑。若啸聚山林，明火执仗，劫略州府，是为“寇贼”，其性质与投敌叛国等，非同于一般盗窃财物之罪，故以“大辟”处死论之。是“五刑”皆有相应之犯罪事实，量刑论罪，当以事实为据。当然，所谓事实的论定，也存在着“名”“实”对应问题，如“非事而事之，出入不以道义而诵不详之辞者，其刑墨”，然则何谓“非事而事”，何谓“出入不以道义”，何谓“诵不详之辞”，此当更有细密而具体的规定。

准此，则“五刑”亦各有详细明晰之条例，《吕刑》曰：“五刑之属三千。”其中，“墨罚之属千，劓罚之属千，剕罚之属五百，宫罚之属三百，大辟之罚其属二百”。《司刑》“墨罪五百，劓罪五百，宫罪五百，刖罪五百，杀罪五百”，亦谓“五刑”各有其所“属”之条例“五百”，故郑氏曰：“此二千五百罪之目略也，其刑书则亡。”又曰：“夏刑大辟二百，膑辟三百，宫辟五百，劓、墨各千，周则变焉，所谓刑罚‘世轻世重’者也。”① 郑氏所称“夏刑”之“目略”亦为三千，与《吕刑》“五刑之属”数目相同，但“膑辟”与“宫辟”互异。然“商之刑法”既“未闻”，而书阙有间，不知郑氏所言“夏刑”者何据？且郑氏以《司刑》“二千五百罪之目略”比之“夏刑”三千为少，即谓“刑罚世轻世重”，其说亦未必确当。“目略”之多少，只因法律条例规定的细密程度不同，与法律的酷滥没有必然联系，更与刑罚的轻重无关。

此外，据上引《吕刑》之文，“五刑”又各有赦免与处罚条例。“墨辟疑赦”之“疑”，通擬，即擬议之意。“阅实其罪”，王引之《经义述闻》谓“实”为语词，无义。《大雅·生民》“实覃

---

① 贾公彦:《周礼注疏》卷36，北京：中华书局影印阮元校刻《十三经注疏》本，第880页。

实讦”、“实方实苞”之“实”，皆是其例。“阅”通“说”，读如《易·蒙》初六“用说桎梏”之“说”，《经典释文》音“吐活切”，即今语所谓“开脱”之“脱”。①“墨辟疑赦，其罚百锾，阅实其罪”，意即：如果触犯了“墨刑”而拟议赦免，则代之以罚金“百锾”，乃可开释出狱，免于受刑。“劓辟”之罚“惟倍”，谓“倍”于“墨辟”之罚，即二百锾。“剕辟”之罚“倍差”，说者不同。② 然以“墨”罚百锾，“劓”罚二百锾之差额推之，“剕辟”所罚当为“倍”“劓辟”所罚而稍“差”。“劓”罚二百锾，“倍”之则为四百锾，“差”者，不足之谓也。准此，则“剕辟”所罚，大抵在三百锾至四百锾之间，视其罪之轻重而上下之耳。较之“宫辟”之罚六百锾，“大辟”之罚千锾者，尤轻也。盖去势蒙羞，砍头丧命，其所值者又非足之或全或残可同日而语邪？

四、邓析其人及其“刑名之学”

由上述可见，所谓“刑名”者，有其庞大而复杂的“名”、“实”体系。然而，听狱理讼，死者不能复生，断者不可再续，缘情以论罪，据实以量刑，纤毫不得苟且。但问题是：由于“刑名”体系庞大，条例纷繁，士师断狱弊讼，理官决事行罚，未必一一皆能“以五刑之法诏刑罚，而以辨罪之轻重”。更有甚者，如果刑法条例之制定，其用语不周延，其逻辑不严密，于是乘瑕蹈隙之徒，舞文以苟免者有之，乱名以侥幸者亦有之。因此，在“刑”、“爵”、“文”、“散”诸“名”之科，尤其易于致“乱”者，莫过于“刑名”一科而已。其“乱名”者，自“刑名”始；其“正名”者，亦自“刑名”始，此乃不言而喻之事也。是以《汉书·

① 王引之:《经义述闻》卷 4，南京：江苏古籍出版社 2000 年版，第 100 页。

② 裴骃《史记集解》引马融曰：“倍二百为四百锾也。差者，又加四百之三分一，凡五百三十三三分一也。”张守节《史记正义》则曰：“倍中之差，二百去三分一，合三百三十三锾二两也。”

艺文志》“名家”首列《邓析》，则决非偶然。

刘、班于“名家”首列“《邓析》二篇”，班氏自注曰：“郑人，与子产并时。”颜师古曰：“《列子》及《孙卿》并云子产杀邓析。据《左传》，昭公二十年子产卒，定公九年驷歂杀邓析而用其竹刑，则非子产所杀也。”① 颜氏之说是也。据《左传》所载，鲁昭公二十年子产卒。子产卒后，子大叔嗣为政。鲁定公八年，子大叔死，郑驷歂嗣子大叔为政；九年，杀邓析而用其《竹刑》。是邓析被驷歂所杀，上距子产之死已历载二十有余。而《荀子·宥坐篇》谓“子产诛邓析、史付”，② 乃途人之说，其不足采信，明矣。

《左传·昭公六年》：“三月，郑人铸刑书。”时当子产执政，故晋国叔向因“铸刑书”之事，诒书子产，责其弃礼任刑，谓“民知有辟，则不忌于上。并有争心，以征于书，而徼幸以成之，弗可为矣”。③ 叔向认为，“刑书”公开，其后果有二：一是民知有法可依乃对长上之人无所敬畏；二是民心多欲，各有争心，然犹征引刑书，钻法律的空子，侥幸以逞其私。又，昭公二十九年，“晋赵鞅、荀寅帅师城汝滨，遂赋晋国一鼓铁，以铸刑鼎，著范宣子所为刑书焉”。孔子亦曰：“晋其亡乎！失其度矣。……贵贱不愆，所谓度也。……今弃是度也，而为刑鼎，民在鼎矣，何以尊贵？”杨伯峻曰：“在读为察，谓民察鼎以知刑。”④ 是孔子所言，与叔向诒子产之书，其意大同，所虑皆在刑法公开的不良后果。然而，以今论之，所谓“铸刑书”、“铸刑鼎”者，大抵是将法律文书铸勒于铜板或铁鼎而后置之于通衢要路以公之于众，意在使民知法之所禁而有所自律，其实质不过如今日刊载法律条文于报章杂志，以便广为人知，所谓“法律宣传”而已。当然，法律公开，“民知有辟”，确乎有其利亦有其弊。其利者，先教而后刑，则民

① 班固:《汉书》卷 30，北京：中华书局 1962 年版，第 1736 页。

② 王先谦:《荀子集解》卷 20，北京：中华书局 1988 年版，第 521 页。

③ 杨伯峻:《春秋左传注》，北京：中华书局 1990 年版，第 1275 页。

④ 杨伯峻:《春秋左传注》，北京：中华书局 1990 年版，第 1504 页。

虽死而无憾。其弊者，好讼之徒，征引刑书，析言破律，乱“名”以图侥幸。然“民之多幸”，则“国之不幸”，① 是以叔向与孔子之忧，也未必全然无故。

《左传·定公九年》载：“郑驷歂杀邓析，而用其《竹刑》。”驷歂何故而杀邓析，既杀之何又用其《竹刑》，个中原委，左氏未能明言。不过，《左传》作者对此事的态度与评价，似乎透露着些许蛛丝马迹，颇可玩索。兹姑录其文：

> 君子谓：子然于是不忠。苟有可以加于国家者，弃其邪可也。《静女》之三章，取彤管焉。《竿旄》“何以告之”，取其忠也。故用其道，不弃其人。《诗》云：“蔽芾甘棠，勿翦勿伐，召伯所茇。”思其人，犹爱其树，况用其道而不恤其人乎！子然无以劝能矣。

“君子”，当然是《左传》作者自己，托之于“君子”，即庄子所谓“借外论之”耳。“子然”，即驷歂之字。作者用“邪”与“能”评价邓析；又指出驷歂杀掉邓析既是国家“不忠”，也“无以劝能”。因为，如邓析这类心术“邪”而不端但颇有才“能”的人，对国家还是有用的（“可以加于国家者”）。正确办法是用其“能”而“弃”其“邪”，根本不应该将他杀掉。而驷歂杀掉邓析，就是对国家的“不忠”，因为这种粗暴的处理方式，根本不利于鼓励才“能”之士为国家效力（“无以劝能矣”）。

由《左传》作者对邓析的评价，可知邓析其人虽然心术有些不端正（“邪”），但却很有才华（“能”）。也正因其心术之“邪”而不端，故遭驷歂所杀；又因其才“能”出众，故驷歂虽杀其人，又不得不“用其《竹刑》”。唯其“邪”的实际表现与“能”的具体事实，则《左传》文既已阙如，“君子”亦未能明示，是以不得

---

① 《左传·宣公十六年》载羊舌职曰：“善人在上，则国无幸民。谚曰‘民之多幸，国之不幸也。’是无善人之谓也。”所谓“幸民”，即侥幸而获利或侥幸而获免之民。

而知。不过，《吕氏春秋·离谓篇》关于邓析几则轶事的记载，大抵可见其“邪”与“能”之一斑。且其文颇多诸趣，览之足可解颐，录之如下：

> 郑国多相县以书者。子产令无县书，邓析致之。子产令无致书，邓析倚之。令无穷，则邓析应之亦无穷矣。是可不可无辨也。可不可无辨，而以赏罚，其罚愈疾，其乱愈疾，此为国之禁也。故辨而不当理则伪，知而不当理则诈，诈伪之民，先王之所诛也。理也者，是非之宗也。
>
> 洧水甚大，郑之富人有溺者。人得其死者。富人请赎之，其人求金甚多，以告邓析。邓析曰：“安之。人必莫之卖矣。”得死者患之，以告邓析。邓析又答之曰：“安之。此必无所更买矣。”夫伤忠臣者，有似于此也。夫无功不得民，则以其无功不得民伤之；有功得民，则又以其有功得民伤之。人主之无度者，无以知此，岂不悲哉？比干、苌弘以此死，箕子、商容以此穷，周公、召公以此疑，范蠡、子胥以此流，死生存亡安危，从此生矣。
>
> 子产治郑，邓析务难之，与民之有狱者约，大狱一衣，小狱襦袴。民之献衣襦袴而学讼者，不可胜数。以非为是，以是为非，是非无度，而可与不可日变。所欲胜因胜，所欲罪因罪。郑国大乱，民口讙哗。子产患之，于是杀邓析而戮之，民心乃服，是非乃定，法律乃行。今世之人，多欲治其国，而莫之诛邓析之类，此所以欲治而愈乱也。①

此文的史料价值，除却子产“杀邓析而戮之”，乃吕氏门客传闻异词之外，其余大抵可信。文中所述邓析“务难”子产之“治”，“令无穷，则邓析应之亦无穷”云云，当是鲁昭公六年（前536年）子产“铸刑书”，公布了郑国法令之后，邓析对子产公布的

---

① 陈奇猷:《吕氏春秋新校释》下册，上海：上海古籍出版社2002年版，第1187~1188页。

“刑书”缺陷所作的揶揄与反讽的行为反应。

“郑国多相县以书者。子产令无县书，邓析致之。子产令无致书，邓析倚之”，“县书”，即将文书抄写在木板上用绳索悬挂起来，俾众周知。或者郑国有此习俗，大抵与郑人游于乡校以议执政之事从同。① 不过，郑人“悬书”的目的，不得而知。然子产既有明令禁止，大抵因“悬书”的内容不免有造谣生事，扰乱社会秩序之嫌。果如此，则子产出于政治安定的考虑而禁止“悬书”，当然无可厚非。但“悬书”的内容未必皆是造谣惑众，无事生非，其中亦不乏事实清楚、证据确凿的忠善之言。而子产的法令专注于“悬书”的形式，不论“悬书”的内容，一切“悬书”皆在禁止之列，显然，这样的法令便违背国情，不合民意。于是，邓析乃抓住“悬”字做文章，改用“致书”的方法，巧妙地达到了“悬书”的目的。因为法令所禁是以绳索“悬书”，只要“书”而不以索“悬”，以铁钉或别的物件固置于墙壁或树杆，② 也就不能指控为犯法。同理，固置于墙壁或树杆的“致书”，可为“无令致书”的法律条文所禁，但斜靠在地上的“倚书”却不能在所禁之列。于是子产之“令无穷”，而邓析之“应”亦“无穷”。由此可见，邓析在析言破律利用法律与回避法律方面，确乎不乏狡慧之才。不过，这种析言破律的狡慧之才，正如叔向所言，实在是“弃礼而征于书，锥刀之末，将尽争之”了。

---

① 《左传·襄公三十一年》。

② 杨树达曰：“致、置古通用。致谓直立之。倚谓邪置之。”引自陈奇猷：《吕氏春秋新校释》卷18，上海：上海古籍出版社2002年版，第1190页。按杨说致、置二字通用，于古有据。《国语·晋语八》“置茆蕝，设望表”，许氏《说文解字》艸部“蕝”字下引《春秋国语》曰“致茅蕝表坐”。是“致”、“置”二字通用之证。不过，以物理推之，木板不能完全“直立”于地，必有一定倾斜才不致倾覆；然果如此，则与下文“倚书”无别。大抵“致书”或“置书”与“悬书”的区别，就在于是否用绳索，用绳索悬挂在墙壁或树枝上为“悬书”，不用绳索而用铁钉直接固定或用浆糊直接粘贴在墙壁或树杆上为“致书”，而既不用绳索悬挂，亦不用铁钉固定或浆糊粘贴，直接斜靠在地上或搁放在高处，就是“倚书”。准此，则杨氏诂训有据，而释义乃未达一间。诂训家往往不通文义，殊为憾事。

如果说，邓析以“致书”逃过“悬书”之禁，以“倚书”回避“致书”之令，“设无穷之辞”，体现出足够的狡慧之才，此即“君子”所谓“能”的表现；那么，邓析在尸体买卖过程中“操两可之说”，则确乎不免“邪”得令人发指！

郑之富人有溺死于洧水者，尸体被人捞起来，其家属求其尸，而得尸者要价高昂。富人家属咨询于邓析，邓析则为之出招：“放心，除了卖给你，他不可能卖给别人！”而得尸者急于脱手，亦求邓析出招，邓析又说：“放心，除了在你这儿买，他不能到别处去买！”说实在话，这种买卖，确乎有市无价，无论要价高低，死者家属都会出资。当然亦可有价无市，无论要价高低，除却死者家属，亦无人要买。其结果，或者双方妥协，折中成交；或者彼此僵持，最后不了了之。由此可见，士师狱吏“吃了原告吃被告”，其心术之不端，自古而然。而邓析之“邪”，于此尤可明见也。

不仅如此，邓析大抵还开办了类似于今日之所谓“法律培训班”，且收取与案件大小相关的培训费。“与民之有狱者约，大狱一衣，小狱襦袴”，即学习大的案件诉讼，收取“一衣”，即一件“长衣”；学习小的案件诉讼，收取一件短袄（“襦”），或是一件长裤（“袴”）。邓析的“法律培训班”似乎颇见成效，而且收益亦甚为不菲，“民之献衣襦袴而学讼者，不可胜数”。不过，邓析的“法律培训班”所讲授的内容，据上引“悬书”、“致书”、“倚书”之事推测，大抵就是钻研法律条文，分析现行刑书的语言文字，用咬文嚼字的方法争于“锥刀之末”，从而寻求于当事人有利的法律解释。如此，则其结果当然就“以非为是，以是为非，是非无度，而可与不可日变”了。当然，邓析分析现行法律条文，咬文嚼字以期于当事人有利，这也无可厚非。但如果利用现行法律文书的不完善，或者用语不够周延，逻辑不甚严密，甚至肆意穿凿，任意曲解，以至于“玩奇辞”而“治怪说”，从而“所欲胜因胜，所欲罪因罪”，则过犹不及，是不免流于险僻“邪”恶。

由于邓析对子产所铸之“刑书”有较深入的研究，因而深知现行法律条文之弊，侥幸之民有隙可乘。但邓析并非采取积极的合作态度，参与修订，加以完善；相反，却“操两可之说”而“设无穷之辞”，以揶揄与反讽之智巧，“数难子产之法”。因此，就其析言破律，“操两可之说”，滋扰“刑名”而论，谓邓析“乱名”滋事，并非诬枉不实之辞。但就其修正刑书，完善法律以作《竹刑》而言，邓析实在是对法律用语研究深湛的法学专家，其匡正“刑名”，完善法令，亦有功于当世。指其为“刑名”一科的“正名”之士，邓析亦可当之无愧。① 《汉书·艺文志》所以列《邓析》于“名家”者，其意何在？其在斯人之规规焉以“正名”为事邪？其在斯人之纷纷然以“乱名”为务邪？书阙有间，不敢妄加揣测。

五、今本《邓析子》乃后人“掇拾之本”

今存《邓析子》有《无厚》、《转辞》二篇，与《汉书·艺文志》所录“《邓析》二篇”之数合。然“其文节次不相属”，辞义尤其支离破碎。如《无厚》开首曰：

> 天于人无厚也，君于民无厚也，父于子无厚也，兄于弟无厚也。何以言之？天不能屏勃厉之气，全夭折之人，使为善之民必寿。此于民无厚也。凡民有穿窬为盗者，有诈伪相迷者，此皆生于不足，起于贫穷，而君必执法诛之。此于民无厚也。尧舜位为天子，而丹朱商均为布衣。此于子无厚也。周公诛管蔡，此于弟无厚也。推此言之，何厚之有？②

---

① 近人钱穆曰：“邓析之所为，即是叔向之所料。是驷歂之诛邓析，正为其教讼乱制。然必子产《刑书》疏阔，故邓析得变易是非，操两可，设无穷，以取胜。亦必其《竹刑》较子产《刑书》为密，故驷歂虽诛其人，又不得不舍旧制而用其书也。”见氏著:《先秦诸子系年》卷1，北京：中华书局1985年版，第18～19页。按钱说是。

② 邓析:《邓析子》，《诸子集成补编》第3册，成都：四川人民出版社1997年版，第213页。此本乃影印《四部丛刊》所景明代刻本，下引《邓析子》原文，皆为此本，不再出注。

其阐明“无厚”之旨，似乎较为明畅。下节前四句曰：“循名责实，君之事也。奉法宣令，臣之职也。”似乎意在论证“君之于臣亦无厚也”。然下文忽曰：“君有三累，臣有四责。何谓三累？惟亲所信，一累；以名取士，二累；近故亲疏，三累。何谓四责？受重赏而无功，一责；居大位而不治，二责；理官而不平，三责；御军阵而奔北，四责。君无三累，臣无四责，可以安国。”且在“循名责实，君之事也。奉法宣令，臣之职也”与“君有三累，臣有四责”之间，横插“下不得自擅，上操其柄而不理者，未之有也”一语。其“节次不相属”而辞义支离破碎，实在难以卒读。而《转辞篇》题旨尤不明晰，其中“圣人不死，大盗不止”一节，乃大段抄撮《庄子·胠箧篇》之文。诚如四库馆臣所言，邓析远在庄子之前，“不应预有剿说，而《庄子》所载，又不云邓析之言”，必为后人捋扯《庄子》以补缀其文。又，全书思想驳杂，归趣无主。其言曰：“势者，君之舆；威者，君之策；臣者，君之马；民者，君之轮。势固则舆安；威定则策劲；臣顺则马良；民和则轮利。为国失此，必有覆车奔马折轮败载之患，安得不危？”又曰：“治世，位不可越，职不可乱。百官有司，各务其刑。上循名以督实，下奉教而不违（引者注：原作达，据四库本改）。所美，观其所终；所恶，计其所穷。喜不以赏，怒不以罚。可谓治世。”其旨与申韩之说符同。而其言又曰：“听能闻于无声，视能见于无形，计能规于未兆，虑能防于未然，斯无他也，不以耳听则通于无声矣，不以目视则照于无形矣，不以心计则达于无兆矣，不以知虑则合于未（引者注：原作无，据四库本改）然矣。君者，藏形匿影，群下无私，掩目塞耳，万民恐震。”又曰：“心欲安静，虑欲深远。心安静则神策生，虑深远则计谋成。心不欲躁，虑不欲浅。心躁则精神滑，虑浅则百事倾。”则其旨又大同于黄老之说。故四库馆臣认为，今本《邓析》似为后人“掇拾之本”，未必即是原书。① 且其书多见言“法”，稀见言“名”，故四库馆臣一改汉以来隶于

---

① 永瑢等著：《四库全书总目》卷101，北京：中华书局1965年版，第848页。

“名家”之旧，而改属于“法家”。

六、本文结语

“名家”与“名学”是既有联系更有区别的两个不同概念。“名”有“刑名”、“爵名”、“文名”与“散名”之不同类别，由于先秦各家学派的思想特征及其所关注问题不同，因而受其学派影响而对于不同类别之“名”特别注重。又由于“刑名”一科，事涉断狱弊讼，且性命攸关，于民生尤为直接，因而“刑名”一科，就成为学者最早关注与重视的对象。准此，则先秦“名学”首先发生于“刑名”，也就顺理成章而不足为奇了。而邓析其人便是最早专注于“刑名之学”的专家。他能够敏锐地发现现行法律条文用语不周延、逻辑不严密的弊病，也擅长以“邪”僻之法“操两可之说”，利用法律的漏洞牟利邀名。但其人对“刑名”的悉心研究并自著《竹刑》以完善现行法律，用揶揄与反讽的方法，甚至不期然而然地以生命作代价促使当政者对法律的重视，不仅有功于当世，也为后来“刑名之学”以及“名学”的发展开辟了道路。是《汉书·艺文志》列《邓析子》为“名家”之首，良有以也。

“爵名从周”与墨子的“尚贤”官人法

——先秦“名学”起源探论之二

◎程水金

如果说，先秦最早研究“刑名”的学者是郑国的邓析，那么，先秦最早关注“爵名”的学者，应该是墨家学派的创始人墨翟。

一、周代爵职体系略述

《荀子·正名篇》曰：

> 后王之成名，刑名从商，爵名从周，文名从《礼》，散名之加于万物者，则从诸夏之成俗曲期，远方异俗之乡则因之而为通。

“爵名从周”者，唐人杨倞《荀子注》曰：“谓五等诸侯及三百六十官也。”据此，则“爵名”者，关乎官吏爵职之称。

所谓“五等诸侯”者，《周礼·大司徒》所谓公、侯、伯、子、男五等诸侯之号。《大司徒》曰：

凡建邦国，以土圭土其地而制其域。诸公之地，封疆方五百里，其食者半。诸侯之地，封疆方四百里。其食参之一。诸伯之地，封疆方三百里，其食者参之一。诸子之地，封疆方二百里，其食四之一。诸男之地，封疆方百里，其食者四之一。

与公、侯、伯、子、男“五等诸侯”之“爵名”相对应，其封疆广狭及食税多寡各有其差。清人孙诒让曰：“公五百里，开方为方百里者二十五，即二十五同，食者半则十二同又五终之地也”；① “四百里开方，为方百里者十六，即十六同，食者参之一，则五同三成又三分成之一也”；“三百里开方为方百里者九，即九同，食者亦三之一，则三同也”；“二百里开方为方百里者四，食者四之一，则一同也”；“百里开方为方五十里者四，食者亦四之，则二十五成也”。② 不过，《大司徒》五等爵之封疆五百里、四百里云云，与西周史实并不相符。如《左传·襄公二十五年》载郑子产对晋士弱“何故侵小”之问曰：

先王之命，唯罪所在，各致其辟。且昔天子之地一圻，列国一同，自是以衰。今大国多数圻矣，若无侵小，何以至焉？③

士弱所谓“侵小”，指鲁襄公二十五年郑子展、子产帅车七百乘伐陈之事。而“先王之命，唯罪所在，各致其辟”，乃答“何故”之意，谓按照先王的命令，只要是有罪，不论其国之大小，都要给予讨伐。“且昔天子之地一圻”以及“若无侵小，何以至焉”云云，乃言“侵小”之“故”。“天子之地一圻”，即方千里。“列国一

① 《周礼·考工记·匠人》：“方百里为同。”又《小司徒》郑玄注引《司马法》：“十终为同，同方百里。”北京：中华书局影印阮元校刻《十三经注疏》本，第714页。

② 孙诒让：《周礼正义》卷19，北京：中华书局1987年版，第728页。

③ 杨伯峻：《春秋左传注》，北京：中华书局1990年版，第1106页。

同”，即列国封地方百里。“自是以衰”，即自百里而差降；大抵即《孟子·万章下》所谓“天子之制，地方千里，公侯皆方百里，伯七十里，子男五十里，凡四等。不能五十里，不达于天子，附于诸侯曰附庸”之意。又《国语·楚语上》载白公子张谏楚灵王亦曰：

> 齐桓、晋文，皆非嗣也，还轸诸侯，不敢淫逸，心类德音，以德有国。近臣谏，远臣谤，舆人诵，以自诰也。是以其入也，四封不备一同，而至于有畿田，以属诸侯，至于今为令君。①

齐桓公及晋文公，皆非正宗的继承人，出奔在外多年，周流于诸侯之间，丝毫不敢放纵自己，其心常循有德之音，故因其有德而终以拥有国家。且亦常思自谨，让身边的大臣规谏，让较远的大臣批评，让众人非议自己的短处。因此，他们当初回国之时，疆域之地不足百里之方，而现在皆已达到方千里之地了，并主盟诸侯，成为名著后世的“令君”。白公子张言齐桓公、晋文公入国之时，地皆不满百里，韦昭曰：“方欲美之，故尤小焉。”韦说或是，然亦未必以方五百里之广而竟言“不备一同”。因此，《周礼》所言，或为六国时人设想之制。然地之广狭，食税之多寡，此固常变不定之势。要之，周之诸侯有“五等”之号，征之《孟子》，其言似毋庸置疑者。

所谓“三百六十官”者，即《周礼》六官之属。郑玄《三礼目录》曰：“天官冢宰，象天所立之官。”贾公彦曰：“郑云象天者，周天有三百六十余度，天官亦总摄三百六十官，故云象天也。”② 据近人金景芳统计，“天官所属编制，上自大宰、小宰，下至屦人、夏采，包括六十二种职官”；地官所属编制，自大小司

---

① 徐元诰:《国语集解》卷17，北京：中华书局2002年版，第504～505页。

② 贾公彦:《周礼注疏》卷1，北京：中华书局影印阮元校刻《十三经注疏》本，第639页。

徒，至舂人、槀人，计七十九种职官；① “春官的编制，上自大宗伯、小宗伯，下至都宗人、家宗人包括六十九种职官”；“夏官之属有小司马、军司马、舆司马、行司马、司勋，以及撣人、都司马等六十八种官名”；“秋官之属有小司寇、士师、乡士、遂士、掌交、朝大夫等六十五种官名”。② 而冬官全亡，以《考工记》补之，其官职数无法统计。然此五官之职已达三百四十三种，知所谓“三百六十官”云云者，乃因“周天有三百六十余度”而约言之，非举实数也。

按《周礼》所谓“三百六十官”者，此乃就其职掌、职务之“职”而言，如《天官》之膳夫、庖人、亨人之类是也。如就其“爵”级而言，则其员额又远非“三百六十”之数所能赅。清人沈彤《周官禄田考》言“周官之爵”曰：

> 周天子具六官，官之爵六等：曰公、曰孤卿、曰中大夫、下大夫、曰上士、曰中士、曰下士，庶人在官者属焉。后宫妇官之爵亦六等，女给事属焉。凡天子之官之爵，其有常数可周知，而见本经及注者：
>
> 公三人，孤三人。
>
> 卿，五官官一人；又地官乡大夫每乡卿一人，六乡则六人；凡十一人。
>
> 中大夫，天官四人；地官五人；又州长每州一人，三十州则三十人；遂大夫每遂一人，六遂则六人；春官五人；夏官十四人；秋官四人；凡六十八人。
>
> 下大夫，天官十二人；地官十五人；又党正每党一人，百五十党，则百五十人；县正每县一人，三十县则三十人；春官二十四人；夏官三十人；秋官八人；凡二百六十九人。
>
> 上士，天官四十六人；地官四十八人；又族师每族一人，

① 金氏于地官编制，未言具体官职之数，此据《地官·叙官》之文计之。

② 金景芳：《周礼浅谈》，杨伯峻主编：《经书浅谈》，北京：中华书局1984年版，第46~47页。

七百五十族，则七百五十人；鄙师每鄙一人，百五十鄙则百五十人；春官五十三人；夏官六十七人；又仆夫十人；秋官二十人；又象胥每翟一人，六翟则六人；凡千一百五十人。

中士，天官百一十八人；地官百四十八人；又闾胥每闾一人，三千闾则三千人；酇长每酇一人，七百五十酇则七百五十人；春官百五十八人；夏官百五十八人；秋官百五十二人；又象胥每翟二人，六翟则十二人；凡四千四百九十六人。

下士，天官百七十九人；又寺人五人；地官二百七十二人；又比长五家一人，万五千比则万五千人；里宰每里一人，三千里则三千人；司门每门二人，王城十二门则二十四人；司关每关二人，王畿十二关则二十四人；场人每场二人，九谷九场则十八人；春官二百七十五人；夏官二百四十三人；又驭夫二人；趣马百九十二人；廋人每闲二人，天子十二闲则二十四人；秋官百九十三人；又条狼氏八人；象胥每翟八人，六翟则四十八人；凡万九千五百有七人。①

按沈氏所言，乃仅见之于《周礼》五官之经文及注文所涉及的六等官爵人数，另有“不见于经注而数皆可推者”若干，尚不计其内。然而，如前所述，《周礼》所言制度，未必就是西周王朝所实际存在的官制系统。因此，不能断言，沈氏的统计数据是否准确反映了西周王朝的“爵”职之实；因而也不能肯定，其统计之结果究竟有多大学术价值。不过，其云“周爵六等”，大抵符合西周至春秋时代的历史实际。② 至于当时王朝及各邦国的授“爵”员额人数，则不得而知。要之，周代各级行政官僚机构中以“爵六等”涵摄人众庞大的爵职体系，应该是无可怀疑的。

---

① 沈彤:《周官禄田考》卷1，《清经解·清经解续编》第2册，南京：凤凰出版社2005年版，第2489页。

② 按：六国之际，秦国所设之“爵”自“民爵”至“官爵”凡二十等，自一级公士至八级公乘为“民爵”，自九级五大夫至二十级彻侯为“官爵”，参见《汉书·百官公卿表上》。此秦国为奖掖耕战而设，与“周爵六等”殊不同科。

二、周代爵职铨评黜陟之法

然而，如此庞大的官守爵职体系，其选拔、任命、考课，当甚为繁剧。《周礼·天官》“大宰”之职，“掌建邦之六典”，总理天下之政务。而“以八法治官府”，“以八则治都鄙”，“以八柄诏王驭群臣”，大抵皆与官守之选任与爵职之黜陟相关。其“治官府”之“八法”：

> 一曰官属，以举邦治；二曰官职，以辨邦治；三曰官联，以会官治；四曰官常，以听官治；五曰官成，以经邦治；六曰官法，以正邦治；七曰官刑，以纠邦治；八曰官计，以弊邦治。

孙诒让曰：“此八法为治百官之通法。全经六篇，文成数万，总其大要，盖不出此八科。以《大宰》一职论之，自职首至末，通为官职。其中六典八法之等，建立大纲，则官法也。正月之吉始和布治于邦国都鄙以下，行事细别，则官常也。岁终，则令百官府各正其治，受其会，听其致事，而诏王废置，三岁则大计群吏之治而诛赏之。受会则官成也，废置诛赏则官刑也，计吏则官计也。至于率领贰考以下，则有官属，旁通五官，则有官联。其余六官三百六十职，虽爵有尊卑，事有繁简，要此八法足以晐之矣。”① 孙氏乃晚

① 孙诒让:《周礼正义》卷 2，北京：中华书局 1987 年版，第 63 页。又，孙氏《周礼正义略例》亦曰：“古经五篇，文繁事富，而要以大宰八法为纲领，众职分陈，区畛靡越。其官属一科，《叙官》备矣。至于司存攸寄，悉为官职；总楬大纲，则曰官法（若《大宰》六典八则之类）；详举庶务，则曰官常（若《大宰》正月之吉始和布治于邦国都鄙以下，至职末，皆是也）；而官计、官成、官刑，亦错见焉（若《大宰》职末受会，则官成也。大计群吏，则官计也。诏王废置诛赏，则官刑也）。六者自官职、官常外，余虽或此有彼无，详略互见，而大都分系当职，不必旁稽。唯官联条绪纷繁，脉络隐互，散见百职，钩核为难。”与《大宰》“八法”之注文可互参。

清治《周礼》之大家，淹洽全经，复综其条贯，以《大宰》八法为纲领，众职分陈而又联事互通，则“大宰”之职，其要在“治百官”而已。而“治百官”者，又不外“八则”与“八柄”。故其“治都鄙”之“八则”云：

> 以八则治都鄙：一曰祭祀，以驭其神；二曰法则，以驭其官；三曰废置，以驭其吏；四曰禄位，以驭其士；五曰赋贡，以驭其用；六曰礼俗，以驭其民；七曰刑赏，以驭其威；八曰田役，以驭其众。

郑注：“都鄙，公卿大夫之采邑，王子弟所食邑，周、召、毛、聃、毕、原之属在畿内者。”孙诒让曰：“凡三等采邑，与公邑地相错，则公邑与都鄙治法当略同，以其可互推，故经不具也。”① “八则”之中，与官吏之选拔、任命、考课、黜陟相关者，“二曰法则”、“三曰废置”、“四曰禄位”、“七曰刑赏”，皆是也。而“一曰祭祀”，据孙诒让曰：“都鄙命祀，亦以地之广狭、爵之尊卑为差，盖地广爵尊者，所祀神尊而众，地狭爵卑者，所祀神亦卑而少，是祀命各随黜陟而改，以驭其神也。”② 则“都鄙命祀”，亦“各随黜陟而改”，是亦与爵命相关。至于“赋贡”、“礼俗”、“田役”者，与“治百官”之关系稍远，姑置勿论可也。又，“驭群臣”之“八柄”云：

> 以八柄诏王驭群臣：一曰爵，以驭其贵；二曰禄，以驭其富；三曰予，以驭其幸；四曰置，以驭其行；五曰生，以驭其福；六曰夺，以驭其贫；七曰废，以驭其罪；八曰诛，以驭其过。

---

① 此“公邑”与“采邑”及“都鄙”之别，可参见拙著《中国早期文化意识的嬗变——先秦散文发展线索探寻》第十七章第四节的相关论述，兹不赘述。

② 孙诒让:《周礼正义》卷2，北京：中华书局1987年版，第67页。

孙诒让曰："以八柄诏王驭群臣者，与内史、司士为官联也。"按《春官·内史》曰："内史掌王之八枋之法，以诏王治：一曰爵；二曰禄；三曰废；四曰置；五曰杀；六曰生；七曰予；八曰夺。执国法及国令之贰，以考政事，以逆会计。"又《夏官·司士》亦曰："掌群臣之版，以治其政令。岁登下其损益之数。辨其年岁与其贵贱，周知邦国都家县鄙之数，卿大夫士庶子之数，以诏王治。以德诏爵，以功诏禄，以能诏事，以久奠食。"故孙氏曰"与内史、司士为官联"。不过，"内史掌王之八枋之法，以诏王治"者，大抵与其"掌官书以赞治"的职能相关，谓王与大宰依此"八枋"亦即"八柄"① 之法有所爵、禄、废、置、予、夺，则内史为之起草王命，并代王颁宣之且录其副贰而收藏之，以备"考"与"逆"。而司士则负责士人之"德"、"功"、"能"、"久"的实际考核，以其实情上报于王与大宰，供其颁爵制禄。是内史与司士皆所以与大宰为官联者，乃就群臣百官之考核与授爵任职及赏罚黜陟而言也。

然而，值得注意的是，荀子所谓"爵名从周"者，其意远非"五等诸侯"或"公卿大夫士"之"爵"号及"三百六十官"之职"名"所能涵摄。质而言之，对群臣百官其人的考核评鉴，乃是"爵"级与官职的最终依据。也就是说，其人之德、能、品、行的诸多不同表现，才是"爵名"的实际内涵。也因此，以"从周"为"爵名"之"正"者，其着眼点亦不在于彼"爵"号与职"名"的计较与推求，而在于其人的德、能、品、行的实际观察与题品。周代对士人的观察与题品，今之所见者，以《大戴礼记·文王官人》载之甚为详备，有所谓"六徵"与"九用"。②"六徵"

---

① 按"枋"与"柄"音同义通，乃上古阳唐与庚清通转之例。

② 又，《逸周书·官人解》与《大戴礼记·文王官人》主旨全同。此外，《六韬·六守》及《选将》亦有相似之语。近人刘师培曰："盖此为周家官人之法，始于文王，迄于武王，成王之时，作辅之臣咸举斯言相勖，惟所举之词互有详略异同。"参见黄怀信等著:《逸周书汇校集注》卷7，上海：上海古籍出版社1995年版，第809页。

为“察度情伪，变官民能，历其才艺”的六种人才考察方法。①即：“一曰观诚，二曰考志，三曰视中，四曰观色，五曰观隐，六曰揆德。”如“观诚”之法曰：

> 富贵者，观其礼施也；贫穷者，观其有德守也；嬖宠者，观其不骄奢也；隐约者，观其不慑惧也。其少，观其恭敬好学而能弟也；其壮，观其絜廉务行而胜其私也；其老，观其意宪慎，强其所不足而不逾也。父子之间，观其孝慈也；兄弟之间，观其和友也；君臣之间，观其忠惠也；乡党之间，观其信惮也。省其居处，观其义方；省其丧哀，观其贞良；省其出入，观其交友；省其交友，观其任廉。考之，以观其信；絜之，以观其知；示之难，以观其勇；烦之，以观其治；淹之以利，以观其不贪；蓝之以乐，以观其不宁；喜之以物，以观其不轻；怒之，以观其重；醉之，以观其不失也；纵之，以观其常；远使之，以观其不贰；迩之，以观其不倦；探取其志，以观其情；考其阴阳，以观其诚；覆其微言，以观其信；曲省其行，以观其备成。此之谓观诚也。

所谓“观诚”，即观察其人的实际品格。然不同的观察对象，有不同的观察方法。富贵之人，观察其人是否好礼，是否好施。贫穷之人，观察其人是否有良好的品德与操守。受君主宠信之人，则观察其人是否恃宠而骄。而于壮者或老者，所观亦各有不同。此外，在各种不同的关系之中，亦有不同的观察角度与观察内容。不过，所有这些，皆只是就其人所处的环境及其生活样态，作消极被动的常规观察。除此之外，尚有积极主动的测试方法，所谓“淹之以利，以观其不贪”，即试其是否廉洁。“蓝（引者注：滥）之以乐，以观其不宁”，即试其是否荒宁淫乱；“喜之以物，以观其不轻”，即

---

① “察度情伪”，即考察真伪。又，王引之曰：“变读为辩，辩，遍也。历，相也，言遍授民能以官而相度其才艺也。”王引之：《经义述闻》卷13，南京：江苏古籍出版社2000年版，第302页。

试其是否沉稳。而特意激怒其人，也可以测试其人最为看重者何在。故意使之醉酒，也可以测试其人是否保持常态。此皆为考察其真实品性的“观诚”之法。又如“视中”之法曰：

> 诚在其中，必见于外，以其见，占其隐，以其细，占其大，以其声，处其气。初气主物，物生有声，声有刚柔，有浊有清，有好有恶，咸发于声也。心气华诞者，其声流散；心气顺信者，其声顺节；心气鄙戾者，其声斯丑；心气宽柔者，其声温好。信气中易，义气时舒，智气简备，勇气壮直。听其声，处其气，考其所为，观其所由，察其所安，以其前，占其后，以其见，占其隐，以其小，占其大，此之谓视中也。

“视中”，即透视其人的内心世界，而透视其人的内心世界，亦是通过“以其见，占其隐”的方式实现的，因为“诚在其中，必见于外”。而透视人的内心世界，行之有效的方法，就是听其“声”而察其“气”。“初气主物，物生有声，声有刚柔，有浊有清，有好有恶，咸发于声也”；因此，“听其声，处其气，考其所为，观其所由，察其所安”，便能够“以其前，占其后，以其见，占其隐，以其小，占其大”。这就是所谓“视中”。

通过“六徵”的观察与考核，然后选择录用，故曰“人有六徵，六徵既成，以观九用，九用既立”。因而所谓“九用”，乃所设立的九种取人标准，即：

> 一曰取平仁而有虑者，二曰取慈惠而有理者，三曰取直愍而忠正者，四曰取顺直而察听者，五曰取临事而絜正者，六曰取慎察而絜廉者，七曰取好谋而知务者，八曰取接给而广中者，九曰取猛毅而度断者，此之谓九用也。

九种不同的取人标准，其实就是九种不同类型的人才。而九种不同类型的人才，也有各自不同的用途。故曰：

> 平仁而有虑者，使是治国家而长百姓。慈惠而有理者，使是长乡邑而治父子。直愍而忠正者，使是莅百官而察善否。慎直而察听者，使是长民之狱讼，出纳辞令。临事而絜正者，使是守内藏而治出入。慎察而絜廉者，使是分财临货主赏赐。好谋而知务者，使是治壤地而长百工。接给而广中者，使是治诸侯而待宾客。猛毅而度断者，使是治军事为边境。因方而用之，此之谓官能也。①

由上述可见，所谓“官人之法”，即官吏的选拔与任命，必须对其德行才艺综合考察，并依其德行才艺而授以相应的官职，故曰“察度情伪，变官民能，历其才艺”。而所谓“爵名”，也就是官吏铨选过程中所使用的一整套评价标准及其考语体系。这就意味着，《文王官人》中所谓“平仁”、“有虑”；所谓“慈惠”、“有理”；所谓“直愍”、“忠正”；以及“絜正”、“絜廉”、“接给”、“猛毅”，等等，一一皆属“爵名”的范畴。而这些“爵名”范畴与所考评取舍的对象相对应，就理所当然地构成了一种“名”“实”关系。如果其人所得之考语及评价，与其人之德能才艺相对应，当然就是“名”“实”相副了。反之，便是“名”“实”相乖。此外，“爵名”本身的内涵，也应该有清晰明了的界定，也就是说，就“名以制义”而言，其“名”与其“义”亦应相副，不可“名”在此而“义”在彼。因此，“名”与“义”的不相应，也是导致“爵名”之“名”“实”相乖的重要原因。而“爵名”的“名”“实”相乖，当然就是才不应其人，人不敷其用，官不得其人，职不得其类。

三、墨子尚贤之论及其《经》《说》的爵名系统

据今所传先秦文献而论，我们认为，在先秦“名学”的发生

① 王聘珍:《大戴礼记解诂》卷 10，北京：中华书局 1983 年版，第 187 ~ 197 页。

过程中，最早关注于“爵名”的学者，应当首推墨子。而墨子之所以关注“爵名”者，以其倡言“尚贤”之论也。《尚贤中》曰：

> 古者圣王甚尊尚贤而任使能，不党父兄，不偏贵富，不嬖颜色。贤者举而上之，富而贵之，以为官长。不肖者抑而废之，贫而贱之，以为徒役。是以民皆劝其赏，畏其罚，相率而为贤。是（引者注：原作者，依俞樾说校改）以贤者众而不肖者寡，此谓进贤。然后圣人听其言，迹其行，察其所能而慎予官，此谓事能。故可使治国者，使治国。可使长官者，使长官。可使治邑者，使治邑。凡所使治国家、官府、邑里，此皆国之贤者也。①

“听其言，迹其行，察其所能而慎予官”，“故可使治国者，使治国。可使长官者，使长官。可使治邑者，使治邑”，是则墨子“尚贤”之论，大同于所谓“周家官人之法”。不过，墨子之论“尚贤”，旨在论证“贤”者、“能”者之于治国长民的重要性，以及“高予之爵，重予之禄，任之以事，断予之令”的用贤之法即所谓“为置三本”；因为“爵位不高则民不敬也，蓄禄不厚则民不信也，政令不断则民不畏也”。至于所谓“贤”、“能”的具体内涵，则《尚贤》三篇皆未予申论，只在举例论证过程中，偶一及之，然则由此亦可窥其大略耳。《尚贤中》曰：

> 是以入则不慈孝父母，出则不长弟乡里，居处无节，出入无度，男女无别。使治官府则盗窃，守城则倍畔，君有难则不死，出亡则不从。使断狱则不中，分财则不均。与谋事不得，举事不成，入守不固，出诛不强。

又曰：

---

① 吴毓江:《墨子校注》卷2，北京：中华书局1993年版，第74～75页。

> 亲戚则使之，无故富贵、面目佼好则使之。夫无故富贵、面目佼好则使之，岂必智且有慧哉。若使之治国家，则此使不智慧者治国家也，国家之乱，既可得而知已。

又，《尚贤下》亦曰：

> 今若有一诸侯于此，为政其国家也，曰："凡我国能射御之士，我将赏贵之。不能射御之士，我将罪贱之。"问于若国之士，孰喜孰惧？我以为必能射御之士喜，不能射御之士惧。我赏因而诱之矣，曰："凡我国之忠信之士，我将赏贵之。不忠信之士，我将罪贱之。"问于若国之士，孰喜孰惧？我以为必忠信之士喜，不忠信之士惧。

此所谓"慈孝"、"长弟"、"有节"、"有度"、"智慧"、"忠信"云云，皆可视为"贤"者、"能"者的大致界定。然此"贤"、"能"的大致界定，亦即涉乎"爵名"之科。然而，限于论旨及其论述体例，墨子《尚贤》诸篇之于"爵名"，不过言其大体而发乎其端而已，至于为之详立细目，且加之以周密严格的定义，则当于《经上》、《经下》及《经说上》、《经说下》四篇求之。

墨子之《经上》、《经下》、《经说上》、《经说下》四篇，其间有相当部分的内容乃为今之所谓一般概念与术语的基本界说。先前读墨子之书至此，每每大惑而不解，不知墨子何故而具列此等琐细之名词术语而详申其旨。今以其"尚贤"之论比照而观，又知有"周家官人之法"，方悟墨子所列之名词术语，实乃墨子所开具之"爵名"系统。以此而观之，则向之所疑者，今为冰释矣，实为读书之一大乐事也。①

---

① 关于墨子《经上》、《经下》及《经说上》、《经说下》的作者问题，我们仍然倾向于墨子自作以授徒之说，参见拙著：《中国早期文化意识的嬗变——先秦散文发展线索探寻》第二卷第十五章的相关论述，兹不赘述。今又以"爵名"与其"尚贤"之论互证，益知《经》与《经说》皆为墨子所自作乃无可疑者。

细绎《经》及《经说》其文，则墨子关乎“爵名”的界定与解说，大抵可分两类：其一，有就考察方法及过程而言者；其二，有就考察对象的评价与判断而言者。兹依此二类，录其大致可以通读者数事，且略作分析以示其例。

四、墨子关于人才考评程序与方法的“爵名”规定

就考察方法及考察过程而言，其“爵名”实相当于今之法律用语所谓“程序法”，亦即有关爵职考评的程序与方法。墨子曰：

> 举，拟实也。①
>
> 说举。告以之（引者注：原作文，依孙诒让说校改）名，举彼实也。(《经》、《经说》上三一)

此所谓“举”，即《尚贤上》“虽在农与工肆之人，有能则举之”及“上举义不辟贫贱”之“举”。则“举”者，推举之谓也。然推举其人，则必“拟”其“实”，详述其人之德能才艺，故《说》曰“告以之名，举彼实也”，意即：所谓推举，就是先告知其人与其名，然后再详细列举其人之实际的德能与才艺。又：

> 言，出举也。
>
> 说言：言也者，诸口能之出民者也。民若画虎也。言也谓言，犹名致也。(《经》、《经说》上三二)

“出举”之“举”，与上述“拟实也”之“举”从同。意谓推举某人必以语词或“名言”描述之，故曰“言也者，诸口能之出名（引者注：民与名通）者也”。而以“名言”描述，必指其特征，如同“画虎”，特征明确，人见之即知为“虎”。因而推举某人所用之言词，也应使人闻言而知实，如同以某人之“名”称其人，

---

① 所引《墨经》原文，皆依吴毓江《墨子校注》本，下不出注。

闻其“名”即知其人为谁某也，故曰“言也谓言，犹名致也”。

因此，“举”其人必“拟”其“实”。若“举”其“义”，则必有“义”之“实”；若“举”其“勇”，则必有“勇”之“实”；若“举”其“廉”，则必有“廉”之“实”。其“言”也昭昭，必其“实”也昭昭，必如此，则其“举”有效，否则即是“狂举”。

> 狂举不可以知异，说在有不可。①
>
> 说：狂。牛与马惟异，以牛有齿，马有尾，说牛之非马也，不可。是俱有，不偏有偏无有。曰牛与马不类，用牛有角，马无角，是类不同也。若举牛有齿，马有尾，以是为类之不同也，是狂举也。②（《经》、《经说》下六六）

“狂举”，即特征不鲜明，个性漫无区别之“举”。故曰“狂举不可以知异”。如“举牛”，说“牛”有门齿，“马”有尾巴，因而“牛”不是“马”，此即“狂举”。因为，“牛”有门齿，“马”也有门齿；“马”有尾巴，牛亦有尾巴。“是俱有，不偏有偏无有”。两者共有的品格，不足以说明两者之间的差异，只有一有一无，此所有者彼所无，彼所有者此所无，则特征明确。以二者的差异作比较，才能使人一目了然，一闻即知。如果说“牛与马不同，其不同就在于牛有角，马无角”，则“牛”之与“马”的真正不同，就一言以蔽，听者亦闻言而知。假如“举”某人曰：“其人思想深刻，很有见地。”然后“拟”其人每顿能喝烧酒一斤，能吃牛肉两斤之“实”为证，又“举”另一人曰：“其人体魄强壮，勇力过人。”然后“拟”其人文思泉涌，下笔千言，为文如同宿构之

---

① “说在有不可”，原文作“说在有”，“不可”二字误断在下条经文开头，今依文义校正。

② 下文有“犹牛有齿，马有尾，或不非牛而非牛也可，则或非牛或牛而牛也可”二十六字，此当为下条《经说》之文，误缀于本条者。其误与本条经文“说在有不可”之“不可”二字，误断于下条经文之性质相同。

"实"以证之，其所"拟"之"实"完全不能说明所"举"的理由，此必为"狂举"。而"狂举"不仅不能"知异"，且必然会引起"争辩"：

> 辩，争彼也。辩胜，当也。
>
> 说：辩。或谓之牛，或谓之非牛，是争彼也。是不俱当。不俱当，必或不当。不当，若犬。(《经》、《经说》上七五)

"狂举"必然有"辩"。"彼"，即所"举"之对象。所"举"之对象引起争执，而最终能说服对方者，就是所"拟"之"实"与其人之品格相符。故曰"辩胜，当也"。当然，在关于同一对象的是非争论之中，不可能二者同真，必然是一真一假；然虽然不能同真，但有可能同假。如一人指某动物说"这是牛"，另一人又指此动物说"这是马"；而此动物要么是"牛"，要么是"马"；不可能既是"牛"又是"马"，故曰"是不俱当。不俱当，必或不当"。不过，此动物也有可能既不是"牛"亦不是"马"而是"犬"，此即为"俱不当"，故曰"(引者注：俱)不当，若犬"。

人才的推"举"而有"争彼"、"辩当"之事，最容易出现的情形便是毁誉不一。故墨子又曰：

> 誉，明美也。
>
> 说：誉之，必其行也、其言也使人忻。(《经》、《经说》上二九)
>
> 诽，明恶也。
>
> 说：诽之，必其行也、其言也使人督。(《经》、《经说》上三十)

"誉，明美也"，"诽，明恶也"，就某一推举对象而言，或者有"誉"之者，或者亦有"诽"之者。如"誉"之，则其言其行必有使人感到乐于接受者；如"诽"之，则其言其行必有使人觉得有所督责与改进之处。当然，对于某人有所"诽"，应该判断其

“诽”之是否得当。因此：

> 诽之可否，不以众寡，说在可非。
>
> 说：诽，论诽之可不可：以理之可诽，虽多诽，其诽是也；其理不可诽（引者注：原作非，依王引之说改），虽少诽，非也。今也谓多诽者不可，是犹以长论短。（《经》、《经说》下七八）
>
> 非诽者谆，说在弗非。
>
> 说：非（引者注：原作不，依孙诒让说校改）。诽非，己之诽也不非，诽非可非也。不可非也，是不非诽也。（《经》、《经说》下七九）

对某人有所“诽”，即有所批评或督责，可能是中肯的，其人确有此可“诽”之处；但也可能是不中肯的，其人并无此可“诽”之处。然而，其人虽然无此可“诽”之处，但却众口一词而“诽”之。不能因为众口一词而“诽”之，就认为其人确乎有此可“诽”之处；而应究其实质，是否真有可“诽”。故曰“诽之可否，不以众寡，说在可非”。因此，众口铄金，积毁销骨，其人有“可非”者在，则“其诽是也”。倘“不可诽”，虽稍加微词，即为不妥。故曰“其理不可诽，虽少诽，非也”。职是之故，“多诽”或“少诽”，不以“诽”者之“众寡”为断，应以“理”之“可诽”与“不可诽”为据，不可一概而论。既不可妄加指责“诽”者（“非诽者悖”，“诽非可非也”），也不可盲目赞成“诽”者（“诽非，己之诽也不非”）。因此，无论是对某人的“誉”，还是对某人的“诽”，既不可捕风捉影，亦不可随声附和，必须对其人有确切透彻的了解而后可。职是之故，墨子对“知”的方法与过程再三强调，反复致意，不厌其详。墨子曰：

> 知，材也。
>
> 说：知材。知也者，所以知也，而不必知，若明。（《经》、《经说》上三）

知，接也。

说：知。知也者，以其知遇物，而能貌之，若见。(《经》、《经说》上五)

恕，明也。

说：恕。恕也者，以其知论物，而其知之也著，若明。(《经》、《经说》上六)

此《经》与《经说》三条，皆是对“知”的界定。其一，“知，材也”,“材”即感官。感觉器官是“知”的物质基础，或曰“知”必依赖于感官。但有此感觉器官，不一定有所知觉，如同有烛不必有“明”，必燃烛而后有“明”。故曰：“知也者，所以知也，而不必知，若明。”其二，“知，接也”，“接”即接触或感觉，此“知”为认知的活动。而“以其知遇物”之“知”，即“知，材也”之“知”，意谓认知活动，就是以感官与物相“遇”相“接”，相“遇”相“接”之后，便形成印象，如同人以眼观物，故曰：“知也者，以其知遇物，而能貌之，若见。”其三，“恕，明也”，此“恕”乃“智”之异体，即智慧之谓。“以其知论物”，是认知的高级阶段，是超越了感性认知的理性认知，是更透彻更明了的“知”。如同以明烛照物，则所见更为明晰，故曰“其知之也著，若明”。

当然，“知”有不同的途径。如：

知，闻、说、亲。

说：知。传受之，闻也。方不庫，说也。身观焉，亲也。(《经》、《经说》上八一)

闻，传，亲。

说：闻。或告之，传也。身观焉，亲也。(《经》、《经说》上八三)

此言“知”有三种不同的途径：“闻”、“说”、“亲”。不过，详案墨子三种“知”的排列次序，是由“闻”而“说”，由“说”而“亲”。

其一，“闻知”：“传受之”、“或告之”。不能亲身观察与实际体验，只是得之于传闻，是为“闻知”。如《兼爱下》：“何知先圣大王之亲行之也？子墨子曰：吾非与之并世同时，亲闻其声、见其色也，以其所书于竹帛、镂于金石、琢于槃盂传遗后世子孙者知之。”又《节葬下》曰：“子墨子曰：秦之西有仪渠之国者，其亲戚死，聚柴薪而焚之。”是或得之于竹帛所书，或得之金石所镂，或得之于槃盂所刻，或得之于远方异域之“传”与“告”，皆为“闻知”。①

其二，“说知”：“方不瘴。”《说文》：“方，併船也。”引而申之即有“并”若“比”之义。又，《广雅·释诂三》：“方，类也。”是“方”乃比物联类之意。孙诒让曰：“《集韵》四十漾云：‘障，或作瘴。’”②是“瘴”即“障”字。准此，则“方不障”即比物联类而无所障碍无所隔阂，是为“说知”。“说知”之“说”，即《经》上七三“说，所以明也”之“说”，意即通过比物联类的方法进行分析与研究，探明其中的道理。如《荀子·解蔽》曰：“从山上望牛者若羊，而求羊者不下牵也。远蔽其大也；从山下望木者，十仞之木若箸，而求箸者不上折也。高蔽其长也。”③又《淮南子·说山训》曰：“尝一脔肉，知一镬之味。悬羽与炭，而知燥湿之气。以小明大。见一叶落，而知岁之将暮；睹瓶中之冰，而知天下之寒。以近论远。”④又《说林训》亦曰：“见象牙乃知其大于牛，见虎尾乃知其大于狸，一节见而百节知也。”⑤此皆为“说知”之例。然“说知”者，必以“方”而不“瘴”为准则，亦即虽比物联类但无所隔碍，乃为真知。⑥

---

① 参见吴毓江:《墨子校注》卷10，北京：中华书局1993年版，第517页。

② 孙诒让:《墨子间诂》卷10，北京：中华书局2001年版，第350页。

③ 王先谦:《荀子集解》卷15，北京：中华书局1988年版，第405页。

④ 刘文典:《淮南鸿烈集解》卷16，北京：中华书局1989年版，第550页。又《说林训》亦有类似说法。

⑤ 刘文典:《淮南鸿烈集解》卷17，北京：中华书局1989年版，第572页。

⑥ 参见章太炎:《国故论衡·原名》，上海：上海古籍出版社2003年版，第120页。

其三，“亲知”：“身观焉”。凡人类直接由感官所得之知识，不由传闻，不用推说，而由亲身观察体验之“知”，皆为“亲知”。如口之于味，目之于色，耳之于声，鼻之于臭，身之于触，是其事也。①

然而，“闻知”者，时空悬隔，传闻异辞，且“闻”也者，“耳之聪也”，②“循所闻而得其意，心之察也”，③“执所言而意得见，心之辩也”，④是“闻”而必待“说”乃可成“知”。尤其传闻异辞，或真或假，而“心”又无由可“察”，无由可“辩”，则“闻知”的可靠性，当然有所限制。又，山上望牛若羊知其必不为羊，见虎之尾而知虎必大于猫，此所以“方”而“不庳”者，皆“心之察”、“心之辩”也。然山上望牛若羊而以为即羊，见虎之尾以为猫之尾，是则“方”而有“庳”者也。其“庳”亦源于“心”之不能“察”，不能“辩”。欲屏除“方”之为“庳”，则必“身观焉”之“亲知”而后可。是墨子之“知”，乃由“闻”而“说”，由“说”而“亲”之次序也。

不过，如果仅仅是一般的知识，当然可由此“闻”、“说”、“亲”三种不同的认知途径所得。但人才的选拔与推举，与一般的认知活动并不完全相同。

第一，人才的选拔与推举，必须设立某种评价标准与考评体系。而此评价标准及考评体系本身应该在概念上明确无误，没有歧疑两可之义。因此，“名以制义”，要求语词(“名”)必须与概念(“义”)相对应。这种语词与概念的对应关系，也就是“名”“实”相副的最始基的要求。

第二，所取之人必须与所立之标准彼此对应，这是另一层面的“名”“实”相副。这一层面的“名”“实”相副，与前一层面的“名”“实”相副，正好构成三角鼎立的关系，现代学者称之为

---

① 参见吴毓江:《墨子校注》卷10，北京：中华书局1993年版，第517页。

② 《墨子·经上》九一。

③ 《墨子·经上》九二。

④ 《墨子·经上》九四。

“语义三角形”者，其是之谓也。如下图所示：

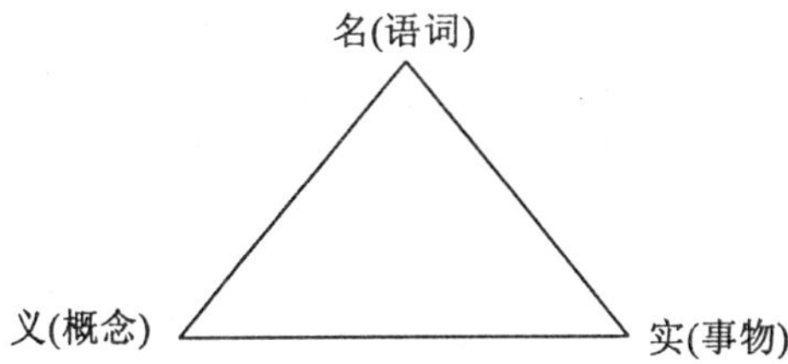

然而，墨子最为强调的，正是这一层面的“名”“实”相副，即所取之人必与所立之标准相一致。墨子曰：

知其所以不知，说在以名取。

说：智。杂所智与所不智而问之，则必曰：“是所智也，是所不智也。”取去俱能之，是两智之也。(《经》、《经说》下四八)

又，《贵义篇》载“子墨子”曰：

今瞽曰：“钜者，白也；黔者，黑也。”虽明目者无以易之。兼白黑，使瞽取焉，不能知也。故我曰瞽不知白黑者，非以其名也，以其取也。今天下之君子之名仁也，虽禹汤无以易之。兼仁与不仁，而使天下之君子取焉，不能知也。故我曰天下之君子不知仁者，非以其名也，亦以其取也。①

将《贵义篇》此节文字与上引《经》与《经说》下四八条互相参读，无待疏解而其义灼然自见。近人吴毓江曰：“凡人于事物能名之，又能取之，斯谓知之。能名之而不能取之，犹若未知也。未知

① 吴毓江：《墨子校注》卷12，北京：中华书局1993年版，第687页。

者，杂所知与所不知而问之，必不能分别取去也。”① 因此，“说在以名取”，也就是既要知其“名”，亦要知其“实”，更要知此“名”及此“实”与现实中具体存在物的对应关系。仅知其“名”，而不能知其“实”，更不知此“名”此“实”与现实存在的具体对应关系，将“名”与“实”与存在断为三橛，当然不能算做真正的“知”。

然则所谓知其“名”，即知人才的评价标准及其考评体系。人才的评价标准及其考评体系确立之后，就得依此标准及体系在现实存在之中作具体实际的甄别与选拔。正如知“白”与“黑”或“仁”与“不仁”之“名”，亦应依其“名”而取“白”与“黑”或“仁”与“不仁”之“实”；再将此“白”与“黑”或“仁”与“不仁”落实到具体的存在，使三者一一对应。准此，则十分明显，人才的选拔与推举，确乎有一个由“名”（语词）而“实”（概念），又由“实”（概念）到具体个别（现实存在）之一而贯三的过程。反之，倘若仅知“白”与“黑”或“仁”与“不仁”的语词及其概念，而不能依此语词所涵摄的概念内涵进行具体的甄别与取舍，则知如不知。因此，人才的评价标准及其考评体系与具体所取之人密切契合，这就是深层的“名”“实”相副。

第三，人才的选拔与推举，不仅要求“名”副其“实”，且所取之人的实际行为除了表象上的“名”“实”相副之外，更为重要的是，这种行为不能有任何沽名钓誉的虚假性。也就是说，选拔与推举的人才，必须认真考察其行为的真实动机，否则容易为其假象所蒙蔽。因为道理很简单，人们的某种行为，虽然皆由其动机所决定，但同样的行为却可能因不同的动机而产生。此即所谓“狂者东走，而逐者亦东走；其东走则同，其所以东走则异也”。因此，观其“行”，察其“志”，从而验证其人是否真正合乎考评标准而没有丝毫欺骗性。由此亦可避免其推举者一失之于前，而考核者再失之于后。可见，人才的选拔与推举，较一般的认知活动更为复杂。既要强调标准的明确，又要强调人才与标准相一致，更要强调

① 吴毓江：《墨子校注》卷10，北京：中华书局1993年版，第587页。

人才的行为与动机是否真能证明其人所得之考语完全不虚。这就是墨子所谓“名、实、合、为”的综合考察。墨子曰：

> 名，实，合，为。
>
> 说：所以谓，名也。所谓，实也。名实耦，合也。志行，为也。(《经》、《经说》上八二)

此条经文将“名”、“实”、“合”、“为”并列而论，先前以一般认识论的思路读之，总觉不明就里；而说者亦多方，仍觉未尽其壶奥。今以“爵名”系统读之，以人才推举与考察程序的四个不同步骤为解，则豁然开朗而前后相贯。“所以谓，名也”，此“名”，即事先确立的裁量人才的评价标准。“所谓，实也”，此“实”，即人才评价标准所涵摄的实际意义，以今语言之，即概念的明确内涵。然后“名实耦，合也”，即所取之人才与此评价标准及其所寓之实际意义若合符契；亦即“所以谓”及“所谓”二者与此所取之人完全同一，此谓之“合”。然而虽然依其“名”而取其“实”，“名实”确乎“耦合”，但其人之“行为”却未必就能证明其“名”其“实”完全“耦合”。因为，人的“行为”是由“志”与“欲”的潜在动机所驱使的。墨子曰：

> 为，穷知而縣于欲也。
>
> 说：为。欲𩐅其指，智不知其害，是智之罪也。若智之、慎之也，无遗于其害也。而犹欲𩐅之，则离之。是犹食脯也，骚之利害，未知也，欲而骚，是不以所疑止所欲也。廧外之利害未可知也，趋之而得刀，则弗趋也，是以所疑止所欲也。观为穷知而縣于欲之理，𩐅脯而非恕也，𩐅指而非愚也，所为与所不为，与相疑也，非谋也。(《经》、《经说》上七六)

此条《经》与《说》，乃明确论证“为”与“欲”——行为与动机的辩证关系。

“縣”，“悬”之繁文，犹“系”也。“为，穷知而縣于欲也”，意即：行为是事先经过周密的调查研究而有了清醒的认知之后所采取的行动；唯其经过周密的调查而认识清醒，因而此行动必然伴有某种明确的目的或强烈的欲望。为了达到这种目的或满足这种欲望，哪怕此行为可能会产生严重的不良后果，也在所不辞。

“雔”，孙诒让疑为“斲”字之讹，“斲”与“斫”义同。然“斫指”固可解为“断指”，而“斫脯”若“断脯”则无所谓“利害”可言，是其义难说也。① 近人吴毓江从毕沅所校并参校宝历本，谓“雔”即“難”字之异体，而“難”又为“戁”之省文，“戁”即“然”，今写作“燃”。且《弘明集》引颜延之文有“焚身然指”，则“戁指”若“然指”，六朝时尚有其语。② 是以吴氏之说，较有理据，可从，“戁指”即为“燃指”。

“欲雔其指，智不知其害，是智之罪也”，人们的既有知识尚不能知道因做某事可能会烧伤手指，且正因为人们的知识水平有此限制，从而做此事时果真烧伤了手指。这也是无可奈何的，只能归咎于知识的贫乏。“若智之、慎之也，无遗于其害也”，如果有了这方面的知识，加之处理此事又格外地谨慎小心，就不会烧伤手指。但是，如果知道此事会烧伤手指，而在做的过程中果然烧伤了手指(“离之”)，这就不是知识的限制，而纯粹是欲望的驱使了。这就如同吃烧烤的干肉一样，干肉烧烤的气味(“骚”通“臊”，肉腥气）固然异香扑鼻，但它究竟对人是有利还是有害，人们并不知道（“疑”)，但人们特别喜欢这种干肉烧烤的味道，嗅到它诱人的焦糊味就止不住流口水，当然挡不住诱惑而张口便吃。至于吃下去对人究竟有利还是有害，也懒得去计较，只管大快朵颐，一饱口福。这种行为，仍然不外乎是嗜欲的驱使，与知识与理性了无关涉。故曰“欲而骚，是不以所疑止所欲也”。

与此相反而实相似者，“廧外之利害未可知也，趋之而得刀，则弗趋也，是以所疑止所欲也”，“廧”通“墙”；“刀”即泉刀或

---

① 孙诒让:《墨子间诂》卷10，北京：中华书局2001年版，第346~347页。

② 参见吴毓江:《墨子校注》卷10，北京：中华书局1993年版，第514页。

曰刀币。意思是说：如果对客观外界没有经过细致研究与周密调查，人们是不敢轻举妄动的。但是，事情往往是风险与机遇相伴而生，风险愈大，机遇也就可能愈大。火中取栗，冒险性很强的行动，可能无须投资而大得其利(“趋之而得刀”)，但虽然如此有利，人们却依然不会盲目地采取冒险行动(“弗趋也”)，这就是“以所疑止所欲”。不过，值得注意的是，从“疑”的角度而论，似乎是“以所疑止所欲”，“欲”望因“疑”而“止”；但正因为是“疑”所以不“欲”，也因为不“欲”，所以“弗趋”——最终没有采取行动。由此可见，问题的症结仍然在于：“欲”则采取行动，不“欲”则不采取行动，与“疑”或不“疑”无关。如此说来，则无论采取行动还是不采取行动，归根结底，其支配行为的动机仍然是“欲”。

懂得了“为，穷知而𠉀于欲也”的道理，也就是懂得了如下道理：行为是事先经过周密的调查研究而有了清醒的认知之后所采取的行动；唯其经过周密的调查而认识清醒，因而行动必然伴有某种明确的目的或强烈的欲望。然而，人们之所以不敢贸然采取冒险行动，是因为人们对于冒险行动没有稳操胜券的确切把握。反之，如果自以为有稳操胜券的确切把握，即使是冒再大的风险，也会在所不惜。由此可见，“行为”的特征就是：既“穷知”而又“𠉀于欲”，而最终仍然取决于“欲”。明白了这个道理，也就可以理解：吃烧烤的干肉，未必就是在知识与智慧的支配下采取的明智之举；为做某事而烧伤了手指，也未必是由于知识与智慧的缺陷所致的无知行为。因此，人们之所以采取某种行动，之所以不采取某种行动，或者以为胜负未卜而有所疑惑而不敢采取行动，或者以为胜券在握而终至于肝脑涂地，都不完全是知识与理性经过深思熟虑的结果，归根结底仍然是受着欲望的驱使。而这种“欲”，也就是人们采取某种行为或者规避某种行为的潜在动机。

然而，如前所述，同样的行为，又未必出于同样的动机。动机与行为的可能统一且未必统一的矛盾关系，墨子也是十分清楚的。墨子曰：

行，为也。

说：行。所为不善名，行也。所为善名，巧也，若为盗。

（《经》、《经说》上十）

墨子认为，“行”与“为”虽然在客观效果上没有区别，“行”即有“为”，“为”即有“行”，故曰：“行，为也。”但如果就行为者的主观动机而论，则“行”与“为”又有某种本质的差异。“所为不善名，行也”，吴毓江曰：“善犹好尚也。”意即：不以沽名钓誉为目的的“为”，才是“行”；因此，“行”乃无任何外在的不良动机，而是发自内心，表里如一，其“行”的目的就在于此“行”之本身。与之相反，则“所为善名，巧也”，吴毓江曰：“巧，诈伪也。”则肆志矫情伪作，务为惊世骇俗，其目的不过哗众取宠，追名逐利而已。这种“为”，就是“貌饰诈伪”以欺世盗名。故曰“所为善名，巧也，若为盗”。① 此即《说苑·政理篇》之所谓“取人善以自为己，是谓盗也。君子之盗，岂必当财币乎”之意。②“君子盗名，小人盗宝”，“盗名”与“盗宝”，其罪也均。

就人才之选拔与推举而言，世人既有此矫情伪饰、欺世盗名之辈，则其举者固然易失之于不察，而应举者尤能以奔竞夤缘而得之。“举秀才，不知书；察孝廉，父别居；寒素清白浊如泥，高第良将怯如鸡”，汉末察举制的弊端，③ 足以证明墨子以“名实合为”的程序与步骤对所取之人作全面综合的动机考察，实在虑患

---

① 吴毓江：《墨子校注》卷10，北京：中华书局1993年版，第490～491页。

② 向宗鲁：《说苑校证》卷7，北京：中华书局1987年版，第164页。

③《抱朴子·审举篇》：“灵、献之世，阉官用事，群奸秉权，危害忠良。台阁失选用于上，州郡轻贡举于下。夫选用失于上，则牧守非其人矣；贡举轻于下，则秀、孝不得贤矣。故时人语曰：‘举秀才，不知书；察孝廉，父别居。寒素清白浊如泥，高第良将怯如鸡。’又云：‘古人欲达勤诵经，今世图官勉治生。’盖疾之甚也。”“鸡”当据马总《意林》卷四所引改为“黾”。古音“泥”读如“涅”，“黾”读如“蔑”。作“鸡”则失韵。参见杨明照：《抱朴子外篇校笺》卷15，北京：中华书局1991年版，第395～396页。

深远，不乏圣哲之明。且也，“以家量贷，以公量收”而图谋不轨如齐之陈氏貌仁而心忍者，墨子生前之事也；“内富厚而外为诡服以钓虚誉”如汉世之公孙弘藏肥而示俭者，墨子身后之事也。则巧诈伪饰，欺世盗名之辈，世有其人。职是之故，后世君子之所以断断交争于“名实”而欲“正爵名”者，亦世有其人也。①

五、墨子关于人才标准的“爵名”规定

以上所述，乃墨子与人才选拔推举之方法与程序相关的“爵名”界定及其解说。值得注意的是，这些与人才选拔推举方法及程序相关的“爵名”，大抵排在《经》上与《经说》上，列在《经》下及《经说》下者，仅一二见而已。至于墨子之与考察对象的评价与判断相关且确切无疑可明定为“爵名”者，则大抵列之于《经》上与《经说》上之前四十条。由此不难想见，墨子之《经》与《经说》的撰写，其最初始之动机乃在正“爵名”。嗣后，又由“爵名”而及于“万物之散名”，亦是顺理成章之事。且如前所述，墨子之所以以正“爵名”为务，乃因墨子倡言“尚贤”之故。尤其值得注意的是，作为墨子思想核心的“十论”，其排列次序亦以《尚贤》三篇为首，而次之以《尚同》诸篇。② 这种排列次序，决非编排者漫不经心的随意之举，而是与墨子正“爵名”的“名学”思想互为表里的。因此，说墨子是“名学”发生史上

---

① 以“正爵名”为务而强调“名”“实”相副者，自墨子而后，代不乏人。战国之世有尹文子之“名学”以首其端，而《吕氏春秋·正名》之篇亦继其遗轨。尔后，据《隋书·经籍志》“名家”类所载，有魏文帝撰《士操》一卷，魏刘劭撰《人物志》三卷，魏司空卢毓撰《九州人士》一卷；梁有姚信撰《士纬新书》十卷，又有与《士纬新书》相似的《姚氏新书》二卷；梁无名氏撰《刑声论》一卷，《通古人论》一卷。此外，晋人葛洪《抱朴子外篇》之《审举》及《名实》，以及隋末颜之推《颜氏家训·名实》所论，皆为“爵名”而发，与战国之世尹文子、吕不韦之“正名论”遥相呼应。

② 关于墨子的思想体系，可参见拙著《中国早期文化意识的嬗变——先秦散文发展线索探寻》第二卷第十五章的相关论述。

最早关注“爵名”的思想家，决非虚滥失实的无稽之谈。

墨子对“爵名”的关注，莫过于人才的考评标准及其价值内涵，因为这部分内容恰恰正是“爵名”的核心。是以这类关乎考评标准及其价值内涵的“爵名”，墨子一一列之于《经》与《经说》之首。兹以《经》与《经说》所列之序，依次诠释如下：

> 仁，体爱也。
>
> 说：仁。爱民者，非为用民也，不若爱马者。若明。(《经》、《经说》上七)

《经说》原文作“爱己者非为用己也不若爱马著若明”，孙诒让曰：“‘己’或当为‘民’。民，唐人避讳阙笔，与‘己’形近，因而致误。《淮南子·精神训》云‘圣王之养民，非求用也，性不能已’，此义或与彼同。‘著若明’三字无义，疑‘著’当为‘者’，属上读，涉上文而误作‘著’，又并衍‘若明’二字。”按孙氏之说大抵不错，但“若明”二字是否“衍文”，似乎还有商量余地。

“仁”之所以为“体爱”，吴毓江引范晔《后汉书·王良传论》曰：“夫利仁者，或借仁以从利。体义者，不期体以合义。季文子妾不衣帛，鲁人以为美谈。公孙弘身服布被，汲黯讥其多诈。事实未殊而誉毁别议，何也？将体之与利之异乎？”① 按范氏“体义”之“体”，可为墨子“体爱”之“体”最佳注脚。所谓“体爱”，即无丝毫功利目的，施恩并非图报的无私之“爱”；亦非矫情伪饰以沽名钓誉之“爱”。这种“体爱”，就像燃烛，销尽自我，照亮他人。故其《经说》曰：“爱民者，非为用民也，不若爱马者。若明。”“爱马”在求“用马”，而“爱民”则不求“用民”。如齐之陈氏“以家量贷，以公量收”，“爱”则“爱”矣，然在笼络“民”心而求“用”之也。此非“体爱”之真“仁”，可立断也。又：

---

① 吴毓江:《墨子校注》卷10，北京：中华书局1993年版，第489页。

义，利也。

说：义。志以天下为芬，而能能利之，不必用。(《经》、《经说》上八)

《吕氏春秋·尊师》曰："义之大者，莫大于利人。"则所谓"义"者，乃能与人"利"。又，墨子对"利"的界定曰："利，所得而喜也；得是而喜，则是利也，其害也，非是也。"① 则所谓"义"，即为人谋求福利，使人"得"之而"喜"。不过，"义"又不仅仅是针对某一个体而言，乃是"志以天下为芬，而能能利之"。"芬"即"分"之繁笔，吴毓江曰：读为《淮南子·本经训》"各守其分"之"分"。按吴说是也。② 又，孙诒让曰："此下能字，当读如《诗》《书》'柔远能迩'之'能'。《汉书·百官公卿表》颜注云：'能，善也。''能能利之'，言能善利之也。"③ 吴毓江从其说。然孙氏之读迂曲，甚不可信；吴氏从其说，误也。

按："能能利之"者，上"能"字，才能也；下"能"字，能愿动词，能够也。又许君《说文》曰："以，用也。"是"用"与"以"可互训。此"不必用"之"用"，引而申之则有矜伐自夸之意。且《大戴礼·文王官人》曰："如临人以色，高人以气，贤人以言，防其不足，伐其所能，曰日损者也。"诸"以"皆为"用"字之意。而以色临人，以气高人，以言贤人，自蔽其短，矜其所能，皆为自"以"自"用"，与墨子"不必用"恰为相反。准此，则墨子之所谓"义"者，首先，必须能为人谋求福"利"；其次，"义"之为"利"，其"志"乃在以"利天下"为"分"内事，而不以"利"一人或"利"一族为事；且其"能"亦足以为"利天下"，但并不以其"能"而自矜。是墨子之所谓"义"者，以"利"为实，不尚虚谈，且有兼爱天下之意。又：

① 《经》、《经说》上二六。

② 参见吴毓江：《墨子校注》卷10，北京：中华书局1993年版，第490页。

③ 孙诒让：《墨子间诂》卷10，北京：中华书局2001年版，第334页。

礼，敬也。

说：礼。贵者公，贱者名，而俱有敬僈焉，等异论也。(《经》、《经说》上九)

“贵者公，贱者名”，孙诒让曰：“言贱者称贵者为公，而自名也。”按孙说是也。古之贱者称贵者为“公”为“君”为“主”，而自称则曰“臣”曰“妾”曰“仆”。而墨子虽亦认为“礼”之内涵当以“敬”为主，但主张贱者固可称贵者为公，而其自称则当以其名，不必过于自为曲抑曰“臣”曰“妾”曰“仆”。且贵贱又是相对的，于贱者为贵，于贵者为贱，故曰“俱有敬僈焉”。因此，“礼”之为“敬”，人所共履，贵贱之伦虽殊，而皆有“礼”“敬”则无所不同，是之谓“等异论也”。“论”与“伦”通；“等”，齐同之意。是墨子以“礼”为上下共同遵守之“敬”，与《礼记·曲礼》所谓“礼不下庶人”者殊不同科。① 又：

实，荣也。

说：实。其志气之见也，使人如己，不若金声玉服。(《经》、《经说》上一一)

伍非百曰：“实为果实，荣为花叶。借为内外表里之称。气从志生，荣依实显。故曰‘其志，气之见也’。有诸内必形诸外，观其外而知其内。故曰‘使人如己’。金声玉服，义未详。”② 按“实”者，即《文王官人》之“诚”也。其言曰：“诚在其中，此见于外，以其见，占其隐，以其细，占其大，以其声，处其气。”又曰：“方与之言，以观其志。志殷如深，其气宽以柔，其色俭而不谄，其礼先人，其言后人，见其所不足，曰日益者也。”其言“志”言

① 参见吴毓江:《墨子校注》卷10，北京：中华书局1993年版，第490页。

② 伍非百:《中国古名家言·墨辩解诂》，北京：中国社会科学出版社1983年版，第28页。

“气”言“声”，皆与墨子斯文可互相证发，则墨子之所谓“实”与“荣”者，乃“诚在其中，此见于外”而“借为内外表里之称”耳。以此，知伍氏之说是也。然伍氏曰“金声玉服，义未详”，则意犹有未尽者也。《文王官人》曰：“其貌直而不侮，其言正而不私，不饰其美，不隐其恶，不防其过，曰有质者也。其貌固呕，其言工巧，饰其见物，务其小征，以故自说，曰无质者也。”是“使人如己”者，意即“诚于中见于外”，必恰如其分，不可声闻过情，使人所知解者实是真正的自己，而非饰美隐恶哗众取宠之辈。故吴毓江曰：诚实之人，“其志气之见于外也，质实无华，使人衡量己者适如其分，不至过情，不若金声玉服，英华外眩也。《论衡·验符篇》曰‘金声玉色，人之奇也’”①。按吴氏之说，甚得墨子之旨。又：

> 忠，以为利而强低也。
>
> 说：忠。不利弱子亥，足将入止容。(《经》、《经说》上一二)

此条言“忠”，然其文多所讹误，读之大非易易。孙诒让曰：“‘低’疑当为‘君’，‘君’与‘氏’篆书相似，因而致误。‘氏’复误为‘低’耳。忠为利君，与下文孝为利亲文义正相对。《荀子·臣道篇》云‘逆命而利君谓之忠’，又云‘有能比智同力，率群臣百吏而相与强君挢君，君虽不安，不能不听，遂以解国之大患，除国之大害，成于尊君安国，谓之辅’。案此云‘强君’，与《荀子》义同。‘以为利’，即解大患、除大害、尊君安国之事也。”② 按孙说甚有理据，可从。唯“君”、“氏”二字篆书相差甚远，不易致讹。疑二字乃因草书形似而误。

“以为利而强君”之谓“忠”者，前朝有商之伊尹之于太甲，

---

① 吴毓江:《墨子校注》卷10，北京：中华书局1993年版，第491页。

② 孙诒让:《墨子间诂》卷10，北京：中华书局2001年版，第311～312页。

后世有汉之霍光之于昌邑王，皆可为例也。《孟子·万章上》曰："太甲颠覆汤之典刑，伊尹放之于桐三年。太甲悔过，自怨自艾，于桐处仁迁义三年，以听伊尹之训己也，复归于亳。"又，《汉书·霍光传》载：汉昭帝崩，亡嗣。霍光承皇太后诏，遣使迎昌邑王贺。昌邑王至而即位，乃行淫乱。田延年谓霍光曰："伊尹相殷，废太甲以安宗庙，后世称其忠。将军若能行此，亦汉之伊尹也。"即与群臣俱见白太后，具陈昌邑王不可以承宗庙状，乃废昌邑王之帝位。昌邑王归其邸，霍光乃曰："王行自绝于天，臣等驽怯，不能杀身报德。臣宁负王，不敢负社稷。"① 是伊尹、霍光皆以国家社稷之利而强为放废其君者，是所谓"以为利而强君也"。然伊尹、霍光之所为，虽云为"忠"，但亦巩人臣以此为口实而放杀其君以行其奸。如公孙丑问孟子曰："贤者之为人臣也，其君不贤，则固可放与?"孟子曰："有伊尹之志则可，无伊尹之志则篡也。"② 是有利国家社稷之"志"而"强君"则可谓之"忠"，无利国家社稷之"志"而"强君"则为凌君犯上，是谓之奸耳。尤其幼弱之君临朝，权臣最易以托孤之臣自专，或以皇亲国戚欺主，甚而至于行篡弑之逆，然皆美其名曰"忠"于国家社稷而非"忠"于一人一姓也。职是之故，为堵塞权奸以"忠"为口实而行篡政弑君之逆，墨子又曰："忠。不利弱子亥，足将入止容。"

"不利弱子亥"，孙诒让曰："'亥'疑当为'孩'。《说文》口部云：'咳，小儿笑也。古文作孩。'《明鬼下篇》云'贼诛孩子'。'子亥'犹云'孩子'。'弱子孩'谓小主也。言忠臣之强君，其迹若不利于小主，即《书·金縢》管叔流言，谓周公将不利于孺子之意。"又，"足将入止容"，孙氏曰："'止'疑当为'正'。此言虽强君，而事君必以敬，此其所以为忠也。"③ 按孙氏以"亥"为"咳"若"孩"之省文，"弱子亥"即"弱子孩"，是也。《墨子》

① 王先谦:《汉书补注》卷 68，北京：中华书局 1983 年影印虚受堂本，第 1302 ~ 1307 页。

②《孟子·尽心上》。

③ 孙诒让:《墨子间诂》卷 10，北京：中华书局 2001 年版，第 335 页。

用字多有繁省，① 此“孩”若“咳”省作“亥”，亦是其例也。但谓“不利弱子亥”乃“言忠臣之强君，其迹若不利于小主”，则与墨子之意不合。其实，“不利弱子亥”，即不以“弱子亥”为“利”，亦即不乘弱君少主而自专以自牟其“利”也。孙氏增“其迹若”三字为解，误矣。至于孙氏改“足将入止容”之“止”为“正”，似亦大可不必。“止”与“足”正相对为文，“足将入止容”者，喻人臣之“忠”，必循规蹈矩，步趋合度，不越常轨。②不论老成之君抑或幼弱之主，皆当事之以敬，待之以诚，此之谓“忠”。

由此可见，墨子之所谓“忠”，乃以利国家社稷为先，虽时有“强君挢君”之举，其“志”仍在“安国家，除大患”；并不以“忠”为口实而专权僭主以至行篡弑之逆。又：

> 孝，利亲也。
>
> 说：孝。以亲为芬，而能能利亲，不必得。(《经》、《经说》上一三)

“忠”乃“利”国家社稷，是为公德；而“孝”乃“利亲”，是为私德，故曰“孝。以亲为芬”。而其“能能利亲，不必得”，亦谓其才能足以使父母受养获“利”，但并不一定能使父母称心如意。如《孟子·离娄上》曰：“曾子养曾皙，必有酒肉。将彻，必请所与。问有余，必曰：‘有。’曾皙死，曾元养曾子，必有酒肉。将彻，不请所与。问有余，曰：‘亡矣。’将以复进也。此所谓养口体者也。若曾子，则可谓养志也。事亲若曾子者，可也。”曾参之

---

① 参见拙文《“三墨”纷争与两〈取〉立名考》之相关论述，程水金主编:《学鉴》第1辑，武汉：武汉大学出版社2007年版，第175~193页。

② 《汉书·霍光传》：“光为人沉静详审，长财七尺三寸。白皙，疏眉目，美须髯。每出入，下殿门，止进有常处。郎仆射窃识视之，不失尺寸，其资性端正如此。”霍光“止进有常处”而“不失尺寸”，知霍光之所为，则墨子之所谓“足将入止容”，可以意会也。

养其父曾皙，曾元之养其父曾参，“必有酒肉”，此皆“能能利亲”也。但曾参能懂“得”曾皙之心，因而“将彻，必请所与”，即在食毕之后，将撤下剩余饭菜之前，一定要请示父亲：“吃不完的好饭好菜，想赏给哪位晚辈?”如果其父吃得可口，问：“这道菜还有没有?”无论有还是没有，曾参必定回答：“有。”从而不惮烦继续为之置办。而曾元养其父曾参则有所不同。撤下的好饭好菜，不问赏给谁，辄行自专。可口的饭菜，问还有没有，回答“没有”；虽然回答“没有”，也是为了再去置办，但不知老人听说“没有”之后，断然不会再行索要的。因此，曾参养曾皙，乃养其“志”，而曾元养曾参，仅为“口体”之养，并不懂“得”老人之心。准此，则墨子之所谓“孝”，不仅应有“口体”之养——“以亲为芬”，还得“养其志”——“得”其心。然学者多以《庄子·外物》“人亲莫不欲子之孝，而孝未必爱”及《荀子·大略》“虞舜、孝己，孝而亲不爱”为说，失之。又以为“不必得”之“得”乃《国语·晋语》“为人子者，惧不孝，不惧不得”之“得”，其失之尤不可以道里计也。① 又：

> 信，言合于意也。
>
> 说：信。不以其言之当也，使人视城，得金。（《经》、《经说》上一四）

《说文》言部云：“信，诚也。从人言。”又有古文“信”作“[illegible]”，从“言”从“心”，段氏注古文“信”曰：“言必由衷之意。”② 小篆以“人言”为“信”者，即庄子所谓“亲父不为其子媒”，必待他人言之，人方以为“信”。而古文以“言心”为“信”者，即墨子所谓“言合于意也”之“信”。“言合于意也”谓之“信”，此

① 孙诒让《墨子间诂》及吴毓江《墨子校注》，皆如此说之。

② 段玉裁:《说文解字注》卷3，上海：上海古籍出版社1988年版，第92页。

"信"亦为"诚"而已。唯此"诚"与上述"实，荣也；其志气之见也"之"诚"有所不同。"实"之为"诚"，乃就其外在的行为举止与其内在的心志气质相符而言者；而此"言合于意"之"诚"，乃专就"言"与"意"合而言者。然"言"与"意"合谓之"信"，但此"言"此"意"却有"当"亦有"不当"。然无论其"言"与"意"之"当"与"不当"，既已"言"之于此，亦必"信"之于彼，此即语云"一诺千金，已诺必诚"之谓也。如晋文公围原，命士卒裹三日粮。然围三日而原不降，晋文公乃下令撤军。有间谍来报，说原已准备投降，不必撤军；军吏亦请求稍待。而晋文公则曰："信，国之宝也，民之所庇也。得原失信，何以庇之？所亡滋多。"退三十里而后原降。① 又，商鞅于秦变法，法令已成而未公布，"恐民之不信己（引者注：原作已，属下读，从泷川资言会注校证本改），乃立三丈之木于国都市南门，募民有能徙置北门者，予十金。民怪之，莫敢徙。复曰：'能徙者予五十金。'有一人徙之，辄予五十金，以明不欺"②。此皆示人以"信"之例。"言合于意"而"已诺必诚"。至于其"言"之"当"否，则可置于不论。徙一木而予五十金，其"言"之不"当"，甚矣。三日围原，原将出降而退军，宁可尽弃前功而不肯稍待，此亦"言"之未必"当"也。"使人视城"而"得金"，亦"言"之不必"当"，不过以此示"信"于人而已。③ 因此，所谓"信"，"言"之"合于意也"，无关乎"言"之"当"否，已诺必诚，不可轻诺而寡"信"。④ 又：

---

① 事见《左传·僖公二十五年》。

② 司马迁:《史记》卷68，北京：中华书局1982年版，第2231页。

③ 贾谊《新书·道术》曰："期果言当谓之信，反信为慢。""期果"为"信"，是贾子与墨子所同；而"言当"为"信"，则贾子不苟同于墨子也。

④ 《经》、《经说》上九五曰："诺，不一，利用。说：诺。相从，相去，先知，是，可，五色，长短，前后，轻重。"此条讹脱过甚，各家校读，纷纭众说，莫衷一是。然据"诺，不一，利用"推测，大抵是说需要许"诺"的场合很多，许"诺"的目的也各不相同，但必皆有"利"于"用"。可与此"言合于意也"，"不以其言之当也"之"信"互参。

任，士损己而益所为也。

说：任。为身之所恶，以成人之所急。(《经》、《经说》上一九)

毕沅曰："任，谓任侠。《说文》云：'甹，侠也。三辅谓轻财者为甹。'甹与任同。"① 按此"任"即《文王官人》"省其交友，观其任廉"之"任"，卢辩注："任以恩相亲信。"② 是其义也。则所谓"任"者，乃任侠轻财，急人之难，排难解纷，具有"摩顶放踵利天下"③ 的担当精神。贾谊《新书·道术》曰："仁义修立谓之任，反任为欺。"又曰："心兼爱人谓之仁，反仁为戾。行充其宜谓之义，反义为懵。"④ 则墨子之"任"，乃在"兼爱"；贾子之"任"，则既是"兼爱"，又必"行充其宜"，不仅止"损己而益所为"，大有孟子所谓"唯义所在"之意。又：

勇，志之所以敢也。

说：勇。以其敢于是也，命之。不以其不敢于彼也，害之。(《经》、《经说》上二十)

此"勇"者，乃《文王官人》"示之难，以观其勇"之"勇"。"志之所以敢也"，"以其敢于是也，命之"，则"勇"以"敢"于有所为而得名。贾谊《新书·道术》曰："持节不恐谓之勇，反勇为怯。"又曰："伏义诚必谓之节，反节为罢。"⑤ 则贾子所谓"勇"

---

① 引自孙诒让：《墨子间诂》卷10，北京：中华书局2001年版，第314页。

② 王聘珍：《大戴礼记解诂》卷10，北京：中华书局1983年版，第188页。

③ 《孟子·尽心上》："杨子取为我，拔一毛而利天下，不为也。墨子兼爱，摩顶放踵利天下，为之。"

④ 阎振益，钟夏：《新书校注》卷8，北京：中华书局2000年版，第303～304页。

⑤ 阎振益，钟夏：《新书校注》卷8，北京：中华书局2000年版，第304页。

以气节为基，与墨子所谓“志之所以敢”同调。不过，墨子之“勇”虽以其“敢于是”而“命之”，但并“不以其不敢于彼也”而“害”其“勇”之名。如渑池之会，蔺相如视死如归，不辱国体；而不欲与廉颇争列，则是“不敢”之“勇”。然蔺相如之“不敢”，亦不“害”其“勇”名。① 准此，则贾子之所谓“勇”，不免失之于偏浅，而不及墨子之“勇”周全而深至又可知也。又：

> 平，知无欲恶也。
> 说：平。淡然。(《经》、《经说》上二五)

“知无欲恶”，即《淮南子·原道训》“无所好憎，平之至也”。而“无所好憎”，其于物则不贪不侈，其于人则不疏不亲，一皆“淡然”处之。不贪不侈，则必清正廉洁；不疏不亲，则必中正无私。《文王官人》之“九用”，一曰“取平仁而有虑者”，此“知无欲恶”之“平”，即彼“平仁”之“平”。又贾子《新语·道术》亦有“据当不倾谓之平，反平为险”之说，② 其“平”亦为“平正”之义。

上述之例，皆为墨子与人才的评价标准及其考语相关的“爵名”解说。而且，由以上各条的简单分析可知，墨子的“爵名”界定，具体而精审，且不乏辩证立场，从而避免了因概念的模糊或理解的偏颇而导致人才的取舍失据或顾此失彼的流弊。

此外，《经》与《经说》中尚有与考核黜陟相关的“爵名”解说，即所谓“功、赏，罪、罚”者，是也。墨子曰：

> 功，利民也。
> 说：功。不待时，若衣裘。(《经》、《经说》上三五)

---

① 参见李耽：《先秦形名之家考察》，长沙：湖南大学出版社 1998 年版，第 148 页。

② 阎振益，钟夏：《新书校注》卷 8，北京：中华书局 2000 年版，第 303 页。

“功”者，以是否有“利”于“民”为判断准则。如作沟洫，开渠道，筑堤防，除水患，修田畴，兴民宅，立庠校，皆有利于社稷民生及民智开发，此则所谓“功”也。反之，“竭百姓之力，以奉耳目之欲，志专在于宫室台榭，陂池苑囿，猛兽熊罴，玩好珍怪”，①以肆恣君主之欢者，皆于民无所利之事也，此不得以为“功”。且为民兴利，不择其事，不待其时，唯民所便。《淮南子·主术训》曰：“以时种树，务修田畴，滋植桑麻，肥墝高下，各因所宜。丘陵阪险不生五谷者，以树竹木，春伐枯槁，夏取果蓏，秋畜疏食，冬伐薪蒸，以为民资。”皆是其事也。② 故曰：“功，不待时，若衣裘。”《韩非子·五蠹》曰：“冬日麑裘，夏日葛衣。”③ 麑裘则冬以圉寒，葛衣则夏以圉暑，因时而为备。是“若衣裘”之喻者，为民兴利，不待其时，不择其事，唯民所便而已。又：

> 赏，上报下之功也。
>
> 说：赏。上报下之功也。（《经》、《经说》上三六）

《尚贤上》曰：“以德就列，以官服事，以劳殿赏，量功而分禄。”是“赏”者，乃“上”对“下之功”的报赏与酬劳，即韩非子所谓“赏不加于无功”，此无所置疑之事也。然“功”者，“利民也”。“功”的内涵既有明确规定，则所谓“报功”之“赏”，亦从而有明确之依据。是以凡有利于民之事，则为“功”，可“赏”；凡不利于民之事，则不为“功”，不可“赏”。齐桓公妒而好内，竖刁自宫以治内；齐桓公好味，易牙蒸其首子而进之。人莫不惜其身，而竖刁因桓公好内而自宫其身以治其内；人莫不爱其子，而易牙为桓公滋味遍尝而未知人肉，乃杀其首子以食其君。此二子者，可谓为人之所难为，行人之所不能行，其事君也，不可不谓之劳苦而功高者也。然恣君之欲，成君之恶，既不利于民亦复不利于君，

---

① 刘文典：《淮南鸿烈集解》卷9，北京：中华书局1989年版，第291页。

② 刘文典：《淮南鸿烈集解》卷9，北京：中华书局1989年版，第308页。

③ 王先慎：《韩非子集解》卷19，北京：中华书局1998年版，第443页。

必不在可“赏”之列，而桓公一皆“赏”之。是以齐桓公死，尸在床六十七日而不得殡，尸虫出于户，天下传为笑柄者，“赏”不当“赏”之故也。①

与“功”与“赏”相对者，“罪”与“罚”是也。墨子曰：

> 罪，犯禁也。
>
> 说：罪不在禁，惟害无罪殆姑。(《经》、《经说》上三七)

“罪，犯禁也”，此条对“罪”的规定简明而确切。其一，所谓“罪”，必须是其行为触犯了现行法律所明文禁止的某些科条；否则不为犯“罪”。例如，某种行为虽然千夫所指万人共愤，严重地有悖于现行道德观念，但并没有触犯现行法律，因而并不能依法指控为犯罪。当然，之所以如此，可能有两种原因：一是现行法律不够完备与完善，致使此类犯罪成为漏网之鱼。二是道德规范与法律规定有所区别。道德规范只是要求公民自觉遵守；而法律规定乃是强制执行，前者是“应该”，后者是“必须”。不过，墨子关于“罪”的界定，其意乃在厘清道德与法律的区别，不可以法律取代道德。其二，既是“犯禁”为“罪”，则所谓“禁”，就必须有成文可依。无成文可依，就可能法外施法。而法外施法，也就是“罪不在禁”了。韩非子所谓“不吹毛而求其小疵，不洗垢而察难知；不引绳之外，不推绳之内；不急法之外，不缓法之内”,② 即是其意。而法外施法，“罪不在禁”，越“禁”而定“罪”则“刑滥”；“刑滥”则伤及无辜。《左传·襄公二十六年》载蔡公孙归生之言曰：“善为国者，赏不僭而刑不滥。赏僭，则惧及淫人；刑滥，则惧及善人。”③ 是以墨子曰：“罪不在禁，惟害无罪殆姑。”孙诒让谓“殆”为“肄”之假借，而“姑”与“辜”通。《说

① 事见《左传·僖公十七年》、《管子·小称篇》及《史记·齐世家》；论见《韩非子》之《二柄》、《十过》、《难一》诸篇。

② 王先慎：《韩非子集解》卷8，北京：中华书局1998年版，第209页。

③ 杨伯峻：《春秋左传注》，北京：中华书局1990年版，第1120页。

文》："隸，及也。"按孙氏之说是，可从。"无罪殆姑"者，意即无罪而及于辜也。所以"无罪而及于辜"者，原自"罪不在禁"也。是以吴毓江申孙氏之说曰："害，患也。科罪以犯禁为限，若科罪不在禁中，则患无罪者及于辜。"① 得墨子之义也。又：

> 罚，上报下之罪也。
>
> 说：罚。上报下之罪也。(《经》、《经说》上三八)

正如规定了"功"的内涵，其"报功"之"赏"便有了明确的依据，而限定了"罪"的范围，其"报罪"之"罚"也就规定了具体对象。即有"犯禁"之"罪"则当"罚"，无"犯禁"之"罪"而"罚"之，既有刑滥之患，亦恐伤及无辜。更为重要的，则在于限制人君以个人意志而滥行诛杀。如《晏子春秋》载"齐景公以鸟之故而杀人"，即是典型之例。其文曰：

> 景公好弋，使烛邹主鸟而亡之，公怒，诏吏杀之。晏子曰："烛邹有罪三，请数之以其罪而杀之。"公曰："可。"于是召而数之公前，曰："烛邹！汝为吾君主鸟而亡之，是罪一也；使吾君以鸟之故杀人，是罪二也；使诸侯闻之，以吾君重鸟以轻士，是罪三也。"数烛邹罪已毕，请杀之。公曰："勿杀！寡人闻命矣。"②

齐景公喜捕鸟，使烛邹③负责饲养所捕之鸟。但烛邹不小心让鸟飞走了。于是齐景公大发脾气，下令诛杀烛邹。幸亏晏子及时机智地谏阻，烛邹才得免一死。因此，枉刑滥杀，皆非"报罪"之"罚"。

---

① 吴毓江：《墨子校注》卷10，北京：中华书局1993年版，第498页。

② 吴则虞：《晏子春秋集释》卷7，北京：中华书局1962年版，第464页。

③《左传·哀公二十三年》"齐师败绩，知伯亲禽颜庚"，杜注："齐大夫颜涿聚。"烛邹即此齐大夫颜庚。见吴则虞《晏子春秋集释》卷七。

六、本文结语

由上述可见，墨子因其“尚贤”的思想主张，以“周家官人之法”为基础，对“爵名”体系作了深入而系统的研究。从人才的选拔推举之方法与程序，到人才的评价标准及其实际内涵，甚至与考核黜陟相关的“功”、“赏”、“罪”、“罚”等，皆一一作了具体而确切的界定。因此，其“爵名”研究的实际绩效，不仅在先秦“名学”发展史上具有十分重要的地位，而且，秦汉以下的所谓“名家”学说，大抵以士人的流别及品鉴，亦即“官人之法”为鹄的，基本上是沿着墨子的“爵名”路径而继续发展的。由《吕氏春秋·正名》之篇的论述，至于贾谊《新书·道术》的“爵名”界定，①再至于《隋书·经籍志》“名家”所录之书，以及葛洪、颜之推所论“名实”之义，无不专注于“爵名”一科，是墨子“名学”思想及其“正名”的实践，其影响之深远，即此可见一斑。

① 贾谊《新书·道术》所谓“品善之体”，开列“慈、孝、忠、惠、友、悌”等五十六对正反相关的“爵名”，一一加以界定，实是继轨于墨子之《经》与《经说》而为者。

郭店竹简《老子》甲编“绝智弃辩”章校札五则

◎丁四新

郭店竹简《老子》甲编(或称甲组)“绝智弃辩”章,与王弼本第十九章文本相对应。与传世本相较,因其异文较多,且可能包含了思想上的重大差别,因此激起了学者们浓厚的研究兴趣,而各种意见亦纷然杂陈,难以统一,乃至多有攻讦。今不揣拙陋,试为之条理、辨析如下。

一、䜌智弃攴

郭店《老子》甲编第一号竹简云:

䜌(絕)智弃(棄)攴(辯),民利百伓(倍)。

䜌智弃攴,帛甲作“绝声弃知”,帛乙“声”作“聖”,弼本等作“绝圣弃智”。《庄子·在宥》作“绝圣弃知”,《淮南子·道应》引《老子》与弼本同。《郭简》(《郭店楚墓竹简》省称)注释:“䜌,读作‘绝’。字也写作‘𢇍’,这是楚文字中特殊的写法。《说文》古文‘绝’字作𢇍，与简文略同。”① 攴，裘《按》：“‘弃’下一字当是‘鞭’的古文。”②《郭简》读作“辩”，③ 崔仁义读作“鞭”。④“攴”字在郭店简中有多种读法，季旭升认为读作“辩”或“辨”，皆可。⑤ 彭浩读作“谝”，并引《说文》为证：“《说文》：‘便巧言也。’《尚书·秦誓》：‘惟截截善谝言’，疏：‘犹辩也。’此指辩说、巧言。”⑥ 魏启鹏、廖名春、聂中庆等皆读此字为“辩”，释义与“辩说”、“巧言”相同或近似。⑦ 丁原植读作“辩”，云：“不是‘论辩’的意思，而是指‘治理’，此处引申为‘治理人民的规范与约制’。”⑧刘信芳云：“此读若‘便’，利也。”⑨ 韩禄伯读为“辨”，⑩ 裘锡圭同意此读。⑪ 陈锡勇

---

① 荆门市博物馆编:《郭店楚墓竹简》，北京：文物出版社1998年版，第113页。

② 荆门市博物馆编:《郭店楚墓竹简》，北京：文物出版社1998年版，第113页。

③ 荆门市博物馆编:《郭店楚墓竹简》，北京：文物出版社1998年版，第111页。

④ 崔仁义引《左传·僖公二十七年》“鞭七人”之文，以“鞭”之本义解释简文。案：崔说非。崔说，见氏著:《荆门郭店楚简〈老子〉研究》，北京：科学出版社1998年版，第62页。

⑤ 见氏著:《读郭店楚墓竹简札记》，《中国文字》新二十四期，台北：艺文印书馆1998年版，第131页。

⑥ 见氏著:《郭店楚简〈老子〉校读》，武汉：湖北人民出版社2000年版，第1页。《说文》言部：“谝，便巧言也。从言扁声。《周书》曰：‘截截善谝言。’《论语》曰：‘友谝佞。’”

⑦ 魏启鹏:《楚简〈老子〉柬释》，台北：万卷楼图书有限公司1999年版，第1页；廖名春:《郭店楚简老子校释》，北京：清华大学出版社2003年版，第3页；聂中庆:《郭店楚简〈老子〉研究》，北京：中华书局2004年版，第186页。

⑧ 见氏著:《郭店竹简〈老子〉解析与研究》，台北：万卷楼图书有限公司1999年版，第6页。

⑨ 见氏著:《荆门郭店竹简〈老子〉解诂》，台北：艺文印书馆1999年版，第1页。

⑩ 见氏著:《治国大纲——试读郭店〈老子〉甲组的第一部分》，陈鼓应主编:《道家文化研究》第十七辑，北京：三联书店1999年版，第187页。

⑪ 裘锡圭:《关于〈老子〉的“绝仁弃义”和“绝圣”》，《出土文献与古文字研究》第一辑，上海：复旦大学出版社2006年版，第4页；又见氏著:《北京大学中国古文献研究中心郭店楚墓竹简研究项目介绍》，《出土文献研究》第六辑，上海：上海古籍出版社2004年版，第11页。

云此字“是‘辨’之借也”：“崔仁义作‘鞭’解，刘信芳作‘便’解，并误。裘锡圭作‘辩’,① 各家多从，或以为‘辩论’、‘巧言’，或误引《老子》第八十一章文，而不悟原文乃‘善者不多，多者不善’，今本作‘辩’者，乃‘多’之讹也。……《老子》全文无作‘辨’者，而楚简、帛书作‘辩’者乃‘辨’之借。”并解“辨”为“分”义。②

案：帛甲“声”通“圣”，帛乙“耶”从“聖”省；“知”通“智”。“弃”即“弃”字古文，见《说文》。简文“支”，乃“鞭”字古文省形（㝵），见《说文》革部。学者今已习知。该字，仍当读作“辩”，不读作“辨”。“辩”乃巧言善说之义。《老子》八十一章云：“善者不辩，辩者不善。”河上《注》：“辩，谓巧言也。”四十五章云：“大辩若讷。”字皆作“辩”（且不读作“辨”）。陈氏以为《老子》全文无作“辩”者，实误。《庄子·齐物论》云：“大辩不言。”外篇《胠箧》云：“知诈渐毒、颉滑坚白、解垢同异之变多，则俗惑于辩矣。”《荀子·性恶》：“夫人虽有性质美而心辩知（智），必将求贤师而事之。”《墨子·尚同中》：“是故选择天下贤良圣知辩慧之人，立以为天子，使从事乎一同天下之义。”同书《修身》：“慧者心辩而不繁说，多力而不伐功。”皆其例。彭浩读“支”为“谝”，释为“便巧言”之义，殆非。“谝”与“辩”义有别，且“智辩”（或“辩智”）为先秦成语。丁原植训“辩”为“治理”之义，而以为老子具有“弃治”的观念，与《老子》之旨相隔殊远。《庄子》外篇前四篇，对于“圣”、“智”反复作了强烈的抨击，“绝圣弃智”之文或改易于此时乎?③ 不过，圣、智义近，则作“绝智”，未必排斥“绝圣”之义。从所

---

① 案：读“支”为“辩”，乃《郭简》编者、释文者的主张。陈氏叙述有误。参见《郭简》，第113页注释［一］。不过，裘氏当时可能倾向这一读法。后来他作了改变，而同意韩禄伯读作“辨”的看法。

② 见氏著:《郭店楚简老子论证》，台北：里仁书局2005年版，第13～15页。

③ 参见拙作:《郭店楚墓竹简思想研究》，武汉大学博士学位论文，1999年5月，第32页；又见《郭店楚墓竹简思想研究》，北京：东方出版社2000年版，第60、61页。

征《墨》书“圣知（智）辩慧”之文来看，“绝智弃辩”当为《老子》本文。

二、𢇍悬弃虘

郭店《老子》甲编第一号竹简云：

> 𢇍（絕）悬（僞）弃（棄）虘（詐），民复（復）季〈孝〉子（慈）。

𢇍悬弃虘，帛本、弼本等作“绝仁弃义”。文字迥异。《郭简》读“悬”为“伪”。① 裘《按》：“简文此句似当释为‘绝悬（伪）弃虘（诈）’。‘虘’从‘且’声，与‘诈’音近。”② 李零同意此说。③ 庞朴、季旭升、陈锡勇三氏俱读作“绝为弃作”。④ 不过，陈氏认为“绝为弃作”即“绝仁弃义”，“二者实同”，并引《老》文牵合之。⑤ 刘信芳读“悬”作“化”，训“教化”；“虘”读作“怚”，训“骄”，进而又读如“矫”字，训为“矫饰”。⑥ “悬”，彭浩读与刘同，“虘”则读作“衺”，训“邪恶”。⑦ “虘”，崔仁义

---

① 荆门市博物馆编：《郭店楚墓竹简》，北京：文物出版社 1998 年版，第 111 页。

② 荆门市博物馆编：《郭店楚墓竹简》，北京：文物出版社 1998 年版，第 113 页。

③ 见氏著：《郭店楚简校读记（增订本）》，北京：北京大学出版社 2002 年版，第 4 页。

④ 庞朴：《古墓新知——漫谈郭店楚简》，《中国哲学》第二十辑，沈阳：辽宁教育出版社 1999 年版，第 11 页；季旭升：《读郭店楚墓竹简札记 · 绝为弃作、民复季子》，《中国文字》新二十四期，台北：艺文印书馆 1998 年版，第 131 页；陈锡勇：《郭店楚简老子论证》，台北：里仁书局 2005 年版，第 16～17 页。

⑤ 见氏著：《郭店楚简老子论证》，台北：里仁书局 2005 年版，第 16～17 页。

⑥ 见氏著：《荆门郭店竹简〈老子〉解诂》，台北：艺文印书馆 1999 年版，第 2 页。

⑦ 见氏著：《郭店楚简〈老子〉校读》，武汉：湖北人民出版社 2000 年版，第 3 页。

释作“虑”,① 廖名春等说同;② 许抗生认为此字很可能是“虑”字,“慮与虑形似而误”。③ 聂中庆与许说同。④

裘氏后又变其说,云:“‘慮’释读为‘伪’或‘为’,都是可以的。但是我倾向于释‘伪’,因为这个字毕竟比一般的‘为’字多了个‘心’旁。不管释为哪一个字,都应该理解为指‘背自然’的‘人为’,既不能看作一般的‘为’,更不能看作‘诈伪’的‘伪’。”⑤ 又说:“‘慮’是从‘心’‘虘’声之字的可能性似乎相当大。但是前面已经说过,‘庿’旁跟‘虘’旁在郭店简中已有相混的现象。而且在战国时代齐等国的文字中,‘庿’旁下加一横的现象很常见。所以我们也不能排斥‘慮’是‘虑’字的可能性。退一步说,即使肯定‘慮’是从‘虘’之字,由于其字形与‘虑’很相似,《老子》原文中此字本作‘虑’,但被抄写者误书从‘虘’的可能性,也是不能排出的。所以要决定这个字的释读,必须充分考虑文义。”⑥ 陈伟说:“竹书《老子》此字释为‘慮’要比释为‘虑’更为可靠。此字也

① 见氏著:《荆门郭店楚简〈老子〉研究》,北京:科学出版社1998年版,第62页。

② 见氏著:《郭店楚简老子校释》,北京:清华大学出版社2003年版,第10页。

③ 许抗生:《初读郭店竹简〈老子〉》,《中国哲学》第二十辑,第102页。

④ 见氏著:《郭店楚简〈老子〉研究》,北京:中华书局2004年版,第187页。

⑤ 裘锡圭:《纠正我在郭店〈老子〉简释读中的一个错误》,《郭店楚简国际学术研讨会论文集》,武汉:湖北人民出版社2000年版,第28页。

⑥ 裘锡圭:《纠正我在郭店〈老子〉简释读中的一个错误》,《郭店楚简国际学术研讨会论文集》,武汉:湖北人民出版社2000年版,第26页。刘钊说:“‘憑’字为‘为’字异体,指‘故意’、‘做作’,因与心理有关,故字从‘心’作,后以‘伪’字记录该词。‘慮’字为‘虑’字异体,‘虑’意为谋划。《荀子·正名》:‘情然而心为之择谓之虑。……虑积焉、能习焉而后成谓之伪。’文中将‘虑’与‘伪’并提,指经过思虑的选择和故意的作为,与简文相同。或读‘慮’为‘诈’。”在荀子的思想中,此“伪”是一个褒义词;将竹简《老子》“憑”解释为“故意的做作”,则显然是一个贬义词。二者相互矛盾,因此《正名》之辞不足以为刘说的例证。“虑”,刘氏解释为“谋划”,然今传本《老子》五千言何曾有绝弃谋划的主张?

可能就是字书中的‘虘’字……虘的本义看来通指粗暴欺诈的行为……以此理解简文，与读为‘诈’略同，但少了一层周折。”①李零批评了裘氏的看法，云：“我们从上博楚简看到的‘伪诈’一词看，其写法正与这里的写法相同，而绝不可能读为‘伪虑’。我们认为，裘先生原来的读法是正确的，他的改读反不可取。”②上博竹书《三德》篇第二号竹简曰：“毋为㤈䖇，上帝将憎之。”李零的释文注释云：“郭店楚简《老子甲》第一简有‘绝㤈弃䖇’，裘《按》读为‘绝伪弃诈’，甚确。后来裘先生改读为‘绝伪弃虑’，反而不对。因为这里的‘㤈’、‘䖇’是连读，显然不能读为‘毋为伪虑’。”③

《三德》篇第十五号简有一字，李零隶作“虘”，读作“且”。④ 陈伟指出，“又”旁竹简其实作“心”旁，应释作“䖇”，并说这里当读作“虑”。⑤ 裘锡圭看到陈伟的大文之后，对李氏的批评作了反驳，云：“我认为陈先生的意见是有道理的。所以《三德》篇不但不能证明郭店《老子》的‘虑’应该释读为‘诈’，反而为释‘虑’说增加了证据。总之，‘绝㤈弃䖇’应该读为‘绝为弃虑’。”⑥ 又说：“以前我倾向于此句在‘㤈’字后括注表示‘人为’之义的‘伪’（与诈伪之‘伪’有别）。现在我认为还是括注‘为’字为妥。这主要是由于‘绝为’的‘为’跟屡见于

---

① 陈伟：《读郭店竹书〈老子〉札记（四则）》，《江汉论坛》，1999年第10期，第11页。

② 见氏著：《郭店楚简校读记（增订本）》，北京：北京大学出版社2002年版，第15页。

③ 李零释文注释：《三德》，马承源主编：《上海博物馆藏战国楚竹书（五）》上海：上海古籍出版社2006年版，第289页。案：李零将“参”读作“三”，并以“三德”为天德、地德、人德，这是不正确的。竹书原文中的“参德”，乃指与“天共时，地共材，民共力”相并列的“明王无思”之德。

④ 参见马承源主编：《上海博物馆藏战国楚竹书（五）》，上海：上海古籍出版社2006年版，第298页。

⑤ 陈伟：《上博五〈三德〉初读》，简帛网2006年2月19日。

⑥ 裘锡圭：《关于〈老子〉的“绝仁弃义”和“绝圣”》，《出土文献与古文字研究》第一辑，上海：复旦大学出版社2006年版，第6页。

《老子》的‘无为’的‘为’同义，而‘无为’是没有人写作‘无伪’的。"①

案：对于郭简《老子》"绝悬弃虘"的释读与理解，裘锡圭先生反复了多次。将此句读作"绝为弃虑"，乃其新近意见。上博竹书《三德》第十五号简的那个字，李零确实看走了眼，陈伟释作"虘"，这是正确的。不过，"虘"是否应当读作"虑"，则尚有再商榷之必要。《三德》十五号简云："听其萦（营），百事不述（遂），虘事不成。仰天事君，严恪必信；俯视□□，务农敬戒。"②"虘事不成"之"虘"到底应该读作何字？克就此文而言，并不明晰。而李零所云《三德》二号简"伪诈"不能读作"伪虑"的看法，在裘氏的批驳中并没有得到正面而有力的响应，反而似有回避疑难之嫌。其实，正如裘锡圭以前所指出的，"虘"旁跟"虘"旁在郭店简中已有相混的现象，因此郭简《老子》"弃虘"之"虘"字到底应该读作"诈"还是看做"虑"的讹混字，也应当从文本自身的语境及思想来确定。众所周知，通行本《老子》五千言没有出现一个"虑"字，同时也看不出全篇具有反对"虑"的思想。当然，《庄子》外杂篇似有一些批评"虑"的说法，如《天地》云："德人者，居无思，行无虑，不藏是非美恶。"《刻意》云："不思虑，不豫谋。"《知北游》云："无思无虑始知道。"不过，这些文句都是针对人们之"知道"、"体道"而言的。庄子后学认为人们的思虑可能妨碍自身对于"道"的认识和体认，因此体道者必须首先消解自己之思虑。但是庄子及其后学并没有绝对否定"思虑"对于人们认知活动的重要性，这一点与彭蒙、田骈、慎到"不师知虑"而"至于若无知之物"的

---

① 裘锡圭:《关于〈老子〉的"绝仁弃义"和"绝圣"》,《出土文献与古文字研究》第一辑，上海：复旦大学出版社 2006 年版，第 6 页。

② 《墨子·非攻下》："是故古之仁人有天下者，必反大国之说，一天下之和，总四海之内，焉率天下之百姓，以农臣事上帝山川鬼神。"《左传·襄公十三年》："小人农事其上。"《管子·大匡》："耕者用力不农，有罪无赦。"《广雅·释诂》："农，勉也。"

观点是根本不同的。① 上博竹书《恒先》篇末简云:“天下之明王、明君、明士,庸有求而不虑。”这种明确反对“思虑”的观点,大概是在战国后期流行起来的。因此,将“弃虑”直接看做老子的观点,此恐有不当。

另有一种意见将郭简《老子》“弃虑”读作“弃作”。弼本《老子》“作”字出现多次。通行本十六章云:“不知常,妄作,凶。”老子在此反对“妄作”,然而并没有否定作为主体天生能力之“作”。《庄子·知北游》云:“是故至人无为,大圣不作,观于天地之谓也。”《盗跖》云:“此夫鲁国之巧伪人孔丘非邪?为我告之:尔作言造语,妄称文、武,冠枝木之冠,带死牛之胁,多辞缪说,不耕而食,不织而衣,摇唇鼓舌,擅生是非,以迷天下之主,使天下学士不反其本,妄作孝弟,而侥幸于封侯富贵者也。子之罪大极重,疾走归!不然,我将以子肝益昼餔之膳。”庄子及其后学对于“作”的看法与老子同。总之,老庄都只是批评“妄作”,而没有排弃作为人之本能之“作”,因此确实没有所谓“弃作”的观念。据此,竹简“愚”不管是读作“为”还是“伪(人为)”,都是不正确的。《老子》虽然具有无为的观念,然而并没有所谓“绝为”的主张。

如何理解老子的“无为”观念?此一观念乃老子政治哲学的基本原理。这一原理,虽然有时候直接意味着上对下、君对民之政治行为活动(包括言命)的减少,但是对于道家而言,则主要是作为对于君上政治行为活动(“为”)之制约和规范原则而起作用的,并且其施用对象不仅仅局限于君上,也限制和规范着智者之知与民众之为。简单说来,老子以“无为”作为“为”的基础和原理,也即是说,一切的“为”都必须以“无为”为前提和环绕的核心,而由“无为”发出和产生的“为”不但是应该的,而且也是值得鼓励的。通行本《老子》第三章云“为无为,则无不治”,第三十七章云“道常无为而无不为”,这些足以说明

① 《庄子·天下》。

《老子》具有“无为”的思想，然而不存在“绝为”的主张。

作“人为”意义理解的“伪”，是荀子特别发明的概念，前人注释读“伪”为“为”。① 对于荀子而言，“伪”或“为”当然突出人为的方面，但是荀子并没有让人去做违反自然事物和规律的行为，《荀子·天论》已说得极其明白。后人诠注《老子》所习用的“人为”一语，乃是一个特定概念，与荀子的“伪”在含义上根本不同，是指违反“自然”特性的“人为”。此一观念当然是老子所反对的。但是就《老子》文本而言，我们是否有足够的理由将此“伪”或“为”直接解释为具有特定含义的“人为”概念呢？其间的分际是不容混淆的。另外，有些学者在论证的过程中将荀子之“伪”（为）与此道家语境中的“人为”观念混同起来，这其实是在偷换概念。

再回过头来看竹简《老子》“绝憍弃慮”是否可以读为“绝伪弃诈”的问题。先看“憍”字是否可以读作“伪”。弼本《老子》第十八章云：“大道废，有仁义；智慧出，有大伪；六亲不和，有孝慈；国家昏乱，有忠臣。”此一章，亦见郭店竹简本。这里的“伪”，乃“虚伪”之义。由此例可见，老子是反对“虚伪”的。因此，若将简文“憍”读作“虚伪”之“伪”，那么“绝伪”一说并不违背老子的思想。《庄子》对于“虚伪”的批评，则言论众多，今不赘言。“慮”字，按照竹简智辩、巧利对言之例来看，当以读作“诈”为是。李零举出的《三德》篇第二号简的例子，仍应当看做一个可靠的证据。另外，《荀子》一书中的“伪”字除了解作“为”以外，也有作“虚伪”使用的。“诈伪”一词，在

① 《荀子·性恶》：“人之性恶，其善者伪也。”杨倞《注》：“伪，为也，矫也，矫其本性也。凡非天性而人作为之者，皆谓之伪。故为字人傍为，亦会意字也。”王先谦《荀子集解》云：“郝懿行曰：‘性，自然也；伪，作为也。伪与为，古字通。杨氏不了而训为矫，全书皆然，是其蔽也。’先谦案：郝说是。《荀》书伪皆读为。下文‘器生于工人之伪’，尤其明证。”王先谦:《荀子集解》，《诸子集成》第二册，北京：中华书局1954年版，第289页。

《荀子》书中出现了三次,① 在《庄子》杂篇中出现了两次,②《左传》等书亦出现多次。③ “诈伪”或作“伪诈”。《吕览·季夏纪》:“勿敢伪诈。”《吕览·知度》:“贪得伪诈之曹远矣。”《吕览·离谓》:“故辩而不当理则伪,知而不当理则诈。诈伪之民,先王之所诛也。”这些例子足以说明,“虘”读作“诈”并没有违背先秦语境。而所引《吕览·离谓》文句,与简本《老子》“绝智弃辩,绝伪弃诈”的意思相契若符节,则更可以作为有力的证明。有一种意见以为老子所绝弃的东西必定是一种所谓正面或积极的价值观念,方才符合老子的思维方式或《老子》文的意思,这恐怕是一种偏见!④

“绝伪弃诈”,帛本、弼本等俱作“绝仁弃义”,与此迥异。陈鼓应据此认为老子、孔子之间及其学说并没有产生强烈的对立现象,老子也崇尚仁慈之德。⑤ 张立文认为竹简的思想不仅不是对儒家思想的批判和否定,而且是对儒家思想从负面的补充;儒道并不强烈冲突,而是相补互济。⑥ 郭沂更进一步,云:“老子不但不反对传统,而且恰恰相反,他完全认同传统。”⑦ 又说:“在对待传统

---

① 《荀子·不苟》云:“诈伪生塞,诚信生神。”《礼论》云:“君子审于礼,则不可欺以诈伪。”《性恶》云:“今与不善人处,则所闻者欺诬诈伪也,所见者污漫淫邪贪利之行也。”

② 《庄子·盗跖》:“子之道狂狂汲汲,诈巧虚伪事也,非可以全真也,奚足论哉!”《渔父》:“称誉诈伪以败恶人,谓之慝。”

③ 《左传·襄公四年》:“恃其谗慝诈伪而不德于民。”《礼记·月令》:“莫不质良,无敢诈伪。”《礼记·乐记》:“于是有悖逆诈伪之心。”“诈伪”,《战国策》数见。

④ 此外,高明教授曾根据声音通假的关系认为“憍”可读为“义”,“虘”可读为“仁”,与帛书《老子》音义相近。备说,未敢轻信。参见氏著:《读郭店〈老子〉》,《中国文物报》,1998 年 10 月 28 日。

⑤ 见氏著:《从郭店简本看〈老子〉尚仁及守中思想》,《道家文化研究》第十七辑,第 64 ~ 79 页。

⑥ 见氏著:《论简本〈老子〉与儒家思想的互补互济》,《道家文化研究》第十七辑,第 131 ~ 148 页。

⑦ 见氏著:《郭店竹简与先秦学术思想》,上海:上海教育出版社 2001 年版,第 703 页。

的态度问题上，老子同后来的道家学者立场对立，反而与孔子无异，他们都主张重振业已败坏的仁、义、孝、慈、礼等传统道德。"① 张岱年、许抗生、孙以楷等学者并不赞成此种意见，认为竹简本有"大道废，有仁义"就是老子对于仁义的贬损和反对，② 简本《老子》根本不是在"重振传统道德"。③ 笔者认为张岱年等学者的看法是谨慎的。从整体上来看，我们无法由简本"绝伪弃诈"一句文本的改变，就轻易断言老子亦崇尚仁义，甚至得出老子、孔子原本和合一家的观点。④ 实际上，竹简本在其他地方对仁义观念仍然作了批评。

三、民复季子

郭店《老子》甲编第一号竹简云：

> 𢇍（絕）悬（僞）弃（棄）虘（詐），民复（復）季〈孝〉子（慈）。

民复季子，弼本作"民复孝慈"，帛书甲本作"民复畜兹"，帛书乙本作"民复孝兹"。⑤ 季子，《郭简》读作"孝慈"，以"季"

---

① 见氏著：《郭店竹简与先秦学术思想》，上海：上海教育出版社 2001 年版，第 706 页。

② 王博：《张岱年先生谈荆门郭店楚简〈老子〉》，《道家文化研究》第十七辑，第 22 ~ 24 页；许抗生：《再读郭店竹简〈老子〉》，《中州学刊》，2000 年第 5 期，第 77 ~ 79 页。

③ 孙以楷：《老子通论》，合肥：安徽大学出版社 2004 年版，第 166 ~ 179 页。

④ 笔者曾对陈鼓应等人的观点有所批评，参见拙作：《论简本与帛本、通行本〈老子〉的思想差异》，丁四新主编：《楚地出土简帛文献思想研究（一）》，武汉：湖北教育出版社 2002 年版，第 164 ~ 167 页。

⑤ "畜"、"兹"，帛书整理者读作"孝"、"慈"。参见国家文物局古文献研究室编：《马王堆汉墓帛书【壹】》，北京：文物出版社 1980 年版，第 11、96 页。

为“孝”之形讹，以“子”为“慈”之借。① 崔仁义云：“季子，传世本《老子》作‘孝慈’；帛书《老子》甲本作‘畜兹’，乙本作‘孝兹’。据此，当训为‘孝慈’。但，传世本、帛书《老子》是对仁义而言，而竹简《老子》则是对𢝫虑而言。所以，‘季子’应指小儿的精神状态，与‘比于赤子’相应。《玉篇·子部》：‘季，小称。’”② 季旭升说：“我们以为，本章的‘季子’照原文读就可以了。《说文》：‘季，少称也。从子稚省，稚亦声。’《老子》常以‘婴儿’比喻原始浑朴的美德，今本第十章：‘专气致柔，能婴儿乎？’二十章：‘我独泊兮其未兆，如婴儿之未孩。’《郭店》本章的‘季子’，犹言‘婴儿’，也是指道德纯朴的本质。”③ 刘信芳说：“‘季子’犹稚子。《说文》：‘季，少称也。从子，稚省，稚亦声。’《白虎通·姓名》：‘季者，幼也。’”④ 裘锡圭同意“季子犹稚子”之说，云：“‘民复季子’与‘复归于婴儿’义近……其实‘绝为弃作’、‘绝伪弃虑’等，跟‘民复孝慈’也都不能配合得很好。如真能做到‘绝为弃诈’或‘绝伪弃虑’，产生的后果一定会远远超出‘民复孝慈’。‘绝伪弃虑’跟‘民复季子’则是配合得很好的。按道家的看法，如果绝弃各种‘背自然’的作为和思虑，人们当然就会浑朴得跟稚子一样。”⑤ 廖名春亦云：“‘季子’就指小子、稚子，与‘赤子’义同。此句是说不用心计，不钩心斗角，百姓就会归朴返真，回复到朴素无为的自然状态。

---

① 荆门市博物馆编：《郭店楚墓竹简》，北京：文物出版社1998年版，第111页。

② 见氏著：《荆门郭店楚简〈老子〉研究》，北京：科学出版社1998年版，第62页。

③ 见氏著：《读郭店楚墓竹简札记》，《中国文字》新二十四期，台北：艺文印书馆1998年版，第133～134页。

④ 见氏著：《荆门郭店竹简〈老子〉解诂》，台北：艺文印书馆1999年版，第2页。

⑤ 见氏著：《纠正我在郭店〈老子〉简释读中的一个错误》，《郭店楚简国际学术研讨会论文集》，第29页。

‘孝慈’，当出于后人的改造，故书当作‘季子’。”① 聂中庆从崔说，② 陈锡勇则从《郭简》读。③

案：所谓“季子”犹“稚子”之说，其实似是而非。笔者曾有廓清之文，曰：“‘季子’训为‘稚子’，进而解释为‘赤子’、‘婴儿’，先秦故书并无其例。‘季’，排行之少、幼；‘季子’，排行之少者，‘延陵季子’（吴公子季札）即其例。”并赞成整理者的意见。④ 郭沂说：“在我看来，这两个字仍应作‘孝慈’，不应作‘季子’。首先，‘季子’的意思是幼子，即相对于年长的儿子而言小儿子，与‘赤子’、‘婴儿’不是一个概念，古书中尚未见到以‘季子’表示‘赤子’、‘婴儿’之意者。……另外，‘孝慈’与‘伪’、‘虑’亦非不相应，盖在老子时代，礼崩乐坏，所谓‘孝慈’流于人为造作，出自谋虑，非自然也，故老子发此高论。”⑤ 裘锡圭在最近发表的一篇文章中仍坚持自己的说法，并以为找到了可靠的证据。他说：“马王堆帛书《脉法》篇，开头说‘以脉法明教下’，结尾说：‘脉之县书而熟学之。季子忠谨，学……见于为人……言不可不察也。’‘季子’应指初学脉法的幼童，跟《仓颉篇》开头四句‘仓颉作书，以教后嗣。幼子承诏，谨慎敬戒’，以‘幼子’指初学书的幼童，情况相似。《仓颉篇》是秦汉时代想当‘史’（即书记）的人所必学的，在古代，医和史的职业多是世代相传的，要从小学起。简文的‘季子’则应指尚未从学的幼童。”⑥ 《仓颉篇》的“幼子”当然可能指幼童，但是帛书此一“季子”是否即为“幼童”之义，以及先秦语境中的“季子”是否

---

① 见氏著:《郭店楚简老子校释》，北京：清华大学出版社 2003 年版，第 12 页。

② 见氏著:《郭店楚简〈老子〉研究》，北京：中华书局 2004 年版，第 187～188 页。

③ 见氏著:《郭店楚简老子论证》，北京：中华书局 2004 年版，第 19 页。

④ 见拙著:《郭店楚墓竹简思想研究》，北京：东方出版社 2006 年版，第 60 页。

⑤ 见氏著:《郭店竹简与先秦学术思想》，上海：上海教育出版社 2001 年版，第 67～68 页。

⑥ 见氏著:《关于〈老子〉的“绝仁弃义”和“绝圣”》，《出土文献与古文字研究》第一辑，上海：复旦大学出版社 2006 年版，第 7 页。

可以解作“稚子”呢？这必须拥有实实在在的根据。帛书整理者云“季子”乃“次子”。① 李学勤与裘锡圭的看法不同，指出竹简《老子》“‘孝’字原误作‘季’，‘慈’字原作‘子’，同样情形曾见于马王堆帛书医书中的《脉书》部分”②。审读帛书原文，实在不敢苟同此“季子”即是所谓“幼童”之义，而“季子忠谨”如李学勤所说可能应当读作“孝慈忠谨”。“季子”一词，在先秦文献中出现非常普遍，其义应该不难知晓——然而众口意必之，盖谲弄新意之心态使然。总之，《郭简》整理者从通行本读，无误。

四、三言以爲㝵不足

郭店《老子》甲编第一、第二号竹简云：

> 三言以为㝵（辩）不足，或（又）命（令）之或（有）虐（乎）豆（屬）。

“三言”上，帛本、弼本有“此”字，范本无。“三者以为文不足也”下，范应元《集注》：“王弼同古本。”则范氏所见弼本有“此”字。

三言，帛本同，弼本等作“三者”。“言”下，帛本、傅本、范本有“也”字，弼本、河上本无。不，弼本等同，帛本作“未”。“不”、“未”同义换字。

㝵，帛本、弼本等俱作“文”。《郭简》注释：“李家浩释作‘弁’(《释‘弁’》，《古文字研究》第一辑）在句中‘㝵’读作‘辨’。《说文》：‘判也。’《小尔雅·广言》：‘辨，别也。’”③ 崔

---

① 马王堆汉墓帛书整理小组编:《马王堆汉墓帛书【肆】》，北京：文物出版社 1985 年版，“释文注释”部分第 17 页。

② 氏著:《论郭店简〈老子〉非〈老子〉本貌》，王子今等编:《纪念林剑鸣教授史学论文集》，北京：中国社会科学出版社 2002 年版，第 4 页。

③ 荆门市博物馆编:《郭店楚墓竹简》，北京：文物出版社 1998 年版，第 113 页。

仁义云："叓，同使。"① 刘信芳释为"史"。② 魏启鹏云："当释作'使'，谓使民之事，《逸周书·谥法》：'治民克尽曰使。'"③ 李零曰："'使'，简文'吏'、'弁'易混（过去多以为这种字形一律都是'弁'字，其实它们在字形上还略有分别，'弁'字多有八字状的两笔，而'吏'字往往没有）。整理者释'弁'读'辨'，疑当释'吏'读'使'，在简文中是用的意思。"④ 刘钊说："'叓'即'史'字古写，读为'使'。"⑤ 张桂光曾在1994年发表的一篇文章中将楚简系统中读作"弁"与"史"的二字区别开来。"弁"下部多从"人"，而"史"从"又"；如果"弁"下部从"又"，则此时上部表示冠冕部分的两侧往往被加上对称的两短笔，与"史"字有明显的区别。⑥ 郭店竹简刊出后，张氏再次肯定"叓"当释"史"，云："简文'三言以为史不足'，'史'亦当读为'使'，作'用'字解，意谓'以上面提到的"三言"为用尚不足够'，正与传世本及帛书本之'三言以为文不足'句意相仿……因此，叓字还是以释'史'为妥。"⑦ 陈伟同意竹简《老子》此字当释作"吏"或"史"的看法，不过他不同意李零、张桂光对此字的释义，而说："'史'有偏重文辞的意思……在这些

① 见氏著:《荆门郭店楚简〈老子〉研究》，北京：科学出版社1998年版，第62页。

② 见氏著:《荆门郭店竹简〈老子〉解诂》，台北：艺文印书馆1999年版，第3页。

③ 见氏著:《楚简〈老子〉柬释》，台北：万卷楼图书有限公司1999年版，第4页。

④ 见氏著:《郭店楚简校读记（增订本）》，北京：北京大学出版社2002年版，第8页。

⑤ 见氏著:《郭店楚简校释》，福州：福建人民出版社2005年版，第5页。

⑥ 参见氏著:《古文字论集》，北京：中华书局2004年版，第165～167页。原文，见氏著:《楚简文字考释二则》，《江汉考古》，1994年第3期。

⑦ 参见氏著:《古文字论集》，北京：中华书局2004年版，第172页。原文见氏著:《郭店楚墓竹简·老子》，《江汉考古》，1999年第2期。张氏后来对"史"、"弁"二字又有补充论证，参见氏著:《古文字论集》，北京：中华书局2004年版，第176～178页。

场合，‘史’皆与文采相关，而与质、鄙相对。在传世《老子》诸本及马王堆帛书《老子》甲本、乙本中，与简文对应的字皆作‘文’。如果将此字释为‘史’，理解为‘繁于文采’，则与各种版本的《老子》在意义上保持一致，并且同后文‘视素抱朴’的说法呼应。"① 廖名春说："‘史’不必读为‘使’，‘文’亦非‘使’字之误。两字义近通用。‘史’有文辞繁多之义。《仪礼·聘礼》：‘辞多则史，少则不达。’《论语·雍也》：‘质胜文则野，文胜质则史。’《韩非子·难言》：‘捷敏辩给，繁于文采，则见以为史。’"②

案："叓"即"史"，字已辨明。大致说来，"弁"、"吏"（或"史"）二字形体有所分别；不过，二字在楚文字系统中混用之例亦习见。如《性自命出》第三十二、三十三号竹简中的两处"叓"字，就不宜释为"吏"。裘《按》云："简文‘叓’字似将‘吏（使）’、‘弁’二字混而为一，疑此句‘叓’字当释为‘弁’，读为‘变’。"③ 再如《语丛四》第十七号简"善吏其下"的"吏"，上部两侧各有一短笔，据文意亦只能释为"吏"。"叓（史）"，帛书本、通行本作"文"。诸说"史"读作"使"，与帛书本作"文"字义不类。"文"有繁辞饰说之义。"史"殆为"弁"字之混用。"弁"读作"辩"，"辩"、"文"义近。《韩非子·外储说左上》："楚王谓田鸠曰：墨子者，显学也。其身体则可，其言多而不辩，何也？曰：昔秦伯嫁其女于晋公子，令晋为之饰装，从文衣之媵七十人，至晋，晋人爱其妾而贱公女。此可谓善嫁妾而未可谓善嫁女也。楚人有卖其珠于郑者，为木兰之柜，熏以桂椒，缀以珠玉，饰以玫瑰，辑以羽翠，郑人买其椟而还其珠。此可谓善卖椟矣，未可谓善鬻珠也。今世之谈也，皆道辩说文辞之言，人主览其

① 见氏著：《郭店竹书别释》，武汉：湖北教育出版社 2002 年版，第 17 页。

② 见氏著：《郭店楚简老子校释》，北京：清华大学出版社 2003 年版，第 15 页。

③ 荆门市博物馆编：《郭店楚墓竹简》，北京：文物出版社 1998 年版，第 183 页。

文而忘有用。墨子之说，传先王之道，论圣人之言以宣告人。若辩其辞，则恐人怀其文、忘其直，以文害用也。此与楚人鬻珠，秦伯嫁女同类，故其言多不辩。”“辩说”与“文辞”相属相对，且下文又变其辞曰“辩其辞”，可知“辩”与“文”义近。① 简本作“弁（辩）”，帛本作“文”，属于同义改字之例。弼《注》：“而直云绝，文甚不足；不令之有所属，无以见其指。故曰：‘此三者以为文而未足，故令人有所属。’”王弼“文”作“文辞”解，非是。“三言”，从简本、帛本来看，指上文所说的三句话。弼本“言”字讹作“者”，并依此“三者”一词，而将其解为圣智、仁义、巧利，其《注》亦误。

五、視索保菐少厶須欲

郭店《老子》甲编第二号竹简云：

視索（素）保菐（樸），少厶（私）須（寡）欲。

视素保朴，弼本、帛书乙本作“见素抱朴”，帛书甲本“朴”字残损。“保”，傅本作“褒”。《郭简》注释：“视字下部为立‘人’，与简文‘见’字作𡭴者有别。”② 裘《按》曰：“郭店简

---

① 方授楚引《韩非子》此文，而云：“此所谓‘不辩’即‘不文’，故曰‘若辩其辞则恐人怀其文，直以文害用也’，盖文字朴僿，而无修辞之功也。”氏著:《墨学源流》，上海：中华书局 1940 年版，第 45 页。詹剑峰说：“《韩非子》一书所用的‘辩’字可作‘文’字解，试看《问辩》所载：‘言虽至察，行虽至坚，则妄发之说也。是以乱世之听言也，以难知为察，以博文为辩。’是其证也。”见氏著:《墨家的形式逻辑》，武汉：湖北人民出版社 1979 年版，第 182 ~ 183 页。

② 荆门市博物馆编:《郭店楚墓竹简》，北京：文物出版社 1998 年版，第 114 页。

《五行》篇中的'见'字，有一些下部已作立人形，与'视'无别。"① 又说："例如今本十九章的'见素抱朴'，甲二作'（视，在此当读为"示"）保朴'，从文义上看似乎比今本好（'视素'的说法比'见素'合理。'保''抱'音近可通，但'保朴'比'抱朴'好理解），很可能是《老子》的原貌。"② 彭浩引《说文》训"视"为"瞻"，训"保"为"守"，并说"保、抱读音极近，与此句中的意义亦相近"。③ 魏启鹏读"视"为"示"，云"以事、物示人"；训"保"为"守"、"持"。④ 廖名春说今本作"见"，乃"视"之形讹，"应训为养"，"'保'与'褏'、'抱'皆有保养义……'保'为本义，而'褏'、'抱'为引申义，故书当作'保'"。⑤ 陈锡勇训从廖氏。⑥

案：素，丝之未染色者；朴，木之未雕琢者。素、朴与私、欲相对，在此喻指人之素朴的原初生命质体。陆德明《经典释文》于"所属"、"抱朴"之间出"见"字条，并音注云："贤遍反。"则通行本"见"字训为"出现"。而竹简本作"视"，当如魏启鹏等所云，读作"示"。"视素"、"见素"，同义。不过《老子》此字原本到底是作"视"还是作"见"？由于二字古文形近易混，今天已实难知之，何必非此即彼？

《说文》："保，养也。"不过"保"字在通行本《老子》中还出现过三次，都是保持、保守之义，而无一例作"养"义者。看

① 见氏著：《以郭店〈老子〉简为例谈谈古文字的考释》，《中国哲学》第二十一辑，沈阳：辽宁教育出版社2000年版，第183页。

② 见氏著：《以郭店〈老子〉简为例谈谈古文字的考释》，《中国哲学》第二十一辑，沈阳：辽宁教育出版社2000年版，第185页。

③ 见氏著：《郭店楚简〈老子〉校读》，武汉：湖北人民出版社2000年版，第4~5页。

④ 见氏著：《楚简〈老子〉柬释》，台北：万卷楼图书有限公司1999年版，第4页。

⑤ 见氏著：《郭店楚简老子校释》，北京：清华大学出版社2003年版，第20页。

⑥ 见氏著：《郭店楚简老子论证》，北京：中华书局2004年版，第27~28页。

来竹简本作“保”字，也不应当有例外。《说文》：“裦，褎也。”徐铉等曰：“今俗作抱，非是。抱与捊同。”通行本《老子》“抱”字出现多次，皆当是持守或与此相近之义，难以将“抱朴”之“抱”训为“养”义。保、抱音同义近，不必非此即彼；若从习惯，“保”可以读为“抱”。

厶，帛乙、弼本等作“私”。“厶”、“私”为古今字。《说文》“厶”字段玉裁《注》：“公私字本如此，今字私行而厶废矣。私者，禾名也。”須，帛乙、弼本等作“寡”。《郭简》释作“须”，注释：“‘须’为‘寡（寡）’字误写。”① 彭浩说同。② 李零说：“是‘寡’字……并非‘须’字。”③ 后又变更其说：“旧作以为抄写拥挤，略去右边的两点，并非‘须’字，今查简24‘须’字写法与此相同，看来字形仍是‘须’字。”④ 颜世铉以为“寡”字。⑤ 廖名春认为本简及第二十四号简此字皆当释作“寡”，乃“寡”字异体。⑥ 颜世铉说同。⑦ 刘钊亦曰：“‘㾓’为‘寡’字简省的写法，非‘须’字之误。”⑧

案：此字，竹简图版作[illegible]老甲2，同编二十四号简作[illegible]老甲24，二字写法完全相同。郭简《缁衣》二十二号简“寡”字写法右边多出两点，图版作[illegible]缁22，与上列二字写法略有区别。本简此字，刘钊隶

① 荆门市博物馆编：《郭店楚墓竹简》，北京：文物出版社 1998 年版，第114 页。

② 见氏著：《郭店楚简〈老子〉校读》，武汉：湖北人民出版社 2000 年版，第 5 页。

③ 氏著：《郭店楚简校读记》，《道家文化研究》第十七辑，第 468 页。

④ 见氏著：《郭店楚简校读记（增订本）》，北京：北京大学出版社 2002 年版，第 12 页。

⑤ 见氏著：《郭店楚简散论（二）》，《江汉考古》，2000 年第 1 期，第 38 页。

⑥ 见氏著：《郭店楚简老子校释》，北京：清华大学出版社 2003 年版，第 23 页。

⑦ 见氏著：《郭店楚简散论（二）》，《江汉考古》，2001 年第 1 期，第 38 页。

⑧ 见氏著：《郭店楚简校释》，福州：福建人民出版社 2005 年版，第 6 页。

作“乘”；同编二十四号简同一形构之字，刘氏却释作“须”。[①]此二说必有一非。结合文意及帛本、通行本来看，竹简《老子》甲编此字无论是作“乘”或是作“須”，还是以看做“募”（寡）字之简省写法的意见较为恰当。《郭简》隶作“须”，贻误。

又，弼本第二十章首句“绝学无忧”，今人马叙伦、蒋锡昌、高亨认为应该上属，在第十九章文本之末。[②]帛书《老子》二本公布后，由于与今本第十九章、第二十章相同的文本“中间无明显章界”，高明认为据此可以证成其说。[③]今以楚简《老子》验之，其实不然。“绝学无忧”章在竹简《老子》乙组，与此章文本分属不同形制的竹简。这也说明了，从先秦到汉代，《老子》文本的分章虽然一直处于形成的过程之中，但是今传本文本章次的划定仍然有所传承，并非随意拼接的结果。

---

① 见氏著：《郭店楚简校释》，福州：福建人民出版社 2005 年版，第 19 页。

② 关于张君相《三十家注老子》，晁公武云：“君相，不知何时人，而谓成玄英为皇朝道士，则唐天宝后人也。以‘绝学无忧’一句，附‘绝圣弃知’章末，以‘唯之与阿’别为一章，与诸本不同。”见氏著：《郡斋读书志》卷十一，上海：上海古籍出版社 1990 年版，第 464 页。后归有光、姚鼐亦主张“绝学无忧”句上属第十九章末。

③ 见氏著：《帛书老子校注》，北京：中华书局 1996 年版，第 315 ~ 316 页。

郭店竹简《老子》乙编校札十二则

◎丁四新

一、堇能行於其中

郭店《老子》乙编第九号竹简云：

上士昏（聞）道，堇（勤）能行於丌（其）中。中士昏（聞）道，若昏（存）若亡。下士昏（聞）道，大芖（笑）之，——弗大芖（笑），不足以爲道矣。

堇，帛乙同，帛甲残，弼本等作“勤”，范本作“懃”。“堇”，《郭简》读作“勤”。① 学者多从之。裘《按》：“帛书乙本此句作‘上士闻道，堇能行之’，刘殿爵《马王堆汉墓帛书〈老子〉初探》认为‘堇’字不当从今本读为‘勤’，而应读为‘仅’(《明报月刊》一九八二年八月号一七页)。简本作‘堇能行于其中’，从语

① 荆门市博物馆编:《郭店楚墓竹简》，北京：文物出版社 1998 年版，第 118 页。(本文注释仅在该书第一次引用时出全注，后引注不再出注出版者、出版年信息)

气看，‘堇’字似应从刘说读为‘仅’。”① 许抗生、魏启鹏、廖名春、刘钊从之，② 陈锡勇说：“若据刘说，则‘上士’闻道亦‘仅’能行之，则老子之道是‘不易知’、‘不易行’矣，与老子说者相违，而扞格不入也。”③ 刘信芳读作“谨”，云“慎”也；④ 赵建伟如字读，或云“可读为‘谨’”，训“诚”，认为即《中庸》“笃行之”之义。⑤

案：“堇”当读作“勤”。严遵《指归》：“大圣之所尚，上士之所务，中士之所眩爚，而下士之所大笑也。”弼《注》：“有志也。”三十三章“强行者有志”弼《注》：“勤能行之，其志必获。”⑥ 河上《注》：“上士闻道，自勤苦竭力而行之。”是“堇”当读作“勤”矣。仍旧贯，何必改作？“懃”，范应元所采古本“懃”字，见《古文四声韵》卷一。《说文》力部：“勤，劳也。”河上《注》从本字训解，又加引申，弼《注》则从老子原文得训。二注通。“勤”、“强”同义，勉强、勉力（践行）也。作“仅”字解，义浅狭。

二、是以建言又之

郭店《老子》乙编第十至十二号竹简云：

---

① 荆门市博物馆编：《郭店楚墓竹简》，第 119 页。

② 许抗生：《初读郭店竹简〈老子〉》，《中国哲学》第二十辑，沈阳：辽宁教育出版社 1999 年版，第 100 页；魏启鹏：《楚简〈老子〉柬释》，台北：万卷楼图书有限公司 1999 年版，第 49 页；廖名春：《郭店楚简老子校释》，北京：清华大学出版社 2003 年版，第 429 页；刘钊：《郭店楚简校释》，福州：福建人民出版社 2005 年版，第 32 页。

③ 见氏著：《郭店楚简老子论证》，台北：里仁书局 2005 年版，第 237 页。

④ 见氏著：《荆门郭店竹简〈老子〉解诂》，台北：艺文印书馆 1999 年版，第 53 页。

⑤ 见氏著：《郭店竹简〈老子〉校释》，陈鼓应主编：《道家文化研究》第十七辑，北京：三联书店 1999 年版，第 279 页。

⑥ 据此注，王弼读“而”为“能”。

是以建言又（有）之：明道女（如）孛（昧），遅（夷）道女（如）缋（類），① ［進］道若退；上悳（德）女（如）浴（谷），大白女（如）辱（辱），圭（廣）悳（德）女（如）不足；建悳（德）女（如）［偷，質］貞女（如）愉（渝），大方亡（無）禺（隅）；大器曼（晚）成，大音祗（希）聖（聲），天〈大〉象亡（無）坓（形），——道［褒（葆）亡（無）名。■◇◇◇］

是以，帛乙同，弼本等作“故”。“故”、“是以”同义换词。又，帛乙、弼本俱作“有”。“又”通“有”。“之”下，帛乙、傅本、范本有“曰”字，简本、弼本、河上本无。②

“建言有之”句，奚侗曰：“‘《建言》’，当是古载籍名。”③高亨申言此说：“‘建言’殆《老子》所称书名也。《庄子·人间世篇》引《法言》，《鶡冠子·天权篇》引《逸言》，《鬼谷子·谋篇》引《阴言》，《汉书·艺文志》有《谰言》（班自注‘不知作者’），可证名书曰言，古人之通例也。”④ 魏启鹏、刘钊等从之。⑤ 蒋锡昌反之，云：“‘建言’非古载籍名，谓古之立言者。老子引古立言者语，十四章所谓‘执古之道’也。奚说非

---

① “女缋”二字，见竹简碎片第二十号，李家浩将其拼接在此处，可从。参见氏著：《关于郭店〈老子〉乙组一支残简的拼接》，《中国文物报》，1998年10月28日；又见该氏文：《读〈郭店楚墓竹简〉琐议》，《中国哲学》第二十辑，第339～340页。此前，崔仁义已将其缀合，然“缋”字误隶作从疒从贵。见氏著：《荆门郭店楚简〈老子〉研究》，北京：科学出版社1998年版，第39页，及书末附载图版七。

② 范应元《集注》卷下：“王弼、孙登、阮咸同古本，河上本无曰字。”武英殿刻本弼本校案：“之下，一本有曰字。”

③ 见氏著：《老子集解》，合肥：黄山书社1994年版，第110页。

④ 见氏著：《老子正诂》，北京：中国书店1988年版，第93页。

⑤ 魏启鹏：《楚简〈老子〉柬释》，第49页；刘钊：《郭店楚简校释》，第33页。

是。……‘故建言有之曰’，言古之立言者有以下之语也。”① 彭浩等从之。②

案：严遵《指归》卷一《上士闻道篇》：“故圣人建言曰‘有之’。‘有之’者，言道之难知，推〈惟〉柄自然之归，以统万方之指者能有之，非庸庸者之所能闻也。”弼《注》：“建，犹立也。”河上《注》：“建，设也。设言以有道，当如下句。”“建”训“立”，训“设”，同义。“之”，指代“道”。从《指归》及二注来看，所谓“建言有之”乃谓立言以知“有道”之意也。注及《指归》释解与上文正相掩。章末帛书本有“道褒（通行本作‘隐’）无名”（简本后三字残）句作总结，以相回应，益证古人训解无误。“道”与“名言”的关系问题，老子多有辩说，庄子及其后学辩之弥侈，今不征引。又，下文“大白若辱，盛德若不足”，《庄子·寓言》记为“老子曰”。此“老子”，指其人，非言其书。③可见“建言有之”以下十余句，皆老子之言也，既非所谓“《建言》”之言，亦非所谓古之立言者之语也。奚侗、高亨说误，而蒋锡昌说不塙。

---

① 见氏编著:《老子校诂》，成都：成都古籍书店，1988 年据商务印书馆 1937 年版本影印，第 271 ~272 页。

② 彭浩:《郭店楚简〈老子〉校读》，武汉：湖北人民出版社 2000 年版，第 90 页。

③ 《庄子·寓言》：“阳子居南之沛，老聃西游于秦，邀于郊，至于梁而遇老子。老子中道仰天而叹，曰：‘始以汝为可教，今不可也。’阳子居不答。至舍，进盥漱巾栉，脱屦户外，膝行而前，曰：‘向者弟子欲请夫子，夫子行不闲，是以不敢。今闲矣，请问其过。’老子曰：‘睢睢盱盱，而谁与居？大白若辱，盛德若不足。’阳子居蹴然变容，曰：‘敬闻命矣！’”《史记》卷六十三《老子韩非列传》：“孔子适周，将问礼于老子。老子曰：……吾闻之，良贾深藏若虚，君子盛德，容貌若愚。”可以设想，《老子》语句有所来源，然将本章十余句看做取自《建言》一书或者古之某位立言者之言，恐难置信；更为重大的问题，乃是误解了老子本章的思想。“大音希声，大器晚成”，《后汉书·郎颉传》亦记为“老子曰”。此后人即其书而言之，然未称《建言》言，亦未指立言者而言也。

三、建悳女〔偷〕－

郭店《老子》乙编第十一、十二号竹简云：

> 建悳（德）女（如）〔偷，質〕貞女（如）愉（渝），大方亡（無）禺（隅）。

“偷”字，缺文，据弼本补，河上本作“揄”，傅本作“偷”，范本作“输”，帛书二本残。“建德如偷”句，范氏《集注》卷下：“输，傅奕云‘古本作输’，引《广韵》云‘输，愚也’。河上作‘揄’，乃草字，变车为手。傅奕云：‘手，字之误。动经数代，况辱字少黑字乎？’傅奕当时必有所据。王弼作‘偷’，董遇作‘摇’。今从古本。”据范说，该字傅本原亦作“输”。今“输”字在下句，疑非傅本之旧。① 俞樾《平议·老子》：“然‘偷匹’之训，于古无征，义亦难晓。……今按：建当读为健。《释名·释言》曰：‘健，建也，能有所建为也。’是建、健音同而义亦得通。‘健德若偷’，言刚健之德，反若偷惰也。正与上句‘广德若不足’一律。”② 马叙伦《校诂》卷三同意俞说，并云“建为健省”。③ 今人多从之。④ 池田知久认为此“建”当训“确立”，并引《庄

---

① 朱谦之案：“范说有误，傅奕此句作‘偷’，下句作‘输’，范本作‘输’，乃误引傅奕。”见氏著：《老子校释》，中华书局1984年版，第170页。朱说范氏误引傅本，然无根据，殆为臆断。

② 见氏著：《诸子平议》，北京：中华书局1954年版，第152～153页。

③ 见氏著：《老子校诂》卷三，北京：中华书局1974年版，第1645页。

④ 见魏启鹏：《楚简〈老子〉柬释》，第50页；彭浩：《郭店楚简〈老子〉校读》，第92页；聂中庆：《郭店楚简〈老子〉研究》，北京：中华书局2004年版，第276页；陈锡勇：《郭店楚简老子论证》，第243页；刘钊：《郭店楚简校释》，第33页。

子·山木》“建德之国”为证。①

案：“建”当如字作训，立也，设也。从弼《注》及河上《注》来看，“建”正为“立”、“设”之义。河上《注》：“建设道德之人，若可揄引使空虚也。”“揄”字讹，傅奕已辨之。而傅氏训诂之非，俞樾已指出。傅、范二本作“输”，训为“愚”，非是。弼《注》：“偷，匹也。建德者因物自然，不立不施，故若偷匹。”“偷”或作“偷”。《说文》有“偷”无“偷”。此所谓“偷”，亦谓苟且、怠惰也。王弼训为“匹”，俞樾不解而排弃之，实则“匹”训“合”，训“配”。《尔雅·释诂上》：“匹，合也。”常训。众人谓“建德”有“立”有“施”，而“立”、“施”乃必主动有为也。老子则以道观之，而得其真知：“建德”若似偷惰、苟合而无德，此乃为真实之“建德”者也。“偷”、“匹”，借字为训，以达其义，非本二字同义也。《汉书·贾山传·至言》：“是以道谀偷合苟容。”“偷合苟容”又见《荀子·臣道篇》，俱可以相参证。

四、大器曼成

郭店《老子》第十二号竹简云：

> 大器曼（晚）成，大音祗<祗（希）>聖（聲），天<大>象亡（無）坓（形）。

曼，帛乙作“免”，弼本等作“晚”。《帛乙》读作“晚”，②

① 见氏著:《郭店楚简老子研究》，东京：东京大学文学部中国思想文化学研究室1999年版，第283页。

② 国家文物局古文献研究室编:《马王堆汉墓帛书【壹】》，北京：文物出版社1980年版，第89页。

《郭简》注释:“曼，读作‘晚’。裘《按》:疑当读为‘趪(慢)’。”① 陈柱说：“晚犹免也，免成犹无成也。……‘大音希声’犹云‘大音无声’也。故此章‘大方无隅，大器无成，大音无声，大象无形，道隐无名’，文义皆一律。然据《韩非》所引，则‘晚’与‘希’之训‘无’，韩非已不能知之。”② 楼宇烈说：“愚谓经文‘大器晚成’疑已误。本章言：‘大方无隅’、‘大音希声’、‘大象无形’，而十八章言：‘大制无割’等。一加‘大’字则其义相反，‘方’为有隅，‘大方’则‘无隅’；‘音’为有声，‘大音’则‘希声’；‘象’为有形，‘大象’则‘无形’；‘制’为有割，‘大制’则‘无割’。唯此‘大器’则言‘晚成’，非‘器’之反义。长沙马王堆三号汉墓出土帛书《老子》经文此句甲本残缺，乙本作‘大器免成’。‘免’或为‘晚’之借字，然据以上之分析，似非‘晚’之借字，而当以‘免’本字解为是。”③ 廖名春据楚简本认为“曼”为本字，训“无”，与帛本“免”同义。④ 聂中庆说“曼借作无”。⑤ 彭浩说不同，云：“曼，借作‘晚’。……简本‘曼’或读作‘慢’，或读作‘晚’，均与‘免’字含义并不相同。可知帛乙本的‘免’当读作‘晚’。”⑥

案：曼、免、晚，皆为明纽元部字，声音相通。辨核文句及传统注疏，“曼”、“免”仍当读为“晚”。而今人以“无”释义，疑非。以“无”训“免”，盖起自陈柱。“大器晚成”一句与“大音希声”、“大象无形”二句，处于同一语境。“大音希声”，王弼引《老子》十四章“听之不闻名曰希”作注，谓听此“大音”而不闻宫、商、角、徵、吕之声也。听之而有声之分别，则非“大音”也。“音”本是由“声”合成；“大音”，极为和谐自然者，纵有显

① 荆门市博物馆编:《郭店楚墓竹简》，第119页。

② 见氏著:《老子韩氏说》，长沙：商务印书馆1939年版，第73页。

③ 见氏著:《王弼集校释》上册，北京：中华书局1980年版，第115页。

④ 见氏著:《郭店楚简老子校释》，第447页。

⑤ 见氏著:《郭店楚简〈老子〉研究》，第277页。

⑥ 见氏著:《郭店楚简〈老子〉校读》，第93页。

宫露商，然几至于无，故曰希也。希，其本义为稀少；推其至极，与“无”义近。四十三章：“不言之教，无为之益，天下希及之。”七十章：“知我者希，则我者贵。”七十四章：“夫代大匠斲，希有不伤其手矣。”诸“希”字，皆稀少之义，则本章“希”字，亦不当例外。“大音希声”不能换作“大音无声”，其义显然。即此而言，“大器晚成”之“晚”是否必定读作“免”？殆未必然也。严遵《指归》：“是故大器晚成，无所不有。变于无形，化于无朕，动而无声，为而无体。威德不可见，功业不可视。祸息于冥冥，福生于窅窅。寂泊而然，是谓至巧。万物生之，莫知所以。勉勉而成，故能长久。”“勉勉”犹“绵绵”，此处“勉勉而成，故能长久”，乃兼说《老子》六章之意。①“晚”，严遵作如字解，故《指归》云：“大器晚成，无所不有。”弼《注》、河上《注》作了继承。弼《注》：“大器，成天下，不持全别，故必晚成也。”河上《注》：“大器之人若九鼎瑚琏，不可卒成也。”又，《韩非子·喻老》、《吕氏春秋·乐成》、《后汉书·朗颢传》和《魏志·崔琰传》引《老子》俱作“晚”，且皆作如字解。由是益明，“曼”、“免”确实应当读作“晚”。“大器”，譬词，与众物相对，喻“道”。《墨子·公孟》：“大义，天下之大器也。”可以类知。惟“道”“善始且善成”，故以“大器”设譬。

五、長生舊視之道也

郭店《老子》乙编第二、三号竹简云：

---

① 典见《老子》六章：“玄牝之门，是谓天地根。绵绵若存，用之不勤。”强思齐《道德真经玄德纂疏》引《指归》：“动静玄妙，若亡若存，成物遂事，无所不然，光而不灭，用之不勤者，以其生不生之生，体无形之形也。”弼《注》：“欲言存耶，则不见其形；欲言亡耶，万物以之生。故绵绵若存也。无物不成，用而不劳也。故曰用而不勤也。”由《指归》及弼《注》，可知“勉勉”当读作“绵绵”。

〔是胃（謂）深槿（根）固氐（柢）〕，長生售（久）視之道也。

“是胃深槿固氐”六字，据帛甲补，帛乙“槿”作“根”。“槿”、“氐”分别读作“根”、“柢”。“柢”，严遵本、河上本等作“蒂”，景龙碑本等作“蔕”，夏竦《古文四声韵》卷四引《古老子》亦作“蔕”。《释文》出“柢”字，云“一作蔕”。

售，帛乙、弼本等作“久”。“售”乃“旧”字异体，参见彭浩说。①“旧”读作“久”。朱谦之曰：“‘长生久视’为当时通行语。《荀子·荣辱》云：‘是庶人之所以取暖以饱食、长生久视以免于刑戮也。’《吕氏春秋·重己篇》云：‘世之人主贵人，无贤不肖莫不欲长生久视。’高诱注：‘视，活也。’《老子》义同此。”②“长生久视”出自《老子》，而流行于战国后期。高亨读“视”为“寘”，训为“置”、“立”。③廖名春训“视”为“治”，④陈锡勇训为“保也、养也”。⑤

案：范应元《集注》卷下：“柢字，傅奕引古本云：‘柢，本也。’又引郭璞云：‘柢，根柢也。’河上公作‘蔕’，非经义。夫柢，亦是根。”《说文》：“蔕，瓜当也。”“蒂”为“蔕”之晚起字。徐锴《繫传》卷十一：“华叶之根曰蒂，树之根曰柢。”⑥二字音近，义相仍。“蒂”当读作“柢”，范斥“蔕”字非经义，说是。《韩非子·解老》：“树木有曼根，有直根。直根者，书之所谓柢也。柢也者，木之所以建生也。曼根者，木之所以持生也。德也

① 见氏著:《郭店楚简〈老子〉校读》，第78页。
② 见氏著:《老子校释》，北京：中华书局1984年版，第243页。
③ 见氏著:《老子正诂》，第125页。
④ 见氏著:《郭店楚简老子校释》，第388页。
⑤ 见氏著:《郭店楚简老子论证》，第218页。
⑥ 见氏著:《说文解字系传》，北京：中华书局1987年版，第110页。

者，人之所以建生也；禄也者，人之所以持生也。今建于理者，其持禄也久，故曰‘深其根’。体其道者，其生日长，故曰‘固其柢’。柢固则生长，根深则视久，故曰：‘深其根，固其柢，长生久视之道也。’”《吕览》高《注》“视，活也”，乃达意之诂。“视”谓“目视”，“久视”即“长生”之义。生者目视，死者瞑目，如斯而已矣。故曰“长生久视”。

六、𢇍𭓠亡𢝊

郭店《老子》乙编第四、五号竹简云：

> 𢇍（絕）𭓠（學）亡（無）𢝊（憂）。唯與可（呵），相去幾可（何）？𡈼（美）与（與）亞（惡），相去可（何）若？人之所裉（畏），亦不可以不裉（畏）。

𢇍，帛乙、弼本等俱作“绝”。《郭简》读作“绝”。①《说文》所列“绝”字古文作反“𢇍”。《说文》纟部：“𢇍，古文绝，象不连体，绝二丝。”又“继”字条：“一曰反𢇍为继。”从出土古文字材料来看，“𢇍”字正反无别，其实皆是绝字。学者已习知。𭓠，从“学”省。亡，帛乙作“无”，弼本等作“无”。𢝊，帛乙、弼本等作“忧”。“𢝊”为“忧”之本字，见《说文》心部，“忧”行而“𢝊”废。

“绝学亡忧”句，简本下连“唯与可”数句，弼本等通行本在二〇章章首，帛书未分章，然文本所在位置与弼本同。前贤多认为

① 荆门市博物馆编：《郭店楚墓竹简》，第118页。

此句当属上章（即一九章），不在此章。① 帛书本刊布后，学者们多赞同此说，将此句属上章。例如，高明说："从经文内容分析，依今本将其断为第二十章之首，不若断为第十九章之末贴切。"② 简本刊布后，赵建伟说："简文'绝学无忧'与下文'唯与呵'等义不相属，也不协韵，此当不是祖本原貌。从文意上看，这一句在简文中应属上读（相当于今本四十八章'无为而无不为；绝学无忧'）或与帛本、今本相同（即十九章'少私寡欲，绝学无忧'）；但在这两章中此句均失韵。所以祖本原序如何，不可考。"③ 聂中庆说："'亡为而亡不为'句尾有短横标志符号，'绝学无忧'后无任何标志符号而与下文相连接。短横标志符号将'亡为而亡不为'与下文'绝学无忧'句隔开，其意义指向为'绝学无忧'句当属下读。然而我们却明显感觉到'绝学无忧'句与上文有着内在的逻辑联系。……可见'绝学无忧'是对上文的总结语，两者之间有着密不可分的因果联系，将其附于'无为而无不为'之后当是无可疑义、顺理成章的。"④ 陈锡勇亦认为简文此句当属上章，云：

---

① 例如，易顺鼎说："《文子》引此句（引者注：指'绝学无忧'）在'绝圣弃智'之上，疑古本如是。盖与三'绝'字意义相同。今在'唯之与阿'句上，则意似不属矣。"见氏著:《读老札记》(《宝瓠斋杂俎》之四) 卷一，清光绪甲申刻本。马叙伦案："'绝学无忧'一句，当在上章。"见氏著:《老子校诂》卷二，第1620页。蒋锡昌说："此句自文谊求之，应属上章，乃'绝圣弃智……绝仁弃义……绝巧弃利'一段文字之总结也。朝公武《郡斋读书志》谓唐张君相《三十家老子注》以'绝学无忧'一句附'绝圣弃智'章末，以'唯之与阿'别为一章，与诸本不同，当从之。后归有光、姚鼐亦以此句属上章，是也。"见氏著:《老子校诂》，第122～123页。高亨赞同此说："此句应属上章，请列三证。'绝学无忧'与'见素抱朴，少私寡欲'句法相同，若置在下章，为一孤立无依之句，其证一也。足、属、朴、欲、忧为韵。（足属朴欲在古韵侯部，忧在古韵幽部，二部往往通谐。）若置在下章，于韵不谐，其证二也。'见素抱朴，少私寡欲，绝学无忧'，文意一贯。若置在下章，则其文意远不相关，其证三也。《老子》分章，多有戾踳，决非原书之旧。"见氏著:《老子正诂》，第44～45页。

② 见氏著:《帛书老子校注》，第315页。

③ 见氏著:《郭店竹简〈老子〉校释》，《道家文化研究》第十七辑，第271页。

④ 见氏著:《郭店楚简〈老子〉研究》，第258页。

“易顺鼎、马叙伦、高亨及蒋锡昌并以为‘绝学无忧’句不当在第二十章，说者是也。然易、马、高三氏以为在第十九章，说者非也，十九章‘绝智弃辨’等三‘绝’者乃为政者败德之美言也，与此‘绝学无忧’之‘绝’不类……唯蒋锡昌以为当在第四十八章，卓见也。”① 许抗生则改变了他以前的看法，云：“至于这一章的开头为什么用了‘绝学亡忧’四个字呢？表面上看似乎与下文没有关系，因此有的学者就把这四个字放在十九章的最后，我在八十年代所作的帛书《老子》注释也采用了这一做法。其实这四个字正是这一章的总括语。为什么人们有唯与呵（即是与非）、美与恶的区别与纷争呢？这些就都是在‘为学日益’中造成的，所以只有绝弃这样的学习……这样也就没有什么纷争忧患了。”② 彭浩对将此句上属十九章的看法亦作了批评，云：“‘绝学无忧’之‘学’是指今本第四十八章的‘为学（者）日益’之‘学’。……从简文的次序可知，今本第二十章原应接在五十八章（引者注：‘五’乃‘四’字之误）之后，而不是与十九章相接。帛书本形成时对简本的次序作了调整，形成了十九、二十章相衔。”③ 此外，廖名春批评了赵氏的看法，云：“‘绝学无忧’与上下文并非‘文意远不相属’，而既是承上文‘无为’说而来，又是下文‘唯与可……’的总括。……楚简的这种结构逻辑清楚，当是《老子》的本来面貌。将‘绝学无忧’从‘唯与可，相去几何’一段划出，归入别章是完全错误的。”④

案：同于通行本十九章之文本，已见于简本甲编第一、第二号竹简，且“少私寡欲”句后有墨块符号，而与此“绝学亡忧”数句根本不同编。因此，前贤有关此句当上属十九章的看法，其错误已不证自明。《老子》文本用韵虽然非常广泛，然而仍有部分文本未必尽然，因此赵建伟据“绝学无忧”句与上下文皆不协韵而怀

① 见氏著:《郭店楚简老子论证》，第222~223页。

② 见氏著:《初读郭店楚简〈老子〉》，《中国哲学》第二十辑，第98页。

③ 见氏著:《郭店楚简〈老子〉校读》，第81~82页。

④ 见氏著:《郭店楚简老子校释》，第401页。

疑此句简本位置，所言殆未必然。而单纯从“亡为而亡不为”、“绝学无忧”二句间有一墨横符号来看，则此句当属下读。从意义来看，此句与上文“为学日益”数句具有紧密的联系，这是无可否认的。不过，问题在于它与下文“唯与可”数句在意义上是否亦具有较为紧密的关系呢？这是必须认真对待的。设若二者具有较为紧密的关系，则此句当属下读。而许、廖二氏与聂、陈看法的分别即在于此。依笔者看来，许、廖说可取。“绝学无忧”确实可以看做下数句文意的总括，而下数句则是对此句的具体论述。此一点，弼《注》已经论明，今不妨引出：“下篇‘为学者日益，为道者日损’，然则学求益所能，而进其智者也。若将无欲而足，何求于益？不知而中，何求于进？夫燕雀有匹，鸠鸽有仇，寒乡之民，必知旃裘。自然已足，益之则忧。故续凫之足，何异截鹤之胫？畏誉而进，何异畏刑？唯阿、美恶，相去何若？故人之所畏，吾亦畏焉，未敢恃之以为用也。”唯阿之能、美恶之智的进益，人们是通过“为学”来达到的。然而在老子看来，此种方法导致的后果恰恰是违反人的自然本性的，故必以“学”为畏也。另外，竹简“绝学无忧”前的墨横符号应当引起人们的充分注意，帛书本、通行本的文本变化仍然在一个角度上遵守了这一“印记”。而这一“印记”的传递，可能有客观的因素（物质形态的书篇及传抄者依存的共识性老学背景），也可能有主观的因素（老学传承者的记忆活动等），然而此一“印记”本身的客观性似乎不能随意抹杀。

七、人之所禔亦不可以不禔

郭店《老子》乙编第五号竹简云：

人之所禔（畏），亦不可以不禔（畏）。

下“畏”字下，竹简有墨横符号，帛乙有“人”字（帛甲残），弼本、河上本等通行本皆无“人”字。帛书本刊出后，《帛壹》注释："人，各本皆无，疑是衍文。"① 刘殿爵说："今本的意思是：别人所畏惧的，自己也不可不畏惧。而帛书本的意思是：为人所畏惧的——就是人君——亦应该畏惧怕他的人。两者意义很不同，前者是一般的道理，后者则是对君人者所说有关治术的道理。"② 高明同意刘说。③ 张舜徽说："各本作'人之所畏，不可不畏'。语意不明，显有缺夺，今据帛书乙本补正。此言人君为众人之所畏，人君亦不可不畏众人也。"④ 吴福相疑此"人"字为"也"字之误，⑤ 古棣、周英根据古汉语语法批评刘说，认为帛乙此"人"字为衍文。⑥ 郭店简本出版后，裘锡圭同意刘殿爵说，云："两相比较，帛书本的意思显然比今本好。而且此句末如无'人'字，按当时汉语通例，就不应说'不畏'而应说'弗畏'。⑦'弗畏'犹言'不畏之'，'之'即指'人之所畏'的事物。简文既说'不畏'，其后便应该有'人'字。所以简文此句应同于帛书本，'宠辱若惊'句上的'人'字原应属于此句，'不畏'与'人'之间的短横应为阅读者所误加，其正确位置应在'人'字之

① 国家文物局古文献研究室编:《马王堆汉墓帛书【壹】》，第 99 页。

② 见氏著:《马王堆汉墓帛书老子初探（下）》，《明报月刊》1982 年 9 月号，第 35 页。

③ 见氏著:《帛书老子校注》，第 317 页。

④ 见氏著:《先秦道论发微》，武汉：华中师范大学出版社 2005 年版，第 184 页。

⑤ 见氏著：《帛书本老子校释》，台湾中国文化学院中国文化研究所硕士论文，1979 年 6 月，第 201 页。

⑥ 见氏著:《老子校释》，长春：吉林人民出版社 1998 年版，第 396 页。

⑦ 关于"不"、"弗"的用法，可参阅刘殿爵：《马王堆汉墓帛书〈老子〉初探（上）》，《明报月刊》1982 年 8 月号，第 15 页。刘文说："'不'字不包含代名词宾语在内，但用'弗'字时，第三人称代名词宾语就必定省略不用。"……今按：古汉语中"不"、"弗"的用法问题是很复杂的。在有些情况下，用"弗"字时，动词仍可带第三人称代词宾语。不过刘先生的说法对古本《老子》基本适用。——裘氏原注。

下。"① 许抗生说："简本乙组有'人之所畏，亦不可以不畏人'句（此句简本抄写时把'人'字误抄在下一段句前，应改正），帛书乙本与之同……'畏'与'不畏'也是相对的，可以转化的，人之所畏即是指在上的统治者，而在上的统治者亦不可以不畏人，是互相相畏的。这也是讲的相对论思想。可见简本与帛书本的文句是前后相照应的。如果按照今本通行本文句去理解则无这种照应的关系。"② 廖名春说："从楚简和帛书甲、乙本看，故书当作'亦不可以不畏人'。'畏'字下楚简有一短横，当为断句符号，属误书，应在'人'字下。"③ 陈锡勇亦断定"人"字在"畏"字后。④ 彭浩与裘锡圭等说不同，云："帛乙本句末'畏'字下有'人'字，简本及传世各本皆无。《文子·上人》引作'人之所畏，不可不畏也。'《淮南子·道应》引文同，皆无'人'字。帛书整理组云：帛乙本句末之'人'，'疑是衍文'。简本'亦不可以不畏'后下接'人憓（宠）辱若缨（惊）'。帛乙本的抄写者（或整理者）把下句的'人'字归入上句，变成'不可以不畏人'，使下句句首失去'人'字。简本与'亦不可以不畏'下有短句符号，可证帛乙本误断。这也可以证明帛书本的整理者所见《老子》的文序也是'亦不可以不畏'与'人宠辱若惊'相连接的，而不同于今本。"⑤ 聂中庆说："帛乙本'不可不畏人'句的'人'字，是从简本'人宠辱若缨'句中的'人'字承袭过来的。因为简本短横标志符号是后加上去的，帛书整理者所依之本当无此符号，整理者误将'人'字属上读，因而帛乙本出现了'亦不可以不畏人'这样的句子。这同时表明此处简本与帛书本之间有传承关系。"⑥

---

① 见氏著:《郭店〈老子〉简初探》，《道家文化研究》第十七辑，第38页。

② 见氏著:《初读郭店竹简〈老子〉》，《中国哲学》第二十辑，第98页。

③ 见氏著:《郭店楚简老子校释》，第406页。

④ 见氏著:《郭店楚简老子论证》，第226页。

⑤ 见氏著:《郭店楚简〈老子〉校读》，第83页。

⑥ 见氏著:《郭店楚简〈老子〉研究》，第262页。

案："畏"下，竹简有墨横符号，当为章号。帛书本"畏"下"人"字，当系抄手转录文本时误移所致。① 彭、聂说是。以帛本"人"字为衍文及误字，皆非。诸氏或以"人"字属此句，亦非。"人之所畏，亦不可以不畏"，于语法、文意无违；反倒是作"人之所畏，亦不可以不畏人"，于语法、文意有碍。刘殿爵说不可信。

八、"〔古貴爲身於〕爲天下"数句

郭店《老子》乙编第七、第八号竹简云：

> 〔古（故）貴爲身於〕爲天下，若可以厇（托）天下矣。炁（愛）以身爲天下，若可以迲（寄）天下矣。

"为"上，竹简残缺约六字，帛甲作"梡故贵为身于"（帛乙"梡"作"患"），弼本、河上本等作"患故贵以身"。彭浩说："据帛甲、乙本补作'患故贵为身于'。'为身'，王弼本、河上公本作'以身'，'为'、'以'义同。"② 李零补文同。③ 廖名春补作

---

① 笔者曾有说，云："把帛乙《道》篇的两处引文按照简乙第5简所云拼接起来，问题立即可以解决。帛乙拼接恢复的原底本当作：'人之所畏亦不可以不畏人弄辱若惊贵大患若身……。'又根据简书'褁'字后，'人'字前有一小墨点作间隔，实可知帛书所据之底本原亦当于简书全同，今标点此句作：'人之所畏，亦不可以不畏。人弄辱若惊，贵大患若身。'这样看来帛书实是在以简书的再抄本或三传抄本为基础进行重新编辑的，此可为铁证；亦可见简本之存真，帛书之传讹。通行本则有鉴于'人'字的不是，而干脆将其删掉，既不见于第20章'人之所畏不可不畏'句后，亦不见第13章句首。又通行本第20章'人之所畏，不可不畏'句前后两段了不相接，文本缀合误甚。"见拙文：《郭店楚墓竹简思想研究》，武汉大学博士学位论文，1999年5月，第26～27页。

② 见氏著：《郭店楚简〈老子〉校读》，第87页。

③ 见氏著：《郭店楚简校读记（增订本）》，北京：北京大学出版社2002年版，第21页。

“患古（故）贵以身”五字，① 刘钊补作“患安（焉）古（故）贵以身”六字。②

案：根据竹简下文及帛书二本，并联系《庄子·在宥》引《老子》“故贵以身于为天下……爱以身于为天下”文来看，竹简缺文当补为“患古（故）贵为身于”六字。彭、李补文较为合理。“古”读为“故”。“于”字，据帛书二本及《庄子·在宥》引《老子》补。“于”，介词，表比较。③ 聂中庆等说“表动作之趋向”，④ 疑非。“为”，据帛书本补，《庄子·在宥》、《淮南子·道应》及弼本等作“以”。“以”训“为”，⑤ “为身”、“以身”犹“治身”。“为天下”之“为”，《释文》音“于伪反”。《经传释词》卷一：“于，犹‘为’也。此为字读去声。《老子》曰：‘故贵以身为天下，若可寄天下；爱以身为天下，若可托天下。’《庄子·在宥》篇作‘故贵以身于天下，则可以托天下；爱以身于天下，则可以寄天下。’‘于天下’，即‘为天下’也。今本作‘故贵以身于为天下’、‘爱以身于为天下’，此后人依《老子》旁记‘为’字，而写者误合之也。《老子释文》：‘为，于伪反。’而《庄子释文》无‘为’字，以是明之。此

① 见氏著：《郭店楚简老子校释》，第420页。

② 见氏著：《郭店楚简校释》，第31页。

③ 参见杨树达：《词诠》卷九，第431页；杨伯峻：《古汉语虚词》，北京：中华书局1981年版，第299～300页。将《老子》此“于”字作比较介词使用的，可参见郭松寿说。《庄子·在宥》郭庆藩《集释》：“家世父曰：言贵其身重于所以为天下，爱其身甚于所以为天下。惟贵惟爱，故无为。”郭氏训“以”为“其”，“为”读去声，虽未必正确，然以“于”为比较介词，则是颇为恰当的。

④ 见氏著：《郭店楚简〈老子〉研究》，第270页。

⑤ 《老子》二十章“众人皆有以”河上《注》：“以，为也。”《论语·为政》“视其所以”朱熹《集注》：“以，为也。”吴昌莹《经词衍释》卷一：“以，为也。《左》文公《传》：‘以城下之盟而还。’桓公《传》作‘为城下之盟’。……《孟子》：‘前以士，后以大夫。’《秦策》：‘仪固以小人。’‘以’并‘为’义。”“以身”犹“为身”，“为身”犹“治身”。“以”、“为”相训，注者还有两种用法：一种训“以”犹“为”，后字读去声；一种“以”、“为”皆训“用”义。这两种训解，疑不合《老子》“为身”古义。

家大人说。”近人多信从此说。不过，王念孙父子既训上字“于”犹“为”，则以“为天下”之“为”字为衍文乃为必然，下“为天下”之“为”字相应地即被改为“于”。朱谦之据以为说。① 实则，据简本、帛本，上“为天下”之“为”字非衍文，而下“为天下”之“为”字不可改为“于”。“于”、“为”二词在“贵以身于为天下”句中必非同义，进而可推明之矣。此“为”字，亦犹“治”。何以知此“为”，及上“以身”之“以”、“为身”之“为”当训“治”？《庄子·让王》云：“尧以天下让许由，许由不受。又让于子州支父，子州支父曰：‘以我为天子，犹之可也。虽然，我适有幽忧之病，方且治之，未暇治天下也。’夫天下，至重也，而不以害其生，又况他物乎？惟无以天下为者，可以托天下也。”《吕览·贵生》所记与此段文本略同。② 其中既有“治身”，亦有“治天下”之说，而“无以天下为”与“为天下”正相反对，因此“故贵为（以）身于为天下”之两“为”字宜训“治”。《庄子·在宥》、《淮南子·道应》二篇也各有一段相关文本可以说明《老子》此两“为”字应当训“治”。《在宥》通过对三代以后君人者“以赏罚为事”及悦乐于以仁、义等八者来治理天下的为政观念作了强烈的批判，认为人君“安其（天下之人）性命之情”乃是使天下得以安定的根本。然而，作为人君又如何能够使天下之人“安其性命之情”呢？作者认为“莫若无为”。这个“无为”的原则，正是在批判君主之“有为”观念（包括“以赏罚为事”及

① 参见氏著:《老子校释》，北京：中华书局1984年版，第51页。

② 《吕氏春秋·仲春纪·贵生》：“圣人深虑天下，莫贵于生。夫耳目鼻口，生之役也。耳虽欲声，目虽欲色，鼻虽欲芬香，口虽欲滋味，害于生则止。在四官者，不欲利于生者则弗为。由此观之，耳目鼻口不得擅行，必有所制。譬之若官职不得擅为，必有所制，此贵生之术也。尧以天下让于子州支父，子州支父对曰：‘以我为天子犹可也，虽然，我适有幽忧之病，方将治之，未暇在天下也。’天下，重物也，而不以害其生，又况于它物乎。惟不以天下害其生者也，可以托天下。”

以仁、义等八者为治两个方面）时提出来的。“有为”，在时人的政治观念中常常表现为“为天下”的口号，故《在宥》反复加以批判。不论是“有为”还是“无为”的观念，在实践上都是针对“人身”这一主体而言的。“为身”是“为天下”的相对命题，从“有为”到“无为”，人们以“无为”作为基础来重构“有为”，在主体的内在实践意义上都必须以“为身”为前提。因此，人君从“有为”返回“无为”，从另外一对关系观念来看，即是从“为天下”返回到“为身”上来。当然，此二观念之间具有联系，并具有一定程度的对应性。《在宥》云：“故君子不得已而临莅天下，莫若无为。无为也而后安其性命之情。故贵以身于为天下，则可以托天下；爱以身于为天下，则可以寄天下。”从此段引文及上面的分析来看，“于”字当表示“以身”与“为天下”二者之间的比较，而“以”、“为”皆当与“治”同义。设若不如此训解，则《老子》引文与其前的《庄子》文本难以协调。《淮南子·道应》一段文本也是讲人生在世应做到“为身”，而不应当被身外的富贵、利益等伤累其身的道理。该篇举亶父弃邠西迁，“遂成国于岐山之下”的例子，然后评论道：“大王亶父可谓能保生矣。虽富贵，不以养伤身；虽贫贱，不以利累形。今受其先人之爵禄，则必重失之。生之所自来者久矣，而轻失之，岂不惑哉！故老子曰：‘贵以身为天下，焉可以托天下；爱以身为天下，焉可以寄天下矣。”根据此段文本，可以看出“不以养伤身”、“不以利累形”的“为身”活动正是“保生”乃至“成国”、“治天下”的基础。总之，将“贵为身于为天下”理解为“相比于‘为天下’而言，人君应当重视‘为身’”，这是与《庄子》、《吕览》、《淮南子》所传载之古义相一致的。

本节《老子》文，数号难解，往往因一字之训有别，而解释大异。廖名春对前人与今人的解释做了归纳，认为在“旨意之异”与“语序之异”两个方面学者们的解释形成了对立。就“旨意之异”而言，王弼、范应元、吴澄、蒋锡昌、高明等属于一方，① 认为本节经文的主旨是“为我”、“养生”；陆希声、高亨、张默生、张松如等属于另一方，② 认为本节经文的主旨是“无我”。就“语序之异”而言，蒋锡昌、高明等人认为“此数语乃倒文”，陆希声、高亨等人则否之。廖氏同意陆、高之说，云：“当以陆、高说为是。贵用其身为天下非贵其身者，可以大位托之；爱用其身为天

① 范应元《集注》卷上：“‘故贵以身为天下者’，不轻身以徇物也；‘爱以身为天下者’，不危身以掇患也。托，付也。寄，寓也。先不轻身以徇物，则可以付天下于自然，而各安其安；能不危身以掇患，然后可以寓天下而无患矣。”吴澄曰：“天子之尊，四海之富，皆以身为天下者也。知道之人爱惜、贵重此身，不肯以之为天下，宁不有天下而不轻用其身。夫惟如此，乃可以寄托于天下。‘寄’犹‘寄百里之命’之‘寄’，‘托’犹‘托六尺之孤’之‘托’。‘舜禹有天下而不与焉’，所以唐虞之善也。彼宠其辱以为荣，贵其大患以为大利者，鄙夫耳！何可付之以天下?”危大有:《道德真经集义》卷二，四部要籍注疏丛刊《老子》下册，第 1068 ~ 1089 页。蒋锡昌曰：“此数语乃倒文。正文当作：‘故以身为天下贵者，则可以托天下矣；以身为天下爱者，则可以寄天下矣。’‘以身为天下贵’，言圣人以身为天下最贵之物也。故王注云……。‘以身为天下爱’，言圣人以身为天下最爱之物也。故王注云……。《庄子 · 让王》：‘道之真以治身，其绪余以为国家，其土苴以治天下。由此观之，帝王之功，圣人之余事也，非所以完身养生也。’此即《老子》以身为天下贵，以身为天下爱之谊，盖老子以为圣人所最重者为治身，治国则其余事也。然唯以治身为最重，清静寡欲，一切声色货利之事，皆无所动于中，然后可受天下之重寄，而为万民所托命也。”见氏著:《老子校诂》，第 75 页。高明同意蒋说，云：“‘贵’字仍如前文作动词，可释作‘重视’；‘于’字介词，用以表示重视自身与重视天下之不同。‘贵为身于为天下’，犹言为身贵于为天下，乃动词前置。即谓重视为自身甚于重视为天下，若此可以托天下矣。‘爱以身为天下’，此节经文与王本同。‘爱’字为动词，亦置于句首，即谓以自身为天下之最爱者，如王弼《注》：‘无物以损其身，故曰‘爱’也。’译为今语，则为爱自身胜于爱任何物，胜于爱天下，如此，可以寄天下矣。”见氏著:《老子正诂》，第 281 页。

② 陆希声说：“唯能贵用其身为天下，爱用其身为天下者，是贵爱天下，非贵爱其身也。夫如此则得失不在已，忧患不为身，似可以大位寄托之，犹不敢使为之主，而况据而有之哉？此大道之行，公天下之意也。”高亨说：“贵者，意所尚也；爱者，情所属也。以身为天下者，视其身如天下人也。若犹乃也。视其身如天下人，是无身矣，是无我矣，是无私矣。如此者，方可以天下寄托之。”见氏著:《道德真经传》，第 30 ~ 31 页。张默生赞同高说，云：“贵以身为天下，是说为天下贵于为身；爱以身为天下，是说为天下爱于为身。默按高说可通，今采用其说。”见氏著:《老子章句新释》，上海：济东印书社 1948 年版，第 15 页。

下非爱其身者，可以大位寄之。是吾身方能贵，方能爱。……如依王、蒋说，贵身重生为我，与上文之旨‘无我’大背，决不可从。"① 聂中庆观点与廖说略同，云："高亨说是。今本此章之核心是讲忘我，忘我者方可超脱于是非荣辱之境，方可寡欲无为、同于自然，如此才能以天下寄托之。而爱己爱身者，患得患失，诚惶诚恐，焉能知天下？‘及吾无身，吾有何患’，这里明显地反映出老子对‘身’的否定，此‘身’即‘我’之意，前文已论及。""这句话的意思是：所以看重并崇尚把自我用于治理天下的人，才可以把天下托付给他。即无我者方可托之于天下。……此句意为：愿意把自身用来治理天下，乃可以寄之于天下。"②

案：本节《老子》文"语序之异"的问题，可以涵括在"旨意之异"中来讨论，前者实际上是为后者服务的。有鉴于此，这里主要从后一问题来着眼讨论。晋唐至宋明，本节经文的注疏虽然十分庞杂，然而就单个的注释者来看则无非独抒己见，偶或援引同调以助己攻彼而已。因此，清代以前对于本节经文的理解尚皆属于解义之列，还谈不上严格意义上的学术整理与辨正。清人魏源等具有强烈的"本义"诉求，其《老子本义》卷上曰："若诚能自爱，虽付以天下而惜以身任之矣。如此，则若以身寄托于天地之间，盖有天下而不与焉者，直若寄焉而已。《淮南子》引《老子》此语，而证以太王避邠，杖策而去于岐山之下，是也。夫不能宠者，复何辱之有？身外无所贵者，夫何患之自取哉？此章谬解不一，大抵以惊宠为当然，以忘身为幻泡，以寄托为可负重任，今悉不取，而择其稍合者于后。"魏源在此除了根据"古义"（解释判准）自抒己见之外，又对此前的众多解义做了梳理和批评，应该说他具有一定程度的学术性反省意识。高明曾深感真义难求之苦，云"此节经文今本多变异，旧注亦莫衷一是，议论纷纭"，③ 然而他终究未做

① 见氏著:《郭店楚简老子校释》，第426~427页。

② 见氏著:《郭店楚简〈老子〉研究》，第269~270页。

③ 见氏著:《帛书老子校注》，第281页。

学术梳理之工作，而是走了直接援引同调以抒己见的捷径。至廖名春，始概括出本节经文注释存在“旨意之异”和“语序之异”的两种对立。这应当说是学术反省工作的深入。不过，二者之中到底哪一种“旨意”是正确的呢？这是不能不深加探讨的问题。

某段文本的旨意，与该段文本的字面意思是密切关联在一起的，且其字面意思，与该段文本之字词本身及语法结构又是紧密联系在一起的。反之，亦有可能。另外，还存在一个“文本理解之中”与“文本理解之外”的关系问题。所谓“之中”，是文本自身的字句之义到旨意的循环；“之外”，是指决定文本（包括句法、字义、文义、旨意）理解的客观条件和依据。而在文本的理解实践中，“之中”与“之外”又存在张力。这些问题，在历代学者对本节《老子》经文的理解上表现得尤为突出。从学术史的角度来看，这段《老子》经文的旨意，从《庄子·在宥》、《让王》等一直到王弼《注》的理解都是一样的。① 从字面上来看，皆以“贵身”、“贵生”为主旨，并且将此数句文本似乎看做一个对称结构。此后，河上《注》及成玄英、李约《注》则对“贵身”与“爱身”之义加以分别，② 抑前者而扬后者。太平光师与李荣的注解互

---

① 董思靖《道德真经集解》载郭象曰：“若乎轻身以赴利，弃我而循物，则身且不能安，其如天下何？”郭注亦属于主张“重身”之列。郭注，载蒙文通：《道书辑校十种·晋唐〈老子〉古注四十家辑存》，成都：巴蜀书社2001年版，第162页。

② 河上《注》曰：“言人君贵其身而贱人，欲为天下主者，则可寄立（暂寄），不可以久（居）也。”“言人君能爱其身，非为己也，乃欲为万民之父母。以此得为天下主者，乃可以托其身于万民之上，长无咎也。”成玄英《道德经注疏》：“不知身是大患，矜而贵之，自贵其身，恒欲陵物，如此之人，适可暂寓于世间，不得久视于天下。”“寄是暂时寄寓，托谓永相付托，言能保爱己身，不轻驰骛，谦以自牧，雌而顺物者，则可以托付于天下。故《德经》云‘自爱不自贵’也。”李约《道德真经新注》卷一：“贵身之人为君，必求美服厚味，则必竭生人之资，人孰不怨？共以天下寄之，非久长也。”“惊宠之人为天下主，既爱其身，则必防其辱，不扰于人，人无不亲附。共以天下托之者，是抑与之也。”

为表里，前者提出了“身物俱忘”观点，① 后者则批判了“贵身”、“爱身”的观点，而宣扬齐一的思想。② 而这三种观点，在后世都有所继承。其中，河上《注》等贬“贵身”而重“爱身”的解释，在后世注疏中影响较小。推测其原因，大概由于此种解释突破了文本对称性的制约，而将“贵身”与“爱身”，“寄”与“托”对立起来了。今天，依简帛本来看，河上本经文“寄”、“托”二字的位置其实在上下二句中互易了，其所谓“寄”是“暂寄”，“托”乃“久托”的解释，因其完全不能与简帛本相配合而沦虚蹈空，从而显示出此种训解只是出自于其自家的虚构。另外，河上《注》将“贵以身”、“爱以身”等同于“贵身”、“爱身”来作解释，这是值得高度怀疑的。而李荣等人的批注，明显以庄学解老学，很难说是可靠的。从注疏实践来看，这种理解并没有占据主流。而陆希声、高亨、廖名春、聂中庆的解释，虽相对于太平光师、李荣二氏的批注而言有所转进，然其思考路线和思想要点仍是一致的。由于陆、高、廖、聂四位在起点处即将人（人君）自身纯粹作为实现“为天下”的手段来理解，因此所谓“贵”、“爱”仅仅是贵爱天下，对于己身则反倒应该忘之和无化。这种解释的致命弱点，就是它与早期注疏（特别是晋代以前）的解释及先秦、汉代经典文献提供的相关语境完全相背离。况且，本章王弼等人的注疏并不一定反对“无身”，而“贵身”、“爱身”也并不一定与“无身”彼此对立，因此全部的问题集中在如何理解“贵身”、“爱身”与“无身”的关系上面。

弼《注》曰：“大患，荣宠之属也。生之厚，必入死之地，故

① 光曰：“物为身患，身为道患，忘物则自全，忘身则道备。虽忘外累，贵爱尚存，可寄可托而已。身物俱忘，以道自任，藏天下于天下也。”（赵秉文《道德真经集解》）蒙文通:《道书辑校十种·晋唐〈老子〉古注四十家辑存》，第163页。

② 李荣《道德经注》:“太上贵德不贵身，明王爱人不爱己，苟能如此，则可以长久也。若贵身而贱物，爱己以憎人，不能同天地之不仁，齐日月而均照，则寄托而已。”蒙文通:《道书辑校十种·辑校李荣〈道德经注〉》，第580页。

谓之大患也。人迷之于荣宠，返之于身，故曰‘大患若身’也。”可以看出，王弼对于“身”的理解是以现实存在的个体生命作为基点，而与人的宠辱荣患及生死现象紧密相连的。对于“无身”，王弼的理解相对于“有身”而言，主张以“自然”观念消解之。①所谓“有身”，主要是指人们由于对宠辱荣患的关切、渴望而由此建立的个体生命概念。而“无身”虽然是对“有身”的消解，然而它并不意味着对作为其他生命活动现象得以衍生、开展之前提与基础之生命自身（作为生命本体之“身”）的取消。成玄英《义疏》云：“即身无身，非是灭坏，而称无也。”或可发明弼《注》意思。因此，“无身”包含作为一切生命活动之最基本前提，并以其为根本目的之“身”的概念。顺便指出，与王氏将“无身”理解为一个哲学的观念不同，范应元的理解则将问题简单化了。范氏《集注》卷上：“盖此身一堕浊世，事物交功，乃大患之本也。苟吾无身，吾有何患？是知有身斯有患也。然则，既有此身，则当贵之爱之，循自然之理以应事物，不纵情欲，俾之无患可也。”显然，范氏对于“无身”的理解与弼《注》相反，而所谓“苟吾无身，吾有何患”，不过是以反问句的形式重复、强调了“凡人皆有此身”的意思。然而，根据简帛本，范氏所依凭的文本“苟”很可能为讹字。“苟”，简帛本皆作“及”。及，介词，及至、等到。“及吾无身”句是从修养所达到的结果上来说的，王弼将“无身”作为哲学概念将以肯定，这是非常恰当的；相比较而言，范氏的理解不可从。

据“贵”前“故”字来看，“及吾无身，吾有何患”与“贵为身于为天下”下数句之间具有因果关系。因此，“贵为身于为天下”下数句应当是对于“无身”的具体表达。弼《注》：“无以易其身，故曰贵也；如此，乃可以托天下也。”又曰：“无物可以损其身，故曰爱也；如此，乃可以寄天下也。不以宠辱荣患损易其身，然后乃可以天下付之也。”从义理上来看，“无以易其身”、

① “及吾无身”弼《注》：“归之自然也。”

"无物可以损其身"无疑表达了"贵身"、"爱身"的思想，然而二句同时也包含"无身"的观念，并且正是在此"无身"观念的基础之上，转进到谈论贵、爱此"本体之身"的。从消解宠辱荣患之"无身"，又回到作为一切其他生命活动现象得以衍生、展开的生命本体之"身"，难道不应该贵之、爱之么？难道"无身"的目的不即是为了保存此本体之身的存在么？高亨等氏之注未瞭"无身"与"贵身"、"爱身"之二"身"概念的联系与区别，故对于弼《注》及老子之义理则未能穷究、深达。

对于文本的思想，从义理与从语言学的两种进路加以把握都是必要的，而且在理解的结果上也应当是一致的。训诂之法，汉人大兴。本节经文的训诂之争，主要表现在"托"、"寄"二字上。弼《注》以"委付"训此二字，多为后人所承认；以本义训此二字，则起于河上《注》。河上《注》不合老子思想及古义，前已辨之。"为天下"之"为"，《释文》读"于伪反"，乃一表目的之介词。然而此一训读，从弼《注》来看并不能得到印证，而其是否为王弼之本意，则不得而知。从《庄子·在宥》、《让王》、《淮南子·道应》等古义来看，"为身"、"为天下"之"为"字很可能都应该读作平声，动词，乃治理之义。"为身"的概念当然不同于"贵身"、"爱身"，然而前者可以包含后者。就手段而言，"为身"表现为"无身"；从目的而言，"为身"又表现为"保身"、"全生"。而此二义在《老子》思想中既是统一的，又是不能混淆起来的。作为手段义的"身"概念，见于《老子》七章"是以圣人后其身而身先，外其身而身存"、六十六章"欲先民，必以身后之"等；作为目的义的"身"概念，见于二十六章"奈何万乘之主，而以身轻天下"、四十四章"名与身孰亲？身与货孰多"、五十二章"用其光，复归其名，无遗身殃"等。总之，将"贵为/以身于为天下"下数句纯粹看做"无身"观念的表达，这是不恰当的。而将"贵以身于为天下"翻译为"重视用身来治理天下"，不但可能丧失"无身"之旨，而且可能正好与"奈何万乘之主，而以身轻天下"之意是相反的。因此，高亨等人之说实不可从。

九、閟亓門賽亓逸

郭店《老子》乙编第十三号竹简云：

> 閟亓（其）門，賽（塞）亓（其）逸（兑），夂（终）身不孞（務）。

閟亓门，赛亓逸，帛书甲乙二本、弼本等前后二句倒置；简甲动宾搭配互置，作“閔亓逸，赛亓门”。

案：从竹简甲编、乙编到帛书本、通行本，二句文本不断受到调整。作“塞其兑，闭其门”，在句序和动宾搭配上较为合理。

閟，简甲作“閔”，帛书二本、弼本等作“闭”。《郭简》读“閟”为“闭”。① 崔仁义以本字读之，并引《说文》“閟，闭门也”为训。② 彭浩说：“‘閟’与‘闭’音义皆同。”③ 廖名春说：“杨树达认为……‘閟’为‘闭’之形声字。④ 故书当作‘闭’。”⑤ 刘钊说：“‘閟’读为‘闭’。”⑥

案：“閔”乃“閟”字之误。说见简本甲编校注。《说文》门部：“閟，闭门也。从门，必声。”段玉裁《注》：“引申为凡闭之偁。《载驰》、《閟宫》传曰：‘閟，闭也。’”⑦ 同部：“闭，阖门也。从门，才所以歫门也。”段《注》：“‘阖’下曰：‘闭也。’与此为转注。又‘閟’下曰：‘闭门也。’”《注》又曰：“从门，而

---

① 荆门市博物馆编：《郭店楚墓竹简》，第118页。
② 见氏著：《荆门郭店楚简〈老子〉研究》，第54页。
③ 见氏著：《郭店楚简〈老子〉校读》，第95页。
④ 杨树达：《积微居小学述林》，北京：中华书局1983年版，第83~84页。
⑤ 见氏著：《郭店楚简老子校释》，第454页。
⑥ 见氏著：《郭店楚简校释》，第34页。
⑦ 见氏著：《说文解字注》，第588页。

又象撑歫门之形，非才字也。……玉裁按‘才’不成字，云‘所以歫门’，依许全书之例，当云‘才象所以歫门之形’乃合，而无象形之云，则当是合二字会意。考王逸少书《黄庭经》三用‘閈’字，即今‘闭’也，而中从午。盖许书本作：‘从门午，午所以歫门。’‘舂’字下曰：‘午，杵省也。’然则此‘午’亦是‘杵’省。歫门用直木如杵然。转写失真，乃昧其本始矣。”① “閟”为形声字，“闭”为会意字，二字同源，音义皆同。帛书本易之以“闭”字，属于同源换字之例。

说，简甲同，帛甲作“闆”，帛乙作“垗”，弼本等作“兑”。《郭简》读作“兑”。② 学者多从之。《帛甲》注释：“闆，乙本作垗，通行本作兑。字当训作穴，古书或作阅（详乙本《德经》注〔一四〕）。”③《帛乙》注释：“垗，从土，兑声。《说文》阅字段玉裁注云：‘古假阅为穴，《道德经》“塞其兑，闭其门”，兑即阅之省。’垗、阅音同义通。”④ 奚侗说：“《易·说卦》：‘兑为口。’引申凡有孔窍者，皆可云兑。《淮南·道应训》：‘王者欲久持之，则塞民于兑。’高注：‘兑，耳目鼻口也。《老子》曰“塞其兑”，是也。’”⑤ 彭浩引之，并以为“较切文义”。⑥ 刘信芳读“说”为“兑”，通“隧”，训“道径”。⑦ 廖名春说：“从《易·说卦》‘兑为口’说看，‘说’、‘闆’、‘垗’、‘锐’，皆为‘兑’之假借。故书当作‘兑’。”⑧ 高明引俞樾、孙诒让和奚侗三说，云：“俞、孙、奚三氏之说皆通，尤以奚侗举‘兑为口’引申为人之耳目鼻口，谓‘塞兑、闭门，使民无知无欲，可以不劳而理’，更切《老

① 见氏著:《说文解字注》，第590页。
② 荆门市博物馆编:《郭店楚墓竹简》，第118页。
③ 国家文物局古文献研究室编:《马王堆汉墓帛书【壹】》，第7页。
④ 国家文物局古文献研究室编:《马王堆汉墓帛书【壹】》，第94页。
⑤ 见氏著:《老子注三种》，《老子集解》下卷，第120页。
⑥ 见氏著:《郭店楚简〈老子〉校读》，第95页。
⑦ 见氏著:《荆门郭店竹简〈老子〉解诂》，第60~61页。
⑧ 见氏著:《郭店楚简老子校释》，第456页。

子》经义。”①

案：下“闷”字，从“閟”省。“閟”，高明等说为“兑”或“阅”的假字。本书甲编注释已引高说，可参看。② 兑、阅、垅、閟诸字，皆为“穴”之假。孙诒让曰：“案‘兑’当读为‘隧’，二字古通用。……《广雅·释室》云：‘隧，道也。’《左传·文公元年》杜《注》云：‘隧，径也。’‘塞其兑’亦谓塞其道径也。”③“兑”可与“隧”通假，然二字义有别。从《老子》此章及第五十六章文来看，“兑”与人自身相关，似非“隧”之假。孙说不可从。奚侗所云，以《说卦》“兑为口”为根据。《说卦》曰：“乾为首，坤为腹，震为足，巽为股，坎为耳，离为目，艮为手，兑为口。”《说卦》以一身设譬，而谓“坤为腹”、“坎为耳”、“离为目”，则皆有孔窍之象，何独“兑为口”，引申之“凡有孔窍者，皆可云兑”乎？由此可知，奚说实乃牵强为训！④ 比照《淮南子》原文与高氏《注》，可知“耳目鼻口”乃就其形体而指实言之，非“兑”之本义也。⑤ 俞樾云：“樾谨按兑当读为穴。《文选·风赋》：‘空穴来风。’《注》引《庄子》：‘空阅来风。’阅从兑声，阅可叚作穴，兑亦可叚作穴也。‘塞其穴’，正与‘闭其门’文义一律。”⑥ 俞说，本自段《注》。《说文》“阅”字段玉裁《注》：“古

---

① 见氏著:《帛书老子校注》，第 76 页。

② 见氏著:《帛书老子校注》，第 76 页。

③ 见氏著:《札迻》，第 130 ~ 131 页。

④ 疑奚侗说仿效河上公《注》而刻舟以求。《老子》第五十二章“塞其兑”河上公《注》：“兑，目也。使目不妄视。”“闭其门”《注》：“门，口也。使口不妄言。”而河上公《注》以“兑”为“目”，与奚侗断取《说卦》“兑为口”之说而作为考据，是不同的。

⑤ 《淮南子·道应》还有一段话直接引用了此章《老子》“塞其兑”文，曰：“齐王后死，王欲置后而未定，使群臣议。薛公欲中王之意，因献十珥而美其一。旦日，因问美珥之所在，因劝立以为王后。齐王大说，遂尊重薛公。故人主之意（嗜）欲见于外，则为人臣之所制。故老子曰：‘塞其兑，闭其门，终身不勤。’”《淮南子》未见直接以兑为口之明文。

⑥ 见氏著:《诸子平议》卷八，第 154 页。

段阅为穴。《诗》‘蜉蝣堀阅’，《传》曰：‘堀阅，容阅也。’阅即穴。宋玉《赋》‘空穴来风’，《庄子》作‘空阅来风’，司马彪云：‘门户孔空，风善从之。’《道德经》‘塞其兑，闭其门’，兑即阅之省。《诗》‘我躬不阅’，《传》云：‘阅，容也。’言我躬不能见容，如无孔穴以自处也。”① 比较诸说，以段、俞二氏说最为可信，引证最古。《墨子·节用中》“堀穴”一词凡三见。“堀”，俗字作“窟”。总之，“兑”乃“阅”之省文，“阅”为“穴”之假。“兑”与“门”义近。引申之，“穴”既可指耳目鼻口之实存的官窍，亦可指抽象义的“嗜欲之原”。

十、大攷若仳

郭店《老子》乙编第十四、十五号竹简云：

> 大攷（巧）若仳（拙），大成（盛）若詘（绌），大植（直）若屈。

帛本、通行本与简本此三句次序有别，第三句为第一句。

成，帛甲作“赢”，帛乙残，弼本等作“辩”。《帛甲》注释：“通行本作‘大辩若讷’。疑此处（引者注：指‘大赢如炳’）有脱文，原文当作‘大赢如绌，大辩如讷’。炳，即讷字之误。”②《帛乙》注释：“此处仅存一绌字，按绌与赢对言，严遵《道德指归》此节言‘是以赢而若绌’，甲本有‘大赢如炳’，今据补。《韩诗外传》引《老子》：‘大直若诎，大辩若讷，大巧若拙，其用不屈。’绌与屈通，此句亦可能是‘其用不绌’。”③ 高明说：“按《甲》本‘大赢如炳’与今本‘大辩若讷’，两句句尾皆为从

① 见氏著:《说文解字注》，第590页。

② 国家文物局古文献研究室编:《马王堆汉墓帛书【壹】》，第7页。

③ 国家文物局古文献研究室编:《马王堆汉墓帛书【壹】》，第93页。

'内'声之字，彼此皆可借用。其中主要的区别，是'赢'与'辩'二字之差异。'赢'与'辩'毫无共同之义，显然是由后人更换的。……'大赢如炳'，'炳'字假为'肭'，'赢'指盈余，'肭'谓亏损或不足。'赢肭'本来就是一个复音词，也谓'赢不足'，是我国古代计算盈亏问题的一种算术方法。……'大赢如肭'，犹谓最大的盈余如若亏损。从句型和词义分析，二者皆符合本章内容。……过去易顺鼎曾云：'《道德指归论大成若缺篇》"大巧若拙"下，又云："是以赢而若绌。"疑所据本有"大赢若诎"一句，无"大辩若讷"一句。'易氏从严遵《道德指归论》中，首先觉察出严氏所据《老子》似有'大赢若诎'而无'大辩若讷'，实属独到，颇有见地。按《道德指归论》所讲'赢而若诎'，即帛书《甲》本之'大赢若肭'。古'出'、'内'二字，声皆属舌音，韵同在物部，读音相同。……《乙》本此句虽仅存一'绌'字，但亦必同《甲》本作'大赢如绌'（肭），决无可疑。今从帛书《甲》、《乙》本得证，易氏之说至确。帛书'大赢如肭'当是《老子》原文，今本'大辩若讷'乃后人篡改。"① 刘信芳说："该句可以有二读，其一可读若'大赢若绌'，帛书甲作'大赢如炳'，乙残存一'绌'字。《史记·天官书》：'其趣舍而前曰赢，退舍曰缩。'其二可读若'大信若诎'……该句王本作'大辩若讷'，已面目全非。"② 魏启鹏说："大成，指九成之乐，亦通圣、善境界的金声玉振之乐。"③ 李零说："'大盛若诎'，'盛'原作'成'，马甲本对应之句作'大盈如讷'（'讷'原从火旁），马乙本对应之句作'绌'，王弼本对应之句作'大辩如讷'，'诎'是不足，与'讷'含义相近，'盛'是满盈，与'盈'相近。"④ 彭浩云："纵观各本，简本的'大成若诎'，帛甲本作'大赢如炳'。'赢'、

① 见氏著:《帛书老子校注》，第 43 ~ 44 页。

② 见氏著:《荆门郭店竹简〈老子〉解诂》，第 64 页。

③ 见氏著:《楚简〈老子〉柬释》，第 52 页。

④ 见氏著:《郭店楚简校读记（增订本）》，第 23 页。

'成'两字同属耕韵，读音很近；'诎'、'炳'两字读音也很近。故帛甲本的'赢'系'成'之借字，'炳'系'诎'之借字。"①赵建伟说："对于这句话的解释，有两种可能。第一种可能：成同盛，训为盛盈；诎同绌，训为亏缩。……第二种可能：成、平古通互作，平同辩……诎可释读为讷（炳、绌皆释读为讷）。"②廖名春说："'成'当通'呈'。'成'、'呈'音同，故可通用。《说文·口部》：'呈，平也。从口，壬声。'……《说文·釆部》：'釆，辨别也，象兽爪分别也。读若辨。𠂀，古文釆。''𠂀'与'平'形近，遂讹为'平'。……《说文》实训'成'为'釆'，'釆'与'辨'为古今字。'辨'与'辩'通。从'呈'从口来看，'呈'当训为'辩'，其本义即马叙伦所谓'逞口舌'。王弼本作'辩'，当属同义代用。帛书甲本作'赢'……'赢'为'呈'之借，'辩'与'呈'义同。古书当作'呈'。"③聂中庆说："从帛甲本亦作'赢'上看，简本'成'或为'赢'之借字。《荀子·非相》云'缓急嬴绌'（嬴、赢相通，盈余），可见'嬴'、'绌'互为反义，乃当时常用语，其义甚明。又上文已有'大成若缺'句，则此句'大成若诎'或承上文而误将'赢'字写为'成'字。否则'大成若缺'、'大成若诎'二句颇显重复。"④陈锡勇说："乙编'大成若诎'则是误抄，当据帛书本作'大赢若朒'。"⑤

案：简本的出土，似乎再次证实了易顺鼎所云此节经文原无"大辩若讷"一句的看法，而帛书整理者将原文三句衍增为四句的做法则殆与实际不符。魏氏以古乐说"大成"，与《老子》本意绝远，此不足论。或以"成"作"平"，以"平"同"辩"，或以

① 见氏著:《郭店楚简〈老子〉校读》，第98页。

② 见氏著:《郭店竹简〈老子〉校释》，《道家文化研究》第十七辑，第283页。

③ 见氏著:《郭店楚简老子校释》，第470～471页。

④ 见氏著:《郭店楚简〈老子〉研究》，第284页。

⑤ 见氏著:《郭店楚简老子论证》，第259页。

“成”通“呈”，以“呈”训“辩”，二说甚为迂曲，难以取信。成，禅纽耕部；赢，喻纽耕部；辩，并纽元部。成、赢声通，而辩与二字声音皆远隔。诎，溪纽物部；炳，从内声，与讷皆为泥纽物部字。诎与炳、讷音近。帛甲“炳”，帛乙作“绌”，由此推知“诎”与“炳”、“讷”可通。既然“辩”非“成”、“赢”之假，而又与“讷”在字义上相对相关，联系严遵《指归》文本考虑，可知通行本乃因“讷”字异文，又继之以文义相对之则绳之，遂改“成”（或“赢”）而为“辩”字。如此，若仍然将简本“大成若诎”、帛本“大赢如炳（或绌）”解释为通行本“大辩若讷”之义，那么这是不恰当的。

《说文》卷七月部：“朒，朔而月见东方谓之缩朒。”“朒”，字又作“肭”。“肭”与“朓”相对为义。《说文》月部：“朓，晦而月见西方谓之朓。”此肭、朓本义。引申之，肭有亏缺、不足，而朓有盈余义。《九章算术》“盈不足”刘徽《注》：“盈者谓之朓，不足者谓之肭。”不过，此义后起，恐不足以释简帛《老子》之文义。又，从本节经文来看，各句皆重在说明为人应世之道的哲理，与人格之理想质量相关，而不可以实际之天文、物象拘执之。若以“肭”字本义解释文本，则显然非是。因此，可以推断，高明将“炳”读作“肭”，当是不正确的。绌、诎、屈为同源字，《王力古汉语字典》：“皆有所义，缩则弯，缩则退，缩则短缺。”① 不过，在意义和习惯上三字用法有所分别。《说文》：“诎，诘屈也。”《玉篇》：“屈，曲也。”“绌”，常训“短缺”、“不足”。《荀子·非相》：“善者于是间也。亦必远举而不缪，近世而不佣，与时迁徙，与世偃仰，缓急嬴绌，府然若渠匽隐栝之于己也，曲得所谓焉，然而不折伤。”杨倞《注》：“嬴，余也。嬴绌，犹言伸曲也。”“嬴”通“赢”。“赢绌”一词，又见《吕览·执一》：“故凡能全国完身者，其唯知长短赢绌之化邪！”帛甲乃战国末季至汉初形成的本子，受到当时习语的影响，事在情理之中。帛甲“炳”字当

---

① 王力主编:《王力古汉语字典》，北京：中华书局2000年版，第918页。

读作“绌”，而帛乙正作“绌”，与之若合符节。聂中庆有关帛本此句的校读意见，当是正确的。不过，简本“成”、“诎”是否必定依照帛甲来读，则是值得商讨的问题。这里有两种可能性，其一，据帛甲本，简文“大成若诎”读作“大赢若绌”；其二，“成”或当读作“盛”，“诎”同“绌”，训“不足”。乙编第十一号竹简：“广德如不足。”（通行本见第四十一章）“广德”即“盛德”。《史记》卷六十三《老子韩非列传》：“老子曰：……吾闻之，良贾深藏若虚，君子盛德，容貌若愚。”嵇康《高士传》亦载此语，作：“良贾深藏，外形若虚；君子盛德，容貌若不足。”可知“大盛若绌”正是老子的思想。李零、刘钊读可取。

十一、“喿勳蒼”数句

郭店《老子》第十五号竹简云：

> 喿（躁）勳（勝）蒼（滄），青（静）勳（勝）然（熱），清青（静）爲天下定（正）。

喿，帛书二本作“趮”，弼本等作“躁”。《郭简》读“燥”作“燥”。① 学者或从之。高明说“趮”、“躁”同字异体，批评马叙伦、朱谦之之说，② 并云：“如第二十六章‘静为躁君’，《管子·心术》上‘躁者不静’，《淮南子·主术篇》‘人主静漠而不躁’，皆‘躁’、‘静’对言。《广雅·释诂》三：‘躁，扰也。’《礼记·内则》‘狗赤股而躁’，《注》：‘举动急疾。’‘躁’乃急疾

---

① 荆门市博物馆编：《郭店楚墓竹简》，第118页。

② 马说：“躁，《说文》作趮，疾也。今通作躁。此当作燥。《说文》曰：‘干也。’”见氏著：《老子校诂》卷三，第422页。朱说：“实则‘躁’者‘燥’也。‘燥’乃《老子》书中用楚方言，正指炉火而言。《诗·汝坟》《释文》曰：‘楚人名火曰燥，齐人曰毁，吴人曰焜。’老子楚人，故用‘燥’字。”见氏著：《老子校释》，第184页。

扰动，正与‘静’字相对。‘躁’与‘静’是指人之体魄在不同环境下而表现的不同情绪或状态。肢体运动则胜暖，暖而胜寒；心宁体静则自爽，爽而胜热。”① 高说引据，已见蒋锡昌《校诂》。② 简文“喿”，刘信芳、廖名春、聂中庆、陈锡勇俱读作“躁”。③

案：据高明及严遵《指归》说解，简文“喿”仍当读作“躁”。严遵《指归》卷二反复以“躁胜寒，静胜热”说解之，可参阅。④ 帛本“趮”为“躁”之异文。马叙伦说：“以义推之，当作‘寒胜躁’。”⑤ 蒋锡昌进而说：“此文宜作‘静胜躁，寒胜热’。”⑥ 以简帛本核之，马、蒋说非是。

苍，帛书二本、弼本等作“寒”，景龙碑本作“塞”。《郭简》注释：“苍，简文下部与《说文》‘苍’字古文同，读作‘滄’。《说文》：‘滄，寒也。’”⑦ 学者从之。李零说：“简文‘寒’多作‘仓’或

---

① 见氏著:《帛书老子校注》，第46页。

② 见氏著:《老子校诂》，第292页。

③ 刘信芳:《荆门郭店竹简〈老子〉解诂》，第65页；廖名春:《郭店楚简老子校释》，第475页；聂中庆:《郭店楚简〈老子〉研究》，第285页；陈锡勇:《郭店楚简老子论证》，第261页。

④ 《指归》卷二《大成若却篇》:“上欲不欲，天下自化。敦厚朴素，民如婴儿，蒙蒙不知所求，茫茫不知所之。其用不穷，流而不衰。不耕自有食，不织自有衣，暑则静于倮，寒则躁于裘。无有忌讳，与麋鹿居，被发含哺，相随而游。主有余德，民有余财，化袭万物，无所不为。……故阴之至也，地裂而冰凝，清风飕冽，霜雪严严，鱼鳖蛰伏，万物宛拳。当此之时，处温室，临炉火，重狐貉，裘毳绵，犹不能御也。及至定神安精，动体劳形，则是理泄汗流，捐衣出室，暖有余身矣。阳之至也，煎砂烂石，飞鸟绝，水虫疾，万物枯槁，江河消竭。当此之时，人沉清泉，出衣絺绤，燕高台，服寒石，犹不能任也。及至解心释意，托神清静，形捐四海之外，游至无有之内，心平气和，凉有余矣。……是无为者，有为之君而成功之主也，政教之元而变化之母也。其除祸乱，犹躁之胜寒而静之胜暑也。是以圣人去知去虑，虚心专气，清静因应，则天之心，顺地之意。”

⑤ 见氏著:《老子校诂》，第422页。

⑥ 蒋锡昌编著:《老子校诂》，第192页。

⑦ 荆门市博物馆编:《郭店楚墓竹简》，北京：文物出版社1988年版，第120页。

‘苍’，楚文字‘寒’、‘仓’字形相近（参见楚帛书‘寒气热气’句‘寒’字的写法），疑属形近混用，今一律改为‘寒’。”①

案：朱谦之指出景龙碑本作“塞”，乃误字。② 楚帛书并有“寒”、“仓”二字，区别明显。“滄”或作“沧”，“滄”、“沧”为同源字。“滄热”，乃先秦习语，郭店简《太一生水》数见，又见《周书·太祝》、《荀子·正名》等。本句“苍（滄）”与下句“然（热）”字对文，当是《老子》所用本字。帛书本易之以“寒”字，而“寒”乃“滄”之本训，此从秦汉用字之习惯，属于所谓同义换字之例。

然，帛甲作“炅”，帛乙残，弼本等作“热”。《帛甲》注释：“《道经》一五一行‘或炅或吹’之炅字，乙本亦作热。炅，从火日声，当即热之异体字，不读古回切或古惠切（引者注：见《广韵》）。”③

案：“然”读作“热”，二字声韵相通（然、热俱为日纽，韵为元、月，二部对转）。“炅”即“热”字，帛书整理者所说是。日为质部字，质、月二部旁转，故帛本“炅”可读作“热”。楚帛书“热气寒气”之“热”字即从宀从炅。《说文》火部：“炅，光也。从火、日。”徐锴《系传》卷十九：“从火，日声。”则古音本读作“热”，后世声讹。《素问·举痛论》、《素问·长刺节论》、《素问·调经论》、《素问·阴阳类论》等篇王冰《注》：“炅，热也。”《通雅》：“《炅》、《素》之炅，当与热同。”

《说文》火部：“燥，干也。”若以本义理解简文“喿（燥）胜滄”句，则非辞。“燥”或训“焦燥”，④ 或训“燥热”，皆从本义引申，然生起较晚。《释名·释言语》：“燥，焦也。”以心情焦急，或以身体燥热设喻来说解《老子》此句意思，义不可通。或

---

① 见氏著:《郭店楚简校读记（增订本）》，第23页。

② 见氏著:《老子校释》，第183页。

③ 国家文物局古文献研究室编:《马王堆汉墓帛书【壹】》，第7页。

④ 见刘钊:《郭店楚简校释》，第35页。

读“枭”、“躁”为“燥”，从朱谦之说，训“火”。① 然一者“火”与“静”并不相对，二者有违原文以人体自身设譬以明理之方，三者因罔顾严遵《指归》之相关说解，而失之不经。可知朱说非是。

清青，竹简二字合文。裘《按》曰：“简文‘清=’似当读为‘清青（静）’或‘青（清）清（静）’。”② 帛甲作“请靓”，帛乙残，弼本等作“清静”，傅本“静”作“靖”，严遵本于“清”、“静”前各衍一“能”字。

案：竹简“清青”、帛书“请靓”，皆当读作“清静”。《史记》卷六十三《老子传》末：“李耳无为自化，清静自正。”此老子思想之主旨也。“清”对智欲巧虑而言，绝弃则清；“静”对言命有为而言，裒损则静。又，“清”上，傅本、范本有“知”字。殆衍文。“靓”下，帛甲衍“可以”二字，帛乙残，傅本、范本皆衍“以”字。《吕氏春秋·君守》：“既扃而又闭，天之用密；有准不以平，有绳不以正，天之大静。既静而又宁，可以为天下正。”可以参看，并有“可以”二字。“为”，据“清静为天下正”句来看，当训“乃”。弼《注》“以此推之，则清静为天下正也”，训从此。帛甲、傅本、范本有衍文，而“为”乃“做”之义。

定，帛甲、弼本等作“正”。裘《按》云：“‘定’从‘正’声，从今本读为‘正’。”③

案：裘《按》是。正，不偏、不斜之谓，引申为“正则”。“定”下，检图版，无标识句读或分章的墨点、墨块符号。④ 此三句殆与下文合为一章。

---

① 见彭浩：《郭店楚简〈老子〉校读》，第99页。

② 荆门市博物馆编：《郭店楚墓竹简》，第120页。

③ 荆门市博物馆编：《郭店楚墓竹简》，第120页。

④ 案：“定”字下，有一非常微淡、漫漶而模糊的小墨痕，然与通常表示句读或分章的符号显著不同，疑是抄手书写时沾落的墨渍造成的。此种情况，在郭店简中多有。实不足以依据旧有分章的成见，将其断定为分章或句读符号。图版，参见《简帛书法选》编辑组编：《郭店楚简竹简·老子乙、丙本》，北京：文物出版社2002年版，第15页；或见荆门市博物馆编：《郭店楚墓竹简》，图版第8页。

弼《注》："躁罢，然后胜寒；静无为，以胜热。以此推之，则清静为天下正也。"从弼《注》"以此推之"来看，"躁胜滄，静胜热"与"清静为天下正"二者显然为比譬关系。前者，乃设譬，乃荃蹄；后者，乃本的，乃鱼兔。"清静为天下正"正是此章文本之旨意所在。

十二、虐可以智天〔下之然也以此〕

郭店《老子》乙编十八号竹简云：

〔以家觀〕豪（家），以向（鄉）觀向（鄉），以邦觀邦，以天下觀天下。虐（吾）可（何）以智（知）天〔下之然也？以此。■〕

"天"下，竹简残，可容五字位置；帛甲残，帛乙作"下之然兹以□"，弼本作"下然哉以此"，河上本等作"下之然哉以此"，《韩非子·解老》作"下之然也以此"。崔仁义补作"下之肰兹以此"，① 刘信芳补作"下之然也"，并附简末章号。② 李零说："疑简本作'下然？以此。乚'，不然就得另起一简书写。"③ 廖名春同意李氏补文。④ 彭浩说："简本此句约缺五字……当补入'下之然以此'，或'下然哉以此'。"⑤ 刘钊补作"下之然哉以此"。⑥

案：简尾残损五字位置，以帛书本及通行本校勘之，实无法容纳分篇或分章符号。相同语句，见《老子》五十七章："吾何以知其然哉？以此。"简甲作："吾可（何）以智（知）其然也？"帛

① 见氏著：《荆门郭店楚简〈老子〉研究》，第41页。
② 见氏著：《荆门郭店竹简〈老子〉解诂》，第66页。
③ 见氏著：《郭店楚简校读记（增订本）》，第23页。
④ 见氏著：《郭店楚简老子校释》，第494页。
⑤ 见氏著：《郭店楚简〈老子〉校读》，第104页。
⑥ 见氏著：《郭店楚简校释》，第36页。

书二本于“也”下又增“哉”字。“也哉”，句末复语助词，表疑问语气。据简甲本、帛本及《解老》，本简末当有“也”或“哉”字，补文当作“下之然也以此”或“下然也以此”。依前者，则“此”及字下分篇或分章符号皆在下一简；据后者，则分篇或分章符号当在下一简。疑乙编有脱简。

然，如是、如此也。《论语·雍也》：“何为其然也?”邢昺《疏》：“然，如是也。”《庄子·逍遥游》：“奚以知其然也?”成玄英《疏》：“然，如此也。”① “然”在此为指示代词。弼《注》：“‘此’，上之所云也。言吾何以得知天下乎？察己以知之，不求于外也。所谓不出户，以知天下者也。”据此，可知王弼漏去“然”字未释，而以“此”代指“上之所云”！弼《注》当误。“然”代指“上之所云”，表结果；“以此”表“吾何以知”的方法，乃根据。“此”、“然”的逻辑关系清晰，不容混淆。从简文来看，“然”当指上文“以身观身，以家观家，以乡观乡，以邦观邦，以天下观天下”五句，而“此”则指“修之身……其德乃溥”数句，即所谓修道成德者也。德者，得也，内得于己，外得于人者也。“修之身”，“之”，介词，与“于”同。所修之道，当蒙上省略，而与上文“其”字所指一贯。“以此知天下之然”者，谓以修道成德之差等而知天下之如此（修者顺吉，不修者逆凶）也。而所修之“道”，从简文来看，即是“清静”为“正”之“道”！

《韩非子·解老》：“身以积精为德，家以积财为德，乡、国、天下皆以【得】民为德。② 今治身而外物，不能乱其精神，故曰：‘修之身，其德乃真。’真者，慎<惪>之固也。③ 治家者，无用之物不能动其计，则资有余。故曰：‘修之家，其德有余。’治乡者

① 故训例子，又见《庄子·骈拇》：“何以知其然邪?”成玄英《疏》：“然，如是也。”《礼记·孔子闲居》：“何为其然也?”孔颖达《疏》：“然，犹如是也。”

② 据上文，“民”上疑脱“德”字。

③ 高亨说“慎”为“惪”之形讹，说可从。高说，转载陈其猷校注:《韩非子新校注》上册，上海：上海古籍出版社2000年版，第429页。

行此节，则家之有余者益众。故曰：‘修之乡，其德乃长。’治邦者行此节，则乡之有德者益众。故曰：‘修之邦，其德乃丰。’莅天下者行此节，则民之生莫不受其泽。故曰：‘修之天下，其德乃普。’修身者以此别君子、小人，【治家】、治乡、治邦、莅天下者各以此科适观息耗，则万不失一。① 故曰：‘以身观身，以家观家，以乡观乡，以邦观邦，以天下观天下。吾奚以知天下之然也？以此。”《韩非子·解老》所谓“身以积精为德，家以积财为德，乡、国、天下皆以民为德”，分殊之谓也。其所谓一本者为何？这是必须加以追问的问题。不过，韩非子对于身、家、乡、邦、天下五者之修，大体分为两类，其一类为修身，以积精为德，其一类为修家、乡、邦、天下，以积财得民为德。前者要求恬淡寡欲，后者要求积财聚民。修身者有君子、小人之分，治家、治乡、治邦和莅临天下者有积财与贫乏、得众与失众之分。此五者各如其所当修，则其德乃真、有余、乃长、乃丰、乃普。又，据此《韩非子·解老》文，本章《老子》末句“以此”的含义十分清楚，即指“以积精为德”、“以积财为德”、“以得民为德”三者，而与“修之身……其德乃普”一段文本密切相关。据此可以推断，所谓“天下之然也”之“然”，当与“以身观身”下五句密切相关。《韩非子·解老》云，修身者以此（积精为德）来区别君子、小人，治家、治乡、治邦、君临天下者各以此科法（积财、得民）来观察对于其家、其乡、其邦、其天下所修德之厚薄与消长。据此，“以身观身”乃谓修身者以修身之法来观察、判断其身（为君子或为小人），“以家观家”谓治家者以治家之法来观察、判断其家（资财

---

① 王先慎曰：“用此程法，静观动止，自无不知者。”王先慎：《韩非子集解》，北京：中华书局1998年版，第155页。太田方曰：“息耗，犹消长也。”陶鸿庆说“治乡”上当有“治家”二字。皆可取。转引自陈奇猷校注：《韩非子新校注》上册，第430页。科，科法，积财得众也。适，疑读为“敌”，匹也。息耗，谓各随其位而言成德有余、长大、丰盛及普遍程度的应当义之生长和衰减。息耗，例见《文子·道原》：“息耗减益，过于不訾。”董仲舒《天人对策》：“察天下之息耗。”

是否有余)，“以乡观乡”谓治乡者以治乡之法来观察、判断其乡(家之有余者是否益众)，“以邦观邦”谓治国者以其治国之法来观察、判断其国(乡之有德者是否益众)，“以天下观天下”谓君临天下以其君临天下之法来观察、判断其天下(民之生是否莫不受其泽)。而所谓“然”，即指“以身观身”下五句。

严遵《指归》：“是故我身者，彼身之尺寸也；我家者，彼家之权衡也；我乡者，彼乡之规矩也；我国者，彼国之准绳也；人主者，天下之腹心也；天下者，人主之身形也。故天下者，与人主俱利俱病、俱邪俱正。主民俱全，天下俱然。家国相保，人主相连。苟能得已，天下自然。故可以知我者，无所不知；可以治我者，无所不治；便于我者，无所不可；利于我者，无所不宜。不可于我而可于彼者，天下无之。”据严遵所论，《老子》所谓“以身观身”数句，乃就彼我言之。此与《韩非子·解老》说不同。王弼因循严遵之解说，于“以身观身……”下，注云：“彼皆然也。”于“以天下观天下”下，注云：“以天下百姓心观天下之道也。天下之道逆顺吉凶，亦皆如人之道也。”此“彼”与“我”对。河上公注亦以彼我对待说之，云，“以修道之身观不修道之身，孰亡孰存也”；“以修道之家观不修道之家”；“以修道之乡观不修道之乡也”；“以修道之国观不修道之国也”；“以修道之主观不修道之主也”。① 比较而言，韩非子之说不但时代最古，而且表意明确，当从之。

总之，修之身、之家、之乡、之邦、之天下，此所谓分别言之者。《淮南子·道应》于五者之中专以“治身”为本，② 此与《老

---

① 河上《注》：“老子言：吾何以知天下修道者昌，背道者亡？以此五事观而知之也。”为了解决“然”字的所指问题，河上《注》在“以身观身”注中添加了“孰亡孰存也”五字。王弼《注》则将“然”字弃置不注。

② 《淮南子·道应》曰：“楚庄王问詹何曰：‘治国奈何？’对曰：‘何明于治身而不明于治国。’楚王曰：‘寡人得立，宗庙社稷，愿学所以守之。’詹何对曰：‘臣未尝闻身治而国乱者也，未尝闻身乱而国治者也。故本任于身，不敢对以末。’楚王曰：‘善。’故老子曰：‘修之身，其德乃真也。’”此《庄子》思想之贡献。

子》本意有隔。就上文而言，诸“修”展开的根本法则即是所谓“清静”之“道”。《韩非子·解老》、严遵《道德指归》、范应元《集注》咸有此意，可相互参证。

《庄子·秋水》篇哲学思想分析

◎吴根友

一、《秋水》篇主旨及其结构分析

《秋水》篇是《庄子》外篇中最具有哲学意味的篇目之一。①其基本思想是对《逍遥游》与《齐物论》两篇思想的综合与深化，可以看做庄子后学对庄子思想的发展，或者也可以看做庄子晚年的思想（我个人倾向是庄子晚年作品）。今人多认为此篇表达了庄子的相对主义的观点，如陈鼓应认为，《秋水》主旨是“讨论价值判断的无穷相对性”②。谢祥皓认为：“此文对于把现实世界之彼、此，是、非，大、小，有、无……等对立关系绝对化、僵死化的观点，给予了有力的鞭笞，进行了无情的嘲笑，表现了相当明显的相

---

① 本文所引用的版本是郭庆藩的《庄子集释》，《诸子集成》第三册，北京：中华书局1954年版。下所引原文及郭象注、成玄英疏皆出此篇，不再注页码。本文仅在第一次引用时出全注，下所引省略出版者、出版年信息。特此注明。

② 《庄子今注今译》中册，北京：中华书局1983年版，第410页。

对主义思想观点。"① 这些说法都有道理，但并不全面。我个人认为，王夫之对《秋水》一篇主旨的解释，深得该文的思想精髓，而且比较全面，兹引如下：

> 此篇因《逍遥游》《齐物论》而衍之，推言天地万物初无定质，无定情，扩其识量而会通之，则皆无可据，而不足以撄吾心之宁矣。盖物论之兴，始于小大之殊观；小者不知大，大者不知小；不知小，则亦大其所大而不知大。由其有小大之见，而有贵贱之分；由其有贵贱之分，因而有然否是非之异。由其有小大之见，因而有终始之规；由其有终始之规，因而有悦生恶死之情。由其有小大之见，因而有精粗之别；由其有精粗之别，因而有意言之繁。于是而有所必为，有所必不为，以其所长，怜其所短。量有涯则分有所执，时有碍则故有所滞，彼我不相知，而不能知其所不知。乃至穷达失其守，荣辱易其情，辩言烦兴而循其本，于内无主，倒推于外，殉物以丧己；而不知达者之通一，无不可寓之庸也。②

王夫之的意思是说:《秋水》篇以道来会通万物的相对性而安心于自己所据的超越境界，并能从各种相对的万物之中寄寓自己而不为外物所惑。由此观之，《秋水》篇中所揭示的相对主义观点并不是王夫之本人所要主张的哲学观点，而仅是借助万物皆相对的表相来说明执着于任何具有相对性的万物都会丧失自己，只有从"道通为一"的超越境界来会通万物，才可以借相对的万物来寄寓自己而不被万物所惑。我基本上认同王夫之对《秋水》篇主旨的贞定。但是，我们也应该看到，王夫之的这一解释也贯穿了他自己的入世精神。他批评世人"穷达失其守，荣辱易其情"，主要还是从儒家道德立场出发，强调人格的一贯性，而非庄子所一贯强调的

---

① 《庄子导读·秋水》，成都：巴蜀书社 1988 年版，第 261 页。

② 《庄子解》，《船山全书》第十三册，长沙：岳麓书社 1996 年版，第 268 页。

方外之道、逍遥人生的态度。而庄子的“以道观之”的超越态度，至少是在逻辑上努力超越任何学派（包括他自己的道家学派）的整全观，以一种不偏不倚的态度来观照万物固有的价值。

从文章结构来看，该篇第一部分首先以河伯与北海若的对话，揭示了事物在数与量的层面上所具有的小与大、小知与大知的区别，从而揭示小与大的相对性和小与大的无穷性两个层面的哲学问题。在揭示了小与大的无穷性基础上，进一步揭示了人类语言系统在表意方面的有限性。这是庄子在老子的基础上从量的大小极限层面进一步地深化了可以言说与不可言说的两种境界。与老子仅从视、听、抓等直观层面论述“道”之不可感知性，在思想的深度上又有所开拓。①

第二部分则主要是从小大之辩的哲学相对论问题转换到价值评价的标准相对性的问题层面，并在此部分涉及人生在价值层面如何行动的实践哲学的问题。当河伯向北海若追问道：为何物有贵贱，有小大的问题时？北海若回答道：从道的角度看，物无贵贱，从而明确地提出了万物价值平等的思想。在此思想认识基础上，又进一步地分析了人世间价值纷争的五种认识论的根源。如果说，在《大宗师》篇，庄子揭示了真知的基础性问题：“有真人而后有真知。”那么，此篇则揭示了人世间产生纷争的思想根源。从不同的问题领域展示了庄子哲学善于揭示隐藏在事物背后的根据的哲学思考的本质特征，显示了以庄子为代表的道家哲学所具有的哲学思考的深刻性特征。

当河伯继续追问：既然从道的角度看物无贵贱，而从物、俗、差、功、趣等角度看，又有各种不同的结果，那么对于个人而言，

---

① 谢祥皓认为，此篇可分为两大部分。第一部分从开头至“谨而勿失，是谓反其真”。它借河伯与北海若的问答，阐述了本文的基本观点，是本篇的主体。第二部分，是“夔怜蚿”之后的几段故事，分别从不同的角度补证了第一部分的思想观点。《庄子导读·秋水》，第 261 ~ 262 页。我与谢氏的不同之处在于，将谢氏的第一部分根据问题性质的不同分为两个部分。后一部分同于谢氏。谢氏是从文章学的角度出发来分段的，我是从思想主题的角度来分段的，故稍有异于谢氏之处。

又应该如何在人世间进行决策、取舍呢？北海若的回答是：只要遵循"道"的无贵无贱的原则，"夫（物）固将自化"，并不需要人劳心劳神。

还是从实践哲学层面出发，河伯问：道为什么对人而言是值得尊贵的？北海若回答道："知道者必达于理，达于理者必明于权。明于权者，不以物害已。"

可见，道的可尊贵性，乃在于它能使人在实践中免于外物的伤害。值得注意的是，在此篇中，作者对"物莫能伤"作了更为符合世俗理性的解释，淡化内七篇中对此命题的神秘化的描述。"至德者：火弗能热，水弗能溺，寒暑弗能害，禽兽弗能贼。非谓其薄之也，言察乎安危，宁于祸福，谨于去就，莫之能害也。"

文章的第三部分是由一些寓言故事组成的，思想并不一贯。夔怜蚿一段文字主要是阐述万物皆有局限性，不必相互羡慕的道理。孔子围于匡的故事，主要讨论命与知命的问题。公孙龙与魏牟的对话，主要批评名辩家的分析性思考方式，认为这种小技巧对于认识大道而言是无效的，这种强硬的区分万物以及析理的方式不足以获得大道。庄子钓于濮水和庄子讥讽惠施害怕他到梁国代相的故事，主要强调了道家尊生而鄙薄名利富贵的出世思想。而最后一则的濠梁之辩则是涉及审美活动如何成为可能的问题。如《齐物论》中"庄周梦蝶"的故事一样，"濠梁之辩"历来被人们广泛谈论，而且作了不同的解释。

二、《秋水》篇的价值论思想与哲学方法论

《秋水》篇在价值论方面提出了非常令人深省的思想和值得重视的方法。它将"以道观之"与以物、以俗、以差、以功、以趣五种价值评判法区别开来："以道观之，物无贵贱。以物观之，自贵而相贱；以俗观之，贵贱不在己。以差观之，因其所大而大之，则万物莫不大；因其所小而小之，则万物莫不小；知天地之为稊米也，知豪末之为丘山也，则差数睹矣。以功观之，因其所有而有之，则万物莫不有；因其所无而无之，则万物莫不无。知东西之相

反而不可以相无，则功分定矣。以趣观之，因其所然而然之，则万物莫不然；因其所非而非之，则万物莫不非；知尧桀之自然而相非，则趣操睹矣。”

“以道观之”是从超越的、整全的角度审视万物的内在价值，或者更准确地说，是以万物自身作为尺度来衡量自己的价值。而以物、以俗、以差、以功、以趣五种观法，则都是从外在的角度来观察万物的价值，即使是“以物观物”，也只是从甲物来观照乙物，而不是从甲物来观照甲物、从乙物来观照乙物。这种以他物作尺度的方法来考量某物的价值，就会出现价值认识方面的偏颇，就会出现物论的是非判断、贵贱的差异等级的问题。

郭象将“以道观之，物无贵贱”解释为“各自足也”，而且用“性足”来批评“以差观之”的观法的缺陷，确有见地。但郭象的解释也有问题，那就是他将物皆具有内在价值看做“自足其性”，而因为自足其性则物无差别，无需外求，则又容易使万物的存在导致一种封闭的形态，而庄子的“以道观之，物无贵贱”并不能简单地用“万物各自足其性”的思想来解释，因为庄子“以道观之，物无贵贱”的思想主要肯定万物皆有自己的内在价值，并不认为万物各自足其性，如果万物各自足其性，“道”就成为一种多余的形上根据了。郭象的哲学理论主要强调万物自化、独化，因而他借庄子表达了自己的思想。两者之间有联系，但也有明显的区别，不可不慎。

傅伟勋先生认为，《秋水》篇所阐述的哲学方法论乃是一种“整全（顾及全面）的多层远近观”。这一哲学方法论使得他的哲学能够在出世与入世之间寻求一种平衡，在处世的实践层面做到“无为而无不为”。类似的方法还有：“和之以是非而休乎天钧，是之谓两行。”（《齐物论》）“彼且为婴儿，亦与之为婴儿；彼且为无町畦，亦与之为无町畦；彼且为无崖，亦与之为无崖。”（《人间世》）。① 傅先生的这种解释当然非常有启发性，而且确有创新之

① 《老庄、郭象与禅宗——禅道哲理联贯性的诠释学试探》，《从西方哲学到禅佛教》，北京：三联书店 1989 年版，第 396 页。

处。但我以为,“以道观之”与以物、以俗、以差、以功、以趣五种观法之间其实只有两个层面,“以道观之”是形上层面,而以物、以俗、以差、以功、以趣五种观法乃是形下层面。而庄子所要肯定的乃是“以道观之”的形上层面价值评判方法,而对以物、以俗、以差、以功、以趣五种评判方法的不足之处都持有批评的态度。换句话说,在约与分的问题上,庄子虽然意识到约与分的差别,但在价值取向上肯定“约”的观法,也即是说他追求的是如王夫之所说的“达者之通一”的境界。如果以图式法来直观揭示庄子的方法论,则可以表示如下:

以道观之	(约)
以物、以俗、以差、以功、以趣	(分)

约的方法是整全的方法,分的方法是从不同的侧面去观察物的不同面向。分的方法基本上处于同一思维层次的不同侧面。因此,《秋水》篇的观照方法也可以说只有两个大的层次,超越的道的层次和形下的物、俗、差、功、趣五个方面的层次。

如果联系外篇《天地》一文,我们还可以看到,从分的角度看问题还不只是局限于《秋水》篇的五个方面,至少还有“以道观言”、“以道观分”(荀子“明分使群”意义上的社会阶层的区别)和“以道观能”的言、分、能三个方面。其实,从分别的意义上所形成的观物方法只能是一例举性的,不可穷尽。而《齐物论》与《秋水》篇提出的“以道观之”的整全性观法,恰恰从理想的层面提示人们避免从分别的层面观物的片面性。这一思想与我们耳熟能详的“盲人摸象”的故事所暗示的认识论思想,如出一辙。当然,在现实的层面,没有人能真正做到像“道”那样公正无私、无偏地观看万物之所是,正如人们不可像上帝、像佛陀一样公正无私、无偏颇地观看万物一样。但有这种高悬的理想性观法提示我们认识的片面性,也可以让我们真正从理性上觉解人的有限性，从而形成一种谦逊而又宽容的德性，这或许是庄子“以道观之”的理想观法对于人性修养的积极意义之所在。

三、《秋水》篇对语言达意功能与人类认识的局限性的分析及庄子对语言的哲学思考

对于语言达意的局限性，老子早已经阐明了。在王本《老子》第一章中，就揭示了可言之道与不可言之道的关系，认为可言之道总是肤浅的，只有存在于语言之外的“道”才是“本真之道”。

庄子则进一步分析了可以言论者、可以意致者和不可以言说，也不可以意致，无法区分精粗的超名言乃至人的意识无法把握的存在这三个不同的层次，不仅揭示了名言——人类语言符号系统的局限性，而且还深刻地揭示了人类意识的局限性。如庄子说：“可以言论者，物之粗也；可以意致者，物之精也；言之所不能论，意之所不能察致者，不期精粗焉。”

在《则阳》篇亦有类似的观点，在少知与太公调的对话中，太公调说：“言之所尽，知之所至，极物而已。”又说：“鸡鸣狗吠，是人之所知。虽有大知，不能以言读其所自化，又不能以意其所将为。”

由此可见，庄子对语言表意功能的局限性有比较一致的认识，他认为，语言只能把握物之粗者。那些可以用语言来讨论的只是物之表象，“物之精者”必须用“意”去理解。而对于无法用粗精衡量的存在状态，甚至是在人的语言与意识之外的。

那么，这一“不期精粗”的存在形式又是什么呢?《秋水》篇没有提供答案。

考察《天道》篇言、意、道三者的关系，或可以解释这一“不期精粗”所指何物。该篇云：“世之所贵道者，书也。书不过语，语有贵也。语之所贵者，意也。意有所随。意之所随者，不可言传也。”何谓“意之所随”? 孔颖达疏曰：“随，从也。意之所出，从道而来。道既非形色非声，故不可以言传说。”我认为，孔疏深得庄子之意。意之所随者，即是道。

再看《则阳》篇太公调对“或使”、“莫为”两个概念的解释，或许更能进一步了解“不期精粗”者为何。“或之使，莫之为，疑之所假。吾观之本，其往无穷；吾求之末，其来无止。无穷无止，言之无也，与物同理。或使莫为，言之本也。与物终始。道不可有，有不可无。道之为名，所假而行。或使莫为，在物一曲，夫胡为于大方？言而足，则终日言而尽道。言而不足，则终日言而尽物。道物之极，言默不足以载。非言非默，议有所极。”

此段中所说的“或使”、“莫为”，其实都是指“道”的不同方面。有人以为，道，莫为也；有人以为，道，或者有使物之功。如果从“或使”的角度看，则道实；如果从“莫为”的角度看，则道虚。但道既非实，亦非虚，而是亦实亦虚，故仅仅强调“或使”，与仅仅强调“莫为”是一样的，都只能是得“道”之一偏，故曰：“或使莫为，在物一曲，夫胡为于大方？”只有将“或使莫为”合而观之，才能获得“言之本也”。由此可以推测“不期精粗”者就是“道”。

值得注意的是，在《则阳》篇，庄子提出了一个与《秋水》篇略有不同的“言道观”：“言而足，则终日言而尽道。言而不足，则终日言而尽物。道物之极，言默不足以载。非言非默，议有所极。”何为“道物之极”？郭象注曰：“夫道，物之极，常莫为而自尔，不在言与不言。”“极于自尔，非言默而议之。”郭象注有没有根据呢？我认为有。上文所引太公调的话说：“虽有大知，不能以言读其所自化，又不能以意其所将为。”也即是说，对于道化的“所以然”及其“将为”，是不能以言和意来推测的。由此，我们进一步地推断:《秋水》篇所言的“不期精粗”就是指“道化”的“所以然”与“将为”。这大约也是《大宗师》篇所讲的“师天”、“师造化”、“顺天”的意思。

因此，言与道的关系，其实是一个实践论层面的问题，而非语言与理论层面的问题。庄子在《大宗师》篇对“道”作了如下的定义：“夫道，有情有信，无为无形，可传而不可受，可得而不可见。自本自根，未有天地，自古以固存。神鬼神帝，生天生地，在太极之先而不为高，在六极之下而不为深。先天地生而不久，长于上古而不为老。”其中“可传而不可受”一语，应当也是从语言角度讲“道”的“不可受”特征。“可传”其实就是一个实践论层面的问题。联系《天道》篇轮扁与桓公的对话可以证实这一观点。桓公在堂上读书，轮扁问桓公所读之书为何人之言。桓公答曰为“圣人之言”。轮扁进一步追问：圣人还在否？桓公答曰：圣人已死。轮扁接着说：那么你所读之书乃古人之糟粕。桓公听后很生气，说，一个工匠，竟然敢议论我读书，如果能说出道理，就免于一死，如果不能，则应当处死。轮扁说道：我斫轮时，太慢则轮子不牢固，太急则轮子的卯榫嵌不入。只有不慢不急才可以达到目的。但是这种“不慢不急”的分寸，我个人得之于手，而应之于心，却不能言之于口，可是有数术存乎其间，然而我并不能将这蕴含于其中的数术告诉我的儿子，我的儿子也不能从我这里直接获得这种数术。所以我活到七十岁还没有找到接班人，不得不自己斫轮。由此可以推知：你所读之书乃是古人之糟粕。既然数术都很难用语言传授，由此可知，“道”更不能用语言传授。但进一步思考得知，轮扁之数术得之于何处呢？当然是实践。所以数术与道，都必须以亲证的方式去获得。

《天地》篇用一则寓言故事暗示了用非理智的方式可以得道的思想。“黄帝游乎赤水之北，登乎昆仑之丘，而南望还归，遗其玄珠。使知索之而不得，使离朱索之而不得，使喫诟索之而不得也，乃使象罔。象罔得之。”知、离朱、喫诟分别代表理性之知、眼光明亮和善辩三种理智形式，而象罔则代表无心，离声色、绝思虑，玄珠是道的代名词。这正是道家的一贯之思。只有用一种非理智的方式才能获得“道”。

联系庄子其他篇章，我们可以这样说，庄子虽然指出了语言的局限性，但并不是要否定语言的价值，而是要将语言的作用加以限制，并探讨“如何言”才能最大限度地避免言的局限性。在《寓言》篇，庄子（或曰其后学）专门介绍了庄子论说语言的风格：“寓言十九，重言十七，卮言日出。”所谓寓言，即“借外论之”，即假托他人而言，如“亲父不为其子媒。亲父誉之，不若非其父者也”。重言，即借耆艾之口言之。因为人皆重年长之言。卮言日出，即“和之以天倪，因之以曼衍，所以穷年”。郭象对此注曰：“夫自然有分而是非无主，无主则曼衍矣，谁能定之哉？故旷然无怀，因而任之，所以终其天年。”

依郭象对三言的注释是：寓言：“寄之他人，则十言而九见信。”重言：“世之所重，则十言而七见信。”卮言：“夫卮，满则倾，空则仰，非持故也。况之于言，因物随变，唯彼之从，故曰日出。日出，谓日新也，日新则尽其自然之分，自然之分尽则和也。”

在《寓言》篇，庄子还提出了“言无言”的说法。所谓“言无言”，即“言彼所言，故虽有言而我竟不言也”。所以庄子说：“言无言，终身言，未尝不言。终身不言，未尝不言。”

在言与意二者之间，庄子更强调得“意”，认为言仅是表意的工具。《外物》篇说：“筌者所以在鱼，得鱼而忘筌。蹄者所以在兔，得兔而忘蹄。言者所以在意，得意而忘言。吾安得夫忘言之人而与之言哉。”

综上所述：庄子虽然考察了语言的局限性，但他并不是一个不可知论者。他不仅追求“意”，而且要用道家的方式来追求意之所随者——道。这种方式就是以生命的亲证方式来体道，最终使道肉身化，从而使道家学派把握真理的方式与名辩学派、儒墨等派别区别开来。庄子及其后学坚信：有“真人而后有真知”，使真理与人的真实而自由的存在联系起来。

四、“濠梁之辩”与人何以知鱼之乐的审美认识论问题

庄子与惠施在濠梁上游走。庄子见鲦鱼在水中从容游荡，认为鲦鱼非常快乐。惠施则说：“你庄子又不是鲦鱼，怎么能知道鲦鱼的快乐呢？”庄子机智地回答道：“你惠施又不是我，又怎么知道我不知道鱼的快乐呢？”惠施又说：“正因为我不是你，所以不知道你。但你也不是鱼，所以你也不知道鱼之乐。”庄子又说，请回到争论的开端处，你既然说“你怎么知道鱼之乐”这种话，就已经包含了这样的前提，即知道我是知还是不知了，只是问我以何种

方法，从哪里知道的具体途径问题。那好，我就告诉你，我是从濠梁上知道的。

这一段对话后来被人们从不同的角度加以解释。① 我认为，这一段对话其实涉及人何以知物之情的情感认识论问题，亦即现代知识体系中的审美问题。这段对话不只是一般意义上的认识论问题。庄子通过移情的方式，将鱼在水中自然地游动看成是自由而快乐的。这其实是庄子心中所认定的自由与快乐的情感投射，而且也与庄子的审美理想一致。所谓“天地有大美而不言”，鱼在水中自然而然地游动，正是人在社会中应当自由自在地生活的一种理想的暗示。所谓“鱼相忘乎江湖，人相忘乎道术”，乃是庄子的社会理想。故庄子见鱼从容游荡于水之中而相忘，激起了庄子的审美快感，情不自已地说出是鱼的快乐。可是，惠施好辩，沉沦于理智与逻辑的推理之中。而庄子不愿意说出自己所知之乐，也无法说出这种体知之乐，故最终回答为“吾知之濠上”。“吾知之濠上”从表面上看，没有回答惠施之问题，但却又是庄子式的回答。那就是说，是我直观到的。你要知道，就去看得了。这与庄子一再强调体知的亲证方式的认识论思想密切相关。

当然，对于这一段对话，我们还是可以做一些理论的分析。惠施的提问“前见”是：只有物自己才能知道自己是否快乐。作为一种主观情感——快乐，他物或他人是无法知晓的。而庄子的说话

① 李泽厚、刘纲纪二先生认为：“庄子观鱼于濠梁之上，即是在进行美的欣赏。”《中国美学史》第一卷，中国社会科学出版社 1984 年版，第 260 页。陈少明则认为，此则寓言的关键词是“知”，并从“知”的角度得出结论，庄子的雄辩并不令人信服，历史上的注家郭象与王夫之皆未看出庄子雄辩中的问题，是因为他们都没有将“知识与信念两个层次的含义”厘清。参见《〈齐物论〉及其影响》，北京：北京大学出版社 2004 年版，第 234 ~ 238 页。陈氏的说法有新义，但如果纯粹地从知识论的角度来看此则寓言，是有问题的。而引进知识与信念的关系来解释此则寓言，虽然拓宽了解释的视域，但同时也引出了新问题。不如从审美的体知角度来分析此问题更为直接。我的同事苏德超博士对此寓言从语言哲学与分析哲学的角度进行了非常细致的分析，并提出了两种新的理解，但也主要是从知识论角度加以解析的。参见《哲学评论》第七辑，武汉：武汉大学出版社 2007 年版，第 278 ~ 293 页。

“前见”则是：物与物之间是可以相通的。因此，人可以通过直观的方式感知外物的情状。惠施的哲学是分析派的，所谓“离坚白”。他虽然也讲“泛爱万物”，但是他对万物相同的认识是从逻辑的分析出发的。从其“大同”的角度看，万物皆同，从其终极性的差异角度看，万物毕异。从“毕同”的角度看，万物一体，我们应该泛爱万物。惠施是想逼出庄子知鱼之乐的思想过程，并不一定反对庄子知鱼之乐的说法。而庄子不想运用惠施的逻辑方法，故直接地说是从濠梁上直观到的。由于这则故事中，叙述的主体是庄子学派的成员，在语言上拥有叙述的权力。如果在惠施的学派里加以叙述，则庄子不说出如何知鱼之乐的过程是不能罢休的，否则就会成为语塞而不能言者。因为在此故事之前的另一则故事中，惠施已经在道德境界上输了庄子一筹。所以庄子与惠施的对话，在《庄子》一书的文本中，其实也有一种叙述权利上的不平等。不能简单地认为惠施就一定在理论上低于庄子。从今人的角度看，只能从其叙述背后体察二者理论旨趣之不同而已。

五、结　语

《庄子》的很多篇章因其文学性很强，往往使人不易把握其中的哲学思想，《秋水》篇也是其中的典型例子。一般而言，形象大于思想。古人之所以说“诗无达诂”，其原因就在于诗歌的形象所包含的意义往往不是单一的。一首诗有两种甚至三种、四种以上的解释，往往都能成立，或相互补充，相互启发，甚至也有因为相反而相成。《秋水》篇中的一些故事，特别是“濠梁之辩”一则，历来就有很多解释。对此，我们的解释也仅是一种解释而已。

试论《荀子·解蔽》篇对认知全面性的追求及其学派的局限性

◎吴根友

到战国中期，儒道两家的重要思想家孟子、庄子，以及战国后期儒家的集大成者荀子，都从各自的学派立场出发，批评其他学派的偏颇，力图获得对代表全面性的大道与至理的把握。孟子辟杨朱、斥墨家学派，表现出强烈的卫道情怀。庄子学派作《天下》篇，纵论各家之得失，而对道家学说的真理性给予了高度的肯定。荀子在吸收道家思想的前提下，又对当时十二家学说的得失进行了犀利的分析，并从方法论的角度揭示了各家各派学说在认识论方面的不足，最终站在儒家的立场对各家各派的思想得失加以扬弃，形成了代表时代高度，同时又深深打上儒家学派意识的“新道论”。而最能体现其新道论思想体系中的认识论思想的，则当以《解蔽》篇为典型代表作。

然而，《解蔽》篇又不是一篇纯粹的哲学方法论的论文，而是一篇有着强烈现实政治关怀与伦理关怀的论文，从根本上体现了儒家学说关怀现实政治与人伦的学派特征。① 这就在一定程度上影响了荀子所追求的至理与大道本身的全面性、涵盖面和普遍意义。从现代学术的立场来看，《解蔽》篇还缺乏现代多元主义哲学观所追求的开放性。

一、《解蔽》篇的问题意识与解决方法

《解蔽》篇有明确的问题意识：那就是避免人在认识上的局限性。荀子说："凡人之患，蔽于一曲而闇于大理。"正因为人认识上的普遍性问题是易于陷入片面性，故那些执政者即使有良好的动机，也缺乏达到理想结果的途径。所谓"乱国之君，乱家之人，此其诚心莫不求正而以自为也"，但由于"妒缪于道而人诱其所迨也"，因此，荀子从人的认识上的偏差来揭示社会政治生活中的问题之根源，努力从理性主义的认识论原则高度揭示社会政治生活中诸问题的认识论根源。这与孟子一系所讲的"存心"，由"仁义行"的道德理想主义，或曰基于意图伦理学之上的政治理想主义颇不相同。相比较而言，荀子的政治理想主义是建立在儒家礼制基础上的道德认知主义。《解蔽》篇正是这种道德认知主义的典型代表作。虽然，相对于西方哲学更纯粹的知识论来说，《解蔽》篇远远不是一篇纯粹探讨知识论的哲学名篇，但在中国哲学的脉络里，则是一篇具有强烈知识论色彩的哲学文本。

作者在开头的部分，就列举了引起人们认识偏差的主要十种因素：欲、恶；始、终；远、近；博、浅；古、今。按照现代人的分类观点，可以将这十种因素归纳为五个大的方面：一是主观的爱恶

① 对于荀子知识论的这一特征，侯外庐、马积高等先生也有所论述。侯先生说：荀子的限制"则由于儒家的传统立场的约束，使他虽解人之蔽而不免于自蔽"。参见侯外庐等著：《中国思想通史》第一卷，北京：人民出版社 1957 年版，第 571 页。马积高从知行观出发，批评了荀子的知识论"局限在政治、伦理道德的范围之内，而尤以礼义为主"的特征。参见氏著《荀学源流》，上海：上海古籍出版社 2000 年版，第 75 页。

之情；二是在做事的开始与结束处不同的精神状态；三是客观的空间距离对人的认识造成的视觉差；四是人对外界事物了解的广博与认识的肤浅所造成的偏颇；五是时间上距离远近所造成的认识差错。再进一步归纳，不外乎三大类型的原因：主观的情感、认识能力与客观上的时间与空间距离对人的认识造成的差错。

由于荀子《解蔽》篇不是纯粹地从认知的角度来探讨人的认识偏差问题，故在列举了造成认识偏差的十种因素之后并没有进一步地分析，这些因素何以造成人的认识结果之蔽，而是从人君、人臣、宾客的典型之蔽谈起，在叙述过程中采用反面例子与正面例子并举的方式，使人们增加对“蔽”的危害性的认识，从而使《解蔽》篇充满了强烈的现实政治关怀。这一方面体现了儒家哲学的实用性特征，另一方面也降低了荀子哲学的理性思辨力与理论深度。

与庄子《齐物论》篇相比，荀子在《解蔽》篇里对各家各派的认识成就给予了一定的肯定，不像庄子那样充满了道义上的激愤之情，认为各家各派之间都是“是其所非而非其所是”。他认为，墨子的“由用谓之道”、宋子的“由欲谓之道”、慎子的“由法谓之道”、申子的“由势谓之道”、惠子的“由辞谓之道”、庄子的“由天谓之道”等道论思想，“皆道之一隅也”，这肯认了各家各派“道论”思想中隐含的真理性颗粒。由于道本身乃是“体常而尽变，一隅不足以举之”，故各家各派之“道论”虽有所得，亦只是一隅之见而已。唯有“孔子仁知且不蔽，故学乱术，足以为先王者也。一家得周道，举而用之，不蔽于成积也。故德与周公齐，名与三王并，此不蔽之福也”。在这一段引文里，“乱”字有两解，王先谦认为：“乱，杂也。言其多才艺，足以及先王也。”郝懿行说：“乱者，治也。学治天下之术。”① 依文意，两解均通。但无论取哪一种文字训诂解释，我们都可以看到，孔子开始被神化了，他被当作在认识上完全无蔽的圣人，与周公、三王可以比美，而这种

① 王先谦:《荀子集解》，北京：中华书局 1988 年版，第 393 页。

造神的方式却是以哲学理性的方式来进行的。这就为汉以后儒家哲学以理性的方式神化孔子作了思想史的铺垫。

在列举了造成认识之蔽的原因之后，荀子并没有直接地阐述解蔽的方法问题，而是用了大量的笔墨论述“蔽”的危害性，对于解蔽的方法却言之甚简。他说：“圣人知心术之患，见蔽塞之祸，故无欲无恶，无始无终，无近无远，无博无浅，无古无今，兼陈万物而悬衡焉。”这正体现了作为儒家的荀子以价值关怀为优先的思维方式的局限性。在这里，荀子所说的“衡”，即是他所提倡的儒家之“道”——“何谓衡？曰道。”而荀子所说的“道”究竟是指什么呢？荀子说：“道者，非天之道，非地之道，人之所以道也，君子之所道也。”(《儒效》）更具体地说，即是儒家所遵守的一套人伦法则：“道也者何也？曰：礼义辞让忠信是也。”(《强国》）又说：“礼者，人道之极也。”(《礼论》）由此可见，以这种“道”来衡量其他各家各派之学说，显然不足以体察其他学派的精微之处。从理论的普遍性与抽象的高度来说，其所说的“道”，不如庄子学派所提出的“以道观之”的“道”更具有包容性。而从“衡”的确定性来说，又不如墨家“三表法”更具有操作性与实证性。因此，从哲学认识论方面来考察荀子提出的认识标准——衡，其实有相当大的局限性。

荀子用来解决人们认识片面性的哲学方法是充分利用“心”的作用，即是“心要知道”。这与孟子要“存其大体”的人性修养方法有异曲同工之妙！所不同之处在于：荀子的“心不可以不知道”，既包含了人格修养的内容，更关注在现实政治中的发用。而孟子的“存其大体”则是通过人格修养而间接地关怀现实的政治。荀子的“心不可以不知道”，是以知识论的方式来实现伦理的与政治的关怀，更具有认识论和理性主义的色彩。但由于他所说的“道”首先是儒家学派的核心价值及其总纲，所以他所提倡的通过“心知道”的方式来解决认知片面性的方法本身，就隐含着巨大的认识之蔽。

二、《解蔽》篇“心”概念的多层意义及其“心论”

荀子继承了孔子的君子人格之学的思想，但对人的“自由心”作了非常深入而又细致的论述。① 他认为，人心最具有自由的特征：“心者，形之君也，而神明之主也，出令而无所受令；自禁也，自使也；自夺也，自取也，自行也，自止也。故口可劫而使墨云，形可劫而使诎申，心不可劫而使易意，是之则受，非之则辞。故曰：心容，其择也无禁，必自见；其物也杂博，其情之至也不贰。”从荀子所说的这段话可以看出：人因为有心，因而从本质上看人是自由的，他可以通过自己的“心”发出各种指令而不受任何东西指使，他自己知道止于何处，行于何处。外在的权威可以使他缄口不言，但不能使他接受不能同意的观点，不能使他改变自己的坚定意志。心的容量无限广大而可以包容万物，但不会被万物所淹没。他可以通过去粗取精的过程而达到以一种精神为主，在相互矛盾之中寻求统一。从这一点看，荀子为人的自由奠定了内在的人性基础。②

荀子还进一步地追问，既然人有其心，具备了获得自由的根本，为什么现实中的众人之“心”常常处于浑浑噩噩的状态之中呢？荀子认为，要想让“心”表现出自主、自由的特征，就必须使“心”处在安静的状态之下，只有在正常的状态下，“心”才能自主、自由；如果受到外物的迷惑，比如说，心中有疑，醉酒之后，则此时的“心”就不具备自主与自由的特性。因此，“自由之

---

① 侯外庐等先生认为，荀子在“认识论上具有朴素的唯物主义的观点”，但由于受宋、尹学派的影响，带有唯心主义的成分。其重视“心”的作用，“暗示了理性认识的优越性”。参见侯外庐等著:《中国思想通史》第一卷，北京：三联书店 1957 年版，第 537、545 页。

② 对于荀子“心”论这一部分内容，侯外庐等先生认为，“这种认识是含有唯心主义成分的”，或许也受了宋、尹见解的影响。参见侯外庐等著:《中国思想通史》第一卷，北京：三联书店 1957 年版，第 541 页。

心”必须在理性的状态下才能实现真正的自由。放纵自己的欲望则会使自己丧失心灵的自由。荀子实际上在提醒人们：人之心要具备自由的能力，必须要保持人的理性。只有在理性的状态下，人才有真正的自由。所以，荀子接受了庄子“虚一而静”的心灵控制法，要求人们做到“虚一而静”，最终能够知“道”，从而在纷繁复杂的现实诱惑面前，能够选择正确的行为，从而进入自主、自由的境界。

因此，人心的自由，乃是通过对“道”的把握，从而使人获得自由。自由之心，乃是理智状态下的灵性的展示。荀子基本上是在儒家道德理性的传统里肯定了人的自由意志。

三、《解蔽》篇的知识论与价值关怀

《解蔽》篇从人性与物理的本然层面探讨了人为什么能认识事物的道理，从而涉及现代哲学中的知识论的问题。荀子从人先天具备认识的潜能与物天然的具有可以被认识之理的双重角度，论述了人何以能认识客观对象的知识论问题。他说：“凡以知，人之性也；可以知，物之理也。”“以以知之性（引者注：原文为‘以可以知人之性’），求可以知物之理而无所疑止之，则没世穷年不能遍也。……故学也者，固学止之也。恶乎止之？曰：止诸至足。曷谓至足？曰：圣也。”荀子的意思是说，人能认识万物，是人的天然本能。而物能被人认识，是物的自然之理。然而万物无限，人生有限，如果不能让人的认识止于某一特定的学派真理，则将成为“妄人”。在探讨人的认识能力与认识对象的关系问题时，荀子的思想有合理的因素，他认为主观认识与客观对象的结合为人的认识提供了保证。然而，如果从马克思主义的社会实践论角度看，荀子对于人何以能认识客观世界的问题的回答是不能令人满意的。因为他没有进一步地揭示人的主观认识如何通过对客观对象的作用去认识对象之理，而认识对象之理是一次完成的，还是多次完成的？这些，荀子的知识论均未涉及。尽管如此，这种知识论在先秦时代却是了不起的划时代的革命。因为，这种知识论排除了神灵在人的认知过程中的作用，运用一种自然人性与自然客观理性相结合的粗浅的“符合论”来说明人认识世界的可能性。这是先秦时期人的理性觉醒的具体体现之一。

荀子的知识论之所以没有深入、细致地探讨人的认识过程及其具体细节，除了前面所说的那样——被他的价值关怀所限制。① 另一方面还来自道家庄子带有悲观主义倾向的认识论思想对他的影响。庄子曾经说过：“吾生也有涯，而知也无涯。以有涯随无涯，殆已。已而为知者，殆而已矣。”(《养生主》) 面对知识的无限与人生的有限，庄子采取的是“以其知之所知，以养其知之所不知，终其天年而不中道夭者，是知之盛也”(《大宗师》)。要而言之，庄子及其学派极力反对惠施学派的“逐物之知”（见《天下》篇庄子与惠施的对话），提倡以“体道之知”来防止人外逐于物而内伤其性情。庄子的这一人生哲学思想当然是非常智慧的，特别是对于物欲膨胀的人与时代而言，更具有人生的启迪意义。不过，从人需要不断地探索自然与社会的奥秘这一角度说，庄子的这一思想无疑又限制了人的认识能力的充分发展。荀子要求将人的认识止于“圣人”，表面上看是以儒家的积极的、肯定的立场化解了庄子颇带悲观主义的认识论思想，并且说：“圣也者，尽伦者也；王也者，尽制者也。两尽者，足以为天下极矣。故学者，以圣王为师，案以圣王之制为法，法其法，以求其统类，以务象效其人。”(《解蔽》) 但在根本精神上仍然受庄子的思想影响，即人在此世的有限性，不足以去探索无穷。从某种意义上说，荀子所说的“圣王”即是庄子所说的“所知”，所不同的是：庄子的“所知”是他理想中的“古之真人”，而荀子将他具体化为儒家理想中的“圣王”而已。

① 此点，友人储昭华先生在其著作《明分之道——从荀子看儒家文化与民主政道融通的可能性》一书的第二章第 97 ~ 105 页有比较详细的分析。

李泽厚先生较早地揭示了"儒道互补"的思想特征。① 近些年来，有些学者更进一步地指出，战国中后期的儒道两家思想其实在相互渗透，孟子的思想中明显地受到老子思想的影响，而庄子的思想中明显地受到了孔子的影响，② 而荀子从庄子及稷下道家那里接受了很多思想，几乎是学界的共识。③ 在我看来，战国中后期的儒道两家思想，在学术旨趣上都是以完成人格修养与理想社会建构为目标的，其差异之处在于他们的理想人格内容与理想社会的模式不同而已。他们之间的"互补性"仅是在人格修养方面的"入世"与"避世"的互补，社会管理方面的"有为"与"无为"（指顺应自然与自发习俗，而非不作为）的互补而已。正因为荀子的知识论服从于他的人格修养与理想社会建构的人生哲学与社会政治哲学的目标，其《解蔽》篇就不可避免地打上了儒家学派的思想烙印，从而在破除其他学派认识上的蔽障之后，又重新陷入儒家学派的思想蔽障之中，这其中的认识论教训对于今人来说，深具思想方法的警示意义，不能不引以为戒。

四、结　语

德国思想家韦伯在讨论现代学术的方法论时，提出了"价值中立"的理想原则。④ 在现实生活中，我们每个人都有自己的价值关怀，或者说价值"前见"。这是无法避免的。但在纯粹的知识论领域，我们的学术研究却要努力摆脱价值"前见"的影响，寻求

① 参见李泽厚：《中国古代思想史论》，北京：人民出版社 1986 年版，第 314 页。

② 参见郭沂：《郭店竹简与先秦学术思想》，上海：上海教育出版社 2001 年版，第三篇第三章和第五篇第三章。

③ 参见肖萐父、李锦全主编：《中国哲学史》上卷，北京：人民出版社 1982 年版，第 216～220 页。

④ 韩水法等人将此词译为"价值无涉"。参见马克斯·韦伯著，韩水法、莫茜译：《社会科学方法论》，北京：中央编译出版社 2002 年版，第 19～22 页。

知识的普遍有效性。中国传统思想与学术在纯知识论领域所取得的成就比较有限，往往在伦理学与审美领域里讨论知识论的问题，这当然体现了中国传统哲学知识论的特色（如杜维明所言的“体知”特点），但也限制了中国传统哲学在知识论方面所取得的成就。当“哲学”由小写的西方哲学逐步拓展为世界性的大写哲学时，作为当代中国哲学的研究者，理当在中西哲学比较的新视野里，察其异同，观其会通，寻求当代中国哲学的新突破。

典籍辨伪学鉴

《经解入门》辨伪十则

◎ 司马朝军

《经解入门》，旧题江藩撰。经过长达十年的辨伪，笔者已将此书证伪，业已撰成《经解入门疏证》稿本。现从中抽出十篇，首次刊于《学鉴》第三辑，以就正于方家。

一、《历代经学兴废》辨伪

江藩《国朝汉学师承记·自序》①：

先王经国之制，井田与学校相维，里有序，乡有庠。八岁入小学，学六甲、五方、书计之事，始知室家长幼之节。十五入大学，学先圣礼乐，而知朝廷君臣之礼。所以耕夫余子，亦得秉耒横经，渐《诗》、《书》之化，被教养之泽。济济乎，洋洋乎，三代之隆轨也！

秦并天下，燔诗书，杀术士，圣人之道坠矣。然士隐山泽岩壁之间者，抱遗经，传口说，不绝于世。汉兴，乃出。言《易》，淄川田生；言《书》，济南伏生；言《诗》，于鲁则申公培，于齐则

① 江藩:《国朝汉学师承记》，北京：中华书局1983年版，第3～6页。

辕固生，于燕则韩太傅；言《礼》，鲁高堂生；言《春秋》，于齐则胡毋生，于赵则董仲舒。自兹以后，专门之学兴，命氏之儒起。六经五典，各信师承，嗣守章句，期乎勿失。西都儒士，开横舍，延学徒，诵先王之书，被儒者之服，彬彬然有洙泗之风焉。

爰及东京，硕学大儒，贾、服之外，咸推高密郑君，生炎汉之季，守孔子之学，训义优洽，博综群经，故老以为前修，后生未之敢异。晋王肃自谓辨理依经，逞其私说，伪作《家语》，妄撰《圣证》，以外戚之尊，盛行晋代。王弼宗老、庄而注《周易》，杜预废贾、服而释《春秋》，梅赜上伪《书》，费甝为义疏。于是宋、齐以降，师承陵替，江左儒门，参差互出矣。

然河、洛尚知服古，不改旧章，《左传》则服子慎，《尚书》、《周易》则郑康成，《诗》则并主于毛公，《礼》则同遵于郑氏。若辅嗣之《易》，惟河南、青、齐间有讲习之者，而王肃《易》亦间行焉。元凯之《左氏》但行齐地，《伪孔传》惟刘光伯、刘士元信为古文，皆不为当时所尚。《隋书》云："南人约简，得其英华；北学深芜，穷其枝叶。"岂知言者哉！

唐太宗挺生于干戈之世，创业于戎马之中，虽左右櫜鞬，栉风沐雨，然锐情经术，延揽名流，即位后雠正《五经》，颁示天下，命诸儒萃章句，为义疏。惜乎孔冲远、朱子奢之徒妄出己见，去取失当，《易》用辅嗣而废康成，《书》去马、郑而信伪孔，《穀梁》退糜氏而进范宁，《论语》则专主平叔，弃尊彝而宝康瓠，舍珠玉而收瓦砾，不亦傎哉！

宋初承唐之弊，而邪说诡言，乱经非圣，殆有甚焉。如欧阳修之《诗》、孙明复之《春秋》、王安石之《新义》是已。至于濂、洛、关、闽之学，不究礼乐之源，独标性命之旨，义疏诸书，束置高阁，视如糟粕，弃等弁髦，盖率履则有余，考镜则不足也。

元、明之际，以制义取士，古学几绝。而有明三百年，四方秀艾，困于帖括，以讲章为经学，以类书为博闻，长夜悠悠，视天梦梦，可悲也夫！在当时岂无明达之人、志识之士哉？然皆滞于所习，以求富贵。此所以儒者罕通人，学多鄙俗也。

我世祖章皇帝，握贞符，膺图箓，拨乱反正，伐罪吊民，武德定四海，文治垂千古。顺治十三年，敕大学士傅以渐撰《易经通注》，以《永乐大全》繁冗芜陋，刊其舛讹，补其阙漏，勒为是书，颁之学官。圣祖仁皇帝嗣位，削平遗孽，亲征西番，戡定三藩，永清六合，然万机之暇，栖神坟典，悦志艺文，阐五音六律之微，稽八线九章之术。天亶睿知，典学宏深，伊古以来所未有也。康熙十九年，敕大学士库勒纳等编《日讲四书解义》、《日讲书经解义》。二十二年，敕大学士牛钮等编《日讲易经解义》。三十八年，奉敕撰《春秋传说汇纂》。五十四年，又敕大学士李光地等撰《周易折中》。六十年，又敕大学士王项龄等撰《书经传说汇纂》，又敕户部尚书王鸿绪等撰《诗经传说汇纂》。凡御纂群经，皆兼汉宋先儒之说，参考异同，务求至当，远绍千载之薪传，为万世不刊之巨典焉。世宗宪皇帝际升平之时，咸宁之世，未明求治，乙夜观书，虽夙通三乘，然雅重《七经》。即位之后，即刊行圣祖《钦定诗经传说汇纂》、《书经传说汇纂》，皆御制序文，弁于卷首。又编定《圣祖日讲春秋解义》。雍正五年，御纂《孝经集注》，折衷群言，勒为大训，推武、周达孝之源，究天地明察之理，故能心契孔、曾，权衡醇驳也。至高宗纯皇帝御极六十年，久道化成，不疾而速，不行而至，武功则耆定十全，文德则旁敷四海，富既与地乎侔资，贵乃与天乎比崇，盛德日新，多文日富。乾隆元年，诏儒臣排纂圣祖《日讲礼记解义》。十三年，钦定《周官义疏》、《仪礼义疏》、《礼记义疏》。二十年，大学士傅恒等奉敕撰《周易述义》、《诗义折中》。三十年，大学士傅恒等奉敕撰《春秋直解》，于《易》则不涉虚渺之说与术数之学，观象则取互体以发明古义。于《诗》则依据毛、郑，溯孔门授受之渊源，事必有征，义必有本，臆说武断，概不取焉。于《礼》则以康成为宗，探孔、贾之精微，综群儒之同异，本天殽地，经国坊民，法治备矣。于《春秋》则采三传之精华，斥安国之迂谬，阐尼山之本意；洵为百王之大法也。经学之外，考石鼓，辨大昌、用修之非；刊石经，湔开成、广政之陋。又刻《御制说经文》于太学，皆治经之津梁，论古之枢要，所谓悬诸日月，焕若丹青者也。于是鼓箧之士，负笈之徒，皆知崇尚实学，不务空言，游心六艺之圃，驰骛仁义之途矣。我皇上诞敷文教，敦尚经术，登明堂，坐清庙，次群臣，奏得失，天下之众，乡风随流，卉然兴道而迁义，家怀克让之风，人诵康哉之咏。猗欤伟欤，何其盛也！盖惟列圣相承，文明于变，尊崇汉儒，不废古训，所以四海九州强学待问者咸沐《菁莪》之雅化，汲古义之精微。缙绅硕彦，青紫盈朝，缝掖巨儒，弦歌在野，担簦追师，不远千里，讲诵之声，道路不绝，可谓千载一时矣。

藩绾发读书，授经于吴郡通儒余古农、同宗艮庭二先生，明象数制度之原，声音训诂之学。乃知经术一坏于东、西晋之清谈，再怀于南、北宋之道学，元、明以来，此道益晦。至本朝，三惠之学盛于吴中，江永、戴震诸君继起于歙，从此汉学昌明，千载沉霾一朝复旦。暇日诠次本朝诸儒为汉学者，成《汉学师承记》一编，以备国史之采择。嗟乎！三代之时，弼谐庶绩，必举德于鸿儒。魏晋以后，左右邦家，咸取才于科目。经明行修之士，命偶时来，得策名廊庙。若数乖运舛，纵学穷书圃，思极人文，未有不委弃草泽，终老丘园者也。甚至饥寒切体……盖悲其友麋鹿以共处，候草木以同彫也。

本篇结论：

《经解入门·历代经学兴废》全部抄自江藩《国朝汉学师承记》之自序，仅删去末段。

二、《历代书籍制度》辨伪

《经解入门·历代书籍制度》：

朱氏竹垞云："善读书者，畦直晰文义而已，其于简策之尺寸必详焉。"诚以书籍制度，代有不同，不知其制，无以考简册之长短，文字之得失。三代之际，皆用方策。郑康成《中庸注》云："方，版，策简也。"是也。策简，竹为之；方，木为之也。其长短之度，郑《论语序》云："《易》、《书》、《诗》、《礼》、《乐》、《春秋》策皆尺二寸，《孝经》谦半之，《论语》八寸策者，三分居一，又谦焉。"服虔传《春秋》，称古文篆书，一简八字，而说《书》者谓每行十三字。"简二十二字，脱亦二十二字。"据此，则简有长短，字亦有多寡者也。而自汉而下则不然。汉因周制，仍用简册，而帛亦并用。

朱彝尊《曝书亭集·江村销夏录序》：

昔之善读书者，匪直晰其文义音释而已，其于简策之尺寸必详焉。郑康成曰："《易》、《诗》、《书》、《礼》、《乐》、《春秋》，策皆尺二寸。《孝经》谦，半之；《论语》八寸。策者三分居一，又谦焉。"服虔传《春秋》，称古文篆书，一简八字，而说《书》者谓每行一十三字。括苍鲍氏以之定正《武成》，诸暨胡氏以之定正《洪范》。予尝至太学，摩挲石鼓文，验其行数，据以驳成都杨氏之作伪。因是而思汉儒订诂之学，有未可尽非者尔。评书画者众矣，广川董氏病其冗长，其余又嫌太略。宣和书画，仅谱其人，及所藏之目，南渡馆阁之储，于金铜玉石，悉识其尺寸，而于书画无之。盖昔人心思或有未及，必俟后贤而始大备也。（下略）

《经解入门·历代书籍制度》：

三代之际，皆用方策。郑康成《中庸注》云："方，版，策简也。"是也。策简，竹为之；方，木为之也。其长短之度，郑《论语序》云："《易》、《书》、《诗》、《礼》、《乐》、《春秋》策皆尺二寸，《孝经》谦半之，《论语》八寸策者，三分居一，又谦焉。"服虔传《春秋》，称古文篆书，一简八字，而说《书》者谓每行十三字。"简二十二字，脱亦二十二字。"据此，则简有长短，字亦有多寡者也。而自汉而下则不然。汉因周制，仍用简册，而帛亦并用。

戴氏宏云："《公羊》传至景帝时，公羊寿乃共弟子胡毋子都箸于竹帛。"又《书籍考》云："灵帝西迁，缣帛散为帏囊。"皆可见汉时竹帛并用也。至蔡伦造纸，而书籍始用纸。然其初，帛与纸亦并用，后则专用纸，而不用帛。当汉、唐时，尚无印版，故其书皆以纸素传写。《抱朴子》所写，反复有字。《金楼子》谓细书《史》、《庄》、《老》、《离骚》等六百三十四卷。南齐沈麟士年过八十，手写细书，后周裴汉借异书，躬自录本，盖其时书籍难得，而其制度不作册而为卷轴。胡应麟云："卷必重装一纸，表里常兼数番，每读一卷，或每检一事，细阅展舒，甚为烦数。"《唐·经籍志》云："藏书四库，经库书绿牙轴，朱带，白牙签；子库书紫带，雕紫檀轴，碧牙签。"其余皆大略如此。至唐末，益州始有版本，[多]术数、字学、小书。后唐长兴三年，始依石经文字，刻九经，印版流布天下。命马缟、田敏等详勘《宋史》，谓始于周显德，非是。宋庆历中，有布衣毕昇又为活版，其法用漆泥刻字，薄如钱，印极神速。镂板之地，蜀最善，吴次之，越次之，闽又次之。其本初以梓，后以梨，或以枣，唐以后之制度大率如此。

金鹗《汉唐以来书籍制度考》①：

三代之书，皆用方策。汉唐以来制度代异。汉初因周制，仍用简册，而帛与竹同用。戴氏宏云："《公羊》传至景帝时，公羊寿乃共弟子胡毋子都著于竹帛。"此竹帛并用之证。《汉书·艺文志》：欧阳、大小夏侯三家经文，《酒诰》脱简一、《召诰》脱简二，可知其书于竹也。然古书有篇无卷，而《艺文志》所载，如《尚书》古文经四十六卷、经二十九卷，可知其书有用帛者矣。篇字从竹，故竹书曰篇。帛书可卷舒，故帛书曰卷。通言之，则竹书亦曰卷，帛书亦曰篇也。古诗云："中有尺素书。"《风俗通》云："刘向校书皆先书竹，改易删定，可缮写者以上素。"《书籍考》云："灵帝西迁，缣帛散为帏囊。"可见汉书之用帛也。至蔡伦造纸，而书籍始用纸。然帛与纸犹并用也，厥后不用帛而用纸矣。汉、唐之时，未有印版，其书皆以纸素传写。《抱朴子》所写，反复有字。《金楼子》谓细书经、史、《庄》、《老》、《离骚》等六百三十四卷在巾箱中。桓谭《新论》谓梁子初、杨子林所写万卷，至于白首。南齐沈麟士年过八十，手写细书，满数十箧。梁袁峻自写书课，日五十纸。后周裴汉借异书，躬自录本，盖书之难得也。其书籍制度不作册而为卷轴。胡应麟云："卷必重装一纸，表里常兼数番，每读一卷，或每检一事，细阅展舒，甚为烦数。收集整比，弥费辛勤。"罗璧云："古人书不解线缝，只叠纸成卷，后以幅纸概黏之，犹今佛老经然，其后稍作册子。"今考《唐书·经籍志》云："藏书分为四库，经库书绿牙轴，朱带，白牙签；史库书青牙

---

① 《清经解》卷1390。

轴，缥带，绿牙签；子库书雕紫檀轴，紫带，碧牙签；集库书绿牙轴，朱带，红牙签。”其制度大略如此。至唐末，益州始有版本，多术数、字学、小书。后唐长兴三年，始依石经文字，刻九经，印版流布天下，命马缟、田敏等详勘。《宋史·艺文志》谓始于周显德，非也。宋端拱元年，司业孔维等奉诏校勘孔颖达《五经正义》，诏国子监镂板，行之淳化中，复以《史记》、前后《汉书》付有司摹印，自是书籍刊镂者益多。庆历中，有布衣毕昇，又为活版，其法用漆泥刻字，薄如钱，每字为一印，火烧令坚，印数十百千本极为神速。镂板之地，蜀最善，吴次之，越次之，闽又次之。刻板之木，初以梓，后以梨，或以枣，此唐以后书籍之制度也。

间尝考古之书籍皆写本，最为不便，汉熹平始有石经，唐开成、宋嘉祐亦皆有之，后晋天福又有铜板九经，皆可纸墨摹印，无用笔写，然其制颇难传，亦未广。至板本盛行，摹印极便，圣经贤传乃得家传而人诵，固亦有功名教矣。然写本不易，传录者精于雠对，故往有善本。自板本出，讹谬日甚，后学者无他本可以勘验，其弊亦不少也。

本篇结论：

《经解入门·历代书籍制度》将《江村销夏录序》、《汉唐以来书籍制度考》二文的主体部分合抄为一。在《江村销夏录序》之间插入“诚以书籍制度，代有不同，不知其制，无以考简册之长短，文字之得失。三代之际，皆用方策”一段扣题文字，而“三代之际，皆用方策”与《汉唐以来书籍制度考》开头语“三代之书，皆用方策”只差一字，因此将两篇文章巧妙地缝合起来。末了又将两文的结尾段落删去，干净利索，不留痕迹。但经过我们顺藤摸瓜，还是找到了作伪的证据。

三、《南北经术流派》辨伪

《经解入门·南北经术流派》：

六朝经术流派，见于《北史·儒林传序》者甚详。[虽短长互见，]而宗法所在，孰得孰失，诚不可以无辨，尝试论之。王弼，名士也，非经师也；杜预，名将也，亦非经师。非经师则学无所授，信心而谈，空疏滉漾，游衍无归，拨弃旧诂，竞标新说，何足称专门之业？若孔安国，则真经师矣，使果为真孔氏，虽康成亦应俯首，而无如其伪也。今习古文，是率天下而伪也，乌乎可！然而揆其所始，厥由东晋。方晋氏渡江而东，修学校，简省博士，置《周易》王氏，《尚书》郑氏，《古文尚书》孔氏，《毛诗》郑氏，《周官》、《礼记》郑氏，《春秋左传》杜氏、服氏，《论语》、《孝经》郑氏，博士各一人。太常荀崧上疏，请增置郑《易》、《仪礼》及《春秋公羊》、《穀梁》博士各一人，会王敦之难，不果行。盖郑《易》之废，实始于此。故张璠所集二十二家，仅依向秀之本，而谢万等各注《系辞》，以续王弼之书；玄风大畅，古义遂湮。陆澄贻王俭书云："《易》自商瞿之后，虽有异家之学，同以象数为宗，后乃有王弼之说。"王济云："弼所误者多，何必能顿废前儒?"是郑氏之不可［废，王氏之不可］行，南人固有知之［者］矣。犹幸河北学者［专］习郑《易》，故其书至唐犹存，陆氏《释文》、李氏《集解》，间述一二，而王注传习既久，终不能夺，竟至失传，岂不深可惜哉？然晋时郑《易》虽废，而《尚书》犹兼习郑、孔,《春秋》犹兼习服、杜，其后乃废郑、服而专用孔、杜。《释文》云："江左中兴，梅颐奏上《孔传》，学徒遂盛。"后范宁变为今文集注，俗间或取《舜典》篇以续孔氏。夫范宁固号为能遵守郑学者，而古文孔传则梅颐之徒伪撰者，乃笃信不疑，且为之集注，是表章《孔传》，偏自遵守郑学者为之倡始，异哉！而一时趋向亦于此可卜矣。然刘宋时郑氏犹未废绝，故裴骃《史记集解》兼采郑、孔两家，无所偏（立）［主］。《释文》又云："近惟崇尚古文，马、郑、王注遂废。"《释文》之作，在于陈末，而曰"近"，则崇孔废郑，实在齐、梁之后矣。其《春秋》服氏之废，不知始于何时，裴骃注《史记》引［服］解颇多，梁、陈间未有习服氏《春秋》者。李延寿曰："晋世杜预注《左氏》，预玄孙坦，坦弟骥，于宋朝并为青州刺史，传其家业，故齐地多习之。"是预之子孙多贵显，故其学且流入北方，宜服氏之不能与争。崔灵恩申服难杜，虞僧诞申杜难服，莫能相胜，而小刘规杜过至三百余事，则公论不可诬也。夫江左儒风，渊源典午，专尚浮华，务析名理，其去繁就简，理固宜然。若谓经籍英华尽在于是，是以汉学为糟粕也。盖已隐然开驾空立说之端矣。按:《隋·经籍志》于《易》云:“梁、陈，郑玄、王弼二注列于国学，齐代唯传郑义，至隋，王注盛行，郑学寖微。”于《书》云:“梁、陈所讲，有孔、郑二家，齐代唯传郑谊，至隋，孔、郑并行，而郑氏甚微。”于《春秋》云:“《左传》唯传服谊，至隋，杜氏盛行，服谊寖微。”是梁、陈间非不言郑学，但甚微耳。其谓《左传》唯传服谊者指北朝也。独惜隋氏起北方，混一华夏，而《易》、《书》、《春秋》徇南人之浮夸，损北学之精实，甚至以姚方兴之《舜典》窜人《孔传》，于伪之中又有伪焉。唐贞观中奉诏撰《五经正义》，因循不革。案:康成闻服虔解《左传》多与己同，遂以所注畀之，是服学即郑学，行郑、服，则学出于一，行王、杜、伪孔，则学分为三。故有两经之疏，同为一人所作，而互相矛盾，使学者茫然不知真是之归，此宋儒所以乘间而起也。要之，儒林之卓绝者，南北各有[其]人。以南言之，如雷次宗礼服与康成并称，号为“雷、郑”。释慧远遁迹沙门，周续之事之，作《诗序谊》，独得毛、郑微旨。庾蔚之《丧服要记》载在《通典》，最为详核。何承天《礼论》多至三百卷，[而何佟之略皆上口，]至孔子袪又续成一百五十卷。崔灵恩《三礼义宗》，说《礼》之总龟也。其以浑盖为一，在僧一行前，可谓卓识。或谓其书当于零陵、桂阳间求之。嗜古之士，曷留意焉。他若沈麟士、沈峻、沈文阿、太史叔明，博通五经，非其彰彰者乎？北则刘献之、徐遵明，蔚为名儒，刘焯、刘炫，后来之秀。至如释《论语》八寸策为八十宗，撰《孝经闺门章》目为古文，虽有小疵，无伤大体。且卢广以北人而光价江南，沉重以南人而胜芳河朔，杰出之才又可以地限哉？抑犹有可憾者，施雠、梁邱之《易》亡矣，孟、京不[尚]存乎？欧阳、夏侯之书亡矣，马融不尚存乎？《齐诗》久亡，《鲁诗》不至江左，不有《韩诗》薛君章句乎？《左氏》之外，犹有《公羊》、《穀梁》。服虔之外，犹有贾逵。《礼记》有卢氏，与郑氏同师。若此之类，南人既未暇及，北学亦寂寂无闻，徒守一先生之言，斤斤然唯恐失之。经术之不逮魏晋，亦奚足怪？义疏之学，自为一派，惟六朝为最盛。宋明帝之《周易》，雷肃之之《礼记》，其尤著者。《易》则褚仲都，《书》则费甝、三刘、顾彪，《诗》与《春秋》则刘炫，《礼》则黄庆、李孟悊，《礼记》则皇侃、熊安生、贺玚。凡所发明，俱有可观。其确守一家，不使稍有出入，亦古来释经之通例，非其弊也。唯自二刘、熊安生之外，率皆南人，故未有为郑氏《书》、《易》、服氏《春秋》作疏者。唐之《正义》，不能改用郑、服，殆亦以前无所承，难于倡造，故与六朝经学之书散佚略尽，惟《经典释文》岿然独存，前此止作音，惟陆氏兼释经义；前此止音经，惟陆氏兼音注。体例独别于诸家，而能集诸家之成，故为不刊之典。其中《周易音义》最为精博，虽以王为主，特采子夏、京房、孟喜、马、郑、刘表、荀爽、虞翻、陆绩、王肃、董遇、姚信、王廙、干宝、蜀才、黄颖，旁及《九家易》、张璠《集解》，萃十数家于两卷之中，视李鼎祚尤简而该。窥其微意，似嫌王注空疏，故博征古训以弥缝之。余如《书》之马融，《诗》之韩婴，亦存其概。不幸生于南国，故郑、服之学不得赖以流传。然音训之详，无逾于此，非徐爰、沉重、戚衮、王元规辈所可同年而语矣！皇侃《论语义疏》虽非正经，亦经解之类。窃谓何晏本清谈之祖，而《论语集解》独能存汉学之什一，其体例谨严，迥非王弼《易注》可比。而皇氏乃取江熙《集解》以为之疏，制度、名物略而不详，惟以清言取胜，似欲补平叔所未及者，与所作《礼记疏》大相径庭。只以秘籍流传，罕而见珍，故不以空谈废云。崔氏《义宗》，王伯厚、周草窗俱征引及之，则宋末尚存。今去宋世不过四百余年，故以为不应遽佚。两汉传业，各有专家，故三史作《儒林传》，分经叙述，于授受源流载之特详。魏晋以降，稍涣散矣。盖经术既不如古，而史才又不逮前，故记载有所未详。要其师友渊源，初未尝绝，读《北史》所序，居然有两汉遗风。胜国西亭王孙著《授经图》，因章氏考索而加详焉。然止述两汉，不及魏晋以降，未为赅备。且南北区分，风尚不一，苟非支分派别，兼综条贯，则承学之士，何繇考其异同，定其得失耶？试取朱氏之书，次第缵续，必更有可观者。

邵保初①《六朝经术流派论》②：

南北朝经术流派，见于《北史·儒林传序》者甚详。虽短长互见，而宗法所在，孰得孰失，诚不可以无辨，尝试论之。王弼，名士也，非经师也；杜预，名将也，亦非经师也。非经师则学无所授，信心而谈，空疏滉漾，游衍无归，拨弃旧诂，竞标新说，何足称颛门之业？若孔安国，则真经师矣。使果为真孔氏，虽康成亦应低首，而无如其伪也。今习古文，是率天下而伪也，乌乎可？然而揆其所始，厥由东晋。方晋氏渡江而东，修学校，简省博士，置《周易》王氏，《尚书》郑氏，《古文尚书》孔氏，《毛诗》郑氏，《周官》、《礼记》郑氏，《春秋左传》杜氏、服氏，《论语》、《孝经》郑氏，博士各一人。太常荀崧上疏请增置郑《易》、《仪礼》及《春秋公羊》、《穀梁》博士各一人，会王敦之难，不果行。盖郑《易》之废，实始于此。故张璠所集二十二家，仅依向秀之本，而谢万等各注《系辞》，以续王弼之书，玄风大畅，古义遂湮。陆澄贻王俭书云："《易》自商瞿之后，虽有异家之学，同以象数为宗，后乃有王弼之说。"王济云："弼所误者多，何必能顿废前儒？"是郑氏之不可废，王氏之不可行，南人固有知之者矣。犹幸河北学者专习郑《易》，故其书至唐犹存，陆氏《释文》、李氏《集解》间述一二，而王注传习既久，终不能夺，竟至失传，岂不深可惜哉？然晋时郑《易》虽废，而《尚书》犹兼习郑、孔，《春秋》犹兼习服、杜，其后乃废郑、服而专用孔、杜。《释文》云："江左中兴，梅颐奏上《孔传》，学徒遂盛。"后范宁变为今文集注，俗间或取《舜典》篇以续孔氏。夫范宁固号为能遵守郑学者，而古文孔传则王肃之徒伪撰以难郑氏者，乃笃信不疑，且为之集注，是表章《孔传》，偏自遵守郑学者为之倡始，异哉！而一时趋向，亦于此可卜矣。然刘宋时郑氏犹未废绝，故裴骃《史记集解》兼采郑、孔两家，无所偏主。《释文》又云："近惟崇尚古文，马、

① 邵保初，浙江归安人，字履咸，号春皋。事迹具《同治湖州府志》卷76。

② 《清经解》卷1385。

郑、王注遂废。"《释文》之作，在于陈末，而曰“近”，则崇孔废郑实在齐、梁之后矣。其《春秋》服氏之废，不知始于何时，裴骃注《史记》引服解颇多，梁、陈间未有习服氏《春秋》者。李延寿曰:“晋世杜预注左氏，预元孙坦，坦弟骥，于宋朝并为青州刺史，传其家业，故齐地多习之。”是预之子孙多贵显，故其学且流入北方，宜服氏之不能与争。崔灵恩申服难杜，虞僧诞申杜难服，莫能相胜，而小刘规杜过至三百余事，则公论不可诬也。夫江左儒风渊源典午，专尚浮华，务析名理，其去繁就简，理固宜然。若谓经籍英华尽在于是，是以汉学为糟粕也。盖已隐然开驾空立说之端矣。按:《隋经籍志》于《易》云:“梁、陈，郑玄、王弼二注列于国学，齐代唯传郑义，至隋，王注盛行，郑学寖微。”于《书》云:“梁、陈所讲，有孔、郑二家，齐代唯传郑义，至隋，孔、郑并行，而郑氏甚微。”于《春秋》云:“《左传》唯传服义，至隋，杜氏盛行，服义浸微。”是梁、陈间非不言郑学，但甚微耳。其谓《左传》唯传服义者指北朝也。独惜隋氏起北方，混一区夏，而《易》、《书》、《春秋》徇南人之浮夸，损北学之精实，甚至以姚方兴之《舜典》窜入《孔传》，于伪之中又有伪焉。唐贞观中奉诏撰《五经正义》，因循不革。按：康成闻服虔解《左传》多与已同，遂以所注畀之，是服学即郑学，行郑、服，则学出于一，行王、杜、伪孔，则学分为三。故有两经之疏，同为一人所作，而互相矛盾，使学者茫然不知真是之归，此宋儒所以乘间而起也。要之，儒林之卓绝者，南北各有其人，以南言之，如雷次宗礼服与康成并称，号为“雷、郑”。释慧远遁迹沙门，周续之事之，作《诗序义》，独得毛、郑微旨。庾蔚之《丧服要记》载在《通典》，最为详核。何承天《礼论》多至三百卷，而何佟之略皆上口，孔子祛又续成一百五十卷。崔灵恩《三礼义宗》，说《礼》之总龟也。其以浑盖为一，在僧一行前，可谓卓识。或谓其书当于零陵、桂阳间求之。嗜古之士，曷留意焉。他若沈麟士、沈峻、沈文阿、太史叔明，博通五经，非其彰彰者乎？北则刘献之、徐遵明，蔚为名儒，刘焯、刘炫，后来之秀。至如释《论语》八寸策为八十宗，撰《孝经闺门章》目为古文，虽有小疵，无伤大体。且卢广以北人而光价江南，沉重以南人而胜芳河朔，杰出之才又可以地限哉？抑犹有可憾者，施雠、梁邱之《易》亡矣，孟、京不尚存乎？欧阳、夏侯之书亡矣，马融不尚存乎？《齐诗》久亡，《鲁诗》不至江左，不有《韩诗》薛君章句乎？《左氏》之外，犹有《公羊》、《穀梁》。服虔之外，犹有贾逵。《礼记》有卢氏，与郑氏同师。若此之类，南人既未暇及，北学亦寂寂无闻，徒守一先生之言，斤斤然唯恐失之。经术之不逮魏晋，亦奚足怪？义疏之学，自为一派，唯六朝为最盛。宋明帝之《周易》，雷肃之之《礼记》，其尤著者。《易》则褚仲都，《书》则费甝、三刘、顾彪，《诗》与《春秋》则刘炫，《礼》则黄庆、李孟悊，《礼记》则皇侃、熊安生、贺玚。凡所发明，俱有可观。其确守一家，不使稍有出入，亦古来释经之通例，非其弊也。唯自二刘、熊安生之外，率皆南人，故未有为郑氏《书》、《易》、服氏《春秋》作疏者。唐之《正义》，不能改用郑、服，殆亦以前无所承，难以倡造，故与六朝经学之书散佚略尽，惟《经典释文》岿然独存，前此止作音，惟陆氏兼释经义；前此止音经，惟陆氏兼音注。体例独别于诸家，而能集诸家之成，故为不刊之典。其中《周易音义》最为精博，虽以王为主，特采子夏、京房、孟喜、马、郑、刘表、荀爽、虞翻、陆绩、王肃、董遇、姚信、王廙、干宝、蜀才、黄颖，旁及《九家易》、张璠《集解》，萃十数家于两卷之中，视李鼎祚尤简而该。窥其微意，似嫌王注空疏，故博征古训以弥缝之。余如《书》之马融，《诗》之韩婴，亦存其概。不幸生于南国，故郑、服之学不得赖以流传。然音训之详，无逾于此，非徐爰、沉重、戚衮、王元规辈所可同年而语矣！皇侃《论语义疏》虽非正经，亦经解之类。窃谓何晏本清谈之祖，而《论语集解》独能存汉学之什一，其体例谨严，迥非王弼《易注》可比。而皇氏乃取江熙《集解》以为之疏，制度、名物略而不详，惟以清言取胜，似欲补平叔所未及者，与所作《礼记疏》大相径庭。只以秘籍流传，罕而见珍，故不以空谈废云。崔氏《义宗》，王伯厚、周草窗俱征引及之，则宋末尚存。今去宋世不过四百余年，故以为不应遽佚。两汉传业，各有专家，故三史作《儒林传》，分经叙述，于授受源流载之特详。

魏晋以降，稍涣散矣。盖经术既不如古，而史才又不逮前，故纪载有所未详。要其师友渊源，初未尝绝，读《北史》所序，居然有两汉遗风。胜国西亭王孙著《授经图》，因章氏考索而加详焉。然止述两汉，不及魏晋以降，未为赅备。且南北区分，风尚不一，苟非支分派别，兼综条贯，则承学之士，何繇考其异同，定其得失耶？试取朱氏之书，次第缵续，必更有可观者。

本篇结论：

经过仔细比勘，《经解入门·南北经术流派》完全抄自《六朝经术流派论》，仅有几处文字点窜，如改“南北朝”为“六朝”，改“义”为“谊”。其他删改之处，在《南北经术流派》文中以［ ］表示，不一一赘述。奇怪的是，作伪者又将邵保初原文“郑氏之不可废，王氏之不可行”一句删为“郑氏之不可行”，语义正好相反，留下笑柄。

四、《近儒说经得失》辨伪

《经解入门·近儒说经得失》：

予既录治经诸儒，以明国朝经学之盛，乃复就诸儒著述之行世者，略分轩轾，俾学者知所率从。

司马按：此段系伪造者模拟江藩语气而为之。此篇确实是通篇抄袭江藩《国朝经师经义目录》一书，但有小的删改。下面逐一比勘。

《经解入门·近儒说经得失》：

国朝治《易》诸老，亦有攻王弼之《注》，击陈抟之《图》者。如黄宗羲之《易学象数论》，虽辟陈抟、康节之学，而以纳甲、动爻为假象，又称辅嗣注简当无浮词，失之。黄宗炎之《周易象数图书辨惑》，亦力辟宋人图书之说，然不宗汉学，皆非笃信之儒。毛奇龄《仲氏易》、《推易始末》、《春秋占筮书》、《易小帖》四书，颇宗旧旨，不杂芜词，然以交易为伏羲之《易》，“反易”、“对易”之外又增“移易”为文王、周公之《易》，牵合附会，不顾义理，务求胜词。凡此诸书，皆不取。惟胡渭《易图明辨》、惠士奇《易说》、惠定宇《易汉学》、《易例》、《周易本义辨证》、洪榜《易述赞》、张惠言《周易虞氏学》、《虞氏消息》、顾炎武《易音》为善。

江藩《国朝经师经义目录·易》：

国朝老儒，亦有攻王弼之《注》，击陈抟之《图》者。如黄宗羲之《易学象数论》，虽辟陈抟、康节之学，而以纳甲、动爻为假象，又称王辅嗣《注》简当无浮（义）［词］（司马按:《经解入门》于此加"失之"二字）。黄宗炎之《周易象（辞）［数］图书辨惑》，亦力辟宋人图书之说，可谓不遗余力矣（司马按:《经解入门》删去此六字）。然不宗汉学，皆非笃信之士（司马按:《经解入门》将"士"改为"儒"）也。惟毛奇龄《仲氏易》、《推易始末》、《春秋占筮书》、《易小帖》四书颇宗旧旨，不杂芜词；但以变易、交易为伏羲之《易》，"反易"、"对易"之外，又增"移易"为文王、周公之《易》，牵合附会，不顾义理，务求胜词而已。凡此诸书，不登兹录。

《易图明辨》十卷，胡渭撰。《易说》六卷，惠士奇撰。《周易述》二十三卷、《易汉学》八卷、《易例》二卷、《周易本义辨证》五卷，惠定宇撰。《易述赞》二卷，洪榜撰。《周易虞氏学》九卷、《虞氏消息》二卷，张惠言撰。《易音》三卷，顾炎武撰。《易学》四十卷，焦循撰。（司马按:《经解入门》改变编排方式，且将末种删去）

《经解入门·近儒说经得失》：

国朝阎氏、惠氏出，而伪古文寖微，马、郑之学复显，其余注《尚书》者十有余家，然不知伪古文、伪孔传者，概无足取。毛西河、胡朏明虽知古文之伪，而一作《冤词》，一作《洪范正论》，《正论》辟汉学"五行"、"灾异"之说，而不知夏侯始昌之《洪范五行传》亦出伏生，皆误也。惟阎若璩《古文尚书疏证》、胡渭《禹贡锥指》、惠定宇《古文尚书考》、宋鉴《尚书考辨》、王鸣盛《尚书后案》、江艮庭《尚书集注音疏》、《尚书经师表系》、段玉裁《尚书撰异》为善。

江藩《国朝经师经义目录·书》:

逮国朝阎氏、惠氏出，而伪古文寖微，马、郑之学复显于世矣(司马按:《经解入门》删去“于世矣”三字)。国朝注《尚书》者十有余家，不知伪古文、伪孔传者概无著录。如胡朏明《洪范正论》虽力攻图书之谬，而辟汉学五行灾异之说，是不知夏侯始昌之《洪范五行传》亦出伏生也。朏明虽知古文之伪，而不知五行传之不可辟，是以黜之。

《古文尚书疏证》八卷，阎若璩撰。《禹贡锥指》二十卷、图一卷，胡渭撰。《古文尚书考》二卷，惠定宇撰。《尚书考辨》四卷，宋鉴撰。《尚书后案》三十卷，王鸣盛撰。《尚书集注音疏》十二卷、《尚书经师系表》一卷，江艮庭撰。

司马按:《经解入门》在《国朝经师经义目录》的基础上增加段玉裁的《尚书撰异》，肯定为善书。另外，又将毛西河的《古文尚书冤词》与胡朏明的《洪范正论》一起批判。总之，此段虽小有改动，但改动的痕迹仍然非常明显。

《经解入门·近儒说经得失》:

国朝治《诗》诸老，莫不黜朱子而宗毛、郑，然朱鹤龄之《通义》，虽力驳废序之非，而又采欧阳修、苏辙、吕祖谦之说，盖好博而不纯者也。鹤龄与陈启源商榷《毛诗》，启源著《稽古编》三十卷，惠定宇亟称之。其书宗毛、郑，训诂声音以《尔雅》为主，草木虫鱼以陆疏为则，可谓专门名家矣。然其解“西方美人”，则盛称佛教东流始于周代，至谓孔子抑藐三皇而独圣西方;解“捕鱼诸器”，谓广杀物命，绝不知怪，非大觉缘异之文，莫能救之，妄下断语，谓庖牺必不作网罟，殊为诞怪。顾震沧之《毛诗类释》亦多凿空之言，非专门之学。惟惠周惕《诗说》、戴震《毛郑诗考正》、顾炎武《诗本音》、钱坫《诗音表》、陈奂《毛诗疏》、马瑞辰《毛诗传笺通释》为善。

江藩《国朝经师经义目录·诗》:

国朝崇尚实学，稽古之士崛起。(司马按:《经解入门》将此句改为:“治《诗》诸老，莫不黜朱子而宗毛、郑。”)然朱鹤龄之《通义》虽力驳废《序》之非，而又采欧阳修、苏辙、吕祖谦之说，盖好博而不纯者也。鹤龄与陈启源商榷《毛诗》，启源又著《稽古编》三十卷，惠征君定宇亟称之。其书虽宗郑学，训诂声音以《尔雅》为主，草木虫鱼以陆《疏》为则，可谓专门名家矣。然而解"西方美人"，则盛称"佛教东流，始于周代"，至谓"孔子抑藐三皇而独圣西方"。解"捕鱼诸器"，谓"广杀物命，恬不知怪，非大觉缘果之文莫能救之"，妄下断语，谓"庖牺必不作网罟"。吁！可谓怪诞不经之谈矣！顾震沧之《毛诗类释》多凿空之言，非专门之学，亦在删汰之列。

《诗说》三卷，惠周惕撰。《毛郑诗考正》四卷，戴震撰。《诗本音》十卷，顾炎武撰。《诗音表》一卷，钱坫撰。

司马按:《经解入门》在《国朝经师经义目录》的基础上增加两种：陈奂《毛诗疏》、马瑞辰《毛诗传笺通释》。

《经解入门·近儒说经得失》：

国朝治三礼者，万斯大、蔡德晋、盛百二诸人皆致力甚深，然或取古注，或参妄说，吾不取焉。方苞辈更无足道。其善者：沈彤《周官禄田考》、惠定宇《禘祫说》、江永《周礼疑义举要》、戴震《考工记图》、任大椿《弁服释例》、钱坫《车制考》、张尔岐《仪礼郑注句读》、《监本正误》、《石经正误》、沈彤《仪礼小疏》、江永《仪礼释官谱增注》、胡培翚《仪礼正误》、金日追《仪礼正讹》、褚寅亮《仪礼管见》、张惠言《仪礼图》、凌廷堪《礼经释例》、黄宗羲《深衣考》、惠定宇《明堂大道录》、江永《礼记训义择言》、《深衣考误》、任大椿《深衣释例》、惠士奇《礼说》、江永《礼书纲目》、金榜《礼笺》。

江藩《国朝经师经义目录·礼》：

至国朝，如万斯大、蔡德晋、盛百二虽深于礼经，然或取古注，或参妄说，吾不取焉；方苞辈更不足道矣。

《周官禄田考》三卷，沈彤撰。《禘祫说》二卷，惠定宇撰。《周礼疑义举要》七卷，江永撰。《考工记图》二卷，戴震撰。《弁服释例》十卷，任大椿撰。《车制考》一卷，钱坫撰。

《仪礼郑注句读》十七卷、《监本正误》一卷、《石经正误》一卷，张尔岐撰。《仪礼小疏》一卷，沈彤撰。《仪礼释官谱增注》

一卷，江永撰。《仪礼管见》四卷，褚寅亮撰。《仪礼正讹》十七卷，金日追撰。《仪礼图》六卷，张惠言撰。《礼经释例》十三卷，凌廷堪撰。

《深衣考》一卷，黄宗羲撰。《明堂大道录》八卷，惠定宇撰。《礼记训义择言》八卷、《深衣考误》一卷，江永撰。《深衣释例》三卷，任大椿撰。

《礼说》十四卷，惠士奇撰。《礼书纲目》八十五卷，江永撰。《礼笺》十卷，金榜撰。

司马按:《经解入门》在《国朝经师经义目录》的基础上增加一种，即胡培翚《仪礼正误》。

《经解入门·近儒说经得失》：

国朝为《公羊》之学者，阮君伯元、孔君广森最深，凌曙次之，其余不名家法者不取。《穀梁》之学，钟文丞颇有得。《左氏》则吴江朱氏、无锡顾氏皆为之，而鹤龄杂取邵宝、王樵之说，不采贾、服；震沧《大事表》虽精，然实以马宛斯之书为蓝本，且不知著书之体，有不必表者亦表之，是其短也。其善者：孔广森《公羊通义》、凌曙《公羊礼疏》、钟文丞《穀梁补注》、侯康《穀梁礼征》、顾炎武《左传杜解补正》、马骕《左传事纬》并附录、陈厚耀《春秋长历》、《春秋世族谱》、惠定宇《左传补注》、沈彤《左传小疏》、江永《春秋地理考实》、惠士奇《春秋说》。

江藩《国朝经师经义目录·春秋》：

国朝为《左氏》之学者，吴江朱氏、无锡顾氏。而鹤龄杂取邵宝、王樵之说，而不采贾、服；震沧之《大事表》虽精，然实以宛斯之书为蓝本，且不知著书之体，有不必表者亦表之，甚至如江湖术士之书，以七言为歌括，不值一噱矣。兹不著录。宋以后贵文章，治《左氏》，《公》、《穀》竟为绝学。阮君伯元云："孔君广森深于《公羊》之学。"然未见其书，不敢著录，余仿此云。

《左传杜解补正》三卷，顾炎武撰。《左传事纬》十二卷、附录八卷，马骕撰。《春秋长历》十卷、《春秋世族谱》一卷，陈厚耀撰。《左传补注》六卷，惠定宇撰。《春秋左传小疏》一卷，沈彤撰。《春秋地理考实》四卷，江永撰。

附三传总义

《春秋说》十五卷，惠士奇撰。

司马按:《经解入门》在《国朝经师经义目录》的基础上增加孔广森《公羊通义》、凌曙《公羊礼疏》、钟文烝《穀梁补注》、侯康《穀梁礼征》。江藩明言："宋以后贵文章，治《左氏》，《公》、《穀》竟为绝学。阮君伯元云：'孔君广森深于《公羊》之学。'然未见其书，不敢著录。"江藩著《国朝经师经义目录》之时，西汉今文经学早成绝学，并未复兴，要等到晚清才重放光明，所以他连孔广森的《公羊通义》都没有著录。至于《公》、《穀》之优劣，他也未置一辞。《经解入门》增加评论："国朝为《公羊》之学者，阮君伯元、孔君广森最深，凌曙次之，其余不名家法者不取。《穀梁》之学，钟文烝颇有得。"阮元不以《公羊》之学著名，此处将他与孔广森相提并论，可能是对《国朝经师经义目录》所引阮君伯元云"孔君广森深于《公羊》之学"一语的误读。

《经解入门·近儒说经得失》：

《论语》、《孟子》、《大学》、《中庸》，至宋而后大行。国朝作注者：阎若璩《四书释地》、《续》、《又续》、《三续》、《释地余论》、江永《乡党图考》、戴震《孟子字义疏证》、焦循《孟子正义》、宋翔凤《孟子赵注补正》，皆善。

江藩《国朝经师经义目录·论语》：

至南宋，朱子始以《论语》、《孟子》及《礼记》中之《大学》、《中庸》二篇合为《四书》，盛行于世。

《四书释地》一卷、《四书释地续》一卷、《四书释地又续》二卷、《四书释地三续》二卷、《四书释地余论》一卷，阎若璩撰。《乡党图考》十卷，江永撰。《孟子字义疏证》三卷，戴震撰。《论语后录》五卷，钱坫撰。《论语骈枝》一卷，刘台拱撰。

司马按:《经解入门》将《国朝经师经义目录》的钱坫《论语后录》、刘台拱《论语骈枝》替换为焦循《孟子正义》、宋翔凤《孟子赵注补正》。

《经解入门·近儒说经得失》：

《孝经》惟阮福《义疏》有据。

司马按：江藩《国朝经师经义目录》没有为《孝经》立目，此语为《经解入门》所加。

《经解入门·近儒说经得失》：

《尔雅》：邵氏《正义》、郝氏《义疏》皆博大。

司马按：江藩《国朝经师经义目录·尔雅》仅著录了邵晋涵《尔雅正义》二十卷，但没有录郝氏《义疏》。

《经解入门·近儒说经得失》：

其释群经总义者：朱彝尊《经义考》、翁方纲《经义考补正》、吴陈琰《五经古今文考》、冯登府《十三经诂答问》、陈澧《东塾读书记》。其余尽荟萃于《皇清经解》中，此尽阮氏伯元所辑，为说经家一大统宗，学者不可不读。

司马按：江藩《国朝经师经义目录》经总义类附录于论语类，但所著录之书与《经解入门》无一相同。

本篇结论：

《经解入门·近儒治经得失》首先在前面加一门面语，模拟江藩口气，然后逐字逐段抄袭《国朝经师经义目录》，可谓名正言顺，最后一节来一掉包计，将《国朝经师经义目录》所著录之书全部换成其他书。但也留下了狐狸尾巴：陈澧与江藩时代不相及，江藩决不会著录《东塾读书记》一书！

五、《经与纬相表里》辨伪

《经解入门·经与纬相表里》：

纬候之书，说者谓起于哀、平之世，非也。纬候所言多近理，与经相表里①，本古圣遗书，而后人以怪诞之说纂入其中，遂令人不可信耳。其醇者盖始于孔氏，故郑康成以为孔子所作，其驳者亦起于周末、战国之时。何以知之？秦始皇时已有“亡秦者胡”之谶，则谶纬由来久矣。孟喜，汉初人也，而卦气图之用，本于《易纬》。司马迁，武帝时人，而《史记》所载简狄吞燕卵生契之

① 司马按：“与经相表里”，原文作“可以翼经”。

事，本于《尚书中候契握》。大毛公，亦汉初人也，《诗传》所谓尊而君之，则称皇天；元气广大，则称昊天；仁覆闵下，则称旻天，本于《尚书帝命验》。伏生，秦时人也，所作《尚书大传》，言主春者鸟昏中可以种谷，主夏者大昏中可以种黍，本于《尚书考灵耀》，所言夏以十三月为正，殷以十二月为正，周以十一月为正，本于《乐纬稽耀嘉》。翼奉，宣帝时人也，元帝初上封事，言《诗》有五际，本于《诗纬泛历枢》。又《易通卦验》云："失之毫厘，差以千里。"《礼记·经解》及《太史公自序》皆引之，言："差若毫厘，谬以千里。"《中候摘洛戒》云："周公践阼。"《礼记·明堂位》引用其文。《春秋汉含孳》云："三公，九卿，二十七大夫，八十一元士。"《礼记·王制》引用其文。由是观之，秦、汉之间，以至昭、宣之世，已有其书，岂始于哀、平哉？秦、汉既引其文，故知其起于战国也。《河图括地象》言："昆仑者，地之中，东南地方五千里，名曰神州。"与邹衍大九州之说合，则《括地象》之书或即邹衍之徒为之。此起于战国之证也。至若"失之毫厘，差以千里"，其言最精。又《孝经勾命决》言："孔子曰：吾志在《春秋》，行在《孝经》。"《孝经援神契》言："日者天之明，月者地之理。"皆有精义，足以羽翼经训①。又若《礼元命包》言："天子五庙：二昭，二穆，以始祖而五。"与《丧服小记》"王者立四庙"相表里②。《春秋含文嘉》言："天子射熊，诸侯射麋，大夫射虎、豹，士射鹿、豕。"与《乡射礼记》相表里③。《礼稽命征》言："天子旗九仞十二旒，诸侯七仞九旒。"此类又足补《礼经》之缺，故知其始于孔氏也。《隋书·经籍志》云："说者谓孔子既叙六经，知后世不稽同其意，故别立纬及谶，以遗来世。其书出于前汉。《书洪范孔疏纬候》之书，不知谁作，通人讨核，谓伪起哀、平，虽复前汉之末，始有此书，以前学者必相传此说。"然则谓纬候起哀、平，孔冲远亦不以为然矣。吾得断之曰：纬候创

① 司马按："足以羽翼经训"，此六字为《经解入门》所加。

② 司马按："相表里"三字，原文作"合"。

③ 司马按："相表里"三字，原文作"合"。

始于孔氏，增纂于战国，盛行于哀、平。而其书实与经相表里。学者取其瑜而弃其瑕，斯得矣。

金鹗《纬候不起于哀平辨》①：

纬候之书，说者谓起于哀、平之世，非也。纬候所言多近理，可以翼经，本古圣遗书，而后人以怪诞之说纂入其中，遂令人不可信耳。其醇者盖始于孔氏，故郑康成以为孔子所作，其驳者盖亦起于周末、战国之时，何以知之？秦始皇时已有“亡秦者胡”之谶，则谶纬由来久矣。孟喜，汉初人也，而卦气图之用，本于《易纬》。司马迁，武帝时人，而《史记》所载简狄吞燕卵生契之事，本于《尚书中候契握》。大毛公，亦汉初人也，《诗传》所谓尊而君之，则称皇天；元气广大，则称昊天；仁覆闵下，则称旻天，本于《尚书帝命验》。伏生秦时人也，所作《尚书大传》，言主春者鸟昏中可以种谷，主夏者大昏中可以种黍，本于《尚书考灵耀》，所言夏以十三月为正，殷以十二月为正，周以十一月为正，本于《乐纬稽耀嘉》。翼奉，宣帝时人也，元帝初上封事言《诗》有五际，本于《诗纬泛历枢》，又《易通卦验》云：“失之毫厘，差以千里。”《礼记·经解》及《太史公自序》皆引之言：“差若毫厘，谬以千里。”《中候摘洛戒》云：“周公践阼。”《礼记·明堂位》引用其文。《春秋含孳》云：“三公，九卿，二十七大夫，八十一元士。”《礼记·王制》引用其文。由是观之，秦、汉之间，以至昭、宣之世，已有其书，岂始于哀、平哉？秦、汉既引其文，故知其起于战国也。《河图括地象》言：“昆仑者，地之中，东南地方五千里，名曰神州。”与邹衍大九州岛之说合，则《括地象》之书或即邹衍之徒为之。此起于战国之证也。至若“失之毫厘，差以千里”，其言最精。又《孝经句命决》言：“孔子曰：吾志在《春秋》，行在《孝经》。”《孝经援神契》言：“日者天之明，月者地之理。”皆有精义。又若《礼元命包》言：“天子五庙：二昭，二穆，以始祖而五。”与《丧服小记》“王者立四庙”合。《春秋含文嘉》

① 《诂经精舍文集》，第12卷，第14页；《求古录礼说》，第15卷，第3页；《清经解》卷1390。

言：“天子射熊，诸侯射麋，大夫射虎、豹，士射鹿、豕。”与《乡射礼记》合。《礼稽命征》言：“天子旗九仞十二旒，诸侯七仞九旒。”此类又足补《礼经》之缺，故知其始于孔氏也。《隋书经籍志》云：“说者谓孔子既叙六经，知后世不稽同其意，故别立纬及谶，以遗来世。其书出于前汉，《书洪范孔疏纬候》之书不知谁作，通人讨核，谓伪起哀、平，虽复前汉之末，始有此书，以前学者必相传此说。”然则谓纬候起哀、平，孔冲远亦不以为然矣。吾得断之曰：纬候创始于孔氏，增纂于战国，盛行于哀、平。

本篇结论：

经过比勘，我们发现，《经解入门·经与纬相表里》与金鹗《纬候不起于哀平辨》有着惊人的相似之处，几乎就是赤裸裸的抄袭！仅在文末加以断语：“而其书实与经相表里，学者取其瑜而弃其瑕，斯得矣。”另外，在文字上稍加点窜，原文作“可以翼经”，改为“与经相表里”；原文作“与……合”，改为“与……相表里”。改动极少，均为扣题之笔。如此点窜，可谓拙于作伪矣！《经解入门》第四十条为“不可剽窃成说”，若以子之矛，攻子之盾，则万难自解矣！

六、《经与子相表里》辨伪

《经解入门·经与子相表里》：

周秦诸子皆与经相出入。如《管子》之治术，《司马》之兵法，《墨子》之引《书》，《荀子》之传《诗》，皆得于经之古义。而读者取其事实，可以补证经传之简略；知其旨归，可以补证经传之讹文、佚文；知其古训古音，可以订经传音注之得失。即汉魏诸子亦然。盖汉魏去古未远，微言大义犹未绝于人间，故其义理虽纯杂不一，而所以发明经义仍瑕不掩瑜，与唐以后所谓子部者大别。惟读之宜以细心，务在先求训诂，必使确实可解，勿徒空论其文，臆度其理，即如《庄子》寓言，多乌有、子虚之事，而其文字名物，仍凿凿可据。盖凡古人著书，断未有故令其语在可解未可解之间者。况天地间人情物理、猥琐纤末之事，经史所不能尽者，子部无乎不有。其趣妙处，较之经史，尤易引人入胜。以经学家“实事求是”之法读之，斯其益无限。因取先秦以上传记（子史及解经之书，古人通名传记）真出古人之手，及汉魏著述中理者，约举其名于后，俾学者知所趋焉。

三代古传记，《国语》、《战国策》、《大戴礼》最要。《七经纬》，国朝人搜集，较《古微书》为备。纬与谶异，乃三代儒者说经逸文，勿以耳食而议。其余《山海经》、《世本》、《逸周书》、《竹书纪年》、《穆天子传》上三书虽有假托，皆秦以前人所为。《周髀》、《素问》、《司马法》之类，皆足为考证经义之用。

周秦间诸子，《荀子》、《管子》、《吕氏春秋》最要。《庄子》、《墨子》之属，理虽悠谬，可证经传者甚多。此外，《老子》、《孙子》、《晏子春秋》、《列子》、《庄子》、《文子》、《吴子》、《韩非子》、《鹖冠子》、《孔丛子》、《楚辞》、《楚辞》集类，以其可证经者多，故附此。皆善。至于《尸子》、《商子》、《尹文子》、《关尹子》、《燕丹子》，近人均有采集校本。其余子部尚繁，或伪作，或佚存无几，不录。

汉至隋说经之书，许氏《五经异义》、郑氏《驳异义》、陆氏《经典释文》为要。注家得失篇已举之矣。其余善者：《乾凿度郑注》、《尚书大传》、《韩诗外传》、《春秋繁露》、《白虎通》、《春秋释例》、《陆玑诗疏》、《皇侃论语疏》、《李氏周易集解》、《虞氏易注》、《郑氏易注》、《荀氏九家易注》、《尚书马郑注》、《左传贾服注》、《蔡邕明堂月令章句》、《郑氏箴膏肓·起墨守·发废疾》、《毛郑异同评》、《刘炫规杜》之属。《汉魏遗书》、《古经解汇函》、《古经解钩沈》等书，或原部收入，或原书亡佚，各家从他书中辑出，亦备存焉。

汉至隋小学之书，《说文》、《玉篇》、《广雅》、《广韵》最要。而《急就篇》、《方言》、《释名》、《字林》四书亦善。《字林》久佚，近人任大椿搜集成书，名《字林考逸》。《广韵》即陆法言《切韵》，略有增修，故列入隋。此下唐人《一切经音义》为胜（东洋刻本）。其余《汗简》、《集韵》、《韵补》、《韵会》、《薛尚功钟鼎款识》之属，亦资考证，但少缓耳。《仓颉》、《凡将》诸书久亡，任大椿搜集之，名《小学钩沈》，与《小学汇函》皆宜读。

汉后隋前传记诸子，《新序》、《说苑》、《列女传》、《水经注》最要，而《吴越春秋》、《越绝书》、《家语》王肃所集，故列此。《汉官六种》、《三辅黄图》、《华阳国志》、《淮南子》、《法言》、《盐铁论》、《新论》、《潜夫论》、《论衡》、《独断》、《风俗通》、《申鉴》、《齐民要术》、《文中子》、《中说》、《颜氏家训》、《九章算术》皆宜读。算经隋以前尚有六种，乃专门之学，极有实用。(至)［自］唐至明，其书不少，后出愈善，至国朝而极精。此取其古，为通经之用。此外，子部如《太玄经》、《易林》、《物理论》、《中论》、《人物（识）志》、《高士传》、《博物志》、《古今注》、《南方草木状》、《洛阳伽蓝记》、《荆楚岁时记》、《世（记）［说］》、《抱朴子》、《金楼子》之属，虽颇翔实雅驯，仅资词章、谈助，非其所急；《难经》、《参同契》，无关儒术；《理惑》、《拾遗》，违正害理；与其余伪作之书，咸宜辨别。

张之洞《輶轩语·语学第二》：

读子为通经。以子证经，汉王仲任已发此义。

子有益于经者三：一证佐事实。一证补诸经伪文、佚文。一兼通古训、古音韵。然此为周、秦诸子言也，汉、魏亦颇有之。至其义理虽不免偏驳，亦多有合于经义可相发明者，宜辨其真伪、别其瑜瑕，斯可矣。唐以后子部书最杂，不可同年而语。

读子宜求训诂，看古注。

诸子道术不同，体制各别，然读之亦有法。首在先求训诂，务使确实可解，切不可空论其文，臆度其理。如俗本《庄子因》、《楚辞灯》、《管子评注》之类，最害事。即如《庄子》寓言，谓其事多乌有耳，至其文字、名物，仍是凿凿可解，文从字顺，岂有箸书传后，故令其语在可晓不可晓之间者乎？以经学家实事求是之法读子，其益无限。大抵天地间人情、物理，下至猥琐纤末之事，经、史所不能尽者，子部无不有之。其趣妙处，较之经、史，尤易引人入胜。故不读子，不知瓦砾、糠秕无非至道；不读子，不知文章之面目变化百出，莫可端倪也。今人学古文以为古文，唐、宋巨公学诸子以为古文，此古文家秘奥。此其益人，又有在于表里经、史之外者矣。

读书宜多读古书。

……兹将先秦以上传记子、史及解经之书，古人通名传记。真出古人手者，及汉、魏著述中理切用者，约举其名于后。

《国语》、《战国策》、《大戴礼》、《七经纬》国朝人搜集，较《古微书》为备。纬与谶异，乃三代儒者说经逸文，勿以耳食而议之。《山海经》、《世本》近人秦嘉谟辑补《逸周书》、《竹书纪年》、《穆天子传》三书虽有假托，皆秦以前人所为。《周髀》、《素问》、《司马法》。《班志》列入礼家，其书皆言军礼。以上诸书皆有考证经义之用。

以上三代古传记。其余皆是汉后伪书，断不可信，《国语》、《战国策》、《大戴》最要。

《老子》、《管子》、《孙子》、《晏子春秋》、《列子》、《庄子》、《文子》、《吴子》、《墨子》、《荀子》、《韩非子》、《鹖冠子》、《孔丛子》、《吕氏春秋》、《楚辞》。此集类，然可证经，故附此。此外，尚有《尸子》、《商子》、《尹文子》、《关尹子》、《燕丹子》，国朝人均有采集校本。

以上周秦间诸子。其余尚多，或伪作，或佚存无几。《荀》、《管》、《吕》最要，《庄》、《墨》之属，理虽悠谬，可证经传者甚多。

《乾凿度郑注》、《尚书大传》、《韩诗外传》、《春秋繁露》、《白虎通》、《春秋释例》、《陆玑诗疏》、《皇侃论语疏》、《周易集解》、《经典释文》。二书虽唐初人集，乃汉魏、六朝人旧说。此外，尚有《五经异义》、《驳五经异义》、《虞氏易注》、《郑氏易注》、《荀九家易注》、《尚书马、郑注》、《左传贾服注》、《蔡邕明堂月令章句》、《箴膏肓》、《起墨守》、《发废疾》、《毛郑异同评》、《刘炫规杜》、《汉魏遗书》、《古经解钩沈》等书，或元书亡佚，国朝人从他书采集者。

以上汉至隋说经之书。唐至国朝，经学书太多，俟他日择要标目。

《说文》、《方言》、《释名》、《急就篇》、《字林》书久佚，国朝任大椿搜集成书，名《字林考逸》。《玉篇》、《广韵》。《广韵》即陆法言《切韵》，略有增修，故列隋。此后唐人《一切经音义》最胜。尚有《汗简》、《集韵》、《韵补》、《韵会》、《薛尚功钟鼎款识》之属，亦资考证，但可少缓耳。《仓颉》、《凡将》诸书，久已亡佚，任大椿搜集之，名《小学钩沈》，最好。

以上汉至隋小学之书。《说文》、《玉篇》、《广韵》尤要。

《新序》、《说苑》、《列女传》、《吴越春秋》、《越绝书》、《家语》王肃所集，故列此。《汉官六种》、《三辅黄图》、《水经注》、《华阳国志》、《淮南子》、《法言》、《盐铁论》、《新论》、《潜夫论》、《论衡》、《独断》、《风俗通》、《申鉴》、《齐民要术》、《文中子》、《中说》虽门人所作，体制未善，词理颇精，不可废。《颜氏家训》、《九章算术》。此外，隋以前算经尚有六种，算乃专门之学，极有实用。自唐至明，算书不少，后出愈精，至国朝而极精。此取其古，为通经之用。

以上汉后隋前传记、诸子。此外，如《太玄经》、《易林》、《物理论》、《中论》、《人物志》、《高士传》、《博物志》、《古今注》、《南方草木状》、《洛阳伽蓝记》、《荆楚岁时记》、《世说》、《抱朴子》、《金楼子》之属，虽颇翔实雅驯，仅资词章、谈助，非其所急；《难经》、《参同》，无关儒术；《理惑》、《拾遗》，违正害理；其余多是伪作，宜辨。《新序》、《说苑》、《列女传》、《水经注》最要。

本篇结论：

《经解入门·经与子相表里》无论是观点，还是材料，完全仿照《輶轩语》而成。仅删去“《新序》、《说苑》、《列女传》、《水经注》最要”、“虽门人所作，体制未善，词理颇精，不可废”等语，又于书目中添加《古经解汇函》、《小学汇函》二种，可谓依样画葫芦，不善作伪矣。

七、《说经必先审句读》辨伪

武亿《经读考异》：

《易》

《乾》九三：“夕惕若厉无咎。”

亿案：近读皆以“夕惕若”为句，“厉”一读，“无咎”一读。考汉唐旧读并连“夕惕若厉”为句。《淮南子·人间训》：“夕惕若厉，以阴息也。”《汉书·王莽传》引《易》曰：“夕惕若厉。”《说文》“［夤］”字引《易》曰：“夕惕若厉。”《风俗通》引《易》曰：“夕惕若厉。”……古读似可依。

《象》曰：“天行健君子以自强不息。”

亿案：李氏《集解》引何妥曰：“天体不健，故能行之，德健也，犹如地体不顺，承弱之势顺也，所以乾卦独变名为健。”……

此诸说并以“天行健”连读为义。愚谓乾古字作健，见《古今韵会》，传写者因转写作健，即健即乾字之转，圣人释象皆以卦本名言之，不宜自变其例，是“天行”为一读，“健”为一读，“天行”与坤象地势语正相比，而注家因文牵附，皆凿说也。

《坤》：“元亨利牝马之贞。”

亿案：旧读作“利牝马之贞”，利字连下为义。考《程传》：“坤，乾之对也。四德同而贞体则异，乾以刚固为贞，坤则柔顺而贞。牝马柔顺而健行，故取象曰牝马之贞。”是以“利”为一读，“牝马之贞”另为句。

“先迷后得主利西南得朋东北丧朋。”

亿案：旧读并以“利”字属上“主”字为句。考此宜以“后得主”绝句，“利”字属下“西南”读。《文言》曰：“后得主而有常。”则主字绝句。又《蹇》：“利西南。”则“利”字属下，又可举证。

《屯》初九：“盘桓利居贞。”

亿案：近读以“利居贞”为句。考魏明帝征管宁诏：“盘桓利居。”又以“居”字为读，“贞”字另为义，不与“居”连文。

六三：“君子几不如舍往吝。”

亿案：近读以“几”字为句，（朱子云：“君子见几，不如舍去。”）考《淮南子·缪称训》：“《易》曰：即鹿无虞，惟入于林中，君子几不如舍往吝。”注：即，就也；鹿以喻民；虞，欺也；几，终也……高氏又以“几不如舍”连读为句。

《需》九二象词：“需于沙衍在中也。”

亿案：近读从“沙”绝句。据《九经古义》，《穆天子传》云：“天子东征，南绝沙衍。辛丑，天子渴于沙衍，求饮未至。（郭璞云：‘沙衍，水中有沙者。’）水少沙见，故象云需于沙衍。”或以“衍”属下句读，非也。愚谓虞翻云：“衍，流也。”似当作流沙之义，则虞氏亦以衍字绝句为训，此又可举证。

《讼》：“有孚窒惕中吉。”

亿案：此凡两读：《释文》“有孚窒”一句，“惕中吉”一句。又荀爽曰：阳来居二而孚于初，故曰“讼有孚”，则以“孚”字为句。虞翻云:“窒，塞止也。惕，惧也。”则“窒”一字为句，“惕”一字为句。孔氏《正义》同。

九二:“不克讼归而逋其邑人三百户无眚。”

亿案:此凡两读:《正义》曰:“若能以惧归窜其邑，乃可免灾者。”如此注意，则经称“其邑”二字连上为句，“人三百户”合下为句。朱子《本义》:“邑人三百户，邑之小者。”则以“逋”字绝句，“其邑人三百户”绝句，“无眚”又另为句。

六三:“食旧德贞厉终吉。”

亿案:此凡两读:朱子《本义》:“守旧居正，则虽危而终吉。”如此注意，以“贞”字绝句，“厉”下属“终吉”为句。虞翻云:“贞厉得位，故终吉也。”王辅嗣云:“处两刚之间，而皆近不相得，故曰贞厉。”如此注意，则以“食旧德”为句，“贞厉”为句。愚谓象词明言“食旧德”，是“贞厉”连文下属，从虞、王读为正。

《师》:“贞丈人吉。”

亿案:此凡两读:朱子《本义》:“用师之道，利于得正。”则“贞”为句，近多从之。考《周礼》天府注，郑司农云:“贞，问也。《易》曰:师贞丈人吉。”问于丈人，则“师”为一读，“贞”字连下“丈人”为句。……

九二:“在师中吉无咎。”

亿案:《九家易》曰:“虽当为王，尚在师中，为天所宠，事克功成，故吉无咎。”王辅嗣注:“在师而得其中。”《正义》曰:“观注之意，以‘在师中’为句，其‘吉’字属下。”又云:“观象之文，在师中吉，承天宠者，则似‘吉’字属上。”此吉之一字，上下兼该，故注文属下，象文属上，此孔氏已从两读。愚谓“在师”亦可为句，“中吉”当连为句。《讼》:“有孚窒惕中吉。”亦以“中吉”属读，是其义也。

《小畜》六四:“有孚血去惕出无咎。”

亿案:“血去惕出”旧读并连文。考“血去”当属上“有孚”为义。血，阴属，群小也，四以一阴蓄众阳，而群小乘之，惟赖诚结主知，则三不见侵，邪害亦消阻矣。故云“有孚血去”，与下九五“有孚挛如”正相比。

上九：“尚德载妇贞厉。”

亿案：旧读并以“载”字绝句。考此宜以“尚德载妇”属读。如《履》九五：“夬履，贞厉。”《噬嗑》六五：“贞厉，无咎。”……并可举证。

《谦》九三：“劳谦君子有终吉。”

亿案：荀爽曰：“君子有终，故吉也。”是以“君子有终”为句。吴氏据初六“谦谦君子”，则此爻当“劳谦君子”为句。

六四：“无不利撝谦。”

亿案：此凡两读：荀爽曰：“四得位，处正，家性为谦，故无不利……”此以“无不利”“撝谦”分属二句，孔氏《正义》、朱氏《本义》同。程传……又以“无不利撝谦”为一句。

《蛊》初六：“有子考无咎厉终吉。”

亿案：此凡两读：……王肃以“考”字绝句。王弼注……以“有子”为句，“考”字属下为句。《困学纪闻》云……从辅嗣读也。

《观》六三：“观我生进退。”

亿案：此读多连五字为一句。证以下九五“观我生”、上九“观其生”，则此“观我生”亦宜为句，“进退”另为句。

《剥》初六：“剥床以足蔑贞凶。”

亿案：虞氏翻曰：“失位无应，故蔑贞凶。”孔氏《正义》：“蔑贞凶者，蔑削也。”朱子《本义》：“蔑正则凶。”《程传》：“蔑，无也，谓消亡于正道也。”并以“蔑贞”为读。愚谓象文“剥床以足，以灭下也”，则“剥床以足”为句，“蔑灭也”另为句，“贞凶”亦另为句，不宜以“蔑贞”连文。

六三：“剥之无咎。”

亿案：此凡两读：“剥之”为句，“无咎”为句。又“剥之无咎”亦可连读为句。

《无妄》象曰：“天下雷行物与无妄。”

亿案：此凡两读：《九家易》：“天下雷行，阳气普遍，无物不与，故曰物与也。”是以“物与”绝句。又云：“物受之生无有灾妄，故曰物与无妄也。”是又以“物与无妄”连读。虞翻曰：“与谓举，妄，亡也，谓雷以东之震为反生万物出震无妄者也，故曰物与无妄。”王辅嗣注：“天下雷行，物皆不可以妄也。”皆从《九家易》后一读。愚谓以《易》例推之，凡象释卦名则卦名皆另读，不宜此独连为句，从《九家易》前一读为是。

《大畜》：“刚健笃实辉光日新其德刚上而尚贤。”

亿案：此凡三读：近读从“刚健笃实辉光”为句。《郑氏周易》“辉光日新”为句，“其德刚上而尚贤”为句。蜀才本并同。王辅嗣注：“夫唯辉光日新其德者，唯刚健笃实也。”又以“辉光日新其德”为句。

《颐》六二：“颠颐拂经于丘颐征凶。”

亿案：此凡两读：王肃云：“二宜应五，反下养初，岂非颠颐违常于五也，故曰拂经于邱。”王辅嗣注亦曰：“颠颐，拂经于丘。”此以“颠颐”为句，“拂经于丘”为句。《本义》曰：“求养于初，则颠倒而违于常理，求养于上，则往而得凶。”此又以“拂经”为句，“于丘颐”为句。

《坎》六四：“樽酒簋贰用缶。”

亿案:《释文》云：“樽酒”绝句，“簋贰”绝句，“用缶”绝句；旧读“樽酒簋”绝句，“贰用缶”绝句。虞翻曰：“震主祭器，故有尊簋。又坤为缶礼，有副尊，故贰用缶。”王辅嗣云：“一樽之酒，贰簋之食。”孔氏并以“樽酒簋贰”为句。此旧读也。礼器疏案：六四：“樽酒簋贰用缶。纳约自牖终无咎。”郑云：“六四上承九五，又互体在震上，天子大臣以王命出会诸侯，尊于簋，副设元酒而用缶也。”孔氏既依郑言“尊于簋，副设元酒”，是从旧读之证。朱子《本义》：“晁氏云：先儒读‘樽酒簋’为一句，‘贰用缶’为一句。今从之。”……

“纳约自牖终无咎。”

亿案：旧读以“纳约自牖”为句，朱子《本义》、程《传》并同。考崔憬曰：“于重险之时，居多惧之地，近三而得位，比五而承阳，修其洁诚，进其忠信，虽祭祀省薄，明德惟馨，故曰樽酒簋贰用缶内约，文王于纣王时行此道，从羑里内约，卒免于难，故曰自牖终无咎也。”据此注意，是“内约”绝句，“自牖”又连下为义。

《离》象曰：“明两作离。”

亿案：此凡两读：虞翻曰：“两谓日月也，乾五之坤成坎，坤二之乾成离。离、坎，日月之象，故明两作离也。”此连卦名读。又云或以“日与火为明两作也”，则又以“明两作”绝句。愚谓此读宜以后说为据。

初九：“履错然敬之无咎。”

亿案：旧读并从“然”字绝句。考象词明言“履错然敬之”，则“履错然敬之”五字连读，亦可为义。

上九：“王用出征有嘉折首获匪其丑。”

亿案:《周易稽疑》云：“旧传以‘有嘉’为句……小象多有韵，此当曰‘有嘉折首’，庶与韵协也。”顾氏《易本音》与此同。

《恒》六五：“恒其德贞妇人吉夫子凶。”

亿案：王辅嗣注意以“恒其德贞”为句，孔氏《正义》、朱子《本义》、程《传》并同。考虞氏翻曰：“东正成乾，故恒其德……”此又以“德”字绝句，“贞”字属下为句。象词妇人贞吉，则贞字宜连妇人取义，虞氏读为是。

《遯》初六：“遯尾厉。”

亿案：此凡两读：“遯尾厉”三字连文为句；“遯尾”一读，“厉”一读。义并得通。

《晋》初六：“罔孚裕无咎。”

亿案：此凡两读：虞氏翻：“应离为罔，四坎称孚，坤弱为裕。”王氏安石云：“孔子曰：我待价而贾者也，此罔孚而裕如进也。孟子久于齐，此罔孚而裕如退也。”胡氏炳文云：“罔孚在人，而吾不可以不裕。”是并以“罔孚裕”连文为义。王辅嗣注及孔氏《正义》、程《传》、朱子《本义》悉以“罔孚”为句，“裕”连下无咎为句。据象词“裕无咎未受命也”，则“裕”字连下读为是。

《明夷》九三：“得其大首不可疾贞。”

亿案：旧读皆以“不可疾贞”四字为句。考此宜从“不可疾”为句，“贞”为句……

《解》上六："公用射隼于高墉之上获之无不利。"

亿案：旧读皆以"公用射隼于高墉之上"九字为句，"获之"为句。考象词明言"公用射隼"，则宜四字为句，"于高墉之上获之"连文为句，义较长。

《损》九："弗损益之。"

亿案:《周易稽疑》：弗损益之，先儒皆连读，惟晁氏客语"弗损"绝句。

《夬》九二："惕号莫夜有戎勿恤。"

亿案：此凡两读：王辅嗣注："虽有惕惧号呼，莫夜有戎不忧不惑，故勿恤也。"据此注意，是以"惕号莫夜有戎"为句，"勿恤"为句。孔氏《正义》云："虽复有人惕惧号呼，语之云：莫夜必有戎卒来害已。"据此疏意，是以"惕号"为句，"莫夜有戎"为句。后儒多同此。考象词明言"有戎勿恤"，则宜以"惕号莫夜"绝句为正。

《萃》初六："若号一握为笑。"

亿案：此凡两读：孔氏《正义》云："已为正配，三以近宠，若自号比，为一握之小，执其谦退之容，不与物争。"观此疏此意，"若号一握为笑"六字为句。后儒解作呼号，则以"若号"为句，"一握为笑"另为句。古《易》用韵多如是者。

《困》："亨贞大人吉。"

亿案：此凡两读:《程传》云："如卦之才，困而能亨，且得贞正。"是以"贞"另读为义。王辅嗣注："处困而用刚，不失其中，履正而能，体大者也，能正而不能大博未能济刚者也，故曰贞大人吉。"是以"贞"连"大人"属读为义。据象传明言"贞大人吉，以刚中也"，从王读为正。

《井》上六："井收勿幕有孚。"

亿案：此凡两读：虞氏翻曰："幕，盖也。……故井收勿幕。"此以"井收勿幕"连读为义。王辅嗣注："幕，覆也，不擅其有，不私其利，则物归之，往无穷矣。故曰勿幕有孚元吉也。"此以"勿幕"下属"有孚"为句。

《渐》初六："小子厉有言。"

亿案：旧读皆以“小子厉”断句，“有言”另为句。据《程传》云：“危惧而有言。”则以“厉”下属连读取义。

《巽》九二：“巽用史巫纷若吉。”

亿案：荀爽云：“史以书勋，巫以告庙，纷变若顺也。”又云：“征伐既毕，书勋告庙。当变而顺五，故曰用史巫纷若吉无咎。”……据经文明言“纷若之吉”，则“纷若”宜连下属“吉”字为读。

《系词上》：“君子居其室出其言善则千里之外应之。”

亿案：旧读多以“出其言善”为句。考此当以“出其言”为句，“善”字连下读为句。

《杂卦》：“亲寡旅也。”

亿案：此凡两读：王辅嗣注：“亲寡故寄旅。”以“亲寡”为句。《释文》云：荀本丰多故“亲”绝句，“寡旅也”别为句。是又以“亲”属上“丰多故”为句。

《书经》

《尧典》

“曰若稽古帝尧曰放勋。”

亿案：有读“曰若稽古”句，有读“曰若稽古帝尧”句。①

“明明扬侧陋。”

亿案：此凡两读：《孔传》：“明举明人在侧陋者”，是以“明明”连下为一句。《蔡氏集传》：“明明，上明谓明显之，下明谓已在显位者。扬，举也；侧陋，微贱之人也。”则以“明明”断句，“扬侧陋”又一读。

“克谐以孝烝烝乂不格奸。”

亿案：有读“克谐”句，“以孝烝烝乂不格奸”句；有读“克谐”句，“以孝烝烝”句，“乂不格奸”句；有读“克谐以孝烝烝乂”句“不格奸”句。②

“正日同律度量衡。”

---

① 此条例证被删。

② 此条例证被删。

亿案：此凡两读:《孔传》：“律法制及尺丈斛斗斤两皆均同。”则以“同”字属“律度量衡”为句。……此又以“正日”连下“同律度量衡”为一句。

“让于殳斨暨伯与。”

亿案:《孔传》：“殳斨、伯与，二臣名。”则以“殳斨”连文为读。据吴斗南《两汉刊误补遗》云：“垂逊于殳斨伯与，逊于朱虎熊罴，若均为二臣，史无异辞可也。”今于殳斨伯与加“暨”字于其间，而朱虎熊罴则不然者，盖有谓也。殳斨为二人，伯与为一人，故加“暨”字以别之。……是殳斨为二人，则“殳”为一读，“斨”为一读。

“舜生三十征庸三十在位五十载陟方乃死。”

亿案:《孔传》、《蔡传》并以“庸”字、“位”字、“死”字绝句。据郑康成读此经云：“舜生三十，谓生三十年也。登庸二十，谓历试二十年。在位五十载，陟方乃死，谓摄位至死五十年。”则以“舜生三十”为句，“征庸三十”为句，“在位五十载”为句。又证之《大戴礼》，二十以孝闻乎天下，三十在位，嗣帝所五十乃死。“嗣帝所”连“五十”为句，是亦位字为断。

“若稽古皋陶。”

亿案：此凡两读:《蔡氏集传》：“稽古之下即记皋陶之言者，谓考古皋陶之言如此也。”是读从一句。孔氏疏引郑氏云：“以皋陶下属为句。”是郑读从“古”字句绝。《白虎通》：“何以皋陶为圣人也？以自篇曰若稽古皋陶圣人而能为舜陈道。”亦以“若稽古”句绝。桓谭《新论》云：“秦延君能说尧典，篇目两字之说至十万余言，但说‘曰若稽古’三万言。”则“若稽古”为句，汉时儒者所读皆然。

“予未有知思曰赞赞襄哉。”

亿案：此凡两读:《孔传》：“言我未有所能思致于善。”《正义》云：“此承而为谦知其自言未有所知，未能思致于善也。”“思”字属上读。《史记·夏本纪》：“予未有知思赞道哉。”《正义》曰：“皋陶云：我未有所知思之审赞于古道耳。”此又以“知”字绝。

《禹贡》：“冀州既载壶口。”

亿案：旧读从“既载”为句，《夏本纪》、《汉书·地理志》、《周礼》载师郑注引此文并与《孔传》同。惟宋毛晃《禹贡指南》“冀州”一读，“既载”属下“壶口”为句。

“厥赋贞作十有三载乃同。”

亿案：此凡两读：郑康成云：“贞，正也。治此正作不休，十三年乃有赋。”则以“厥赋”绝句，“贞”字连下读。《孔传》云：“贞，正也。州第九赋正与九相当。”则以“贞”字绝句，“作十有三载乃同”为句。《蔡氏集传》同孔氏。考《禹贡》经文言厥赋厥田并读断，则郑氏以“厥赋”为句，与经例合，从郑读为是。

“云土梦作乂。”

亿案：此凡两读：一读以“云土梦”为句，“作乂”为句。《孔传》：“云梦之泽，其中有平土，邱水去，可为耕作畎亩之治。”《史记·夏本纪》、《汉书·地理志》同此。一读以“云土”为句，“梦作乂”另为句。《蔡传》云：“云土者，云之地，土见而已。梦作乂者，梦之地已可耕治也。今读从此。”（下略）

“包匭菁茅。”

亿案：此凡两读：据《孔传》云：“包橘柚。”《正义》：“菁茅既以匭盛，非所包之物明。包必有裹也。此州所出与扬州同。厥包橘柚，知此包是橘柚也。”是以“包”一读，“匭菁茅”一读。郑玄以菁茅为一物，匭犹缠结也。菁茅之有毛刺者重之，故既包裹而又缠结也。是以“包匭菁茅”连文为读。《蔡氏集传》云：“既包而又匭之，所以示敬也。”同郑氏。

“西倾因桓是来浮于潜。”

亿案：《孔传》云：“桓水自西倾山南行，因桓水是来浮于潜。”是以“因桓是来”属下文为读。《禹贡锥指》引吴氏云：“西倾山虽属雍州，然山趾必广西倾之戎，盖在梁州境内。此句特为织皮之贡而言，章末乃总言一州贡物达于帝都之道。旧注以此句属下文，非是。”是又以“因桓是来”断句为读。又马融云：“治西倾山因因桓是来，言无余道也。”此即吴氏所本。

“朔南暨声教讫于四海。”

亿案：《史记·禹本纪》从“暨”字断句，今《尚书》从“暨声教”断句。考《后汉书·杜笃传》：“朔南暨声，诸夏是和。”注引《尚书》曰：“朔南暨声教。”据此则汉人已以“暨声”连句，《孔传》读当有所据。《文选·东都赋》注引又作“声教讫于四海”，李氏并从两读。《元丰类稿》：“卧禅师净土堂铭跋”引《书》亦作“朔南暨声教”。程大昌《进禹贡论序》亦作“朔南暨声教”。近胡朏明谓裴骃《史记集解》其注在暨字下，则自刘宋时已不从孔传，而以声教属下句，此殆疑孔传伪托，宜从旧读为是，然不知孔传已有所袭，非可尽置也。

《盘庚》：“今予命汝一。”

亿案：读从“一”字为句。孔氏《正义》云：“今我命汝，是我之一心也。”盖以以“命汝”为读，“一”字又为一读，说过曲，疑不可从。

《金縢》：“史乃策祝曰惟尔元孙某遘厉虐疾。”

亿案：《孔传》：“史为策书祝辞也。”是以“策祝”连读。《蔡传》同。考郑康成氏云：“策，周公所作，谓简书也。祝者读此简书以告三王。”是以“史乃策”为读，“祝”属下“曰”字读。

《康诰》：“我西土惟时怙冒闻于上帝。”

亿案：读从“怙冒”为句，“闻于上帝”为一句，见《蔡传》。据赵台卿注《孟子》引“冒闻于上帝”，则古读以“怙”字属句。证之《孔传》：“我西土岐周惟是怙恃文王之道，故其政教冒被四表，上闻于天。”伪孔传解义断句亦与赵氏同。

《酒诰》：“不克畏死辜在商邑越殷国灭无罹。”

亿案：旧读以“死”字绝句，考此当以“死辜”连文为句。“在商邑越殷国”属词相比，谓言自都城至庶邦坐任其亡而不恤。《孔传》言纣聚罪人在都邑而任之过为骈曲，于义非也。

《梓材》：“皇天既付中国民越厥疆土于先王肆王惟德用。”

亿案：《孔传》：“能远拓其界壤，则于先王之道遂大。”《正义》曰：“肆，遂也。……”是旧读以“肆”字属上为句。考此非是。“肆”字在句首者，于《书》最多……“肆”皆属下读。（下略）

《洛诰》：“厥攸灼叙弗其绝。”

亿案：此凡两读：《释文》：“厥攸灼叙”绝句，马读“叙”字属下。《孔传》云："其所及灼然有次序不其绝。"是以"叙"绝句，《蔡传》同。

《立政》："三亳阪尹。"

亿案：此凡两读：《孔传》云："亳人之归文王者三，所为之立监及阪地之尹长者用贤。"是以"三亳"为一读，"阪尹"为一读。《蔡传》同。瘴康成以"三亳阪尹"者共为一事……则"三亳阪尹"连读。

《顾命》："今天降疾殆弗兴悟。"

亿案：此凡两读：《正义》曰："孔读殆上属为句，今天下疾我身甚危殆也。"《蔡传》……又以"殆"字属下读。

《吕刑》："王享国百年耄荒度作刑。"

亿案：此凡两读：《孔传》以"耄荒"为句，《蔡传》同。苏氏轼曰："荒，大也。大度作刑，犹禹曰予荒度土功。""荒"当属下句，亦通。朱子亦称之。①

本篇结论：

《经解入门·说经必先审句读》文长，不录。经过仔细比勘，我们发现，该文全部抄自清代著名经学家武亿的《经读考异》一书，仅删去少数例证，作伪者又将文中"亿案"字样删去，在开头加上"群经句读，古今各有不同，说经者不可不审"，结尾又来一段："此《易》与《尚书》各家之异读也。《诗》、《礼》、《春秋传》、《孝经》、《论语》、《孟子》，各有异读，繁不胜举，故特举二经以见例，学者不可不审（又有注中句读与疏家异读，惟在读时字字留意，斯能有得）。"

八、《说经必先明家法》辨伪

《经解入门·说经必先明家法》：

家法者，即左雄传注所谓"儒有一家之学，故称家法"是也。其大旨在守师说。如《易》有施、孟、梁邱、费、高，《书》有

---

① 以上引文载《清经解》卷727、卷728。

伏、孔，伏之传下有欧阳、大小夏侯，《诗》有毛与齐、鲁、韩，《礼》有二戴、庆氏，《春秋》有左、公、穀。其间文字异同，章句错互，各守师傅，不相沿袭。故赵宾变箕子之训，《易》家证其非；焦赣本隐士之传，光禄明其异。

田何之《易》，实渊源乎商瞿，毛公之《诗》，公、穀之《传》，乃权舆于子夏。申公之于《鲁诗》，张苍之于《左氏》，并溯源于荀卿。伏生传今文，先秦之博士也。安国传古文，孔氏之旧文也。高堂博士礼，鲁国老师也。由七十二子迄四百余年，如高曾之授曷孙，仍渊流之衍枝渎，则前汉之家法也。

而后汉何独不然？《易》则刘昆受施氏《易》于沛人，洼丹诸人，则传自孟氏，戴冯、孙期、魏满诸儒并出自费氏，马融、郑康成之徒亦并传费氏。《尚书》则济阴曹曾受业欧阳歙，北海牟融传大夏侯，东海王良传小夏侯，马、郑诸儒传孔安国。《诗》则后汉皆传毛公，《礼》则皆传戴氏。《公》、《穀》、《左氏》，各守其传，《论语》、《孝经》，两出张氏。此后汉之家法，厘然可考。而汉学之可贵，即于此可见。

赵春沂①《两汉经师家法考》：

六籍之学，盛于汉氏，诸儒必从一家之言以名其学。《左雄传》注所谓“儒有一家之学，故称家法”是也。《宋书·百官志》：“汉武建元五年，初置五经博士。宣、成之间，五经家法稍增，经［置］博士一人。至东京凡十四人。”《后汉·儒林传》：“光武中兴，爱好经术……于是立五经博士，各以家法教授。”《续百官志》云：“博士十四人，《易》四：施、孟、梁丘、京氏，《尚书》三：欧阳、大、小夏侯，《诗》三齐、鲁、韩氏，《礼》二：大、小戴氏，《春秋》严、颜氏，掌教弟子。”此博士分经之目。故博士立而经学之家法严。东京经术所以盛于西都也。且汉世之尊家法，不独严于立博士而已。《质帝纪》：“本初元年，夏四月，令郡国举明经，年五十以上、七十以下诣太学。自大将军至六百石，皆遣子受

① 赵春沂（？—？），字雩门，浙江仁和人。嘉庆十六年进士。著有《国朝谥法考》。事迹具《杭州府志》卷146。

业……四姓小侯先能通经者，各令随家法。”然则汉举孝廉亦严家法也。又宦者《蔡伦传》：“元初四年，帝以经传之文多不正定，乃选通儒谒者刘珍及博士良史诣东观，各校雠家法。”此虽宦官犹知之，况博士乎？家法又谓之师法。……大抵前汉多言师法，而后汉多言家法。有所师乃能成一家之言。师法者，溯其源；家法者，衍其流也。盖汉世治经，凡不守家法者，世不见信……夫家法明，则流派著。可以见经学之衍别，可以知经文之同异，可以知众儒之授受，可以存周秦之古义。汉学之盛，盛于家法也。故前、后《汉书》多言家法如此……

胡缙①《汉经师家法考》：

汉儒家法大略有三：一曰守师说。如《易》有施、孟、梁邱、费、高，《书》有伏、孔，《诗》有毛、齐、鲁、韩，《礼》有二戴、庆氏，《春秋》有左、公、穀。其间文字异同，章句错互，各守师傅，不相沿袭。故赵宾变箕子之训，《易》家证其非，焦赣本隐士之传，光禄明其异。田何之《易》，实渊源乎商瞿，毛公之《诗》，公、穀之《传》，乃权舆于子夏。申公之于《鲁诗》，张苍之于《左氏》，并溯源于荀卿。伏生传今文，先秦之博士也，安国传古文，孔氏之旧文也。高堂博士礼，鲁国老师也。由七十二子迄四百余年，如高曾之授受，仍渊流之衍枝渎，是之为守师说。（下略）

本篇结论：

《经解入门·说经必先明家法》主体部分抄自《两汉经师家法考》、《汉经师家法考》二文，作伪者又在文章尾部缀以结语：“国朝经师，亦莫不以此为重。昆山、太原，特开其先；吴江、南皖，相继而起；臧氏、惠氏，则皆绍厥先；武进、高邮，则世继其业；二云之传，则源本晓征；巽轩之学，则独出东原；伯渊、稚存，资乎师友；诚斋、千里，受业于芸台。累叶相维，前后崛起。上之松崖，倡率江左。近之高邮，私淑顾氏。”

---

① 胡缙（？—？），字骏卿，号湘帆，浙江乌程人。嘉庆九年举人。事迹具《同治杭州府志》卷76。

九、《有训诂之学》辨伪

《经解入门·有训诂之学》：

所谓训诂，前已详言之矣，而其学实可专门而名者，何也？说经之道，以训诂为第一要事。训诂通，斯经义无不通矣。

诂者，古言也，谓以今语解古语也；训者，顺也，谓顺其语气以解之也。以今语解古语，则逐字解释者也。顺其语气以解之，则逐句解释也。时俗讲义，何尝不逐字逐句解释，但字义多杜撰，语意多影响，与所谓训诂有别。

训诂者，必古有是训，确而见之故书，然后引而释经，不附会，不穿凿，不凭空而无据。两汉诸儒类皆明于训诂，故其说切实可靠，不同宋人之以空言说理者。国朝经学家，如顾氏、阎氏而下，亦皆精通乎此，故能上接汉代，且有发汉儒所未发者。不然，凭空臆造，蔑古又孰甚哉！

总之，解经有至切至要之诀，但能以一字解一字，不添一虚字，而文从字顺，疑义顿晰者，便是绝好。经解若须添数虚字，补缀斡旋方能成语者定非。

张之洞《輶轩语·语学第二》：

读经宜明训诂。

诂者，古言也，谓以今语解古语，此逐字解释者也；训者，顺也，谓顺其语气以解之（或全句，或两三字），此逐句解释也。时俗讲义，何尝不逐字逐句解释，但字义多杜撰，语意多影响耳。

训诂有四忌：一、望文生义……一、向壁虚造……一、卤莽灭裂……一、自欺欺人……

总之，解经要诀，若能以一字解一字，不添一虚字，而文从字顺者，必合。若须添数虚字，补缀斡旋方能成语者，定非。

《经解入门·有训诂之学》：

然欲通训诂，宜讲汉学。汉学者，汉人注经讲经之说也。经是汉人所撰注，是汉人创作，义有师承，语有根据，去古最近，多见古书，能识古文，通古语，故必以汉学为本而推阐之，乃能有得。

张之洞《輶轩语·语学第二》：

宜讲汉学。

汉学者何？汉人注经、讲经之说是也。经是汉人所传，注是汉人创作，义有师承，语有根据，去古最近，多见古书，能识古字，通古语，故必以汉学为本而推阐之，乃能有合。以后诸儒传注，其义理精粹足以补正汉人者不少，要之，宋人皆熟读注疏之人，故能推阐发明。朱子论贡举治经，谓“宜讨论诸家之说，各立家法而皆以注疏为主”云云，即如南宋理学家如魏鹤山、词章家如叶石林，皆烂熟注疏，其它可知。傥倘不知本源，即读宋儒书，亦不解也。方今学官所颁《十三经注疏》，虽不皆为汉人所作，然注疏所言即汉学也。国朝江藩有《汉学师承记》，当看。阮元《经籍纂诂》，为训诂最要之书。

本篇结论：

《经解入门·有训诂之学》大致抄袭张之洞《輶轩语·语学第二》。作伪者将“训诂有四忌”一段改写为：“训诂者，必古有是训，确而见之故书，然后引而释经，不附会，不穿凿，不凭空而无据。两汉诸儒类皆明于训诂，故其说切实可靠，不同宋人之以空言说理者。国朝经学家，如顾氏、阎氏而下，亦皆精通乎此，故能上接汉代，且有发汉儒所未发者。不然，凭空臆造，蔑古又孰甚哉！”

前段对“训诂”的解释甚好：“诂者，古言也，谓以今语解古语也；训者，顺也，谓顺其语气以解之也。以今语解古语，则逐字解释者也。顺其语气以解之，则逐句解释也。”所谓“说经之道以训诂为第一要事”，亦不失为知言。

十、《不可增字解经》辨伪

王引之《经义述闻》卷三十二“增字解经”条：

经典之文，自有本训。得其本训，则文义适相符合，不烦言而已解；失其本训，而强为之说，则杌陧不安。乃于文句之间增字以足之，多方迁就，而后得申其说。此强经以就我，而究非经之本义也。

如《蹇》六二："王臣蹇蹇，匪躬之故。"故，事也，言王臣不避艰难者皆国家之事，而非其身之事也（详本条下，后仿此）。而解者曰："尽忠于君，汇以私身之故，而不往济君。"(《正义》)则于"躬"上增"以"字、"私"字，"故"下增"不往济君"字矣。《既济》六四："繻有衣袽。"繻乃"襦"之借字，言人之于襦，或衣其敝坏者也。而解者曰："繻当言濡衣，袽所以塞舟漏也，夫有隙之弃舟，而得济者有衣袽也。"（王《注》）则于"繻"上增"舟"字，"有衣袽"下增"塞"字矣。《系辞传》："圣人以此洗心。"洗与先通，先犹道也，言圣人以此道其心思也。而解者曰："洗濯万物之心。"（韩《注》）则于"心"上增"万物"字矣。《序卦传》："物不可终壮，故受之以《晋》。"晋者，进也，言物不可终止，故进之也；壮者止也（见下）。而解者曰："晋，以柔而进止也。"（韩《注》）则于"晋"上增"柔"字矣。《杂卦传》："大壮则止。"言"壮"之训为"止"也。而解者曰："大正则小人止。"(韩《注》）则于"大"下增"正"字、"止"字上增"小人"字矣。"嚣速也。"言咸之训为速也，而解者曰："物之相应，莫速乎咸。"(韩［郑］《注》）则于"速"上增"相应"字矣。

《尧典》："汤汤洪水方割。"方，旁也，遍也，言洪水遍害下民也。而解者曰："大水方方为害。"（某氏传）则于"方"下增"方"字矣。"柔远能迩。"能，善也，言善于近者也。而解者曰："能安远者，先能安近。"（王《注》）则于"能"下增"安"字矣。《皋陶谟》："烝民乃粒。"粒读为立，立，定也，言众民安定也。而解者曰："众民乃服粒食。"（郑《注》）则于"粒"下增"食"字矣。《盘庚》："由乃在位。"由，正也，而解者曰："教民使用汝在位之命。"（某氏传）则于"在位"下增"命"字矣。"暂遇奸宄。"暂之言渐也、诈也，遇之言隅也、差也。而解者曰："暂遇人而劫夺之。"（某氏传）则于"暂遇"下增"人"字及"劫夺"字矣。"无遗育。"育读为胄，胄，裔也，而解者曰："无遗长其类。"（某氏传）则于"育"下增"类"字矣。《洪范》："聪作谋。"谋读为敏，言聪则敏也。而解者曰："上聪则下进其谋。”（马注）则于“谋”上增“下进”字矣。《金縢》：“敷佑四方。”敷，遍也，言遍佑四方之民也。而解者曰：“布其道以佑助四方。”（某氏传）则于“敷”下增“道”字矣。《康诰》：“应保殷民。”应，受也，言受保殷民也。而解者曰：“上以应天，下以安我所受殷之民众。”（某氏传）则于“应”下增“天”字矣。《召诰》：“用又民若有功。”言用此治民乃有功也。而解者曰：“顺行禹、汤所以成功。”（某氏传）则于“若”下增“禹汤”字矣。《无逸》：“则知小人之依。”依之言隐也，痛也，言知民隐也。而解者曰：“知小人之所依怙。”又曰：“小人之所依，依仁政。”（并某氏传）则于“依”下增“所”字矣。“以庶邦惟正之供。”以，与也，正，与政同，言与庶邦惟政是奉也。而解者曰：“以众国所取法，则当以正道供待之故。”（某氏传）则于“惟正之供”下增“故”字矣。《君奭》：“有殷嗣天灭威。”威，德也，言有殷之君，继天出治，而乃灭德不务也。而解者曰：“有殷嗣子不能平，至天灭亡，加之以威。”（某氏传）则于“威”上增“加”、“以”字矣。“以予监于殷丧大否。”言与予共监于殷之丧亡，皆由大不善也。而解者曰：“以我言视于殷丧亡大否。”（某氏传）则于“予”下增“言”字矣。“罔不率俾。”言莫不率从也。而解者曰：“率，循也，俾，使也，四海之内无不循度而可使。”（某氏传）则于“率”下增“度”字、“俾”下增“可”字矣。《吕刑》：“罔有择言在身。”择读为斁，斁，败也，言罔有败言出乎身也。而解者曰：“无有可择之言在其身。”（某氏传）则于“择”上增“可”字矣。“哲人惟刑。”哲读为折，折之言制也，言制民人者惟刑也。而解者曰：“言智人惟用刑。”（某氏传）则于“刑”上增“用”字矣。《泰誓》：“我尚有之。”有者，相亲也，言我尚亲之也。而解者曰：“我庶几欲有此人而用之。”（某氏传）则于“有”下增“欲”字矣。

《周南》：“振振公姓。”姓，子孙也。而解者曰：“公姓，公同姓。”（《毛传》）则于“姓”上增“同”字矣。《邶风》：“终风且暴。”终犹既也，言既风且暴也。而解者曰：“终日风为终风。”（《毛传》）则于“终”下增“日”字矣。《卫风》：“虽则佩觿，能不我知。”能读为而，言虽则佩觿而不知我也。而解者曰：“不自谓无知以骄慢人也。”(《毛传》）则于“不”下增“自谓”字、“知”上增“无”字矣。《小雅》：“有实其猗。”猗读为阿，言实实然广大者山之阿也。而解者曰：“以草木平，沟其旁，倚之畎谷。”（郑笺）则于“有”下增“草木”字、“猗”下增“畎谷”字矣。“曾是不意。”言曾是不度也。而解者曰：“女增不以为意乎?”（郑笺）则于“是”上增“以”字、“意”上增“为”字矣。“昊天罔极。”极犹常也，言昊天无常，降此鞠凶也。而解者曰：“昊天乎我心无极。”（郑笺）则于“罔极”上增“我心”字矣。《大雅》：“依其在京。”依，盛貌，言文王之众之盛，依然其在京地也。而解者曰：“文王发其依居京地之众。”（郑笺）则于“依”上增“发”字矣。“摄以威仪。”摄，佐也。而解者曰：“摄者收敛之言，各自收敛以相佐助，为威仪之事。”(《正义》）则于“佐”上增“收敛”字矣。“无纵诡随。”诡随，谲诈也。而解者曰：“诡人之善，随人之恶。”（毛传）则于“诡”下增“善”字、“随”下增“恶”字矣。“曾是强御。”御亦强也。而解者曰：“强梁御善也。”（毛传）则于“御”下增“善”字矣。

《檀弓》：“忌日不乐。”谓不作乐也。而解者曰：“惟忌日不为乐事。”(《正义》）则于“乐”上增“为”字、“乐”下增“事”字矣。《月令》：“措之于参保介之御间。”当依《吕氏春秋》作“参于”。而解者曰：“勇士参乘。”（郑注）则于“参”下增“乘”字矣。《礼器》：“设于地财。”言合于地财也。而解者曰：“所设用物为礼，各是其土地之物。”(《正义》）则于“设”下增“物”字、“地财”上增“是其”字矣。《郊特牲》：“不敢私觌，所以致敬也，承执圭而使言之。”谓聘非谓朝也。而解者曰：“其君亲来，其臣不敢私见于主国君。”（郑注）则于“不敢私觌”上增“其君亲来”字矣。“为人臣者，无外交，不敢贰君也。”贰，并也，言不敢比并于君也。而解者曰：“不敢贰心于他君。”(《正义》）则于“贰”下增“于他”字矣。《乐记》：“感条畅之气，灭和平之德。”条畅读为涤荡，涤荡之气，谓逆气也。而解者曰：“动人条畅之善气。”（郑注）则于“气”上增“善”字矣。《儒行》：“居处齐难。”难与熯同，敬也。而解者曰：“齐庄可畏难。”（郑注）则于“难”下增“可畏”字矣。

隐六年《左传》：“恶之易也，如火之燎于原。”谓恶之延也。而解者曰：“言恶易长。”（杜注）则于“易”下增“长”字矣。九年传：“宋公不王。”谓不朝于王也。而解者曰：“不供王职。”（杜注）则于“王”上增“共”字、“王”下增“职”字矣。桓二年传：“今灭德立违。”违之言回也、邪也，谓立邪臣也。而解者曰：“谓立华督违命之臣。”（杜注）则于“违”下增“命”字矣。庄十八年传：“王飨醴命之宥。”言命虢公、晋侯与王相酬酢也。而解者曰：“命以币物，所以助欢敬之意。”（杜注）则于“命”之下增“以币物”字矣。僖九年传：“以是藐诸孤。”诸读为者，言藐然小者孤也。而解者曰：“言其幼稚与诸子县藐。”（杜注）则于“诸”下增“子”字矣。二十四年传：“昔周公吊二叔之不咸。”言管、蔡不和睦也。而解者曰：“伤夏、殷之叔世，疏其亲戚，以至灭亡。”（杜注）则于“叔”下增“世”字、“不咸”上增“亲戚”字矣。二十八年传：“有渝此盟，以相及也。”及乃反之讹，相反者相违也。而解者曰：“以恶相及。”（杜注）则于“以”下增“恶”字矣。宣二年传：“舍于翳桑。”翳桑，地名也。而解者曰：“翳桑，桑之多阴翳，故宣子舍于其下也。”（杜注）则于“翳桑”下增“下”字矣。成二年传：“余虽欲于巩伯。”谓好巩伯也。昭十五年传：“臣岂不欲吴。”谓好朝吴也。而解者于“欲于巩伯”曰：“欲受其献。”（杜注）则于“欲”下增“受其献”字；于“岂不欲吴”曰：“非不欲善吴。”（杜注）则于“欲”下增“善”字矣。成十八年传：“师不陵正，旅不偪师。”谓群有司也。而解者曰：“师二千五百人之帅也，旅五百人之帅也。”（杜注）则于“师”、“旅”下增“帅”字矣。襄十四年传：“商旅于市。”旅谓传言也。而解者曰：“陈其货物，以示时所贵尚。”（杜注）则于“旅”下增“货物”字矣。二十三年传：“则季氏信有力于臧氏矣。”臧乃孟之讹，谓有功于孟氏也。而解者曰：“季氏有力过于臧氏。”（杜注）则于“有力”下增“过”字矣。二十九年传：“五声和，八风平。”谓八音克谐也。而解者曰：“八方之气，谓之八风。”（杜注）则于“八”下增“方”字矣。三十年传：“女待人归，义事也。”义读为仪，仪度也，谓妇当度事而行不必待人也。而解者曰：“义从宜也。”（杜注）则于“义”上增“从”字矣。昭元年传：“造舟于河。”造，比次也，言比次其舟，以为梁也。而解者曰：“盖造为至义，言船相至而并比也。”（《正义》）则于“比次”上增“至”字矣。七年传：“愿与诸侯落之。”落，始也，与诸侯升也。而解者曰：“以酒浇落之。”（《正义》）则于“落”下增“以酒浇”字矣。“圣人有明德者，若不当世，其后必有达人。”圣人谓弗父正考父也。而解者曰：“圣人之后，有明德而不当大位，谓正考父。”（杜注）则于“圣人”下增“之后”字矣。“官职不则。”则犹等也、钧也。而解者曰：“治官居职不一法。”（杜注，盖训“则”为“法”）则于“则”上增“一”字矣。十年传：“孤斩焉在衰绖之中。”斩之言憯，哀痛忧伤之貌。而解者曰：“既葬未卒哭，故犹服斩衰。”（杜注）则于“斩”下增“衰”字矣。二十九年传：“官宿其业。”宿与夙通，谓官敬其业也。而解者曰：“宿，安也。”（杜注）“安心思其职业。”（《正义》）则于“宿”下增“思”字矣。哀九年传：“宋方吉不可与也。”与犹敌也。而解者曰：“不可与战。”（杜注）则于“与”下增“战”字矣。

隐三年《公羊传》：“曰某月某日朔，日有食之者，食正朔也。”正，当也，言日食当月之朔也。而解者曰：“食不失正朔也。”（何注）则于“正”上增“不失”字矣。“以吾爱与夷，则不若爱女。”当作“以吾爱女，则不若爱与夷。而解者曰：“以吾爱于与夷，则不止如女而已。”（疏）则于“不”下增“止”字矣。九年传：“何异尔俶甚也。”谓厚甚。而解者曰：“俶，始怒也。”（何注）则于“俶”下增“怒”字矣。桓十一年传：“突可，故出，而忽可，故反。”故，必也，言突可使之必出，忽可使之必反也。而解者曰：“突可，以此之故，出之；忽可，以此之故，反之。”（疏）则于“故”上增“以此”字矣。“是不可得则病，然后有郑国。”言突可出，忽可反，若不可得，则以为大耻，谋国之权如是，然后能保有郑国也。而解者曰：“已虽病逐君之罪讨出突，然后能保有郑国。”（何注）则于“然后”上增“讨出突”字矣。庄四年传：“此非怒与。”怒者大过也。而解者曰：“怒，迁怒。”（何注）则于“怒”下增“迁”字矣。僖十二年传：“吾虽丧国之余。”谓宋为殷后也。而解者曰：“我虽前几为楚所丧，所以得其余民以为国。”（何注）则于“丧”上增“几为楚所”字、“余”下增“民”字矣。二十六年传：“师出不必反，战不正胜。”谓师出不必反，战不必胜也。而解者曰：“不正，自谓出当复反，战当必胜。”（何注）则于“不正”下增“自谓”字矣。“未得乎取谷也。”言未为计之得也。而解者曰：“未可为得意于取谷。”（何注）则于“得”下增“意”字矣。襄五年传：“相与往，殆乎晋也。”殆乃治之假借。而解者曰：“殆疑疑谳于晋。”（何注）则于“殆”下增“谳”字矣。

庄元年《穀梁传》：“接练时，录母之变，始人之也。”人与仁通，谓怜哀之也。而解者曰：“始以人道录之。”（范注）则于“人”下增“道”字矣。《文八年传》：“其以官称之，无君之辞也。”言其专擅无君也。而解者曰：“无人君之德。”（范注引郑氏《释废疾》）则于“君”下增“德”字矣。

《尔雅·释诂》：“尸，寀也。”寀即主宰之宰。而解者曰：“谓寀地。”（郭注）则于“寀”下增“地”字矣。“寀，官也。”寀即官宰之宰。而解者曰：“官地为寀。”（郭注）则于“官”下增“地”字矣。“写、繇，忧也。”写即鼠之假借。而解者曰：“有忧者思散写。”（郭注）则于“写”下增“思散”字矣。繇，愮之假借。而解者曰：“繇役亦为忧愁。”（郭注）则于“忧”上增“亦”字矣。“伦、敕、愉，劳也。”伦当读勋劳之勋，敕当作劳勑之勑，愉即当读愈病也之愈。而解者曰：“伦理事务以相约，敕亦为劳。”（郭注）则于“劳”上增“亦为”字矣。又曰：“劳苦者多惰愉。”（郭注）则于“愉”下增“多惰”字矣。“载、谟，伪也。”伪即作为之为。而解者曰：“载者，言而不信；谟者，谋而不忠。”（郭注）则于“载”下增“不信”字、“谟”下增“不忠”字矣。“功、绩、明，成也。”盖成谓之功，又谓之绩，又谓之明也。而解者曰：“功绩皆有成事，有分明，亦成济也。”（郭注）则于

"成"上增"有"字、"亦"字矣。"仪，干也。"直训仪为干也。而解者曰："仪表亦体干。"（郭注）则于"干"上增"亦"字矣。"强，当也。"直训强为当也。而解者曰："强者好与物相当值。"（郭注）则于"当"上增"好与物相"字矣。"苦，息也。"苦即《诗》"王事靡盬"之"盬"。而解者曰："劳苦者宜止息。"（郭注）则于"息"上增"宜"字矣。"荐，臻也。"谓荐与臻皆训为至也。而解者曰："荐，进也，故为臻臻至也。"（郭注）则于"臻"上增"进"字矣。《释言》："昵，亟也。"昵为相亲爱之亟。而解者曰："亲昵者亦数。"（郭注）则于"亟"上增"亦"字矣。"矜，苦也。"直训矜为苦也。而解者曰："可矜怜者亦辛苦。"（郭注）则于"苦"上增"亦辛"字矣。"栗，戚也。"戚读为蹙，栗与蹙皆敬谨之义也。而解者曰："战栗者忧戚。"（郭注）则于"戚"上增"忧"字矣。"坎，铨也。"坎乃次之讹。而解者曰："坎卦水也，水性平，铨亦平也。"（郭注）则于"坎"下增"水性平"字矣。"窕，肆也。"谓极深也。而解者曰："轻佻者好放肆。"（郭注）则于"肆"上增"好放"字矣。"肆，力也。"肆读为肄，肄与力皆谓勤劳也。而解者曰："肆极力。"（某氏传）则于"力"上增"极"字矣。"谋，心也。"谓思虑也。而解者曰："谋虑以心。"（郭注）则于"心"上增"以"字矣。"烝，尘也。"烝与尘皆谓久也。而解者曰："人众所以生尘埃。"（郭注）则于"尘"上增"所以生"字矣。"服，整也。"直训服为整也。而解者曰："服御之令齐整。"（郭注）则于"整"上增"令"字矣。"讯，言也。"讯与言皆问也。而解者曰："讯问以言。"（郭注）则于"言"上增"以"字矣。《释器》："绚谓救之。"谓罥也。而解者曰："救丝以为绚。"（郭注）则于"救"下增"丝"字矣。"律谓之分也。"谓捕鸟毕也。而解者曰："律管可以分气。"（郭注）则于"分"上增"可以"字、"分"下增"气"字矣。《释山》："重甗隒。"甗即庐之假借。而解者曰："山形如累两甑。"（郭注）则于"重甗"上增"如"字矣。

此皆不得其正解，而增字以迁就之。治经者，苟三复文义，而心有未安，虽舍旧说以求之可也。

本篇结论：

《经解入门·不可增字解经》全部抄自《经义述闻》卷三十二“增字解经”条。作伪者于原文略有删节，且画蛇添足：“如欲增其字以解之，则断断乎不可。”

黄侃对增字解经问题曾提出过不同看法：“不增字解经，可以药唐宋以后诸儒之病，而不可以律汉儒。盖古人言辞质朴，有时非增字解之，不足以宣言意。”黄焯也认为：“古经典行文简奥，虽得其本训，有时亦须增字解之……王氏所言，盖为浮文寡要者言之也。”①

① 《训诂学笔记》“增字解经”条，《黄侃国学讲义录》，北京：中华书局2006年版，第268页。

禅意人生

学鉴

生活心理学

——兼论中、西、佛医的诠释系统

◎师　领

一、本文的因缘

佛说，凡事皆有因缘，我是因身体健康原因才接触佛教的。

当学生学医的时候从来没想到自己会生病，结果几年前的一场大病让我对生病的本质重新进行了思考。人为何会生病？西方医学的答案很具体：不是细菌，就是病毒，总之是一些外在、具体的东西。问题是为什么这些东西在我身上起了作用而别人却没有？为什么现在发病而以前没有？西医的病因答案显然不能令人满意。事实上，按照西方医学的这个思路，治疗了半年后，病情基本无好转。西医治不好，医嘱吃点维生素E，不要太劳累，维持着。这个结局令人失望也无法接受，等于说我才三十多岁什么也干不了。无奈之际生存的本能令我苦寻出路，一个偶然的因缘让我接触了佛教。实践过程中更是深信不疑佛教就能解决我的问题，那个时候我的日记里经常出现的一句话是："佛陀，那是我生命最后的依托！"只有经历过大病的人，经历过绝望的人，才能真正领会这句话的分量和含义。我由衷地感谢佛陀两千五百多年前就给人类找到了一条自我拯救的道路，至少给了我希望，而只要有希望，我就不怕，就不会因绝望而恐惧。

人体有三道防御机制，一谓心理—灵魂防御机制：人的心灵对疾病的抵御和对健康的保护作用；二谓功能—形态防御机制：人的功能系统对疾病的抵御和对健康的保护作用；三谓解剖—生理防御机制：人的解剖器官和组织结构对疾病的抵御和对健康的保护作用。人体的每一道防御机制虽然潜能巨大但并非没有限度。如果第一道心理—灵魂防御机制防线发生障碍，主要表现在人的心理—行为不能适应生活；如果第二道功能—形态防御机制防线发生障碍，不但人的心理—行为不能适应生活，而且人身体功能也发生障碍，但是尚没有发生器质性病变；如果第三道解剖—生理防御机制防线发生障碍，就不仅是心灵和功能的问题，而是人的身体发生了实质性的器质性病变，就可以按照现代西方医学的检测手段查出病来了。这个阶段西医往往认为还是在早期，但是事实上这个阶段就人体防御机制而言已经到了晚期。

我思考的结论是人生病并非细菌、病毒之类的作用，而是人的心乱了，也即人的心理—灵魂防御机制发生障碍。人的心乱怎么会生病呢？可以从两个方面理解，一方面是心乱导致人体神经系统的功能紊乱，即神经系统的动作电位、生化反应紊乱，其结果是内分泌功能紊乱，从而导致整个免疫系统功能紊乱，而免疫系统是人体的防卫线，其功能一下降，病菌就会趁虚而入。发病的时间要看突破口，往往哪个方面薄弱就发病在哪个器官上。另一方面是人承担了“过量”的社会工作。一个人的心理—灵魂也即心理学上的人格结构能够承担的社会工作总量是固定不变的，一个人心乱后承担量会自然减少。一个正常情况下能够承担十公斤负重的人，心乱了以后就只能承担五公斤；那么还有五公斤如何承担呢，他必须通过透支身体的方式来完成，结果可想而知。人生病的根本原因即是其心理—灵魂防御机制紊乱，也就是西医所谓的不良生活方式。万病从心起，治病须治心；佛教者，治心之本也。

“万病从心起”，意指起病的根本在于心，但并不意味着心之紊乱是人起病的唯一原因，也不排除中医的风、寒、湿、燥、热、暑和西医的细菌、病毒、物理化学因素等对人的侵害作用。人的心灵在所有的先天、后天因素和内、外因素中起主导作用，而且它在个体把握范围之内，因而个体负主要责任的就是人之心灵。佛教所谓“往昔所造诸恶业，皆有无始贪嗔痴，从身语意之所生”，中医所谓“以酒为浆，以妄为常，醉以入房，以欲竭其精，以好散其真，不知持满，不时御神，务快其心，逆于生乐，起居无常”(《素问·上古天真论》)，西医所谓“不良生活方式”也。

由于受西方学术训练的影响，从一开始学佛我就是以学术的方式切入的，主要是研读、听课和思考，因而佛教对我来说始终停留在书本上。可以说，我“信”了但未“仰”，也就是说，我相信佛所说的真实不虚，但没有和生活融为一体，没有在生活中实践出来，没有变成活生生的东西。我一直在寻求一个可以修炼的好道场，经过这么多年的政治运动，我甚至怀疑中国是否还会存在真正的佛教。一次偶然的机会让我得到了一本名为《正觉》的杂志，其中刊有黄梅四祖寺“五·一”禅七法会的消息，我将信将疑地来到了黄梅四祖寺。那是油菜花盛开的季节，我第一次住到寺庙，和我们以前称之为和尚的法师们进行了零距离接触，也第一次亲近了净慧老和尚并接触到了老和尚的生活禅。

在我以前的认识系统中，僧人和寺庙始终是神秘和不可亲近的。当我第一次住到群山环绕的四祖寺时，第一感觉就是寺庙的庄重且文化氛围浓厚，第二感觉是心灵的静谧，第三感觉是道风正。老和尚身上的两点深深震撼了我，一是他的博学和智慧：以前我对“无表色”这个概念怎么也理解不了，老和尚的回答令我茅塞顿开，而“世界既不是物质的也不是精神的”论断更令我佩服不已；二是从老和尚身上我体会到了“勇猛精进”四个字的含义：勇者无畏，猛者果断，精者专一，进者不退。以前以为只有现实生活中的人才会勇猛精进，突然发现一个出家人还是一个老人也在勇猛精进，而且更加勇猛精进。正因为如此，老和尚在四祖寺吸引了一批优秀的居士和法师，形成了独特的四祖寺文化。

从此以后，我经常来到四祖寺修养、锻炼、学习、思考。佛教在很短的时间内就在我的心中变得深刻、生动、饱满、鲜活了起来。四祖寺成了我心灵的故乡，就如鸟儿倦了要归林，游子倦了要回家，当我感到疲惫的时候，感到困惑的时候，就来到四祖寺进行身心的休歇和调整。在这里我有幸结识了《正觉》副主编恒章居士和林涛居士，结识了精通医术的妙空法师、画僧明鉴法师和惠仁法师，正是在他们身上，一点一滴体现着佛法和生活禅，也正是通过和他们的交往，佛法和生活禅一点一滴地滋润着我的身心。我这几年的几次重大的调整就是在这里完成的，几次思想的革命性突破也是在这里完成的，个人的生活（包括我的身体）也在生活禅理念的指导下，“从胜利走向胜利”。我和我的家庭是生活禅理念坚定不移的信仰者、实践者和研究者，也是受益者。我感谢四祖寺，也感谢老和尚和他的生活禅。

我的病就是因为心乱而无法适应生活导致的，那么只能在生活中治疗和调整，这就是生活禅！我不但是生活禅理念忠实的追随者和实践者，也是生活禅理论的思考者和探索者，所以我不仅仅是以生活禅的信奉者和实践者的身份，而且也是以这个理论的探索者和思考者的身份来诠释的。换句话说，我不仅仅是以个人的身份，而且也是以学者的身份来诠释的。具体而言，就是以个人生活经验为基础，进行生活禅理念的学术探讨。

学术探讨我认为有三意。第一非文人意。不是文人那种描述式的、感想式的、煽情式的说教，而是严肃的理论探讨。学者是什么呢？学者是以学术的方式关注现实生活的人，也就是学者具有两个要素，第一必须关注现实生活，第二必须以学术的方式来关注。换句话说，如果他只关注现实生活，就是一个文人；如果他不关注现实生活，只以学术的方式来研究学问，那是学究。

第二非实证意。西方理论强调实证，中国文化重实践，佛教则依赖修证。生活禅的理念强调在生活中修行，但是并不排斥专门的修炼。我虽然信奉生活禅，也实践生活禅，也有我专门的修炼方式。根据我内在的心理状况和生理条件及外在的环境条件，我自己锻炼的方式是以静坐和太极交替进行，而且我认为这两个东西是一个东西，静修是无极，即静的太极；太极是动修，即动的禅。我有一个愿望，将来把太极和禅结合起来，练成动态禅，探出一条“太极禅”的路来明心见性。但就我目前的状况而言，只是对身体和心灵有改善，我的病情也有了明显的改善，远远谈不上明心见性，所以没有能力谈禅本身，而只能谈对禅的理论思考。需要指出的是，理论探讨不是一般人说的文字禅，文字禅是个贬义词，指的是一个人只会玩弄禅的文字而没有实修实炼。

第三非偏见意。任何一种文化现象，包括禅宗和生活禅，都是有生命力的，也一定有其局限性。作为一个学者，不能只说恭维话，也应该指出有哪些不足，如何改善。佛教有一句话叫不打妄语，大家都关注小妄语，大妄语反而没注意到，你不想打妄语就不打妄语了？你不想打妄语就能不打妄语了？作为一个学者，必须客观评价。一个文化现象越是有自我否定精神，越是有自我批判精神，生命力越强大，越能够持久。这就是作为一个学者的三个含义，也是本文诠释的三个原则。

老和尚提倡“感恩、包容、结缘、分享”。作为一个学者，感恩的方式就是研究和宣传生活禅，这一直是我多年来心底的一个愿望。2007 年自己主动请缨，也由于老和尚的慈悲，得以在“黄梅四祖寺禅文化夏令营”上做了题为《放下与承担——生活禅的心理学意义》的讲座。由于时间紧迫，也由于第一次在宗教场所讲课而紧张，主要是报恩心切，恨不能一下子把佛教和生活禅的所有东西在一次讲座中讲完，那次演讲虽然演讲专家私下的点评认为基本是成功的，但我自己不是很满意。

讲座的内容请学生根据录音进行了整理，由于学生学识水平不够，再加上口音太重，整理出来的东西简直是“胡言乱语”。后来又经过夫人肖格格反复修改，总算基本意思明白了，权作初稿。2008 年要出版《黄梅四祖寺禅文化夏令营专辑》（以下简称《专辑》），不得不对初稿再行修订，但是其时由于俗务缠身，已无力进行修改，所以修正工作完全落在了肖老师身上。只是最后由我泛泛顺了一遍，觉得没有太大的原则问题，就在《专辑》上以《放下与承担——生活禅的心理学意义》为题发表了。

后来肖老师多次在我面前“抱怨”说那是她修改最累的一篇文章，可谓“殚精竭虑”，以至于一提起那篇文章就“心有余悸”。说实话，我对她的修订也不满意，至多表达了60%的内容。但即使是这样，我也能理解她的“殚精竭虑”和“心有余悸”，能表达60%的内容，已是非常了不起的水平。因为那篇讲座涉及的内容太深太广，涉及宇宙和人生的许多根本问题，不是任何一个人都能把握的——我甚至认为，这才是我的讲座不太成功的根本原因。

春去秋来，斗转星移，当2009年新年的钟声敲响时，我们一家人正在四祖寺，应许老和尚将《专辑》中的文章重新修改并发表在同仁刊物《学鉴》上。当我正式着手重新修订时才知道这项工作是多么艰难，也深知佛教和禅宗的水是多么深。力不从心的根本原因是我的学识不足以承担这样艰深的工作。无奈之际只好“拼凑”，修订了一些初稿内容，修订了一部分肖老师修订的发表在《专辑》的内容，修订了文章《生活禅心理治疗的理论和技术》的内容，也增加了许多新内容。如此一来，文章就显得有点杂乱，一是全文行文的风格不一致，有的像讲演，有的又是严密的学术论证；二是全篇布局不是太合理，该略的可能没有略，该详的可能没有详；三是论证不细密，许多地方该深入的没有深入；四是平常写的大量有关生活禅的笔记无法融合进来。总之，总觉得想表达的思想没有表达透彻，总觉得不对劲但又不知哪里不对劲。这是需要交待的，也算是对读者的致歉吧。另外《专辑》中的文章请吴根友教授斧正，他提出了许多实质性的修改意见，此次修正也特别考虑了他的修改意见，在此特别感谢！

敝帚尚且自珍，况且还是自己心血凝成的文章。也许算不上“学术文章”，但决不意味着它没有学术价值。现代学术界太强调“学术规范”，以至于学者成了学术规范的奴隶，总是在别人的学术里“规范”，以至从来没有自己的规范。现代社会的“规则”就是牛顿力学及康德哲学，也就是说人类对宇宙和人生的认识是以牛顿力学和康德哲学为根据的，而牛顿力学和康德哲学的基本概念就是物质、力和能量，三者之中又以物质为根本，其基本信条就是宇宙是一架机器。这个信条也许在物理世界取得了令人炫目的成就，但在生命世界和心灵世界导致了一系列灾难性后果，而且无法应对人类在人类一体化的今天面临的日益错综复杂的生存困境。这样一个信条与中国传统文化和印度古典文化的信条是格格不入的，如果不打破这个信条，中国传统文化和印度古典文化从根本上就失去了其存在的合理性，就成了无源之水无本之木式的“孤魂野鬼”，这是近现代以来中国传统文化和印度古典文化被西方文明肢解从而只有招架之功而无还手之力并且逐步走向灭亡的根本原因。如果宇宙的本质是一团惰性的死物质，不但中医的十二经脉和佛教的涅槃成了胡说和谎言，而且人类自身也成了无法理喻的怪物。中国传统文化和印度古典文化要图生存，人类要应对日益错综复杂的生存困境，就必须重新审视和重新奠定人类在宇宙中立足的“精神之根”。西方文明不可以被跨越，但可以被超越，西方文明可以被超越而且应该被超越，西方文明能够给予人类的已经给予了人类，西方文明会衰落而且已经衰落，超越西方文明的时代会到来而且已经到来。而要超越西方文明，就不能只是遵守西方人制定的规则，而必须在宇宙和人性的根本理念上大胆地突破和假设——这正是本文的价值。这是一场战争，是一场决定人类命运的战争，而且一定要打赢这场战争，只有这样，人类对宇宙和人性的理解才能发生革命性的变化，也只有这样，才能把人类引向广袤的宇宙，引向无限的未来！

人类会一体化而且必须一体化，这一点在人类诞生的那一天就已经命定，只不过在今天才表现出来。人类一体化的过程已经开始——欧洲共同体和伊拉克战争就是其历史性的标志——而且也一定能完成。“它将出现一种新的文明观念，它以西方文明范式为基础，用它将西方文明和新的文明的一切形式内在化在它之中。它将使科学一体化发展，达到互相内在的绝对程度，从而使人对自然和社会的知识成为一个整体并得到升华，使人的能力提高到现在无法想象的程度。……它将使人类成为一个整体，从而具有地球统一和人类统一意识，并把目光转向宇宙。它不再以人类中、地球上的问题为重心，而更多地把自己考虑为宇宙的一员。它的精神状态将达到雄浑的程度，具有征服宇宙的信心和意识。"① 人类文明的未来不在中、西、印文明之内，也不在中、西、印文明之间，而在中、西、印文明之外。一言以蔽之，人类文明的未来在基于中、西、印文明而又超越中、西、印文明的创造。创造是一种建设，虽然有破坏，但其本质是生成。这种生成不是体用结合式的生成，即所谓的创新，而是全新的生成，全新意味着从来未有，生成意味着从无到有。这种全新的生成是一种根本性的生成，而根本性的生成不仅仅是物的生成，而且是人的生成。人的生成即是人的创造，即让人成为人，让我成为我，并以此为基础重新塑造人类之性格，缔造人类之新精神，造就一代新人类。一言以蔽之，曰健康。健康是人在身体上（不仅是生理上）保持平衡，在精神上（不仅是心理上）达到宁静，并与社会保持和谐、与自然保持合一的完整良好的生活状态，以便最大限度地发挥任何一个作为人的个体和无限度地拓展作为一个整体的人类的潜能，而不仅仅是免于身体的疾患和残弱，也不仅仅是免于物质的匮乏和缺失。

这也许是一篇“历史文献”，但愿未来的科学能证明这些假设，同时期待未来的历史证明今天的预言！此不独华夏民族和印度民族之幸，也是人类之幸！

二、文明的预设

任何文明都是以特定的假设为前提的，全部西方文明建立在

---

① 郑刚：《中国人的命运》，广州：广东旅游出版社 1995 年版，第 548～549 页。

以下三个假设之上。《圣经·创世纪》曰："泰初，神创造了天和地，地空虚混沌，渊深幽暗，神的灵在渊面上巡行，神说应有光，于是就有了光。"一言以蔽之，就是上帝创造了宇宙，这是西方文明的第一个假设，也是最根本的一个假设。这个假设包含了三层意思：第一，有一个创造者，有一个被创造者；第二，创造者是一个精神实体，被创造者是一个物质实体；第三，创造者和被创造者之间有某种关系。上帝既然创造了宇宙，宇宙是什么？西方人根据他们的推断，又下了第二个判断：宇宙是一架机器，这是西方文明的第二个假设。如果宇宙是一架机器，那么它以什么样的方式来运转呢？这就有第三个假设：宇宙的运动是线性的和动态的。这个假设用一个公式表达即 y=f（x）。人们熟悉的牛顿定律 f=ma 就是最典型的例子。可以说，全部西方文明就是从这三个假设推演出来的。

如果宇宙是一架机器，那么人是什么？法国的哲学家拉·梅特里说："让我们大胆地预言，人是一架机器。"① "人体是一架会自己发动自己的机器：一架永动机的活生生的模型。"② 人体是一架机器，就是西方现代生物学、生理学和医学的基础；整个西方现代医学就是以这样的一个假设为基础建立起来的。西医有三大手段，第一个是实验诊断，第二个是药物治疗，第三个是手术治疗。你不是一架机器么，你的肾坏了换肾，心坏了换心，脑袋坏了就换脑袋，现在什么都能换！

如果人体是一架机器，那么人的心又是什么？要回答这个问题，对西方心理学史需有一定的了解。西方文明具体来说是由古希腊文明和古希伯来文明交互作用的产物。古希腊文明的核心概念是"人"，古希伯来文明的核心概念是"上帝"，所以西方文明的核心概念是"上帝—人"。这个概念在基督教里的表述是"三位一体"

---

① Schultz, D. *A History of Modern Psychology*. Academic Press, 1981: 17.

② 拉·梅特里著，顾寿观译:《人是机器》，北京：商务印书馆 1959 年版，第 20 页。

(trinity)，又叫“道成肉身”（incarnation)，也就是上帝的道以肉身的方式来到人间。这个人神一体的表现就是耶稣基督。这样古希伯来文明的上帝和宇宙的关系就转变成了人的灵魂和身体的关系。第一个把这种灵魂和身体的关系以现代学术方式表达出来的就是笛卡儿，他提出了著名的身心二元交感论。而且笛卡儿把灵变成了心：灵只能进行形而上学的思考，而心则可以进行科学研究，这为心理学的创立奠定了理论基础。① 英国经验主义者洛克进一步把心变成了经验，而经验是可以以实证的方式研究的。从洛克到贝克莱再到休谟，最后到詹姆斯·密尔，都斩钉截铁地说：心灵也是一架机器！② 心灵是一架机器就是整个现代西方心理学的理论基础，整个现代西方心理学就是建立在这样一个假设之上。后来西方心理学发展的各个流派，从结构主义、功能主义、格式塔心理学、行为主义到今天的认知心理学，从精神分析到新精神分析再到人本主义心理学，无论其表现形态如何变化，但其心灵是一架机器的基本原则是不变的。

和西方文明相对照，中国文明和印度文明也有自己的文明预设。西方是神创论，中国是气生论：宇宙是由原始的气演变而来的，即《老子》第一章所谓“无，名天地之始，有，名万物之母”。印度是梵变论：宇宙是由大梵变化而来的，即《五十奥义书》所谓：“泰初，此世界唯独‘自我’也。无有任何其他睒眼者。彼自思惟：‘我其创造世界夫！’彼遂创造此诸世界：洪洋也，光明也，死亡也，诸水也。”③ 西方是机械论，中国是生命论，即宇宙是一个有生命的有机体，印度是灵魂论，即宇宙是一

① Watson, R. I. *Basic Writings in the History of Psychology*. Oxford University Press, 1979: 13.

② Schultz, D. *A History of Modern Psychology*. Academic Press, 1981: 35.

③ 徐梵澄译:《五十奥义书》，北京：中国社会科学出版社 1984 年版，第 16 页。

个精神灵魂的变现。西方是线性论，中国是网络思维论①，即事物是以组合变换的方式交互作用，印度是组聚合论，即任一概念都可因需要包含任何对象，任一对象都可被论证为具有任一图式意义。②

科学是对真理的追求而不是真理本身，科学只是对自然的一种诠释方式而不是万能的，每个文明都有自己的科学。科学是根据某种特定的原则推导出来的知识诠释系统，而特定的原则则来自于特定的宗教信仰及其形而上学。由于宗教信仰和由这种宗教信仰演绎出来的形而上学的不同，中国、西方和印度三个文明的知识诠释系统，也即西方文明所谓的科学，所根据的原则完全不同。如果西方科学是唯物—机械原则，即宇宙及其万事万物是一架机器；而中国传统科学则是生命—活力原则，即宇宙及其万事万物是一个有生命的有机体；印度古代科学则是心理—灵魂原则，即宇宙及其万事万物的本质是灵魂。如果西方科学是身心二元原则，即人是由本质上不同的躯体和灵魂两种要素组成的；而中国传统科学则是身心一体原则，即人之身心一体不二而不是二元对立；印度古代科学则是灵魂变现原则，即宇宙及其万事万物仅仅是梵的变现。如果西方科学是分析—还原原则，即宇宙及其万事万物是由基本元素组成的；中国传统科学则是系统—整体原则，即宇宙及其万事万物是一个有机整体而不是元素的集合；印度古代科学则是分析—整体原则，即宇宙及其万事万物可以以分析方法来认识但其本质上是一个整体。如果西方科学是物我对立原则，即主体和客体是相互对立的；中国传统科学则是天人合一原则，即主体和客体是一体不二的；印度古代科学则是灵魂决定原则，即客体是由灵魂决定的。如果西方科学是线性思维原则，即宇宙及其万事万物是以动态和线性的方式在作用；中国传统科学则是象思维原则，即宇宙及其万事万物是以组合

---

① 萧汉明:《传统哲学的魅力》，北京：中华书局 2008 年版，第 332 ~ 338 页。

② 郑刚:《中国人的命运》，广州：广东旅游出版社 1995 年版，第 534 页。

变换的方式立体地而不是以单向线性方式在交互作用；印度古代科学则是组聚合论，即宇宙及其万事万物是以相分的方式组合和聚合。如果西方科学是辩证原则，即宇宙及其万事万物是矛盾的对立统一；中国传统科学则是阴阳原则，即《内经·阴阳应象大论》所谓“阴阳者，天地之道也，万物之纲纪，变化之父母，生杀之本始”；印度古代科学则是中道原则，即佛教中观所谓“不生也不灭，不常也不断，不一也不异，不来也不去”。

不同的诠释原则产生了不同诠释系统。西方文明的机械原则决定了其“分子—原子”诠释系统（其在生理学上的应用即是“解剖—生理”诠释系统，其在心理学上的应用即是“心理—行为”诠释系统），即西方文明是以实有的结构、可观察到的行为为基础和单元来诠释宇宙及其万事万物；中国传统文明的生命原则决定了其功能—形态诠释系统，即中国古代科学是以功能为基础和单元来诠释宇宙及其万事万物；印度文明的心灵原则决定了其心理—灵魂诠释系统，即印度古代科学是以灵魂为基础和单元来诠释宇宙及其万事万物。

如果观察宇宙及其万事万物，可以观察到三种不同的事物，一是无机的物理世界，二是有机的生命世界，三是只能自我感知的灵魂世界。宇宙的本质到底是物质还是精神，这是西方文明设定的问题，对于中国传统文明而言，这不是一个问题，对于印度古代文明尤其是佛教而言，这是一个假问题。对这个根本问题，这里提出一个大胆的假设“能量本质论”，即宇宙的本质既不是物质也不是精神而是能量，无论是无机的物理世界，还是有机的生命世界，或是只能自我感知的灵魂世界，都仅仅是能量的表现形式；宇宙及其万事万物也只是能量的实体化的存在形式。虽然物理世界、生命世界和心灵世界，都是能量的表现形式，但是其运动的原则则有本质的不同。从这个意义上讲，中国古代文明的“气生论”可能更接近事实，按照我的理解，古人的“气”，就是今天所谓的能量。现代著名的物理学家霍金提出的“开放暴胀”理论认为，宇宙最初的模样似一个豌豆大小的物质，悬浮于一片没有时间的真空。① 目前一般认为，宇宙在大爆炸之前是一个物质密度无限大、温度无限高，物质、运动和时空都浓缩在一个点上的原始火球。我个人认为，这个豌豆大小的原始火球不是物质而是能量。②

宇宙的本质既非物质也非精神，是一种能量，这种能量既有物质性也有精神性。宇宙的一切，大到天体的运行，小到地球上的机械运动，从物理化学的反应，到生理运动，到整个人类的发展都是这种能量的表现形式。整个宇宙的运动形式，虽然千差万别，但是可以区分为物理世界的物质运动，包括机械运动、物理运动、化学运动等；生命世界的生物运动例如新陈代谢；心灵世界的灵魂运动例如意识、思维等和社会运动四种形式。运动无非是能量交流和交换过程，人是这种能量最完美的存在形式，因为人是物质和精神最有机的结合。开悟是人的身体和精神达到一种和谐的极致：在这一状态下能量才能发挥到最大，达到了能量突破了物质的束缚，返回到了它本原的状态以致实现了和天地的能量交换。所谓灵光独耀就是上通宇宙，桶底脱落可谓下通地球。这种开悟的状态就是人的身心通过修持达到极致的时候，能量会突破人的身心和宇宙实现交流，此时突然间发现宇宙的天幕打开了，突然就开了那么个东西：原来是这样，原来生活是这样，我懂了，我应该怎么去生活，我应该这样去生活，这个时候才能更好地去生活。开悟如果从科学上来解释，可以称之为“能量贯通论”，就是能量是从物理世界到生命世界再到人的灵魂世界的一种贯通，这是我们每个人与生俱来的，亦即我们每个人都具有佛性，只要用心修炼就可能成功。

中国、西方和印度三个文明，由于不同的诠释原则，对宇宙及其万事万物的研究对象也不同。西方文明研究的是物理世界，中国传统文化研究的是生命世界，印度古典文明研究的是灵魂世界。需

---

① 孙广仁主编:《中医基础理论》，北京：中国中医药出版社 2002 年版，第 30 页。

② Dampier, W. C. *A History of Science and its relations with Philosophy and Religion.* Cambridge University Press, 1948, Chapter11.

要指出的是，西方文明研究的是物理世界，并不是说西方人就不研究生命现象和心灵，而是说西方人把物理世界的机械主义也应用到了生命世界和灵魂世界，即以机械的原理为原则研究生命现象和心灵，也就是说在西方人的知识诠释系统中，物理、生命和灵魂三种能量的存在形式是没有本质区别的。把机械的原理应用于生命世界，即以机械的原理为原则来研究生命现象，即是生物学（biology），其在医疗上的应用即是生物医学（biomedicine，其实是机械医学）；把机械的原理应用于心灵，即以机械的原理为原则来研究心灵，即是心理学（psychology），其在医疗上的应用即是心理治疗（psychotherapy）。中国传统科学以生命原则为原则来研究生命现象，即是生命科学（vital-science），其在医疗上的应用即是生命医学（vital-medicine）。印度古代科学以心灵原则为原则来研究人的心灵，即是心灵科学（spiri-science），其在治疗上的应用即是心灵医学（spiri-medicine）。顺便指出，心灵科学不是灵学（parapsychology），灵学是仅仅以传心术、千里眼等“超自然”现象为研究对象的一门学问。同理，中国传统文化研究的是生命世界，并不是说中国人就不研究物理现象和心灵，而是说中国人把生命世界的活力论（vitalism）也应用到了物理世界和灵魂世界，即以活力论为原则研究物理现象和心灵。印度古典文明研究的是灵魂世界，并不是说印度人就不研究物理现象和生命现象，而是说印度人把灵魂世界的灵魂原则也应用到了物理世界和生命世界，即以灵魂原则为原则研究物理现象和生命现象。

三、心灵的科学

既然研究生活禅的心理学意义，首先要给心理学下定义。心理学在历史上有不同的流派，甚至不同的人的解释是不一样的，我的定义是：心理学是人的心灵的科学。这里每一个词都通过细细的斟酌，或者说一个字也不能多，一个字也不能少。首先来解释科学，科学不是经验，不是迷信，也不是哲学、宗教和艺术，科学是什么呢？或者说科学的特征是什么，可以实证，可以重复。在人们的心中，科学已经成了真理的化身，可以说科学已经成了上帝，需要反复强调的是，科学是对真理的追求，而不是真理本身。其次，是人的而不是动物的心灵，虽然强调人的心灵的科学，但也不排除研究动物的“心灵”（应该说是心理，确切地说是行为）。研究动物的心理也是研究人的心灵的一个固有的组成部分，这里就有一个预设：人和动物在心灵上有差别，而且有本质性的差别。再次，不但是心的科学，也是灵的科学，一般心理学的定义就是“心”，没有“灵”，但是我特意加了这个词，既然既是心又是灵，什么是心？什么又是灵呢？心之整体和实体谓灵，灵之表现和功能谓心，人和动物的区别就在于人有灵。如果说心理学是人的心灵的科学，那么只有佛教才配称心理学。如果心之整体和实体谓灵，灵之表现和功能谓心，那么这个实体的本质是什么？按照佛教的说法，人的魂识是一种极细微的物质，这里也提出一个大胆的“心灵波”假设，即人的灵是一种心灵波，如果物理世界能发出电磁波，那么生命世界就能发出生命波（这也是一种假设），人就能发出心灵波。只不过不同的人发出和接收的心灵波的质、量不同而已。生活中的心灵感应无非是心灵波的感应。佛教所谓的“中阴身”无非就是心灵波，也即投胎转世的就是心灵波。

佛教有三个最基本的观点，也即佛教的三法印：诸法无我，诸受皆苦，寂灭涅槃。具体而言，第一点是空，空并非什么都没有之意，而是指世界上的一切事物都是依一定的条件而生，依一定的条件而亡。亦可以表述为条件生成原理。第二点是苦，人生必苦，表述了人生的意义。宇宙是空，人生是空，人生必苦。人活着，依一定的条件而生，一定的条件而亡，能不苦吗？生，可以理解为投生、出生和生活三义。投生了未必能出生，出生了未必能生活。佛教八苦，即生苦、老苦、病苦、死苦、爱别离苦、怨憎会苦、求不得苦和五盛阴苦。现在以两性的爱情为例讲讲生活中爱别离苦。两性的爱情的完成不仅是一对男女就行，还要另外相当苛刻的条件。我爱的真正含义就是爱我，即我爱他（她）是把我的情感通过他（她）投射出来，这就是爱的实质，可以称之为爱情投射论（事实上，人生的一切诸如事业和工作，也是人的心灵投射的结果，可以称为人生投射论）。如果你是一个女人，你只能找男人（同性恋例外）。理论上讲，你可以找世界上的任何一个男人，似乎有几乎无限的选择，但是事实上，你只能找你所认识的男人，而即使在网络通讯如此发达的今天甚至更加发达的明天，一个人所能认识的男人肯定是有限的。在所有你所认识的男人中，必须抛开未成年人和已结婚的男人。也就是说你的选择只能限定在你所认识的未婚成年男人。在这个选择范围内，还必须考虑各种“缘”：你是一个博士生，就不太可能找高中生；你是一个大学老师，很难找一个农民。职业、学历、工作单位、生活的城市、出生的家庭，等等，所有这些“缘”一框，可选择的范围就很小了，甚至屈指可数了。在这屈指可数的人选中，你必须考虑对方的人品、前途、性格、健康是否和自己相符或是否达到自己的要求。总而言之，你很难找到你要投射的这个人。如果你很幸运，找到了你要找的那个人，但爱情不是一厢情愿的事，你的情感投射到了他身上，他的情感也必须投射到你身上，但问题是你的情感投射到了他身上而他的情感未必投射到你身上。如果你投射到他身上，他也投射到你身上，两人的投射关系幸能达成，生活中经常发生的情况是外在条件可能又不允许。如城市姑娘，找了个农村小伙子，家里又穷，还有一大堆兄弟姐妹，父母坚决反对，可能两人就此错过。你可能抱怨父母不通人性、不懂感情，可是对经历过生活苦难的父母来说，女儿将来的一切只能由他们来承担，女儿的任何风吹草动都会牵扯到父母的神经，而他们的一切也寄托在女儿身上，他们是交不起这个学费的。苦不苦？苦！生活中的苦很多，我以最具普遍意义的爱情为例，因为大多数人都经受过情感上的煎熬。第三点是涅槃，涅槃的含义是出离苦，如能按照佛教修持的方法达到心如不动的程度就能够出离苦。涅槃是佛教全部修习之最高、最后目的，即灭除烦恼、超越生死，不在生于三界六道之中。佛教的这三点，第一、第二点能得到实证；第三点我相信，但是没有亲证。我能举的例子就是距今一千多年前的六祖惠能大师，其真身还供养在南华寺，左右两边还各有一尊禅宗祖师的真身。

如果说心理学是人的心灵的科学，为何只有佛教才配称心理学？佛教的空，也即现在说的世界上的一切事物是依一定的条件而存在，但是佛陀在那个年代是通过自己的修证得来的，他不是通过别人说得来的，他是通过一步一步的修证得来的。这个概念，相当于西方爱因斯坦的相对论：世界上的一切都是相对的，① 也就是世界上的一切都是因为条件而存在的。爱因斯坦的相对论是通过严密的论证推导出来的，同样，佛陀的这个结论也是通过一步一步的修证得出来的。佛教的空，也相当于古希腊文明里面的“变”，古希腊哲学家赫拉克利特有这样一个名言，“你不能两次踏进同一条河”，我在这里变一下，“河也不能两次遇见同一个人”。如果说古希腊文明表达了变，那么中国文明则表达了易，易的含义就是变，这是按照我们中国人的思维推出来的。中国的易，古希腊的变，西方的相对论，佛教的空，这四种不同的理论，用其不同的方式，为这个世界的本原给出了答案，它们的答案是一致的。相对论是不是科学，相对论是科学，何以佛教不是科学呢？爱因斯坦走过的那个路，任何人重复他的路，就只能得出同样的结论。佛陀走的这个路，任何人只要重复，也只能得出一样的结论。可以说，佛陀说的空，相当于万有引力定律，相当于相对论，所以说是科学。

为什么又说是心灵的科学呢？因为佛教是以心观心的，就是说其研究的对象是人的心灵。研究的主体是这个心，研究对象也是这个心，也即以心观心，研究者和被研究者是一个东西。通过心和灵的有机结合来达到和谐，在西方文明中心和灵是对立的，但是在佛教中心和灵是一个东西，或者简单地说，心是灵的一种表现形式，所以说佛教是心灵的科学。佛教可以被实证，可以被重复，但有一个和西方研究物理科学不一样的地方，就是只能自我实证，自我重复，这是因为研究对象是心灵。

经常有一个比喻，说心如明镜，好在没有说心是明镜。镜子的特点第一只照别人，不照自己，但是心，照别人也照自己；第二镜

---

① Bynum, W. F., Browne, E. J., Porter, R. *Dictionary of the History of Science*, The Macmillan Press Ltd, 1981.

子照东西是如实地反映，就是说你是什么样子照出来就是个什么样子，但是心不可能如实地反映，要经过一层过滤，要经过认知结构处理；第三镜子是不分别、也不言语的，但是人的心会分别、会言语，只有达到一定的修炼后才能达到不分别，其实那个不分别是分别的不分别。心灵按照佛教的说法，是一种活生生的、能动的、能够摄取外缘的东西，是一个整体的东西。总而言之，心灵科学和物理科学的区别，一是心灵科学只能内省，也即只能自我观察；二是心灵科学只能自我实证和自我重复，但其结果是可以观察到的；三是心灵科学和任何一个人的生活和生命合一不二。

佛教称为心灵科学，并不排斥它是宗教。西方文明学问发展的路径是宗教、哲学和科学；中国传统文化的学问谱系是经、史、子、集；佛教的学问谱系是经、律、论。经以修定；律以持戒；论以发慧；戒、定、慧三学又三位一体。西方文明由于其特质和发展的过程是从宗教到哲学再到科学，所以其宗教、哲学和科学是泾渭分明的。但是佛教几乎从一开始，就是宗教、哲学、科学和生活一体化的，也就是信仰、沉思、修证和生活合而为一。这也是为何作为学者，没有信仰和修证，没有生活的实践，单凭研究本身，佛学是无法深入的；作为法师，没有学问和研究，仅凭信仰和修证，佛教也是站立不稳的。至于佛教称为心灵科学，西方心理学又将何去何从，这正是西方心理学面临的难题，也正是现代人要回答的问题，也是佛教大有可为的地方。

借此机会强调佛教的一个特点：不信不入。《大智度论》所谓佛法大海，信为能入，智为能渡。其他的宗教，例如儒教、道教、基督教、伊斯兰教，不信也可以研究，就是佛教不行。现在学术界多半是以学术的态度对待佛教的，学者比较轻视信仰和实证，这是一个很大的缺陷。从另一方面讲，法师当中也有一种倾向，比较轻视理论学习。现在静修功夫上不来，并不是静修本身的原因，是理论水平没有上来，理论水平如果说不是直接绝对地决定静修，至少和静坐的功夫有正相关，而且是非常高的正相关。当然这就出现了一个问题，那些古代的禅师们不懂什么理论不也坐出来了！问题就在这里！原因是现在的社会环境已经发生了变化，西方文明已经全面渗透进来了，如果佛教理论不能与时俱进，修行者的心灵深处始终处在多重信念交错的状态，正信建立不起来，会障碍他修行，而且他还不知道问题出在哪里。事实上古代的那些禅师不是没有读书，而是在他们前面已经有学者为他们铺平了道路，像僧肇、慧远、玄奘等大师，已经从学术和学问的层面把大的框架建立起来了，所以个人才能用功。现在的问题是，佛教的理论在人类文明一体化的大背景下，大的框架没有建立起来。作为一个学者，首先必须是一个学者，从学者到僧人而后再到学者，这个时候才能真正地研究佛教；那么作为一个僧人，首先是一个僧人，然后成为一个学者，再成为一个僧人，只有在这个时候，修炼功夫才能真正上来。

四、生活禅的心理学意义

生活禅虽然由生活和禅两个要素组成，但并非生活和禅的简单相加。按照格式塔心理学的原则，生活禅是生活和禅的格式塔。必须在生活中，而且必须是真实的生活；不但生活着，而且以禅的智慧跳出生活，只有跳出生活才能思考生活。也就是不但生活着，和生活一体化，而且必须和生活保持适当的距离；最后以生活本身为思考对象，从生活这本无字书中读出生活的真谛来。

生活禅的理念和目的是“觉悟人生，奉献人生”；生活禅的修行方法是“在生活中修行，在修行中生活”。生活是由生命和活着两个要素组成的，但不是生命和活着的简单相加。活着是生命体在特定空间和时间的一个活动，每个生物体都活着，但唯有人这种生物体生活着。生活是人的第一要务，是人的生命的存在形式。人可以选择不同的生活，但人不能选择生活本身。人必须生活，这是先天命定的。生活并不仅仅是穿衣吃饭或工作学习。生活中发生的一切事、来来往往的一切人、经历的一切悲欢离合、苦闷哀乐、形形色色的时空等都只是生活的一部分，至多是生活本身的某种体现。生活是在某种理念引导下的有目的的活动，它是整体的、动态的、全方位的、变化而又连续的。

人是生活的主体，也是生活的受体。人可以选择不同的生活方式，也就必然承受他或她所选择的生活方式所带来的一切。人的生活是其主体意识和环境交互作用的产物。人的主体意识可以自由选择，但其生活环境是先天给定的。人一出生就处于给定的生活中，并没有独立进行意志选择的能力。即个体的人格几乎是在自我没有完全意识到的给定的生活中形成的，当人能够完全意识到自我选择时，其人格已经基本定型。

既然人格在生活中形成，就只能在生活中改造。这正是生活禅的要义。人格的养成不在实验室里，人格的完善当然也不能在实验室中完成。这并非贬低实验研究的价值，更非以此为借口拒绝进行实验研究。这里至少有个主次问题，实验室的研究，无论其设计多么精细、模拟多么逼真，依然有别于人的生活。人的生活具有不可重复性。生活与生命的法则就是不可重复。故实验室的研究能作为理解生活的一个视角或辅助，但不能代替生活，亦不能成为理解生活的基点。有的实验研究虽然不在实验室里而是在生活的状态中，但这种研究是以控制某一个或几个变量为模式的，而生活的变量是无法控制的，至少不可能人为地随心所欲地控制。有的心理治疗也强调治疗者和患者处于某种生活的自然状态下进行，但是这种生活表面看似多么自然，其实都是治疗者精心设计的，生活本身却无法精心设计。至于心理治疗中，治疗者根据一定理论设计出一种治疗方案，要求患者在特定时间来到特定地点和治疗者面对面地接触，这已经和生活没有关系，仅仅是生活中的一个人为事件。

生活禅以生活为研究对象，以生活为自己的实验室。这个实验室是天然的、无任何设计的，自我既是实验主体又是受体。心理障碍在生活中产生，亦应在生活中治疗。这并不妨碍和排斥在生活的特定空间和时间解决问题。谈到生活禅，首先要排除的误会是：生活禅并非不需打坐和修定，相反，它与念佛、修止观等都是密切相关的。没有集中修行或修行的过程，生活禅就无从谈起了。佛教修行的根本就是戒、定、慧三学，生活禅既要体现戒律的精神，也要体现禅定、智慧的精神。如果一个法门不能够如实反映戒、定、慧三学，那这个法门就有问题；如果一个法门的内涵离开了戒、定、慧三学，那这个法门就更有问题。生活禅是一个包括佛教戒、定、慧三学在内的、严肃的、佛法内涵圆满的概括。① 然而生活禅在特定时间和空间的禅修，与心理治疗中患者在特定时间来到特定地点和治疗者面对面地接触形似而神异。前者是生活的自然事件，只是生活的一部分，是生活的手段之一；后者是人为事件，是治疗的全部。

在生活中修行，在修行中生活。把日常生活的每一种生活状态、动作、念头等都变成修行的过程，即把心安住在当下；"专注，念念分明"，相当于专心致志地做好每一件事。"一个僧人，无论行住坐卧，应以同样的方法做修持训练功夫。无论他的身体保持何种姿态，他了解它是那样的。同样的，无论他出外、归家、观览、负物、伸手、缩臂、进食、咀嚼、品味、睡眠、行走、说话、或做任何身体动作，也都如此。"② "怎么安住当下呢？我们的心念不要去追过去，也不要去赶未来，让当下这一念安住在正念中，安住在呼吸中，安住在佛号中，不思前，不想后，安住当下，清清楚楚，明明白白。妄想起来了，不要理它；天塌下来了，不要理它；隔壁左右的人在咳嗽、在翻腿子，不要理它。只管照顾自己的心念，只管用自己的功夫。"③

生活禅的基本精神"觉悟人生、奉献人生"可理解为放下与承担。禅意味着放下，生活意味着责任，责任即承担。生活禅就是以禅的理念来解决现实生活中的问题，生活禅是为了生活和更好地生活。如果是解决了个人的问题，那就是觉悟人生，即放下；如果是解决了社会问题，那就是奉献人生，即承担。究竟什么是放下呢？又如何做到呢？放下不是放弃，但有时会表现为放弃；不是退缩，但有时会表现为后退；也不是回避，也不是无奈的叹息，更不是被动的反应。放下是一种积极的进取，是一种理性的选择，是对

---

① 圣凯：《禅宗现代转型之路剖析——以安详禅、现代禅、生活禅为中心》，吴言生：《中国禅学》第三卷，北京：中华书局 2004 年版，第 338 ~ 362 页。

② 渥德尔著，王世安译：《印度佛教史》，北京：商务印书馆 2008 年版，第 82 页。

③ 净慧：《重走佛祖路》，石家庄：河北省佛教协会虚云印经功德藏 2007 年版，第 67 页。

生活有深刻理解后的体验状态，是一种冷静审慎的判断，是生活的辩证法，是智慧的取舍，是超然物外的心态。放下是一种态度，是一种境界，是一种修养，是心灵的智慧，是心灵的自我反省和批判。其目的是为了驱除自身的杂质，让心空明。放下是经过生活历练后懂得生命真谛的一种豁达、洒脱和超然，这种生活智慧只有在生活中经过血与火的洗礼才能获得。

放下是为了更好地承担，只有真正放下了的人才能更好地承担，我们之所以不能承担是因为我们不能放下。谁来承担？承担什么？如何承担？第一，能够深切关注民族和人类的命运并且能够承受民族和人类苦难的人，即大悲。第二，能够紧扣时代脉搏的人，即大智。第三，勇于承担而且有能力承担的人，即大能。学佛的人怎么来承担呢？革命导师马克思有言：站在科学的大门口就如站在地狱的大门口，这里任何犹豫和怯懦都无济于事，只有沿着陡峭山路攀登的人才能达到光辉的顶点。站在参禅的大门口何尝不是站在地狱的大门口啊？何尝容得半点犹豫和怯懦？学佛的人最怕下地狱，问题是你不下地狱你何以能成佛？人之心灵不经过地狱之苦的锤炼怎么可能变得清明呢？生活既是地狱也是天堂，两者皆在人间，下地狱是成佛的必由之路。悟是生命的一种大突破、大飞跃，只有通过生命的大搏斗才能达到。

> 生活禅来源于祖师禅的精神和人间佛教的思想，目的在于落实人间佛教的理念，进而把少数人的佛教变为大众的佛教，把彼岸的佛教变为现实的佛教，把学问的佛教变成指导生活实践的佛教。
>
> 生活禅作为落实和实践人间佛教的一个法门，扎根于圣教，栖心于三学；以人间现实为土壤，以净化自他为宗旨，以观照生活的当下为修行，以现法乐住为证量。生活禅的次第是：发菩提心，立般若见，修息道观，入生活禅。
>
> 修习生活禅要求把佛法与现实生活相结合，将禅的精神、禅的智慧普遍地融入生活，在生活中实现禅的超越，体现禅的境界、禅的风采，还禅宗精神灵动活泼之天机。运用禅的方法

> 解除人们生活中存在的困惑，使我们的精神生活更充实，物质生活更高雅，道德生活更圆满，感情生活更纯洁，人际关系更和谐，社会生活更祥和，从而趋向智慧的人生、圆满的人生。
>
> 关于修习生活禅的要求：发扬大乘积极入世的菩萨精神，深入众生世界，直面人生，将佛法和生活有机地交融一体，把佛法净化人生（利乐有情）、净化社会（庄严国土）的精神，完整地落实在生活中，落实在做人做事的分分秒秒中，将信仰融入生活，在生活中修行，在修行中生活，关怀人生，净化人生，觉悟人生，奉献人生。
>
> 修习生活禅要求在生活中勤修戒定慧三学和慈悲喜舍四无量心，尽职尽责，奉献力量，以佛法的智慧指导生活，点化生活，净化身心，使人生活得幸福、自在、洒脱、安详、有意义、有价值；在生活中体验法乐的禅悦，获得正受，从而超越生活，勘破生死，并带动周围的人一起过好正见正受的生活，进而净化国土社会，庄严人间净土。
>
> 修习生活禅要求将信仰落实于生活，将修行落实于当下，将佛法融化于世间，将个人融化于大众；做到在尽责中求满足，在义务中求安心，在奉献中求幸福，在无我中求进取，在生活中透禅机，在保任中证解脱。①

生活禅上接佛陀，是一门心灵的科学；中继六祖，服务于生活；下续太虚，继续禅宗的现代化。太虚大师言，仰止唯佛陀，完成在人格。成佛就是成人，也就是说以佛的方式来成人。生活禅就是在生活中以佛的方式来成人。确切地说生活禅就是在生活中以禅为理念，通过禅的途径，将任何一个作为人的个体的潜能最大程度地发掘出来，以实现作为人的我的生命的价值和意义，生活禅是为了生活和更好地生活，是为了健康地生活。健康是人在身体上（不仅是生理上）保持平衡，在精神上（不仅是心理上）达到宁

---

① 净慧:《中国佛教与生活禅》，北京：宗教文化出版社 2005 年版，第 126～127 页。

静，并与社会保持和谐与自然保持合一的完整良好的生活状态，以便最大限度地发挥任何一个作为人的个体和无限度地拓展作为一个整体的人类的潜能，而不仅仅是免于身体的疾患和残弱，也不仅仅是免于物质的匮乏和缺失。

《般若波罗蜜多心经》禅解[①]

◎ 净慧法师

一、题　　解

“般若”，翻译成汉语就是智慧。因为“般若”一词如果翻译成智慧就显得意义轻浅，般若智慧比一般所说的智慧意义深广得多。为了生发听闻者的敬信之心，因此保留原来的梵语读音不翻。这在佛经的五种不翻里面，属于“尊重不翻”。[②]

---

① 本文是根据净慧法师邢台玉泉禅寺戊子年秋季（2008 年 9 月 17 日上午—2008年 9 月 23 日晚上）七日禅修的开示整理而成。开示内容最初由崇谛法师根据录音整理成《〈心经〉禅解》一书，由河北省佛教协会虚云印经功德藏印行结缘流通。2009 年（农历）正月初九，“武汉大学珞珈七子”读书会的几位成员拜会净慧法师，并向他约稿，法师指定由师领和肖格格按《学鉴》格式重新整理，崇谛法师立即提供了《〈心经〉禅解》电子文档。师领和肖格格根据电子文档整理出初稿，得到吴根友教授认同，其间归元寺能利法师曾提出修改建议，最后由四祖寺《正觉》副主编林涛居士通校后定稿成文。

② 翻即翻译，谓译彼梵音而成此华言也。不翻者，以此五种，不可翻故也。一、秘密不翻，微妙深隐曰秘，互不相知曰密。谓诸陀罗尼，是佛秘密之语，经中悉存梵语，是为秘密，故不翻也。［梵语陀罗尼，（本注未完，见下页）

般若有三种：文字般若、观照般若、实相般若。我们现在进行的禅修，这三种般若同时都在运用。比如念一句佛号，参一个话头。佛号、话头从它的体性来说，是可以表述出来的语言文字，这可以说是文字般若。由文字般若进而起观照般若。观照的境界，严格来讲是表述不出来的。在禅修过程中，看话头是观照，持佛号还是观照，数呼吸同样是观照，离开了观照，就无法用功夫。观照般若只能在用功的过程中体会。观照相应了，就能证得实相般若。实相就是一切诸法的体性：不生、不灭、不垢、不净、不增、不减。一切诸法的体性都可以用这“六不”来表述，这“六不”把一切诸法的体性概括无遗。在禅修的过程中，真正能够同时运用三种般若，与实相相应，就契入了甚深般若。

“波罗蜜多”，可以翻译成彼岸到或到彼岸，也可以翻译成一切圆满成就。到彼岸的意思就是所做已办，大事了毕，一切需要证得的（功德智慧）都证得了，需要断除的（烦恼执着）都断尽了，那就是圆满。“波罗蜜多”就是圆满成就到彼岸的意思。

“心”是中心、核心的意思。本经是以运用三种般若而到达彼岸圆满成就为中心内容的一本经典。或者说，这一本二百六十个字的经典，是六百卷大般若经的核心、纲领和中心。这就是经中“心”字的本意。如果再发挥一下，也可以理解为，运用三种般若，使我们的心大放光明，圆满成就，达到究竟涅槃，不生不灭的境界。因为运用三种般若的目的，无非是要让此心所有的尘垢排除

（接上页）华言总持，亦云咒也。］二、多含不翻，谓如梵语薄伽梵，具含自在、炽盛、端严、名称、吉祥、尊贵六义，经中但存梵语，是为多含义，故不翻也。三、此方无不翻，谓如梵语阎浮提，华言胜金洲。西域有树名阎浮树，下有河，河有金沙，故名胜金。今不言胜金者，以此方无此树，故诸经中但存梵语，是为此方无，故不翻也。四、顺古不翻，谓如梵语阿耨多罗三藐三菩提，华言无上正等正觉。虽有此翻，然自汉摩腾法师已来，经中但存梵语，是为顺古，故不翻也。五、尊重不翻，谓如梵语般若，华言智慧。大智度论云：般若实相，甚深尊重，智慧轻薄，是故但云般若而不言智慧，是为尊重，故不翻也。

干净，使本自具足的光明完全显露出来。所以，也可以将此心当做我们的当下一念，或者当做我们所要追求、所要发掘、所要发现的那个真心、佛性。

“经”是以上这些内容或者说这二百六十个字的载体。经有普遍、恒常的意思，也有贯穿的意思。因为佛所讲的经，一句一偈都是亘古今而不易的真理，所以是不变，是常。过去诸佛如是说，现在诸佛如是说，未来诸佛亦如是说。经者线也，将佛所讲的话，那些很分散的内容，用一根线把它贯穿起来，连缀起来，成为一个体系，成为一个完整的内容，所以经又有贯穿的意思。

“般若波罗蜜多心经”，这个经题，要仔细、认真地讲，逐字逐句地讲透彻，讲圆满，从研究学问、罗列资料来说，有点好处。但从指导修行、生活来说，则无太大的必要。太繁琐了，难抓到要领，对修行不利。这里的关键，是要把三种般若记住，把到彼岸的意思理解清楚，不要把此岸和彼岸人为地隔离开。此岸是在当下一念，彼岸亦是在当下一念，一念迷就是此岸，一念悟就是彼岸。把这些内容思考清楚了，对于修禅、学佛是非常必要的。知此，就不会舍近求远，就不会感到茫然和不知怎么修。《般若波罗蜜多心经》（以下简称《心经》）把修行、生活应该遵循的方法、路线和法门指示得非常清楚。

现在通用的《心经》是玄奘法师翻译的。《心经》的译本从古到今有数十种。单是传译到中国来的就有十一种，现代人又将《心经》译成各种语言的文本，那就更多了。众多译本，有简有繁，以玄奘法师翻译的这二百六十个字最为简要，流通最广，从唐朝一直流通到现代。除玄奘法师外，鸠摩罗什和义净三藏也翻译过《心经》，但都没有得到广泛流通。

玄奘法师的译本能够得到广泛流通的原因：第一，与玄奘法师翻译的水平有关。他的翻译水平很高，文字简要，表述清楚，真正表达了般若的奥义；第二，汉人好简略，不喜欢繁琐的东西。玄奘法师所翻译的《心经》，提纲挈领，简明扼要，处处都直指人心，处处都把般若的精义袒露出来，显露出来。

玄奘法师翻译了《心经》后，他的大弟子窥基首先作了一本注解——《心经幽赞》。玄奘法师的译场，窥基法师是直接参与者，所以窥基法师所作的注解应该说是最能够得到玄奘法师的心传，最能表达《心经》的精义。窥基法师的《心经幽赞》后，同时参加玄奘法师译场的另外一个大弟子圆测法师也作了一本《心经》注解——《般若心经赞》。可以说，玄奘法师的门下重视《心经》的弘扬，积极地为推动《心经》的传播作注解，阐述般若的奥义，这也是《心经》能够得到广泛流传而不可忽视的因素。今天保留下来的所有佛教典籍中，注解《心经》的，有上百种之多。没有保存下来的，那就不知其数了，最少也有上千家。所以，《心经》从古至今一直受到重视，此点毋庸置疑。

玄奘法师根据他自己西行取经的整个历程，创作了两本书。一本是《大唐西域记》；一本是由他口述，弟子记录的《玄奘法师传》，也叫《大唐大慈恩寺三藏法师传》。从这两本书，我们可以了解玄奘法师西行取经的历程，以及他所经历的九磨十难，他在佛教史上的辉煌贡献。中国翻译经典的人很多，西行求法的人也很多，但真正取得成绩，有所成就，真正在佛教史上光前裕后的人并不多，玄奘法师算是最为显著的第一人。其他，还有像法显法师、义净法师等，都是中国人西行求法的榜样。大家通过读《玄奘法师传》，就能真正了解玄奘法师不可思议的功德。

二、照见五蕴皆空

《心经》的第一段："观自在菩萨，行深般若波罗蜜多时，照见五蕴皆空，度一切苦厄。"

这是《心经》的总纲、提纲，其核心内容就在这一段经文中，是修行的大法门，总的纲领。它开宗明义三种般若具足，文字般若、观照般若、实相般若都在这一段话中完整地体现出来。其语言文字即"文字般若"；具体内容的落实，即"观照般若"；由观照而达到五蕴皆空，度一切苦厄，即证"实相般若"。既有见地又有功夫。

修行者要很好地体会这段话的内容。它对于指导修行、生活，排除各种违缘障碍，具有十分重要的理论意义和现实意义。

“观自在菩萨”是能修能证的人；“行深般若波罗蜜多时，照见五蕴皆空，度一切苦厄”是所修所证的法。体会、念诵这段话的每个字的时候，千万不能轻轻地滑过，要深入地去体会其三个意思。“行深般若波罗蜜多时”是一个意思，“照见五蕴皆空”是一个意思，“度一切苦厄”是一个意思。

“行深般若波罗蜜多时”，是般若见，是见地。“照见五蕴皆空”，是功夫。“度一切苦厄”是结果。深般若是甚深般若，甚深智慧，大智慧。深般若不是拿来谈论的，要具体地去行，去实践，也就是要孜孜不倦地按照般若的要求，住在般若的境界当中。

“照见五蕴皆空”，一切的力量都在这句话上。“五蕴”就是色、受、想、行、识。这五件事聚合在一起就是我们的生命体，就是我们生活的现实。凡夫有染污的五蕴，圣贤有清净的五蕴。色指色法，指物质世界；受、想、行、识是心法，指精神世界。一个色字把地、水、火、风四种基本元素所构成的物质世界，人体眼、耳、鼻、舌、身等感觉器官，色、声、香、味、触、法等感觉对象，全部包罗无遗。山河大地、草木丛林，一切有生命的，无生命的，都在一个“色”字当中。色，是指物质世界；受、想、行是心理活动，属于心所；识，则是我们精神的主体，认识的主体，就是我们的心，属于心王。“照见”就是用深般若的力量，观照的力量，突破这五蕴的障碍。“空”有突破、超越、转变的意思，不是要消灭五蕴，而是要突破五蕴的障碍。因为即使开了悟，成了佛，还有五蕴，只是超越了，突破了。突破了迷惑。“空”在这个地方就是突破、超越的意思。超越了迷失的境界，进入觉悟的境界，所以能够度一切苦厄。“一切苦厄”不是指某一个苦厄。一切苦厄度尽，就是二障——烦恼障、所知障断尽；二执——人我执、法我执破尽，证得大涅槃，那才可以称得上是度尽一切苦厄，彻底地超越了。

“照见五蕴皆空”这个功夫，从现在开始，要一点一滴地去做，一直做到成佛，金刚后心那一刻，彻底地转变，那才算是度尽一切苦厄了。念诵这段经文的时候，要全身心地去体会它，把整个生命都融入超越的境界当中，功夫就能够逐步地相应。

这里的"观自在菩萨"既是观世音菩萨，也可以指所有修深般若，照见五蕴皆空，度一切苦厄的人。修这种菩萨道的人，都是观自在。观自在是观世音另外的一种翻译方式，是"观世音而得自在"的省略。观世音观听的是世间一切呼喊救苦救难的声音。在我们这个世界，有无数的人在呼喊观世音菩萨，呼喊观世音菩萨救苦救难。观世音菩萨寻声救苦，千处祈求千处应，苦海常作度人舟，时时刻刻为我们苦难的众生作舟航，作导师，作阶梯，作桥梁。作得彻底了，圆满了，也就得了大自在。换言之，只有达到观自在，才能观世音而救世间的一切苦难。我们学佛的人，都要发菩提心、大悲心、平等心，那就是观世音菩萨的精神。观世音菩萨能够大慈大悲、救苦救难，就是因为观世音菩萨发了大菩提心，要救度一切众生，是我们学佛法，修佛道的榜样。

不要坐着等观音菩萨来救度苦难，要自己行动起来，自己来解决自己的痛苦，这就是修行的必要性。菩萨能帮助我们，但不能解决我们所有的问题，我们只能自己行动起来，自己解决自己的问题。

自己的问题是五蕴不空。五蕴不空就有烦恼。五蕴空不了，热起来怕热，冷起来怕冷，肚子饿了想吃，吃饱了又难受。这些仅仅是一点小的痛苦，那些更深层的痛苦，是看不见，摸不着的，就更加苦不堪言。民间有句俗话叫"人人有本难念的经"，那本经是什么经呢？用苦水写成的经！所以，我们都要学观自在菩萨，照破五蕴，度尽一切苦厄。

"行深般若波罗蜜多时"，就是修持圆满，成就了一切智慧功德的那一时刻。"时"是动态的，是进行式，永远在往前走，而不是终止式。行深般若波罗蜜多时，"时"没有停止的时候，并与时俱进。因为修菩萨道，是"虚空有尽，我愿无穷"，能够发起这样的大心来，五蕴不空而自空。不超越烦恼的、迷失的境界，要发起这个心，做这么伟大的事业，是不可能的。所以，要发大心，立大志，行大行，才得大果。照见就是观照，五蕴即色、受、想、行、识。

要特别用心地去理解，很好地体会“空”字。空是突破、超越、发展、转变的意思，而不是空无的空，不是消灭一个东西，而是不断地超越。这个“空”字妙义无穷。学佛法，能够把这个“空”字搞明白，就能行菩萨道；搞不明白，永远发不起心来，永远是消极的，永远是看到一切东西都讨厌。

“空”与儒家经典《易经》的“易”有相仿佛的地方。“易”者生生不息，空亦如是。假设一切都不空，这个世界满满当当的，禅堂里一点缝隙都没有，人怎么进得来？要很好地理解“空”。不超越就不能进步和发展；不超越迷惑就开不了悟，不突破迷惑就成不了佛。

“照见五蕴皆空”，不是空一蕴、两蕴，而是五蕴全部都要超越。“蕴”有聚合、集聚的意思，物质世界和精神世界永远是不可分离的，只有物质和精神处在一个和谐的、相互依存的状态之下，万事万物的生存和发展才有可能。“蕴”字还有遮蔽的意思。由于有蕴，本有的智慧光明显现不出来，只有彻底地超越，才能度尽一切苦厄。

佛菩萨和历代祖师讲了许多道理，有许多书，都不离这四句话：“观自在菩萨，行深般若波罗蜜多时，照见五蕴皆空，度一切苦厄。”把这个道理弄明白了，朝如斯、夕如斯地做下去，一切苦厄自然得度。一切苦厄度尽，就是涅槃境界。涅槃者，烦恼永熄，一切烦恼之火熄灭了，这颗心不会再像在滚油中煎熬一样了。这颗心在没有开悟之前，在迷惑当中，就像在滚油中煎熬，所以叫热恼。烦恼是热恼，烦字有个火的部首，恼字有个心的部首，火在烧心，多么痛苦啊。记住这件事：色、受、想、行、识五蕴就是生命的全部内容，生活的全部内容，修行就是要从这个地方下手。

三、超越自我，显现生命的原态

修行的全过程，就是一个超越自我的过程。《心经》说“照见五蕴皆空”，这句话翻译成现代汉语，就是超越自我，突破自我。

一切烦恼的根源就是我执、我见。“我”是在生命主体上产生的一种虚妄分别。照见五蕴皆空，不是要消灭五蕴本身，而是要空掉我们在五蕴上所起的种种妄念。所谓“空”，不是要消灭它，砸碎它，而是要转变、超越、突破、净化它。这些就是“空”所包含的意义。

“我”是什么，或者说什么是“我”呢？一般的人，以身为“我”，身就是这个身体，属于色法；或者以心为“我”，就是受、想、行、识，属于心法。一般人所执着的“我”，不是在物质上，就是在精神上。究竟物质的身体是“我”，还是精神的意识是“我”呢？这两方面都找不到“我”的存在。物质方面的色法，主要指眼、耳、鼻、舌、身五根和色、声、香、味、触、法六尘。

先说五根。我看见了，我听到了，这顿饭我吃得很有滋味，我接触的对象或者是坚硬的，或者是湿润的，或者是温暖的，或者是摇动的。地、水、火、风的四种属性，就是坚、湿、暖、动。地以坚为性，水以湿为性，火以暖为性，风以动为性。我们身体的温暖、湿润、运动、呼吸都是属于四大的属性，内四大和外四大紧密相连。在这两者之间，究竟是内四大是“我”，还是外四大是“我”呢？除了在观念上有这种虚妄分别之外，在内四大、外四大中，能主宰，能自在，能自为的“我”是不存在的。不仅外四大我们主宰不了，内四大我们也同样作不了主。内四大的活动受外四大的影响，外在的四大起了变化，我们身体的四大也同样会跟着起变化。我们想主宰，想让身体的内四大和外四大分离开来，那是办不到的。所说的“我”，在色法——物质上是抓不住、不存在的。但是，作为一个称谓的假名还是有的。超越自我就是让我们在假名上不要起执着，一旦在假名上起了执着，就会有痛苦。

身体的、生命的物质部分没有“我”，精神部分是不是就有“我”呢？单就受、想、行、识而言，受是“我”，想是“我”，行是“我”，还是识是“我”呢？都是“我”，也都不是“我”。假名的“我”，称谓上的“我”在这四个方面都说得过去，唯独那个独一无二、自在自为的“我”是不存在的。因为“我”的定义就是独立、唯一、不可分割的。从物质和精神两个方面，要找到自在自为、独一无二的我，都是没有的。

“照见五蕴皆空”，空什么呢？空那个观念，空那个执着有“我”的观念，不是要把眼睛挖掉，耳朵割掉。眼睛挖了，我执还在；耳朵割了，我执同样还在。把色、心二法上妄自安立的种种观念改变了，破除了，生命的原态就显露出来了。生命的原态就是不生、不灭、不垢、不净、不增、不减的本来面目。在心的原态上，一法不立。“照见五蕴皆空”，这是功夫、见地的集中体现。修学佛法，参禅悟道，往生西方，即身成佛，都要在这个地方用功夫，都必须要照见五蕴皆空。五蕴不空，开不了悟，见不到本来面目。因为我们在五蕴假法上还有种种妄想，种种分别。或者说，在生命的原态上，还有种种的计执，这些计执不破除，生命的原态显露不出来，本来面目就见不到。

参禅讲起疑情，念佛则要一句接着一句地念。禅宗的功夫，要求反问一句：“念佛的是谁？”这一问，许多初入门的人就被搞得晕头转向。明明是我在念，为什么又要问念佛的是谁呢？既然肯定我在念，按照禅宗的方法，就要进一步地追问：我是谁，我又在哪里？一路的疑情，一路的疑问，穷追不舍，一直把我们的这种妄想分别逼到山穷水尽、走投无路的地方。如果功夫到家了，不起分别了，心的原态当下就会显现出来，就是亲见本来面目。

念佛的功夫虽然不要求去问念佛的是谁，但是，念佛也要念到一念不生。一念不生就是回到了生命的原态，没有任何的分别执着。不是说没有动念头，念头不可能不动。本来说“动念即乖”，你在动念头的时候不要有分别。不要想这是我的，那不是我的；这是好的，那是坏的；这个好吃，那个不好吃。因为这些念头都不确定，所以是妄想。不喜欢吃辣椒的人说辣椒不好，喜欢吃辣椒的人说辣椒好；不喜欢吃臭豆腐的人，闻了就恶心，喜欢的人，反而觉得香得不得了。所有的妄想都是不固定的，都是因人而异，没有实体，没有实在的，都与诸法实相不符。非但如此，妄想还有更深刻的意义。所有的妄想都是以“我”为本，从“我”出发。当“我”变成一种执着，根深蒂固，坚不可摧，就形成了烦恼。所以，我执越重的人，烦恼就越重；烦恼越重的人，痛苦也就越多。我们可以仔细地回忆一下自己几十年的生活，几十年的经历，然后再来看我执，看它的危害性究竟有多大？可以说是有无量无边的痛苦，无量无边的烦恼，总的根源就在“我”这个地方。只有行深般若，照见五蕴皆空，这些痛苦才能解脱，才能度一切苦厄。修行用功一定要抓住根本和要害。

“空”者突破、超越。“五蕴皆空”就是要突破自我，超越自我。超越了自我，就能显现生命的原态，亲见本来面目。“照见五蕴皆空”，空的不是五蕴本身，而是空掉在五蕴法上所起的执着。用现代人的话讲，只要能转变观念，放下执着，当下就明心见性。通过禅修，慢慢地练习，练习如何转变观念，超越自我，亲见本来面目。

四、生命与空性没有距离

《心经》第二段的内容主要是阐明般若的妙义，实际上整个《心经》的内容，都是由第一段贯穿下来的。第一段讲“照见五蕴皆空”，是讲如何超越和突破凡夫的生命境界、生活境界。接下来讲十二处、十八界，都是从不同的角度讲凡夫的生命境界、生活境界。

凡夫的生命境界讲完了，就讲二乘的生命境界和生活境界。所谓十二因缘和四谛，都是二乘所修证的法门，同时也是生命境界、生活境界。“无智亦无得”，就是菩萨修证的法门，菩萨的生命、生活的境界。最后还讲到佛的清净五蕴所显现出来的生命境界、生活境界。所有这些内容，都是由“观自在菩萨，行深般若波罗蜜多时”这一句话贯穿下来的。从第二段开始就详细地讲凡夫的生命境界、生活境界，以及二乘菩萨、诸佛的境界。

从宋朝施护三藏所翻译的《心经》来看，舍利弗是《心经》的当机众，观自在菩萨之所以说这部《心经》，都是由舍利弗的发问而来的。在玄奘法师的译本上虽然看不出这个内容，但是“舍利子”这个名字，不断地出现。第二段说：“舍利子！色不异空，空不异色。色即是空，空即是色。受想行识，亦复如是。”舍利子就是舍利弗，他是佛陀的十大弟子之一，声闻弟子中智慧第一。佛陀的十大弟子各有所长，各有其优越的一面。迦叶尊者头陀第一，阿难尊者多闻第一，目犍连尊者神通第一，舍利弗尊者则是智慧第一。《心经》是讲智慧的经典，所以舍利弗是当机众。由舍利弗的发问“菩萨如何行甚深般若波罗蜜多”，观世音菩萨就说了这部经。

“色不异空，空不异色”，这一段话还是接着“照见五蕴皆空”而来，五蕴皆空怎么空分为两个步骤：首先就举色蕴，在色蕴与空性两者之间进行比较。“空”与“色”没有什么不同的地方，所以说“不异”。这是第一步，比较浅层次地来认识“色”与“空”之间的关系。“色”与“空”的关系只是不异，不异就是相同。不说相同，而说不异，道理是一样的。色蕴中的任何一法的存在都不是孤立的，是要依赖众多的条件，才有具体事物的发生、存在、发展和消亡。凡是需要条件而存在的事物，它本身就没有独立存在的自性。因其自性空，所以说“色不异空”。“空”也不异“色”，因为“空”的显示，也是需要在众多的条件之下，才能显示空义，所以说“空”不自空，“色”不自色。这便是“色”与“空”两者在“不异”层面的简要说明。色蕴如是，受、想、行、识也是如此，都是有条件的存在，一切事物都是有条件的存在，都是空无自性，这是第一层意思。在此“色”与“空”似乎还是两个东西。

第二层意思，“色即是空，空即是色”。“色”与“空”不是两件事情，而是一件事情。用“即是”来表示，而不是用“不异”来表示，是说“色”的本身就是“空”，“空”的本身就是“色”，“色”与“空”浑然一体。这就是平常所说的一切诸法当体即空，虽然诸法空性宛然，但真空不碍妙有，妙有不碍真空。这才是般若智慧的本义。只有把一切事物当体、当下看空了，看到一切事物的实相，才能真正地超越自我，才能真正做到五蕴皆空。“色即是空，空即是色”，受、想、行、识也是这样，受即是空，空即是受，想即是空，空即是想……

一切事物当体即空这个道理，是学习佛法，修习禅定，度一切苦厄必须要深刻、真实加以认识的一个根本观点，这也是佛法的根本观点。佛法与其他学说根本的区分点就是缘起性空的道理，佛法的大智慧就是缘起性空。将此弄明白了，或者说慢慢地明白了，即是处理生存、生活、生死的大智慧。

“色即是空，空即是色”，有人把它说成是佛家的辩证法，不无道理。但是，“色即是空，空即是色”不仅仅是要停留在认识阶段，而是要把这种思想真正变成自己的见地，自己的生命境界，变成自己随时随地都能够不迷失，能够发起大菩提心、大慈悲心、大平等心的指导思想。进而要真正回到这种思想所指向的生命原态，让思想与生命的实际体验完全没有距离。因为“色不异空，空不异色，色即是空，空即是色”这种境界，在人生命当中本自具足，只是迷失了，认识不到。在甚深般若的指导下，突破、超越了五蕴的局限性，生命有了彻底的飞跃，“色即是空，空即是色”的这种境界就呈现在原本的心灵平台上。这个道理听起来好像很玄，如果结合禅宗的公案加以理解，可能就会得到一些启发。

有学人问一位禅师说：什么是清净法身？

禅师说：满目青山。

学人又问：如何是般若智慧？

禅师回答说：青青翠竹，郁郁黄花。

学人进一步问：如何是佛？

禅师说：问者是佛。

学人不解，问：既然问者是佛，为什么我自己不知道呢？

禅师说：不知道更亲切。

这一问一答几句话，把“色即是空，空即是色”的道理和盘托出，把“佛即是众生，众生即是佛”的道理也揭示了出来。我们在修行的时候，千万不要着相而求，不要离心而求，更不要向外去求。四祖大师说的“佛即是心，心即是佛，离心无别佛，离佛无别心”，与《心经》所讲的道理完全一致。

在禅修活动中，我们可以有意识地用禅的思想、见地、功夫来理解《心经》，把《心经》真正变成修行、生活的教科书。如果每一次念《心经》都没有真正领会其义，没有同自己的生命、生活结合起来，那就当面错过。

“色不异空，空不异色。色即是空，空即是色。受想行识，亦复如是”。生活中，充满禅悦；处处显露着空性；生活的每一刻都与空性不异，只有把对空性的认识运用到生活的方方面面，才能真正地照见五蕴皆空，也才能随时随地度一切苦厄。

五、何为诸法空相

“舍利子！是诸法空相，不生不灭，不垢不净，不增不减。”

诸法空相指的就是上面所说的“色不异空，空不异色。色即是空，空即是色”，这就是诸法真实的相状，或者状态。一切法都是缘生缘灭，都没有自性，无自性故空。一切法的状态就是“色不异空，空不异色。色即是空，空即是色”。这种状态，是一切诸法的原态，本来面目。诸法的空相不随诸法之生而生，也不随诸法之灭而灭，所以是“不生不灭”。不因为修行断除了烦恼，诸法的空相就变得干净了，也不是说心中有烦恼、苦恼，诸法的空相就垢染，诸法空相不随心净而净，不随垢染而垢，所以叫做“不垢不净”。不因为是圣者，空相会增加，也不因为是凡夫，空相会减少，这就是“不增不减”。

空相即实相，它很奇妙，虽然看不见，摸不着，但它片刻也没有离开过我们。我们随时都在接触它，我们随时都处在诸法空相当中，只是我们有迷惑，不能回归，不能认同。

这里的诸法，既包括前面所讲的色、受、想、行、识五蕴，也包括下面所讲的十二处、十八界，乃至四谛、十二因缘，菩萨的智与得，都在一切诸法之内。既然是诸法，有为、无为、净法、染法都包括在其中。人类只是诸法中的一法而已；每一个体生命，也是诸法中的一法；山河大地、草木丛林、情与无情，都是法，都在诸法之中，其原态与空相都是一致的。山河大地，宇宙空间，其空相不因其大而大；一粒沙子，一棵小草，其空相不因其小而小。

诸法空相，不可思不可议，不是有相不是无相，不是生相不是灭相，一切二元对立的东西都超越了，包括超越本身也超越了，所以说是究竟涅槃。

《心经》所讲的道理，要从功夫、见地上去理解，去落实，修行就有了方向，有了目标。每天行香、坐香也是一法，这一法也同样是空相具足。如果能够善用其心，行香的时候行不知行，打坐的时候坐不知坐，就与空相多少有一点相应了。坐到关键时刻，腿痛了，没有感觉；时间到了，没有感觉；隔壁左右是谁，也没有感觉。这种没有感觉，不是昏昏沉沉、麻木不仁，是清清楚楚、明明白白，但又没有任何感觉，那也与空相有少分相应。

什么是入定呢？坐下来，清清楚楚，明明白白，时间的观念消失了，空间的观念消失了，不起心，不动念，既不妄想纷飞，又没有昏沉。一个小时过去了，如同弹指一挥间；一天过去了，如在刹那之间，那就是定。不要把坐中昏昏沉沉、迷迷糊糊的状态认为是定。如果对定的境界加以形容，那就好比是一潭止水，明明朗朗，清清楚楚，清澈见底。所谓"吾心似秋月，碧潭空皎洁"，秋天的月亮，清澈的潭水，那就是定心的境界。定心的境界，不仅仅是定在起作用，慧也在起作用，定慧等持。定慧平等，定慧相资，这样才会有"吾心似秋月，碧潭空皎洁"那样安详自在的境界出现。行香、坐香、喝茶、吃饭、睡觉、如厕……所有这些生活环节都是用功处，都不要打失正念。只有在三业的任何方面、任何时间段、任何生活环境中都能保持专注、清明、缜密，定的境界才有可能出现，空性才会逐渐呈现出来。

诸法的空相与我们的心念、生活，从来没有过距离。只因我们的心念被妄想杂念占据了，这个思想的领地被烦恼盘踞着，所以空性、空相、心的原态显露不出来。用功的目的就是要把盘踞在我们思想领地的种种妄想杂念一齐打扫干净，清除干净。说到打扫、清除的时候，各位不要误会，以为一定要用一个东西与妄想杂念对立，然后用它来尽量地压抑妄想杂念、排除妄想杂念。其实不然。所谓"念起即觉，觉之即无"，不去理它，烦恼自然就不起作用。你越是理它，在意它，越是想清除烦恼，可能它的那种反弹力反而会胜过你正念的力量。所以要调心，只可以调，不可以把它当做对立面，去硬性地加以抵制。越抵制，越坏事；越抵制，烦恼越多；越抵制，心越是安定不下来，功夫越是不能上路。

用功夫是一件非常长远的事情，不是一天、两天，一个七、两个七就能够解决所有问题的。功夫要长期作，持之以恒，功夫才能成熟。但是，在见地上它又是刹那间的事情，明白过来了，就不要再走回头路，要一直坚持，功夫就能进步和提升。

所谓见道、修道、无学道。见道就是见地上的问题。把知见打开了，修行的路弄明白了，然后在茶时、饭时、醒时、睡时好好照管此心，那就是要长期坚持用功夫，功夫不到，见道而不修道，烦恼来了还是抵挡不住。“照见五蕴皆空，度一切苦厄”，必须是见道、修道，而后才能达到这样的一种境界。“舍利子！是诸法空相，不生不灭，不垢不净，不增不减”。时时刻刻铭记《心经》的这些话，修行中的认识就会清楚一点，生活中的烦恼就会淡化一点，久而久之，持之以恒，就能契入诸法的空相。

六、三科法门

古今的《心经》注解关于“色不异空，空不异色，色即是空，空即是色”这四句话有很多种解释。

“色不异空”，有的注解认为这是破凡夫的有见，凡夫执着色法是实在的，我是实在的，所以以空破执着。“空不异色”，是破二乘的偏空之见，因为二乘片面地强调空，有时候会对一切诸法的假名安立产生消极作用，所以执着偏空也是不对的。还有外道的顽空，更加有害。所谓顽空，就是懵懵懂懂，空无所有，不起任何作用。“色即是空，空即是色”这两句是由空观进入中观，达到色空不二，空有不二。这是这四句话另外的一种解释。

《宗镜录》对“色即是空，空即是色”还有另外的发挥。认为“色即是空”显示了文殊菩萨的大智慧，“空即是色”显示了普贤菩萨的大行愿。也就是说，“色即是空”是大智慧，“空即是色”是大慈悲。这就把这两句话提升到一个更高的层次，融入菩萨的悲智双运境界。所以说《心经》妙义无穷，善于体会、运用，就能把《心经》圆融无碍的精义发挥出来。

以上是对“色不异空，空不异色，色即是空，空即是色”这四句话作的一点补充。

“是故空中无色，无受想行识”，是指在真空实相的状态中，没有五蕴的名目。“无眼耳鼻舌身意，无色声香味触法”，是指在真空实相的状态中，没有十二处的名目。“无眼界，乃至无意识界”，是指在真空实相的状态中，十八界的名目也不存在。为什么这么说呢？因为前面讲到“是诸法空相，不生不灭，不垢不净，不增不减”，既然真空实相无生灭，无垢净，无增减，那么一切对立的东西也就都不存在。五蕴是对待法，十二处是对待法，十八界也是对待法，在真空实相中，都无安立处。如果说在真空实相中还有这些名目，那么真空实相就是对待法，就不是究竟法，就不是平等法。“是故”二字是承上启下而言的，正因为“诸法空相，不生不灭，不垢不净，不增不减”，所以“空中无色，无受想行识”，乃至无十八界。

五蕴、十二处、十八界，在佛学上叫做三科法门。佛陀说法，处处都是根据三科法门来开示演说，教化众生的。所谓三科者，就是三类。

这三科有什么区别呢？首先，一切万法总不出色、心二法，凡夫之所以成为凡夫，就是在色、心二法上产生了迷惑、烦恼，造种种业，受种种报。因为迷悟的根源就在色、心二法上，一切佛法都是依色、心二法而展开的。从五蕴来说，它是对迷色少、迷心多的众生而开示的法门。五蕴在佛学上叫做“合色开心”。从十二处来说，眼、耳、鼻、舌、身、色、声、香、味、触、法中的法处所摄色这一部分，加起来共有十一法半是色法，只有意处和法处的一部分是心法。有一类众生，在色法的问题上迷惑比较轻，而在心法上迷惑比较重，所以就“合色开心”。把十一类色法合成一个，而将心法开为四个：受、想、行、识。这四法，前面的三种是心所，后一种“识”是心王。心所者，从属于心王，是心王的活动，心理的活动，思想的活动。五蕴，就是针对迷色少、迷心多者而说的法。所谓“照见五蕴皆空，度一切苦厄”，就是要把五蕴突破了，超越了，或者是转化了，提升了，就能度一切苦厄。

“无眼耳鼻舌身意，无色声香味触法”，这是讲十二处。六根、六尘是心识所生之处，心识依根尘而起，所以叫做十二处。心识不会凭空而有，必须要有一个依托，内依六根，外依六尘，这十二个处所就是心识生起之处。十二处只有一处半讲到心法，就是“意处”。十二处这一法门叫做“开色合心”。把色法展开成为十一法，而把心法合并为一法，就是“意处”。这个法门是为迷色多、迷心少者而说。有的众生就只是在色法上迷惑，所以佛陀为迷心少，迷色多的人说十二处的法门。

“无眼界，乃至无意识界”，这句话中的“乃至”二字，是一种省略的方法，就好像我们现在的省略符号一样。“无眼界”，乃至“无意识界”。把六根、六尘、六识加到一起，叫做十八界。佛陀为心色俱迷者说十八界的法门。为什么叫“十八界”呢？六根、六尘、六识，各有其界限，各有其位置，各司其职，不会错乱。眼见色，耳闻声，鼻嗅香，舌尝味，身领触，意缘法。耳听声起“了别”的作用，就会产生耳识及耳俱意识，其他五识依此类推。我们的每一个活动从根、尘、识三者来说，都是同时作用。眼见色，如果没有识的了别，青、黄、赤、白，长、短、方、圆，高、低、大、小，无从分别。只有识起了作用，才能够把显色、形色辨别清楚。有颜色的色法就叫做显色，比如说青、黄、赤、白；而长、短、方、圆，大、小、高、低，各有其形状，就叫形色。

十八界、十二处、五蕴是凡夫法，是凡夫的生命境界和生活境界。凡夫每时每刻都有许多的事，许多的妄念，许多的烦恼，如果归结起来，不外乎是五蕴、十二处、十八界在起作用。“照见五蕴皆空，度一切苦厄”，也等于说要照见十二处皆空，度一切苦厄；照见十八界皆空，度一切苦厄。凡夫的修行在色、心二法上下功夫，在五蕴、十二处、十八界上下功夫。一切法总起来不外色法、心法，所以禅修的法门有三门，心门、色门、息门，禅修从三门入手。所谓心法，就是观心；所谓息法，就是数息；所谓色法，就是修不净观。禅以此三法为门，是针对凡夫的迷惑而来。

如果在甚深般若的指导下，能够照见五蕴皆空，证得了空相，把握了空性，状态就是“空中无色，无受想行识；无眼耳鼻舌身意，无色声香味触法；无眼界，乃至无意识界”。一个地方突破了，所有的问题都解决了。只要我们在五蕴上破除了执着和障碍，把以五蕴为“我”的观念破除了，那就不会以十二处为“我”，也不会以十八界为“我”。所以说“空中无色”。因为空性是绝对待、离能所的，只要证得、把握了，就能度一切苦厄。

上面讲的是“空”中无凡夫法。接下来的“无无明，亦无无明尽，乃至无老死，亦无老死尽”十二因缘，讲缘觉乘法门。在真空实相中，十二因缘的流转与还灭之相也是不存在的。十二因缘是众生生命流转的全过程。人的生命，人的前世、今生与来世，就是由十二因缘的链条联系起来的。比如说五蕴，色、受、想、行、识，具体到如何流转三世，是用十二因缘来加以说明的。

十二因缘共有十二件事，都是有因有缘，不是无故生起，不是无中生有。十二因缘的第一个因缘就是“无明”。所谓“无明”，就是我们人生的起点，就是贪、嗔、痴等烦恼。凡夫对烦恼不了解，糊里糊涂，就如同处在一个黑暗的屋子当中，所以说是“无明”。以“无明”为缘，就生起了“行”，所谓“无明缘行，行缘识，识缘名色，名色缘六入，六入缘触，触缘受，受缘爱，爱缘取，取缘有，有缘生，生缘老死”。这十二件事组成一个生命流转的链条。我们处在迷惑中，就生生世世都顺着十二因缘的链条流转不息。一旦觉醒了，“照见五蕴皆空”了，十二因缘就不是顺着走，而是逆着走了。顺着走是十二因缘的流转门，逆着走是十二因缘的还灭门。

五蕴皆空了，十二因缘处于怎样的状态呢？所谓“无明灭则行灭，行灭则识灭，识灭则名色灭，名色灭则六入灭，六入灭则触灭，触灭则受灭，受灭则爱灭，爱灭则取灭，取灭则有灭，有灭则生灭，生灭则老死忧悲苦恼灭”，这就是十二因缘的还灭门。流转门就是生死，还灭门就是涅槃。缘觉乘的人，处在无佛之世，见到四季的交替，见到花开花落，想到人世无常，因缘幻灭，因而悟道，所以叫缘觉，观因缘而觉悟。从生命的流转，因缘展开为十二项内容。这十二项内容，包括“过去世所作之因，现在世所受之果”和“现在世所作之因，未来世所感之果”三世两重因果，这就是三世因果轮回不息的生命流转过程。

七、十二因缘

什么是生命？这几天讲了五蕴、十二处、十八界，这些就是生命，亦是生活。禅就是“照见五蕴皆空”。五蕴是生活，五蕴皆空就是禅。禅所要追求的就是一个“空”，空了才能有。空，不是空无的空，不是不存在的空，是真空。有，也不是世俗的有，是妙有。离偏空、顽空，由破我法二执所显示的超然脱俗的境界就是真空。真空无名无相，运用无穷，一切法各得其妙，而内心又没有任何执着，那就是妙有。真空是体，妙有是用。因为有体有用，所以这个“空”就不是破坏性的，而是建设性的。建无所建，诸法历历宛然，那就是真空妙有的境界。

十二因缘既是生命的现实、实相，同时也是生活。反反复复地讲生命，就是因为凡夫的迷惑是从生命而起的。如果没有生命，也就用不着要去断烦恼，求解脱。正因为有生命现实的存在，而且生命又有种种困惑与苦恼，为了解决生命的困惑、苦恼，佛陀才开示种种法门。

五蕴、十二处、十八界是对人的生命的平面的说明，或者说横向的说明。五蕴、十二处、十八界是同时具足，都在一个平面上，都是当下的。十二因缘则是从纵向来演示生命的因果规律。生命并不是一个偶然的现象，它有过去、现在和未来。佛陀从十二个方面来说明生命流转的规律。如果在生命流转的过程中能够有所突破，十二因缘就不流转了，而是还灭。十二因缘的流转就是生死、轮回，还灭就是涅槃。

十二因缘又叫十二有支。所谓有者，因为十二因缘是在三界轮回，三界又称三有，欲有、色有、无色有；所谓支，就是分支。这十二因缘按照过去因、现在果，现在因、未来果这样的一种顺序，环环相扣，支支相连，因果井然不乱。

首先是“无明”。“无明”就是烦恼，一切的问题都是从烦恼开始，从一念无明开始，从无始以来的迷惑开始。“无明”就是黑暗，生命从黑暗中来。因为没有觉悟，所以生命的现实，尽管可以看到阳光、灯火，但内心还是黑暗的，本有的智慧光明没有发掘出来。

由“无明”所引起的就是“行”。行者，造作也。无明为惑，造作为业，由惑造业是为“行”。这两支是属于过去生中所种的因，是过去因。我们的生死根本，就是由无量劫以来的惑业所感召。

由惑业而起妄念，幻形消失，业识就要投入母胎。这个“识”，是一点灵气，也就是投入母胎那个时候的一点灵气。投入母胎以后，逐渐地了别境界，因为“识”以了别为义。虽然处在母胎，但是那一点灵气还未泯灭，还在蒙昧中起着作用。

以惑、业、识这三支为根本，引起下面的九支。其中无明（惑）、行（业）是对过去世所作之因的简略说明，识是今生所受果的开始，从此展开此一生的生命现象。

“无明”从“识”上起，业的承受者、载体是“识”。“识”是业的载体，无明、业、识是我们生死的根本。业识或者说神识，神通广大，一刹那间不止十万八千里，业识投胎的速度极其迅速。这一点从我们打妄想就可以略知一二，一念妄想，九州万国都在当下，都可以在心灵中浮现。

神识投胎之后，神识与父精母血结合，是为“名色”。所以，婴儿从神识投胎的那一刻起，就具备了名和色。“色”是指婴儿在母胎中的那个胚胎，“名”是胚胎中的心识。它是母胎的新生命，但是心识的功能尚未明显地表现出来，所以暂且称为“名”。所以说“无明缘行，行缘识，识缘名色”。既有名，又有色，因而母胎内的新生命就逐步具足六根。

六根有入尘之用，故名六入。“名色缘六入”。六根、六尘叫做十二处。“六入”也就是六根。因为外界的尘劳，色、声、香、味、触、法这六尘可以由六根进入人的感觉，故名“六入”。记住“根有入尘之用，故曰六入”就可以了。这些佛学上的定义，对于修行的帮助很大。打坐的时候，把眼睛合上；走路的时候，不东张西望；坐下来，眼观鼻，鼻观心，摒弃诸缘，一念不生，其目的就是要尽量地避免六尘从六根进入感觉，干扰内心。

出胎以后，六入便与六尘相交接，交接即是“触”，所以说由“六入缘触”。“触”就是接触。佛家在措辞、语言方面，非常讲究，极为文明。本来人生最根本的问题就是所谓的“食色性也”，一个是饮食，一个是男女。在五蕴、十二处、十八界当中，似乎都没有直接接触到男女的问题。眼、耳、鼻、舌、身、意六根，其实从我们人体来讲，头部就包括眼、耳、鼻、舌四根在内，身根就是指我们的身躯、手足，其中就包括男女的命根在内。“触”这个字用得很文雅。在身体与身体接触的时候，贪图细滑，拒绝粗糙，这是身体接触的一种要求。感受到细滑的东西就贪恋，粗糙的东西就拒绝。实际上这也是指男女之间的问题，只不过没有很明显地讲出来，而是含蓄地表述其义，让听法的人、学佛的人心领神会。

“六入缘触”，既有接触，便有感受。是苦是乐，还是不苦不乐，这都是感受所得的结果，故说“触缘受”。

以上识、名色、六入、触、受这五支，就是现在所受的果。

心地领受，遍贪种种胜妙资具，及淫欲等事，故说“受缘爱”。“爱”就是贪爱，胜妙资具是贪爱的对象，淫欲等事也是贪爱的对象。既有贪爱，便驰求不息，于境生取著心，所以说“爱缘取”。取者，取着。即是着意驰求，便造种种三业，故说“取缘有”。三有就是三界。有生死，有轮回，有果报，有痛苦，有地狱，有天堂，这就叫“有”。

此三支乃是现在世所种的因，这些因又为来世的果报作前导。所以说“有”是来世生死之因，来世又在四生六道中受生。既有生，则必有老死，由此轮回，无有了期。“生”、“老死”二支就是来世当受之果。

十二因缘是缘觉乘所修的法门。凡夫修行，也要了解十二因缘的内容是生命。十二因缘对生命历程进行了非常有次第的描述。了解它，就可以根据这个次第，一点一点地断苦因，免苦果。要想不受苦果，就要从不种苦因开始。

经文上说“无无明，亦无无明尽，乃至无老死，亦无老死尽”，就是讲的十二因缘。佛经讲得最多的内容就是五蕴、十二处、十八界、四谛和十二因缘，因为修行一定要从人生的现实入手，从生命、生活的现实入手。

“无苦集灭道，无智亦无得”。苦、集、灭、道是四谛，是声闻乘法门。苦是果，集是因，这是迷界的因果。灭是果，是苦的永恒止息，即涅槃；道是因，是止息苦所要修的法门，即三十七道品。灭是出世的果，道是出世的因，这是悟界的因果。十二因缘也是一样。按流转门顺观，十二因缘就是迷界的生命现象；按还灭门逆观，十二因缘就是悟界的生命现实。四谛中，苦、集是世间，是迷界的因果；灭、道是出世间，是悟界的因果。

学习佛法，处处不离因果。离开了因果，就没有佛法。处处不离迷悟。离开了转迷为悟、转识成智，学习佛法就没有了内容，没有了目标。

八、知苦　断集　慕灭　修道

苦、集、灭、道四谛法是佛教的根本法门，亦是佛教思想的支柱。所谓“初转法轮”，就是宣说四谛的道理。它可深可浅，不仅仅是声闻行者需要修行体悟的法门，从声闻一直到菩萨都需要修习。四谛法门把世、出世间一切因果，以及出离世间之苦所要断的、所要修证的内容都讲明白了，不管修哪一法都离不开四谛的道理。

苦，是人间的现实，也是凡夫生命、生活的现实。生为苦本，苦从集来。集是无量劫以来的无明烦恼恶业。集为因，苦为果。知道了苦果就要断苦因。不断苦因，苦果就永远改变不了，所以说“知苦断集”。想要消除苦果，就要先从不种苦因开始。这是世间的因果，是从果说到因。因为“菩萨畏因，众生畏果”，只有从现实的苦果说起，才能够触动凡夫的灵魂，才能够联系到生活的现实，知道苦是什么。

苦的种类很多，所谓三苦、五苦、八苦、无量诸苦。人上了年纪，对苦的感悟会更深刻，更真实。种下了苦因，就一定要吃苦果，这是自作自受，不要怨天尤人。每个人都在吃自己种的苦果，尽管苦的程度不同，但没有一个不苦的人，没有一件不苦的事，没有片刻不苦的时间。人就生活在苦海之中，在苦海里面漂流。彼岸在哪里呢？何时才能渡出这个苦海呢？懂得苦果从苦因而来，再不种苦因，就可以慢慢地改变这个苦的现状。断苦因就要从修道开始，修道可以证涅槃。

世间的因果是知苦断集，出世间的因果就是慕灭修道。灭就是灭苦，修道就是断集。修三十七道品、八正道。八正道是三十七道品当中八条通往解脱之路。苦要灭，集要断，灭要证，道要修，但是不可执着，有执着就有障碍，有执着就有局限性。有病要吃药，但病情在不断变化，药方也要随时调整。如果始终坚持那一味药，那就执药成病，是治不好病的。世间治病都不能有执着，修出世法就更不能执着。我们修出世法的目的就是要破执着。在诸法空相中，不要执着有苦可灭，有集可断，有灭可证，有道可修。要无修而修，无证而证。一执着就成了毛病，一路走过去，自自然然归家稳坐。

“无苦集灭道”，就是要扫除苦、集、灭、道上执着的观念。要实证诸法空相，不可执着十二因缘的法门，也不可执着四谛的法门，有执着就与二空所显的真理相违背。二空者，人空，法空。人要空，法要空，我执要空，法执也要空。

十二因缘与四谛是二乘的法门，智与得是菩萨的法门。菩萨的法门要证真空实相，也不能有执着，所以说“无智亦无得”。“智”是能证的般若，“得”是所证的二空所显真理。总而言之一句话，诸法空相，只可无心得，不可有心求。从“照见五蕴皆空”开始，一直到“无智亦无得”，把从凡夫、二乘到菩萨所要修证的真空妙理，尽皆表述出来。

下面一句话“以无所得故”，就是对前面五蕴、十二处、十八界、四谛、十二因缘的一个总结。“无所得”，就是般若的相。有所得总有局限性，总是局限在某一点上，只有无所得才是无所不得，尽虚空遍法界，竖穷三际，横遍十方，没有一处不是般若智慧的显现，所以“无所得”，或者“无得”二字，既是对“无智亦无得”这一句的一种描述，更是对前面七个“空”字，六个“不”字，十三个“无”字的总结。“无所得”不仅仅是指“无智亦无得”这一句，是从“照见五蕴皆空”开始，一直到“无智亦无得”都包括在内。

“以无所得故”，就是内心没有任何执着。这是因为断除了我执和法执，见到了二空所显真理。“菩提萨埵”是菩萨二字的全称。菩提是觉悟，萨埵为有情，菩萨者觉有情，就是已经觉悟了的有情。“以无所得故，菩提萨埵，依般若波罗蜜多故，心无罣碍。无罣碍故，无有恐怖，远离颠倒梦想，究竟涅槃。”罣碍就是障碍。菩萨具备了无所得的甚深般若，所以能够依般若而到彼岸，既到彼岸就心无罣碍，正因为无有罣碍，就无有恐怖，远离颠倒梦想，得到究竟涅槃。如果有所得，这一切就不可能成为菩萨行者的清净的生命现实。

这句话虽然念起来很容易，但做起来可是千难与万难。仅仅就“无所得”来说，我们凡夫在开始修行的时候，都是希望有所得。总是希望见光见瑞，见到天神、护法，见到菩萨，见到佛，希望做好梦……这哪里是“无所得”呢？如果执着在一个好梦上，那就永远停留在做好梦的这个地方，不会再有进步。因为你认定了那就是正确的，也就仅仅是满足于做一个好梦。下一步呢？你就希望天天做好梦，如是而已。我们修行的人，一定要从这里跳出来，要舍掉。不舍掉，就老是在原地踏步走。舍掉了第一步，才能迈出第二步、第三步，要不断地向前走，不能停留，不能有所得。即使是证得了初地、二地，一直到十地的菩萨，最后圆满菩提，还是要归无所得。心等虚空，量周沙界，一切都是自己的家珍，一切都是现成茶饭。有所得，心中就有罣碍；无所得，就心无罣碍。

“春有百花秋有月，夏有凉风冬有雪”，这是人间的美景。“若无闲事挂心头，便是人间好时节”。如果有闲事挂在心头，看到春花秋月，看到夏风冬雪，就会引发各种各样的遐想。“床前明月光，疑是地上霜。举头望明月，低头思故乡。”诗人看到月光，就想到故乡，因为诗人心中有罣碍。看花亦如此。

心有罣碍就有恐怖。患得患失是恐怖，悲欢离合是恐怖，生老病死还是恐怖。心无罣碍的人，说来就来，说走就走，一切顺势推移，了无罣碍，无有恐怖，也就能够“远离颠倒梦想”。颠倒梦想，贯穿了从无明开始，一直到老死这十二因缘，无量劫以来流浪生死的整个过程。在睡梦中觉得花好月圆，觉得山清水秀，觉得人间值得贪恋，子孝孙贤，家财万贯，一觉醒来，原来都是颠倒梦想。远离了颠倒梦想，就得到“究竟涅槃”，一切苦再也不会干扰自己这方寸之地。

学习《心经》，要深刻理解其中的道理，运用这些道理来指导修行、生活，指导我们远离颠倒梦想，得到清凉自在。

九、无所得

《心经》讲到“无苦集灭道，无智亦无得”，接下来是“以无所得故”。关于这一句，有的注解是把它连在“无智亦无得”的后面，有的是放在“菩提萨埵”的前面连属下文，也有的是把这一句独立起来加以注解。连上还是接下，这在经文当中至关重要。这一句和上面“舍利子，是诸法空相，不生不灭，不垢不净，不增不减，是故空中无色，无受想行识……无智亦无得”是呼应的。这是讲一切的修行法门，都不能以有所得心而修。凡夫法、缘觉法、声闻法、菩萨法都要以“无所得”心来修。“是诸法空相”，就是无所得心。“无所得”是什么呢？就是般若，就是大智慧。“圆满菩提，归无所得”。凡是有所得都是有局限的，只有无所得才没有局限。

接下来讲“菩提萨埵”。菩提萨埵，就是菩萨的全称。菩提为觉，萨埵乃有情，菩提萨埵就是觉有情。菩提萨埵要证究竟涅槃，必须依般若波罗蜜多。菩提萨埵为能依之人，般若波罗蜜多为所依之法。菩萨依此般若修证，心离业障的缠缚；因无业障的缠缚，所以就没有生死的恐怖；既无生死的恐怖，就无颠倒烦恼。生死是报障，业是业障，烦恼就是烦恼障。我们凡夫具足三障，菩萨要断尽三障。三障消除干净，佛的三德就呈现出来。

所谓三德，就是法身德、般若德、解脱德。断三障，证三德，所以能够究竟涅槃。烦恼永灭，三德圆满，才称为究竟。涅槃，翻译为寂灭，亦可译为圆寂。圆者，圆具三德；寂者，一切烦恼永灭，所以称为寂灭。“生灭灭已，寂灭现前”，不生不灭了，寂灭的境界就呈现出来。这里所说的灭，所说的消除三障、不生不灭，都是指的破除执着。世间森罗万象，一切宛然存在，由于我们在主观上所存在的妄想执着，才改变了外在事物的形象。每一个人都是根据自己的主观立场来看待客观世界，有什么样的主观世界，就有什么样的客观世界。客观世界本来是平等的，但由于我们每一个众生主观上的见解、心量、智慧不同，所以客观世界反映到我们的主观世界就千差万别。

佛教所说的破除执着，照见五蕴皆空，不是要去消灭客观世界的存在，而是要改变我们主观世界的观念。所有的问题、矛盾就在于我们主观世界的看法和客观世界的存在不一致。有矛盾就有烦恼，如果把主观世界的观念改变过来，加以突破、超越，烦恼就消除了，那就是所谓的“照见五蕴皆空，度一切苦厄”。一切苦厄都是自己制造出来的，自作自受，要消除这些苦厄，别人代替不了，还是要自己来解决。

菩萨“依般若波罗蜜多故”，依着智慧到彼岸的法门，不断地观察、观照，就能破除生死的恐怖。因为自己主观上的种种计执、种种障碍都消除了，私欲、烦恼消除了，恐怖也就随之消除了。“心无罣碍，无罣碍故”，就“无有恐怖”。罣碍是什么呢？就是自己内心还有见不得人的地方，自己内心还有阴暗面，有私欲，那就是罣碍。只要有一点事情牵涉到自己私利的时候，就耿耿于怀，放不下，那就是罣碍。罣碍这两个字，很形象，罣就是不顺利，碍就是阻碍。因为内心深处还有东西，所以飞不起来，也跑不动。

有罣碍就有恐怖，恐怖是什么呢？恐怖就是生死，罣碍就是烦恼，无恐怖才能远离颠倒梦想，得到究竟涅槃。这是讲菩萨要得到“究竟涅槃”，就必须“依般若波罗蜜多”来改变自己。

这几句话，每一句都可以对照我们的内心，来观照自己修行的状况、程度，看自己还有没有罣碍。罣碍的是什么？是房子，是存折，是妻子，还是儿女？这些东西都要关心，但是不能成为罣碍。我们不能住露天，在家居士有家有室，也必须有一点积蓄，有一些钱存在银行里。但是，不要成了包袱，罣碍就是包袱，你不要老是背着那个包袱，因为它会把你压得喘不过气来。要把世间的一切事情看得淡一点，淡化地处理世间的一切财色名食睡。

接下来“三世诸佛，依般若波罗蜜多故，得阿耨多罗三藐三菩提”。不但是菩萨要依般若波罗蜜多得到究竟涅槃，三世诸佛亦如是。般若为佛母，般若是出生诸佛的母亲，三世诸佛都是依般若波罗蜜多才证得无上正等正觉。“阿耨多罗三藐三菩提”，翻译成汉语就是“无上正等正觉”。

《心经》以上从“观自在菩萨，行深般若波罗蜜多时”开始，一直到“三世诸佛……得阿耨多罗三藐三菩提”这一段，一般把它判为显说般若，用明显的道理来说般若的功能。这一段讲诸法的空相是什么，讲在诸法空相当中，五蕴、十二处、十八界等凡夫法是平等平等的；讲四谛、十二因缘等二乘法在诸法空相中亦复如是，平等平等；讲菩萨法的智与得，在诸法空相中亦是平等平等。最后总结一句，“以无所得故”，用般若的大智慧，来观察以上世、出世间一切诸法皆不可得。为什么呢？诸法因缘生，诸法因缘灭。既是所以佛言“因缘所生法，我说即是空”，这叫做空观；“亦名为假名，亦名中道义”，这叫做假观和中观。空、假、中三观，凡夫法用空观来观照，二乘法用假观来观照，大乘菩萨法用中观来观照。空观、假观都有对待，比如说“色不异空，空不异色”；到了“色即是空，空即是色”，就没有对待了，这就是中观。中观既不是有，也不是空，非有非空，以非有非空的不二法门为中观。这些分析都是用智慧来观察一切法的见地，不要把这些见地看做实有的和实在的。把这些看做实在、实有的也是错的，因为一切无所得。

十、密说般若

《心经》的第一大部分是“显说般若”。“显”就是明显，开显。用明显的道理解释“般若”的重要，“般若”的功能、功德和力量。“般若”对凡夫、二乘、菩萨，在解决生命问题上都是第一等重要的事情。般若是指导，是眼目，凡夫、二乘、菩萨离开了般若，就等于没有了眼目。

《宗镜录》引用南岳慧思禅师《诸法无诤三昧法门》说：六度中“五度如盲，般若如眼”。“六度”是修菩萨道必须行持的法门，“六度”如果没有“般若”，其他的五度就都不能成为到彼岸的法门，只有以“般若”为统率，六度齐修，才是到彼岸的法门。

经文的后一部分就是“密说般若”，从密咒的角度来显示、总结般若的要义。由此我们就知道“般若波罗蜜多”是何等的重要。

“故知般若波罗蜜多”，接下来有四句话，说般若“是大神咒，是大明咒，是无上咒，是无等等咒”，以这四句话来总结般若的要义。咒在梵语叫做“陀罗尼”，翻成汉语名曰“总持”，又名“真言”，亦称“咒”。何为“总持”呢？咒语很精简，以少字秘密的方式摄持多义。“总持”者，“总一切法，持一切义，故名总持”；“真言”者，即是佛菩萨真实不虚的语言。中国道教以及古老的民间宗教，所采用的祈祷的语言也称为咒。

“般若波罗蜜多”这种引导我们由此岸渡到彼岸的大智慧，就是大神咒、大明咒、无上咒、无等等咒。这四句话分别代表不同的意思，古今的注解有不同的解释。有的说“是大神咒者”为方便般若，“是大明咒者”为观照般若，“是无上咒者”为实相般若，“是无等等咒者”为诸法空相不生不灭。方便般若破烦恼；观照般若破无明；实相般若令因行圆满；诸法空相不生不灭，令果德圆满。能破无明，超越、突破凡夫的生命境界，超越二乘的生命境界。因行圆满，令菩萨因中修行，速得成就；果德圆满，成就无上佛果。所以这四句话，“是大神咒”总持凡夫的修行法门，凡夫的修行法门就是三科法门；“是大明咒”总持二乘的修行法门，二乘的修行法门是十二因缘和四谛；“是无上咒”是总持菩萨的修行法门，菩萨的修行法门是六波罗蜜；“是无等等咒”者总持佛陀的无上正等正觉，超妙绝伦，无以超越。所以这四句话涵摄整个《心经》深奥的道理。正因为这四句话，正因为“般若波罗蜜多”有这样的功能、功德，所以是“能除一切苦，真实不虚”，这就和上面“照见五蕴皆空，度一切苦厄”前后紧密地呼应。

一部《心经》就是讲如何灭除众生的烦恼大患。《心经》的这个功能、功德，是“真实不虚”的。“真实不虚”这四个字，每个字都有千斤重，每个字都渗透着佛菩萨的无量悲心。佛菩萨的悲心，是告诉我们凡夫要相信“般若”的功能，要相信佛菩萨走过的路，要相信这条路能除一切苦，没有半点虚假，真实不虚。这“真实不虚”四字，即是我们修学佛法的金科玉律，也是我们做人做事的金科玉律。想一想我们自己，观照一下我们自己的所言所行，有几件事是真实不虚的？这是实实在在的，是不能有半点含糊的。做人要真实不虚，做事也要真实不虚，对待自己要真实不虚，对待他人也要真实不虚。常以此四字为座右铭，即使不能大彻大悟，起码也可以做一个好人，做一个守信用、有诚信的人。在我们现在这个诚信危机的时代，真实不虚是何等的重要？我们学《心经》，用《心经》，就在这四个字上学，就在这四个字上用，这一辈子抓住这四个字不放，那就不会辜负此生，就不会辜负佛菩萨的苦口婆心，不会辜负我们学佛一场，闻法一场。

接下来就是咒语：“即说咒曰：揭谛揭谛，波罗揭谛，波罗僧揭谛，菩提萨婆诃。”咒语秘密不翻，照此直念，不要理解它的意思是什么。如果勉强地加以翻译，反而会令极为珍贵、秘密，而且内容丰富的陀罗尼，局限在某些字面上，其深刻的含义体现不出来。对咒语我们不要求对其了解，一心一意、深信不疑地持下去，自有受用。

到此为止，以我粗浅的理解讲了《心经》的一点皮毛。可能自己的理解也会有差误，各位可以利用一些大德法师对《心经》的注解来阅读，把《心经》的意义弄明白，弄透彻，依而行之，自然“度一切苦厄，远离颠倒梦想”。《心经》的功德不可思议。这两年来，我在不同场合讲了几次《心经》，每一次都有一些发挥。这一次讲得比较详细。

今年对于我们国家来说，大事很多，好事很多，喜事很多；与此同时，考验也很多，灾难也很多。在这个时候，我觉得抓住人心是一个关键。好事从心开始，坏事也还是从心开始，转变我们的心念是转变外在一切不利因素的关键。我们曾经提出过“和谐世界，从心开始”这样一个观点。有一些人觉得，“唯物”了几十年，怎么一下子回到“唯心”上去了？这种理解应该说很不圆满。世界上没有孤立的事物，世界上一切的事情，从世法上来说都是对待法，都是“此有故彼有，此无故彼无，此生故彼生，此灭故彼灭”，都是相依相待的。心与物，亦复如是，不会单独地存在一个心，也不会孤立地存在一个物。心与物，在其终点上必须是一个统一体才能够产生作用。心与物统一在什么地方呢？统一在能量上。心有能量，物同样有能量，心、物能量的结合，佛教有时候就用一个“心”字来表现。这个“心”不是一个孤立的精神现象，它是包括物质现象在内的一个综合体。所谓“心不自心，物不自物”，物由心显，心托物显，彼此相依相待。心与物统一在能量上，这个能是什么呢？在迷界，即是业识；在悟界，即是法身。

十一、持诵《心经》的感应

现在流通最广的《心经》译本是玄奘法师翻译的。在玄奘法师之前，还有鸠摩罗什翻译的《心经》。玄奘法师本人就是持诵《心经》的受益者。大家都知道玄奘法师在去印度取经的路上，万里孤征，经流沙，过火海，受尽种种苦难。这些苦难有的是来自道路险阻，有的是来自自然界的恶劣气候，也有的是来自人为的土匪抢劫，等等，总而言之，困难重重。在古代社会交通不便的情况下，这些困难是可以想象得到的。

在玄奘法师没有启程去印度之前，曾经到过四川。那里有个空惠寺，他在那里遇到一位有病的法师。这位有病的法师知道玄奘法师发愿西行取经，赞叹不已。这个有病的法师来自印度，他熟悉印度的路程，便告诉玄奘法师，此土到天竺有十万里程，不但要翻山越岭，还有种种人为的障碍，凭个人的力量要想克服取经路上的诸多困难，极其不容易。接着他就把从东土到天竺，路途上所要经过的种种艰难险阻向玄奘法师描述了一次。

描述完了，他又对玄奘法师说：我有三世诸佛心要法门，如果能够受持这个法门，就可以保你往来西天一切平安。玄奘法师闻听此言，非常地欢喜，当天夜里就请那位有病的法师传授“三世诸佛心要法门”。当时是通过口授，而且是用梵语口授，玄奘法师学会了，接受了这个三世诸佛的心要法门。第二天早上，玄奘法师再去找那位有病的法师，不知何往。玄奘法师对此心领神会，觉得这个病僧决非等闲之辈。

在取经的路途中，遇到种种厄难，有时候甚至有丧生失命的危险，玄奘法师就修持这个“三世诸佛心要法门”，其实它就是一本梵文的《般若波罗蜜多心经》。遇到了什么为难的事情，他就将此经持诵四十九遍，每每都能化险为夷，都有非常大的感应。就这样，玄奘法师平安地抵达了印度。

玄奘法师当时到达的，是印度一个叫做摩竭陀国的地方。那里有一座佛教大学，古代的佛教大学就是一座大的寺院，叫做那烂陀寺。那里住了几千个出家人，有几百位有修、有证、有学的大德高僧，其中就有玄奘法师从学的戒贤法师。戒贤法师是古印度修证最到位，学问最渊博的一位法师。当时他年过百余，在玄奘法师没有到印度以前的一两年，就觉得自己年事已高，不久人世。而后弥勒菩萨就托梦告诉他：你暂时还不能走，大唐有一位求法的青年法师，聪明绝顶，智慧超群，要来天竺学习佛法。请你为他传授《瑜伽师地论》。戒贤法师就按照弥勒菩萨的嘱托，继续留在人间，他要把法传给玄奘法师。

就在玄奘法师抵达印度那烂陀寺，跟随戒贤法师学《瑜伽师地论》的时候，他与那位病僧不期而遇。那位病僧看见玄奘法师求法的愿望得以满足，就满心欢喜地祝贺他，并告诉他：我们昔日大唐一会，今天又在这里重逢，我就是观世音菩萨。所以，玄奘法师到西天取经，是观世音菩萨一路加持，是三世诸佛心要法门一路加持，才使得玄奘法师前往西天取经的弘誓大愿得以实现。这件事记载在《唐梵翻对字音般若波罗蜜多心经序》中，这篇序为玄奘法师的大弟子窥基法师所写，不是别人口耳相传，不是道听途说，是窥基法师亲自从师父那里听来，然后把它记下来，写在这篇序言当中。

《唐梵翻对字音般若波罗蜜多心经》本来已经在《藏经》当中失传。一百多年前，在敦煌石窟中发现了许多南北朝、唐人的写经，其中就有这部经典。① 这是一篇非常稀有难得的文字。

这里有三件事，应该特别值得我们注意：

第一件事就是玄奘法师到西天取经，这是一件续佛慧命、弘扬大法、震撼古今的大事，他完全不是为了个人的名利，而是为了佛法的传播，为了续佛慧命，所以能够感得观世音菩萨显灵，亲自授予三世诸佛心要法门。这说明了玄奘法师西天取经这件事的重要和伟大。

第二件要注意的事情就是持诵《心经》的感应，的确是不可思议。玄奘法师作为一个以文字般若来弘扬佛法的三藏法师，他的修持就是以三世诸佛心要法门为常课，时时忆念，感应道交，不可思议。

第三，观世音菩萨是一位为了帮助所有众生，为大众奉献自己身躯血肉的人，“应以何身得度，即现何身而为说法”。现一个病僧，为玄奘法师口授三世诸佛心要法门，这也是对玄奘法师的一种考验。一个普普通通的人，要传授这样重要的法门，你是否能够真心诚意地信受奉行呢？玄奘法师是过来人，只要是佛法，不管是由什么样形相的人说出来，那都是无上甚深微妙法，都是百千万劫难遭遇，都一定要信受奉行，相信它是真实不虚。

再就是这篇文字的可靠性。这个信息是由玄奘法师的嫡传弟子窥基法师记录在《心经》序言上的，而且在敦煌石窟里保存了上千年的时间，其可靠性是不容怀疑的。

我们学习了《心经》，就要用《心经》。用《心经》包括用《心经》的思想指导我们的修行，指导我们净化生命，净化生活，进而净化社会。我们在用的过程中，也要深信不疑持诵《心经》就会有感应。没有诚心，何有感应？这是古今所有的感应事迹无数次证明过的事实。

我们如果把《心经》后面的咒语作为持诵的功课，也就同念佛号、观呼吸一样，同样是一个法门，而且是三世诸佛的心要法

---

① 关于《唐梵翻对字音般若波罗蜜多心经》(并序)，系史坦因发现于敦煌石窟者，为佛教学术之重要资料。

门。每天持诵至少四十九遍，多则不限。一定会有感应，一定会对我们的修行、身体、事业、家庭都有帮助。古今有许多修行的人，包括僧俗二众，专门以《心经》这个法门作为专修的课程。会写字的，用书法写《心经》来修；不会写字的，每天念诵《心经》。修的时间长了，就自自然然能达到“照见五蕴皆空，度一切苦厄”的目的。

十二、收摄六根　不染六尘

参禅、修道，按照佛经上的要求是要选择寂静的地方，选择远离尘劳，连牛羊都不到的地方。山林深处，最适于修禅修定。否则，对修定会有严重的影响。佛经把主观的器官分为六部分，叫六根。把客观的对象大体上也分为六部分，叫六尘。眼根、耳根、鼻根、舌根、身根、意根，这六根面对的就是色尘、声尘、香尘、味尘、触尘、法尘。

法尘一般指哪些呢？就是我们语言、思想、活动所留下的那些影子。包括文艺演出、电影、电视，看了以后会在我们的脑海里留下影子，尽管离开了现场，但那些影子还会起作用，还是我们心意所缘的对象。缘者，攀缘。意所攀缘的那些对象，就叫做法尘。六尘当中，色、声、香、味、触都在当下，如眼根所缘为色尘。到了第二念是什么呢？虽然我们的视觉已经远离了色尘，但并不等于色尘就没有了，在主观印象中还有那个影子。在现场，在当下眼所缘为色尘，到了第二念就成法尘了，为意所缘，所以法尘的概念很广。

尘是染污义，正所谓六根被六尘所染污。佛学上面把色、声、香、味、触、法看做染污我们身心、破坏我们生存环境的尘垢。佛法环保讲得最彻底。可是我们又不可能老是闭着眼睛，塞着耳朵，堵着鼻子，更不可能把舌头割掉。只要有六根，就随时都会攀缘六尘。

怎样才能够使我们的六根清净呢？这就要讲到功夫上。在任何情况下，不分别，不攀缘，一念不生，六根就不会被六尘所染污。

所谓染污者，就是在六根缘六尘的当下，起了种种的分别心，起了种种的妄想，那就是被染污。不起分别心，让心念处在现量境，一种不分别的境界，它就不会被染污。现量境是什么呢？当下一念，我们的心地，我们的六根与六尘接触的时候，就像一面镜子，万象森罗，影现其中。镜子里面虽然可以宛然出现森罗万象，但是不留任何痕迹。做功夫就要在这个地方下手，就要在这个地方用心，见到任何事不动念，就像镜子照物，不留痕迹。功夫在这个地方做，这就叫做"照见五蕴皆空"。

《心经》讲完了，希望各位每天要念诵心经。在念诵的时候，也要思维其义。思维五蕴是什么，十二处是什么，十八界是什么，这些法相名词基本的道理是什么，和我们的修行有什么样的关系，我们究竟要从哪里下手？如果不思维这些道理，听了以后就一点效果也没有，对于修行来说，也就起不到任何指导作用。

第一天讲到有三种般若：文字般若、观照般若、实相般若。有时候又把这三种般若叫做闻、思、修三慧，闻慧、思慧、修慧。闻慧由文字而来，思慧由观照而来，修慧由修证而来。我们的智慧从哪里来，就从闻、思、修这三个方面获得。听经闻法，听开示，看佛经，这些统统包括在闻慧当中。闻慧是从文字上去理解，从道理上去理解；思慧是通过思维、观照而得到的智慧；修慧是在思维观照的基础上，见到诸法的实相，它从修证而来。

"三慧"中，具备了修慧，才能"度一切苦厄"。修慧者，就是到达了那个地方，到达了彼岸。不修就等于只看地图不走路。看地图等于是闻慧；仔细地辨认地图牢记不忘，等于是思慧；根据地图的指示，一步一步地向前迈进，那就是修慧。

闻、思、修这三者要贯穿于我们学佛的全过程，要落实在学佛的每时每刻。每时每刻都与闻、思、修分不开，只有在每时每刻把闻、思、修打成一片了，修行的进步才会突飞猛进。懂得闻、思、修三慧，才不会盲修瞎练。

学佛一定要在闻、思、修上面下功夫，一点都不要放逸。七天的禅修，时间很宝贵，机会很难得。总在强调随时观心，随时摄念，随时处在闻、思、修的修持当中。时时刻刻照顾自己所做的功夫。语言表达出来了，它就是声音，声音是一种污染。禅定书把声音叫做“禅刺”。修禅定的人，希望安静。语言就好像是禅定的一根刺，刺一下，禅定功夫就受影响，所谓“声为禅刺”。任何时候都要照顾好自己的六根，使六根与六尘接触的时候不受影响，不受污染，保持六根的清净。修行归根结底是要做到六根清净。

把六根收拢来，就变成三件事：身、口、意。修行就是要净化身、口、意，它们得到彻底地净化转变了，血肉之躯当下就是清净法身。修生活禅，就是要在生活中“勤修戒定慧三学，息灭贪嗔痴三毒，净化身口意三业”，这是修行现成的茶饭。把这三件事朝如是，夕如是地做好，修行就会有效果。

十三、如实空　如幻有

《心经》二百六十个字，加上题目二百六十八个字，就讲六个字：“如实空，如幻有。”

“照见五蕴皆空……是诸法空相……色即是空，空即是色”，一直到最后“无所得”都是讲的如实空，只是层次不同而已。“如实空”是《心经》所要阐明的基本道理，核心内容。如者，真如；实者，真实、实际，实相。从实相上讲，一切诸法如实空，平等平等，不立一法。这是指的是道理上、真理上的意义。按照《心经》的要求，这就是破二执所显的真理。二执就是我执和法执。二执都遣除干净后，所显现的真实道理就是如实空。这一句话可以用《心经》上面的“色即是空”来概括。

“如幻有”，世间的万事万物都宛然存在。这与“无所得”不矛盾。要破除的是在诸法上所起的执着，不是破除诸法本身。因为诸法的原态就是真如，因缘所生，空无自性。见到幻相宛然而不起执着，不坏诸法，这就是“空即是色”。如实空，不立一法；如幻有，不舍一法。

“色即是空”是文殊菩萨的法门，大智大慧；“空即是色”是普贤菩萨的法门，大行大愿。文殊菩萨的法门强调如实空，但不碍如幻有；普贤菩萨所强调的如幻有，也不碍如实空。空有不二，这才是佛教所要建立的根本理念。加以引申和发挥：如实空，大智慧，觉悟人生；如幻有，大慈悲，奉献人生。觉悟人生，可以定位为宗教精神，宗教关怀；奉献人生，可以定位为人文精神，人文关怀。

宗教关怀的实质是终极关怀。人从哪里来，到哪里去？人生在世间，究竟为了什么？迷失的人觉得人生在世，忙忙碌碌，不过吃喝玩乐而已。这就是流转生死的苦因，种了这个苦因，将来、现前就要吃这个苦果。这些苦果，有许多不要等到来世，也不要等到三途去受苦报，大多数是现报，现在就受报应。

人文精神，人文关怀，所要达到的目的，所要表达的根本宗旨，就是尊重生命。人生最宝贵的是生命，有生命才有一切，世间法、出世法都是如此。要落实世间法，没有生命无从落实；要修出世法，要明白出世法的道理，没有生命也无从落实。尊重生命是人文精神的本质。我们要尊重人类的生命，亦要尊重人类的朋友，所有动物的生命都要尊重。人类如果没有了朋友，人类自己的生存也就成了大问题。佛教的慈悲精神，要人不食众生肉，要戒杀放生，要尊重生命，这就是人文精神彻底的体现。联合国号召大家“多吃素，救地球”，这是人文精神的彰显。佛弟子要带头坚持素食，为延长地球的寿命作出自己的一点点贡献，并且以自己的行动，逐渐影响周围的人，共同来维护地球的安全。

《心经》讲的如幻有，也包括人文精神在内。《心经》讲了一大堆的“空”，一大堆的“无”，我们千万不要误会。在空了、无了之后，“菩提萨埵，依般若波罗蜜多故，心无罣碍，无罣碍故，无有恐怖，远离颠倒梦想，究竟涅槃”。这就是如幻有的和盘托出。无所得而得，那才是真正的得。所谓得而无得，就是不起执着，不起分别。“三世诸佛，依般若波罗蜜多故，得阿耨多罗三藐三菩提”。三世诸佛，同样是在如实空、无所得的前提下成就无上正等正觉。“故知般若波罗蜜多，是大神咒，是大明咒，是无上咒，是无等等咒”，这也是如幻有的全体呈现。

《心经》讲的“如实空，如幻有”，是整个佛教的根本宗旨，也是我们今天需要大力弘扬的宗教精神和人文精神。生活禅“觉悟人生，奉献人生”的宗旨和《心经》的宗旨一脉相承。“生活禅”三个字，生活者，如幻有；禅者，如实空。生活者，人文精神；禅者，宗教精神。这都是一脉相承的。

佛法与世间法不能脱节，不能分离。佛法是如实空，如幻有。真空不碍妙有，妙有不碍真空。所谓“无一物中无尽藏，有花有月有楼台”。

在本文结束之际，惟愿以此功德，回向国家强盛，人民安乐；回向所有在各种灾难中伤亡的人员往生净土；回向读此文者福慧增长，六时吉祥！

后　记

◎杨　华

今年夏天，我在德国西南部的古城特里尔，与德国汉学家卜松山（Karl-Heinz Pohl）先生有所接触。有一天晚上，他邀请我去听他参加的合唱音乐会。那是为纪念德国古典音乐家亨德尔（George Frideric Handel，1685—1759）逝世250周年而举行的合唱大会，由来自全世界的400多个亨德尔迷自发组成，在当地成为一大盛事。其地点选在康士坦丁·巴萨利卡（Konstantin-Basilika）大教堂。罗马帝国自康斯坦丁大帝始，改信基督教，康氏曾以特里尔为别宫。大教堂高大宏伟，是典型的罗马风格，现为新教所用，已被列为世界文化遗产。亨德尔一生作曲无数，尤以宗教音乐著名，其音乐剧《弥赛亚》中的《哈里路亚》流传最广。音乐会的主题就是哈里路亚（Hellelujah），全程演唱亨德尔谱曲的《圣经》各章。在此地用此种形式纪念亨氏，再合适不过。两个多小时，四个不同声部的歌剧名角与400人的合唱乐队之间，上管下歌，轮呗间作，时而低吟浅诵，时而放喉震瓦。唱者身心投入，听众无不肃穆沉醉。

歌罢，卜先生说："我们去喝一杯。"他一家，还有几个邻居、教友，加上我这个东方人，坐在古城的露天木桌边，在摩泽尔河谷的晚风吹拂下，喝着世界上最好的冰白葡萄酒，说些东西方文化的闲话，比如宗教、音乐、酒杯、筷子、针灸之类。他悠然地说："这叫作有文化。"斯情斯景，斯人斯语，真是深契我心。

此后的日子里，我不断回想卜先生这句话。什么叫"有文化"？

其后不久，我游览巴黎。塞纳河两岸的每一栋建筑，都披裹着文化的内涵，给人以震撼，荣军院、波旁宫、奥赛博物馆、巴黎美术学院、法兰西学院、巴黎圣母院、巴黎市镇厅、卢浮宫、协和广场、夏乐宫……卢浮宫里的艺术珍品，很多都是几百年间法国人从世界各地劫掠而来，有些甚至沾满血腥。但是，在21世纪的今天，全世界游客都要远来异地，排队拥挤，购票入场，瞻仰自己祖先的创造。是什么让人们不远万里来"吃二遍苦，受二茬剥削"？文化本身就是一种力量。

还不止于此。在全球著名的奢侈品消费中心"老佛爷商场"（Galleries Lafayette），满场都是拎着购物袋的中国人，导购手册用汉语，售货员说北京话和上海话，驻足其间，仿佛置身于王府井百货。"老佛爷商场"里某些名牌商品供不应求，实行限购，而一辆辆满载着中国人的旅游车正在向商场驶来。文化不仅是一种力量，而且是一种实实在在的吸金术。麦当劳、肯德基、好莱坞、迪斯尼、NBA、东洋动漫、韩歌韩剧，这些看得见或看不见的手，究竟从中国攫取了多少财富，恐怕没人能说清楚。

中国正在成为一个经济大国和政治大国，国内生产总值（GDP）总量和其他经济数据连年攀升，百姓的生活越来越富足。可是，中国恐怕还算不上一个文化大国。否则，就不能解释，当今国人为什么在欣赏趣味和消费选择上如此崇洋媚外？为什么还在糟贱自己祖先的传统？

美国历史短促，且不说它。让人感觉很"有文化"的欧洲，除了希腊、罗马的残垣断壁和中世纪的城堡，今天街头那些千姿百态的"古老建筑"，屈指算来，大部分也只有一两百年，最多不过三四百年历史。可是在中国，与之年代相当的清代建筑还有多少？明代建筑还有多少？有人认为，东方建筑是土木结构，不易保存；

西方建筑是砖石结构，留存久远。这种说法不能令人信服。事实是，保留在日本岛上的唐代建筑，要比广袤的中国大地上的多得多。就我个人的经验，像日本法隆寺那样厚实高大的整块木门，在中国从来就没有见过。有多少祖上传下来的物质成就，曾经躲过了无数次天灾，却在最近一百年间毁于人祸！今天，藉以显示我们文明“东方性”的内容，大多收藏在博物馆中；也就是说，通过近几十年挖掘出土的上古遗迹和汉唐旧物，才把中华文明的独特性阐述得更加清晰。而在手眼可及的现实世界，能够昭示我们“东方性”的东西，越来越少。更加可悲的是，经过现代化和全球化的冲刷，这种消失的势头并未完全扼止，反而在商业气息的裹胁下，有增无减。

物质文化的遭遇如此，我们对精神遗产的态度也值得反思。说起来，中国历史上有儒法道墨百家争鸣，有儒释道三教共弘，有唐诗宋词，有四大发明，有琴棋书画。然而现实的情况是，青年人认识的繁体字相当有限，英文说得很溜而汉语常常口吃，能把书信写通顺已是难得。能读古文献、能写格律诗、能写毛笔字的，更是凤毛麟角。我们向来以“礼仪之邦”自傲，然而，现实生活中“无礼”乃至“无理”的行为比比皆是，如何待人接物、如何尊师敬长、如何视听言动，都没有起码的常识。这当然不能责怪今天的青年，因为他们的父辈师长，以及父辈师长的父辈师长，已然对此感到陌生。有好几代人缺失了传统文化的滋养。相反，在主流文化之外的偏远乡间，在我国的港台地区，在“汉字文化圈”边缘的朝鲜半岛、日本、越南、东南亚等地，却往往古风犹存，让我们这些读过一点古书的人备感亲切。

物质丰富，衣食无忧，并不能算是“有文化”。脱离祖先遗传给我们的文化土壤和精神根脉，即使出将入相、锦衣玉食，大概也不能算作“有文化”。这不是个人情感上的怀旧思古，而是一种执着的文化态度，如果再大以言之，则是一种此消彼长的国力博弈。

正是基于以上理念，我们“珞珈七子”一直以中国传统文化的守望者自期，勤奋读书，信默传道，互相砥砺，耕耘有年。然而产量并不算高，这才出版至《学鉴》创刊以来的第三辑。本辑仍以国学研究为主，同道诸位于经史子集各擅胜场，所述所论虽不能遽成定谳，但亦少有空言，庶几可成一说。特别值得一提的是，本集刊载有净慧法师的禅学宏论。老和尚虽为方外之人，但长年涵泳于中国传统文化，能诗文，善科仪，深于国学，我辈引为同调，从之常获教益，以文会友，亦一乐事。

希望有一天，能够坐在池塘边，老树下，听着蛙声蝉鸣，迎着拂过稻畈的清风，与三五知己和七八生徒，翻读故书，辩谈史事，偶尔就着家乡酿制的土烧酒，隐几手谈，相和而歌。那时候，我一定会遥告卜松山先生："这也叫作有文化，有中国文化。"